내셔널지오그래픽 키즈

사이언스 2022

『내셔널지오그래픽 키즈 사이언스』에 도움을 주신 분들께 깊이 감사드립니다.

브라이언 하워드(내셔널지오그래픽 탐험가 프로그램)

동물의 세계
수잔 브레이든(판다 인터내셔널 대표)
로돌포 코리아 박사(고생물학자, 아르헨티나)
실비아 얼 박사(내셔널지오그래픽 상주 탐험가)
토머스 R. 홀츠 박사(메릴랜드 대학교 지질학부 척추고생물학과 조교수)
루크 헌터 박사(판테라 대표)
니자르 이브라힘(내셔널지오그래픽 탐험가)
데릭 주버트, 베벌리 주버트(내셔널지오그래픽 상주 탐험가)
'디노' 돈 레셈(렉스 박물관 관장)
캐시 B. 메허(내셔널지오그래픽 매거진 전 연구원)
케이틀린 마틴(캐나다 바다거북 네트워크)
바버라 닐슨(북극곰 인터내셔널)
앤디 프린스(오스틴 동물원)
줄리아 토슨(통역가, 스위스)
데니스 반엥겔스도르프(펜실베이니아 농무부 선임 연구원)

문화와 생활
웨이드 데이비스 박사(내셔널지오그래픽 상주 탐험가)
데얼드리 멀러비(갤러데트 대학교 출판부 편집 주간)

생태와 자연
아나타(미국 국립 해양 대기청 공보관)
로버트 발라드 박사(내셔널지오그래픽 상주 탐험가)
더글러스 H. 채드윅(야생 생물학자, 내셔널지오그래픽 매거진 기고가)
수전 K. 펠 박사(미국 식물원 과학과 대중 프로그램 감독)

우주와 지구
과학과 기술
팀 아펜젤러(네이처 편집장)
릭 피엔버그 박사(미국 천문 학회)
호세 데 온다사(뉴욕 주립 대학교, 플래츠버그 캠퍼스 생명과학부 조교수)
레슬리 B. 로저스(전 내셔널지오그래픽 매거진 편집장)
엔릭 살라 박사(내셔널지오그래픽 상주 탐험가)
애비게일 팁턴(내셔널지오그래픽 매거진 전 연구부장)
에린 빈티너(생물 다양성 전문가, 미국 자연사 박물관 생물 다양성과 보전 센터)
바버라 L. 와이코프(전 내셔널지오그래픽 연구원)

역사와 사실
실비 보드로 박사(뉴욕 주립 대학교 역사학과 조교수)
엘스페스 데이르(캐나다 퀸스 대학교 교육학부 교수)
그레고리 게디스(미국 뉴욕레인지 주립 대학교 글로벌학과 교수)
프레드릭 히버트 박사(내셔널지오그래픽 방문 연구원)
미셸린 조니스(캐나다 천연자원부 공보관)
로버트 D. 존슨 박사(일리노이 대학교 역사학과 조교수)
딕슨 맨스필드(캐나다 퀸스 대학교 교육학부 지리학 전임 강사)
티나 노리스(미국 인구 조사국)
캐나다 의회 도서관 학술 정보 서비스
캐린 푸글리에시(캐나다 원주민 회의 홍보팀)

세계의 지리
크리스틴 비시(미국 인구 조회국 연구원)
칼 하웁(미국 인구 조회국 선임 인구 통계학자)
도시코 카네다 박사(미국 인구 조회국 선임 연구원)
월트 마이어 박사(미국 국립 빙설 데이터 센터)
리처드 W. 레이놀즈(미국 국립 해양 대기청 기후 데이터 센터)

차례

2022년 올해의 토픽 — 8

- 사회적 거리 두기 기간, 동물들은 어떻게 지냈을까? 10
- 우주에서도 구운 과자를! 11
- 수수께끼의 화석, 진실이 드러나다 11
- 분홍색 쥐가오리라고? 12
- 드러난 고대 그림 12
- 올림픽 경기가 시작된다! 13
- 서점에 고양이가 산다? 14
- 나무늘보봇 14
- 해리 포터, 탄생 25주년! 14
- 새 지느러미발을 단 바다거북 15
- 하운드 순찰대를 아세요? 15
- 2022년 기억해야 할 기념일 16
- 거북의 100번째 생일 17
- 신종 발견! 기후 활동가의 이름을 붙이다 17
- 레서판다가 어쩌면 두 종일 수도? 17

2022년의 도전! 플라스틱 제로 — 18

- 플라스틱의 모든 것 20
- 바다의 플라스틱 22
- 2022년 사이언스 챌린지 26
- 생활 속 실천 28
- 잠깐 퀴즈! 34
- 이렇게 해 봐요! 35

동물의 세계 — 36

- 동물의 분류 38
- 동물의 생태와 특징 40
- 곤충의 생태 50
- 위험에 처한 동물 52
- 고양잇과 야생 동물 56
- 물에서 생활하는 동물 62
- 야생 동물의 능력 68
- 반려동물의 비밀 76
- 공룡의 특징 80
- 잠깐 퀴즈! 86
- 이렇게 해 봐요! 87

과학과 기술 — 88

- 발명을 일으키는 기술 90
- 미래 기술 전망 96
- 생물학의 기초 100
- 식물과 토양 102
- 인체 탐구하기 104
- 잠깐 퀴즈! 112
- 이렇게 해 봐요! 113

문화와 생활 **114**

세계의 기념일과 휴일 **116**
세계의 교통수단 **122**
화폐와 문화 **124**
음식 문화 **126**
언어와 문화 **128**

고대 신화 **130**
세계의 종교 **134**
잠깐 퀴즈! **136**
이렇게 해 봐요! **137**

게임과 퍼즐 **138**

녹색 도시 **140**
이건 뭘까? **141, 145, 149, 152**
숨은 동물 찾기 **140, 150**
빈칸 채우기 **144, 148, 151, 155**
웃기는 이야기 **146**
푸하하하, 웃어 볼까! **147, 154**
진짜? 가짜? **153**
못 말리는 친구들 **156**

우주와 지구 **158**

지구의 구조 **160**
우주의 천체들 **170**
잠깐 퀴즈! **178**
이렇게 해 봐요! **179**

탐험과 발견 **180**

갈라파고스 제도 모험 **182**
탐험가의 지구 소식 **184**
야생의 자연 탐험 **188**
지구에서 살아남기 **190**

탐험을 위한 지식 **192**
동물 사진의 촬영 비결 **194**
잠깐 퀴즈! **196**
이렇게 해 봐요! **197**

차례

생태와 자연 198

생물 군계 알아보기 200
대양의 통계 204
날씨와 기후 206
재난과 재해 212
잠깐 퀴즈! 218
이렇게 해 봐요! 219

역사와 사실 220

유적과 옛이야기 222
수수께끼와 미스터리 230
국제적 분쟁 234

세계의 지도자들 236
잠깐 퀴즈! 250
이렇게 해 봐요! 251

세계의 지리 252

지도의 이해 254
지리와 지형 상식 260
대륙의 지리 특징 262
세계의 국가들 290

세계 여행 316
잠깐 퀴즈! 336
이렇게 해 봐요! 337

게임과 퍼즐 정답 확인 338

찾아보기 340 | 글 저작권 348 | 사진 저작권 349

NATIONAL GEOGRAPHIC KIDS
2022년 사이언스 챌린지

지구를 위한 내셔널지오그래픽 키즈
2022년 사이언스 챌린지에 참여해 보세요!

자세한 내용을 확인하려면 27쪽으로 가세요!

2022년 올해의 토픽

강아지가 평생 가족을 만났어요! 코로나19가 유행하면서 동물들에게서 위안과 기쁨을 얻고 싶어 반려동물을 입양하는 사람들이 늘어났어요.

사회적 거리 두기 기간, 동물들은 어떻게 지냈을까?

코로나19가 유행하는 사이에, 화제가 된 동물들을 만나 보세요.

'도그터(Dogtor)'가 병원의 영웅들을 돌보다

모든 영웅이 슈퍼맨처럼 망토를 두르지는 않아요. 목걸이를 찬 영웅도 있죠! 메릴랜드 대학교 의과 대학 2학년 캐럴라인 벤젤은 로트와일러 종인 반려견 '도그터' 로키와 함께 미국 메릴랜드 대학교 의학 센터에 웃음과 기쁨을 안겨 주었어요. 캐럴라인과 로키는 코로나바이러스 감염 환자들을 치료하느라 여념이 없는 의료진에게 차, 로션, 립크림 등을 가득 담은 '영웅 치유 상자'를 전달했어요. 로키는 온라인에서 환자들을 '문병'하기도 했어요.

바다거북이 늘어나다

세계적 유행병으로 태국과 미국 플로리다주의 해변을 찾는 관광객이 줄어들자, 장수거북이 늘어났어요. 거북이 알을 낳는 바닷가를 찾아오는 사람과 반려동물이 줄어서 알과 새끼가 살아남을 확률이 높아졌죠. 태국과 플로리다 양쪽에서 장수거북 새끼가 많이 태어났어요. 알껍데기 안에서 새끼들이 꿈틀거리는 소리가 들려오고 있어요.

펭귄이 마음껏 돌아다니다

팬데믹 상황에서 펭귄은 무엇을 하고 있을까요? 미국 일리노이주 시카고에 있는 셰드 아쿠아리움은 휴관하는 동안, 펭귄들이 자유롭게 돌아다니도록 풀어놓았어요. 바위뛰기펭귄인 에디와 애니는 아쿠아리움 안을 뒤뚱뒤뚱 걸으면서 돌고래와 물범 같은 친구들에게 인사를 했어요. 마젤란펭귄인 이지와 다윈은 이웃한 필드 박물관에 가서 티라노사우루스 렉스 화석인 수를 만났지요.

산양이 도시에 나타나다

영국 웨일스 북부의 소도시, 랜디드노 주민들은 유행병이 휩쓰는 동안 집 안에 머물렀어요. 그러자 야생 산양들이 도시로 와서 텅 빈 거리를 마음껏 돌아다니기 시작했어요. 잔디밭의 풀을 뜯고 꽃밭의 꽃들을 먹어 치웠어요. 산양들은 정말로 신났을 거예요!

올해의 토픽

우주에서도 구운 과자를!

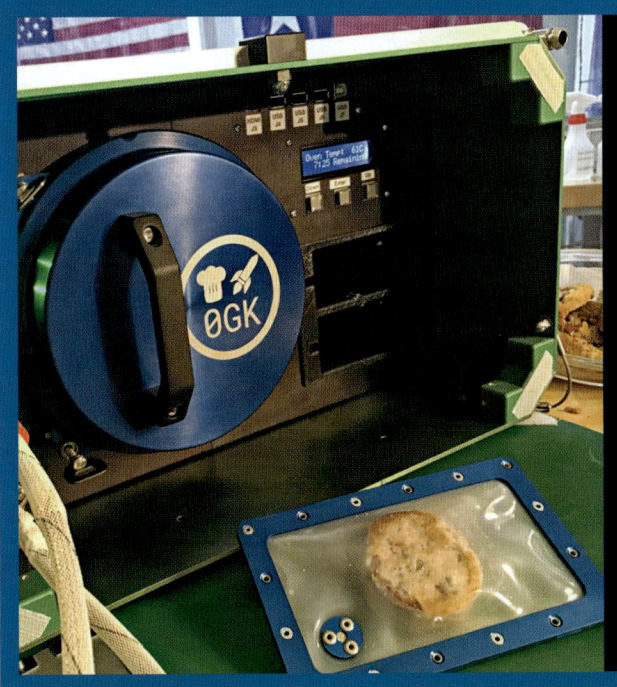

국제 우주 정거장(ISS)에서 지내는 우주 비행사들은 머지않아 갓 구운 과자를 즐길 수 있을 거예요! 특수 제작한 무중력 오븐으로 초콜릿 칩 쿠키를 굽는 데 성공했거든요. 우주에서 원재료로 직접 요리한 최초의 음식이랍니다. 우주인들은 아직 이 과자를 먹어 보지 않았어요(먹어도 안전한지 전문가들이 분석해야 하니까요). 우주 최초의 구운 과자는 전력이 한정되고, 중력이 없는 우주 정거장이라는 독특한 환경에서도 많은 일을 할 수 있다는 것을 잘 보여 줘요. 그런데 그 과자는 어떻게 되었냐고요? 지구로 보내서 우주에서 처음 만들어진 간식으로 전시하고자 보관 중이에요.

수수께끼의 화석, 진실이 드러나다

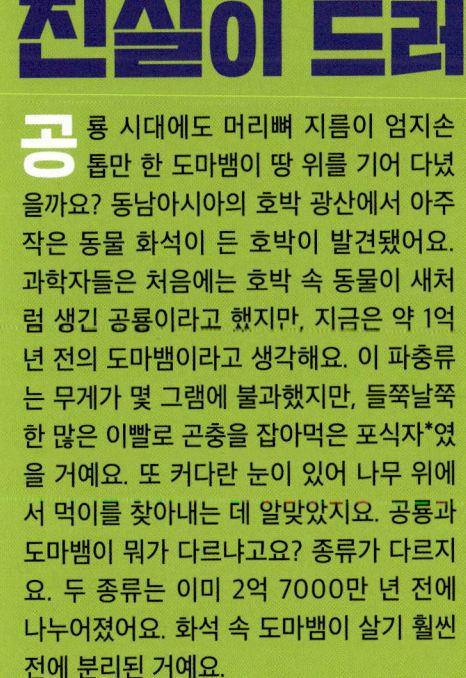

공룡 시대에도 머리뼈 지름이 엄지손톱만 한 도마뱀이 땅 위를 기어 다녔을까요? 동남아시아의 호박 광산에서 아주 작은 동물 화석이 든 호박이 발견됐어요. 과학자들은 처음에는 호박 속 동물이 새처럼 생긴 공룡이라고 했지만, 지금은 약 1억 년 전의 도마뱀이라고 생각해요. 이 파충류는 무게가 몇 그램에 불과했지만, 들쭉날쭉한 많은 이빨로 곤충을 잡아먹은 포식자*였을 거예요. 또 커다란 눈이 있어 나무 위에서 먹이를 찾아내는 데 알맞았지요. 공룡과 도마뱀이 뭐가 다르냐고요? 종류가 다르지요. 두 종류는 이미 2억 7000만 년 전에 나누어졌어요. 화석 속 도마뱀이 살기 훨씬 전에 분리된 거예요.

*포식자: 다른 동물을 잡아먹는 동물.

호박에 보존된 작은 머리뼈 화석

분홍색 쥐가오리라고?

와, 분홍색이라니! 아주 크게 분홍색 풍선껌 같은 희귀한 쥐가오리가 오스트레일리아 북동쪽 바닷속의 산호초인 그레이트배리어리프에서 사진에 찍혔어요. 이 동물은 지금까지 겨우 몇 차례 목격되었지요. 처음에 전문가들은 피부에 감염되었거나, 먹이 때문에 장밋빛을 띤다고 생각했어요. 홍학이 작은 갑각류를 먹어서 분홍색을 띠는 것처럼요. 하지만 피부 조각을 조금 떼어 내서 검사했더니, 유전자 돌연변이로 피부 색소에 변화가 일어났기 때문임이 드러났어요. 쥐가오리는 보통 검은색, 흰색이거나 검은색과 흰색이 섞인 얼룩무늬인데, 이 쥐가오리만 분홍색으로 바뀐 거죠. 폭 3.4미터인 분홍색 쥐가오리는 바다의 유명 인사가 되었어요!

드러난 고대 그림

고대인들도 이모티콘을 썼을까요? 몇몇 고고학자는 페루에서 발견된 선사 시대 그림들이 사막 해안 지역에 살던 사람들이 자신을 표현한 방법이라고 생각해요. 주변의 일을 그린 거라고 믿지요. 이 거대한 그림들은 '나스카 지상화'라고 하고, 몇몇은 미국 자유의 여신상보다 더 커요. 1927년에 처음 발견되었어요. 최근 전문가들은 첨단 스캔 장치를 써서 페루 리마 남쪽의 땅에서 더 많은 그림을 찾아냈어요. 사람, 물고기, 새를 묘사한 그림이 별자리를 나타낸다고 보는 사람도 있어요. 그림이 고대 종교 의식의 일부였다고 보는 전문가도 있지요. 어쨌든 이 수수께끼의 작품들이 나스카 문명이 자기 이야기를 들려주는 방식이었다는 점은 분명해요.

페루 남부에서 드론 카메라가 찍은 고대 인물 그림

올림픽 경기가 시작된다!

베이징 국립 경기장
—새 둥지를 본뜬 형태

빅 에어 스키 선수

2022 베이징 올림픽

2022년 2월에 제24회 베이징 동계 올림픽 경기가 시작되면, 베이징은 동계 올림픽과 하계 올림픽을 둘 다 개최한 첫 도시가 돼요. 중국 베이징에서는 2008년에 하계 올림픽이 열렸거든요. 베이징 올림픽 조직위원회는 '새 둥지'라는 별명을 지닌 유명한 올림픽 경기장에서 개막식과 폐막식을 열 계획이에요. 2008년에 '물 정육면체'라는 별명이 붙여진 베이징 국립 수영 경기장은 '얼음 정육면체'로 변신해서 컬링 경기장으로 바뀌어요. 또 2008년에 배구 경기가 열렸던 수도 체육관에서는 피겨 스케이팅과 쇼트 트랙 스피드 스케이팅 경기가 열릴 거예요. 스키, 스노보드, 봅슬레이 같은 야외 경기는 어디서 할까요? 베이징 외곽의 산에서 열릴 거예요. 베이징은 연간 평균 강설량이 20센티미터가 안 되기 때문에, 기계로 만드는 인공 눈을 써야 할 거예요.

~~2020~~ 2021 도쿄 올림픽

원래는 2020년에 일본 도쿄에서 하계 올림픽이 열릴 예정이었어요. 도쿄에서 56년 만에 다시 열리는 올림픽이 될 거였죠. 하지만 코로나19가 퍼지는 가운데 수많은 선수와 관중이 모인다면 안전하지 못할 것이 분명했어요. 이에 따라 올림픽 개최가 2021년으로 미루어졌어요. 신속한 바이러스 검사, 관중 수 제한, 무관중 경기 같은 안전 조치도 취하여 올림픽은 치루어졌어요. 2021년에 열리지만 명칭은 '도쿄 2020 올림픽'으로 유지했어요.

서점에 고양이가 산다?

우리는 말썽꾸러기 고양이가 아니에요. 캐나다 노바 스코샤주에 있는 중고 서점이자 카페인 '오티스앤 클레멘타인스'는 아주 멋진 곳이랍니다! 무엇이 특별하냐고요? 책장과 선반 사이에서 귀여운 새끼 고양이들을 찾을 수 있기 때문이지요! 이곳 주인은 집 없는 고양이들을 서점으로 데려와 키워요. 손님들이 고양이를 입양할 수도 있지요. 하지만 반려동물을 키우고 싶지 않은 손님도 괜찮아요. 귀여운 새끼 고양이들이 돌아다니는 모습을 보기만 해도 흐뭇할걸요.

주인의 딸인 잉그리드가 새끼 고양이 두 마리를 들어 올리고 있어요.

나무늘보봇

미국 애틀랜타 식물원에 가면 위를 꼭 올려다보세요! 줄에 매달려 가는 나무늘보봇을 볼 수 있어요. 3D 프린터로 만든 이 로봇은 태양 에너지로 움직이고, 전원이 부족해지면 충전하러 햇빛이 있는 곳으로 가요. 나무늘보봇은 귀엽기만 한 게 아니에요. 이 로봇에는 날씨, 기온, 이산화 탄소 농도 등을 재는 장치가 들어 있어요. 나무늘보봇을 만든 조지아 공과 대학교(조지아테크)의 공학자들은 언젠가 남아메리카 등지에서 쓸 수 있기를 기대해요. 난초의 꽃가루받이나 멸종 위기에 처한 개구리의 한살이를 추적하여 중요한 자료를 얻을 수 있을 거예요.

해리 포터, 탄생 25주년!

생일 축하해, 해리! 소설 속 마법사 해리는 독자의 눈에는 영원히 그대로이겠지만, 2022년은 J. K. 롤링이 「해리 포터」 시리즈를 세상에 내놓기 시작한 지 25주년이 되는 해예요. 이 시리즈의 첫 권은 1997년 6월 26일에 영국에서 출판되었어요. 겨우 500여 권을 찍어서 서점과 도서관으로 보냈지요. 그 뒤 7권까지 나온 이 시리즈는 5억 부 넘게 팔렸고, 영화 8편, 테마파크, 브로드웨이 연극 등으로도 만들어져서 큰 사랑을 받았어요.

올해의 토픽

새 지느러미발을 단 바다거북

구디가 새 지느러미발을 시험하고 있어요.

올리브각시바다거북 구디는 그물에 뒤엉켜 지느러미발 한쪽을 잃었어요. 비극적인 죽음을 맞이할 수도 있었지요. 하지만 태국에서 구조된 뒤 재주 많고 친절한 사람들 덕분에, 새로운 삶을 시작할 수 있었어요. 구디에게 근처 대학교의 연구자들이 인공 지느러미발을 달아 주었어요. 구디는 이제 자유롭게 헤엄칠 수 있어요. 비록 심하게 다친 탓에 바다로 돌아갈 수는 없지만, 마음껏 헤엄치면서 새로운 삶을 살고 있어요.

하운드 순찰대를 아세요?

세상에 남은 코뿔소의 약 80퍼센트가 남아프리카에 살아요. 2008년부터 남아프리카에서 밀렵으로 죽은 코뿔소가 8,000마리가 넘어요. 이 코뿔소 종을 보호하기 위해 당국은 밀렵꾼들을 찾을 탁월한 방법을 알아냈어요. 냄새를 추적하는 능력이 뛰어나고, 표적을 찾아내면 곧바로 짖어서 사람에게 알릴 수 있는 하운드 개를 감시견으로 쓰는 거죠. 밀렵꾼을 잡기 위해 미국 텍사스에서 하운드를 모아 남아프리카로 들여왔는데, 이 방법은 효과가 있었어요. 그때까지 감시인들은 밀렵꾼 중 겨우 5퍼센트를 잡을 수 있었어요. 이제는 하운드와 함께 순찰을 돌면서 밀렵꾼을 절반 이상 잡고 있어요. 남아프리카의 밀렵 감시인들은 새끼 개를 훈련시켜 아프리카의 다른 지역에도 보내기를 바라고 있어요. 그러면 더 많은 동물들이 자유롭게 살 수 있는 기회가 늘 거예요.

밀렵 방지 감시견들이 훈련 중이에요.

2022년 기억해야 할 기념일

국제 안내견의 날
시각 장애인을 돕는 모든 개를 칭찬하는 날이에요.

4월 27일

국제 연날리기의 날
연을 날려요!
인도 구자라트에서 기념하기 시작한 이 날은 해가 짧고 추운 겨울이 끝났음을 알려요.

1월 14일

세계 산호초의 날
바다의 산호초를 보호하는 것은 너무 중요해요. 해양 생물의 약 25퍼센트가 산호초에서 살거든요.

6월 1일

국제 행복의 날
걱정을 접고 행복하게!
기쁨을 주는 모든 것에 주의를 기울이면서 온종일 웃고 지내는 것이 목표인 날이에요.

3월 20일

국제 농담의 날
실컷 웃는 날이에요!
가장 재미있는 농담과 수수께끼로 온종일 웃어요. 친구들과 식구들을 웃겨 봐요.

7월 1일

세계 돌고래의 날
멋지게 다이빙을 하는 돌고래들에게 관심을 가져 봐요.

4월 14일

국제 퍼즐의 날
스도쿠나 가로세로 낱말 퍼즐을 풀면서 뇌를 훈련해요!

7월 13일

세계 미술의 날
그림을 그리거나 조각하는 등 미술 활동으로 창의성을 키우는 날이에요!

4월 15일

세계 여우원숭이의 날
사랑스러운 여우원숭이를 보면서, 이 동물들이 멸종 위기에 처한 상황을 세상에 알려요.

10월 28일

올해의 토픽

거북의 100번째 생일

터키의 동물원에 사는 알다브라코끼리거북 '투키'는 최근에 큰 일을 해냈어요. 바로 100세를 맞이한 거죠! 동물원은 상추와 채소 케이크를 준비해 이웃인 라마와 함께 생일을 축하했어요. 투키의 나이는 놀랍지만, 아주 드문 일은 아니에요. 알다브라코끼리거북은 세계에서 가장 큰 코끼리거북에 속하고 150년 넘게 살 수도 있거든요!

신종 발견! 기후 활동가의 이름을 붙이다

최근에 한 연체동물에게 이름이 생겼어요! 몸길이가 약 2밀리미터인 이 달팽이는 기후 활동가 그레타 툰베리의 이름을 따서 크라스페도트로피스 그레타툰베르가이*라는 학명을 얻었지요. 과학 탐사 단체인 택손 익스페디션은 시민 과학자들과 함께 브루나이의 우림에서 이 신종 달팽이를 발견했어요. 이 달팽이는 가뭄, 극심한 기온 변화 같은 기후 변화의 징후에 민감하다고 해요. 그래서 기후 변화의 위험을 알리는 툰베리에게 영예를 부여하고 지구와 지구에 사는 모든 종을 보호하는 일을 격려하기 위해 툰베리의 이름을 붙였어요.

*Craspedotropis gretathunbergae

레서판다가 어쩌면 두 종일 수도?

레서판다는 아주 희귀해요. 야생에 2,500마리뿐이라고 하죠. 현재 과학자들은 레서판다가 사실 2종일 수도 있다고 말해요. 차이가 뭘까요? 중국의 레서판다는 털이 더 붉고 꼬리에 띠무늬가 있어요. 히말라야의 레서판다는 얼굴이 더 흰색이에요. 과학자들은 이 발견이 레서판다의 서식지를 보호하여, 레서판다를 멸종 위기에서 구하는 데 도움이 되기를 바라요.

플라스틱 쓰레기로 만든 설치 미술 작품으로 인도 코치에 있어요. 플라스틱이 해양 생물들에게 큰 위협이 된다는 사실을 알리기 위해 만든 거예요.

2022년의 도전! 플라스틱 제로

플라스틱의 모든 것

플라스틱이란 무엇일까?

» 플라스틱은 색깔을 넣고 질감을 살리고 틀에 찍어 거의 무엇이든 만들 수 있어요. 도대체 이 놀라운 재료는 정확히 무엇일까요?

기초 지식: 플라스틱은 중합체(폴리머)예요. 분자들이 사슬처럼 이어져 길고 잘 구부러져요. 이런 분자 구조 때문에 플라스틱은 가볍고, 잘 끊어지지 않고, 원하는 모양으로 찍어 내기 쉬워요. 그래서 쓸모가 많아요.

중합체는 어디에서 나올까요?

중합체는 자연에도 있어요. 식물의 세포벽, 타르, 거북 등 딱지, 나무즙(수액) 등에도 중합체가 들어 있어요. 실제로 약 3,500년 전, 중앙아메리카에 살던 사람들은 고무나무의 수액으로 공을 만들어 경기를 했어요. 약 150년 전, 과학자들은 자연의 중합체를 모방하여 개량하기 시작했어요. 그 결과가 바로 합성 중합체, 플라스틱이에요.

플라스틱은 누가 발명했을까요?

1869년 미국의 존 웨슬리 하이엇이 유용한 합성 중합체를 처음 만들었어요. 엄청난 발견이었죠. 이제 목재, 점토, 돌처럼 자연에서 나는 원료만 쓰지 않아도 되니까요. 사람들은 자신이 쓸 원료를 직접 만들게 된 거죠.

합성 플라스틱은 무엇으로 만들까요?

오늘날 플라스틱은 대부분 석유와 천연가스로 만들어요.

플라스틱은 언제부터 널리 쓰이게 되었을까요?

2차 세계 대전(1939~1945년) 때 플라스틱으로 만든 비단처럼 가볍고 강한 나일론은 낙하산, 밧줄, 보호복, 헬멧에 쓰였어요. 전투용 항공기는 플렉시글라스라고 하는 플라스틱 유리로 만든 가벼운 창을 달았어요. 전쟁이 끝난 뒤에는 접시에서 라디오, 장난감에 이르는 온갖 플라스틱 물건이 인기를 끌었어요. 수십 년 뒤 가볍고 깨지지 않는 플라스틱 병이 나와 유리병을 대체했고, 상점들은 종이봉투 대신에 더 가볍고 저렴한 플라스틱으로 만든 비닐봉지를 쓰게 됐죠.

플라스틱 사용은 지금까지 이어지고 있어요!

주위를 둘러봐요. 플라스틱은 우리 주변 어디에나 있어요.

비닐봉지의 평균 사용량은 얼마나 될까요? 평균적으로 미국인은 하루에 1장을 써요. 한국인은 1년에 400장 이상 써요. 덴마크인은 1년에 4장을 써요.

플라스틱 제로

이 모든 플라스틱은 어디로 갔을까?

지금까지 플라스틱이 다른 물건으로 재활용된 비율은 아주 낮아요. 매립지에 묻히면 분해되는 데 수백 년이 걸릴 수도 있어요. 태우는 것도 플라스틱을 없애는 한 방법이지요. 하지만 플라스틱은 화석 연료에서 만들어졌기에, 탈 때 해로운 오염 물질을 공기로 내뿜어요. 지금까지 생산된 플라스틱이 어디로 갔고, 분해되기까지 얼마나 걸리는지 살펴볼까요?

9% 재활용돼요.

12% 소각되면서 유해 물질을 뿜어내요.

79% 매립지로 가거나 자연환경(바다 등)으로 들어가요.

플라스틱 제품의 수명

매립지로 보낸 플라스틱은 그냥 사라지는 것이 아니에요. 그곳에서 아주 오랜 세월 묻혀 있어요. 플라스틱은 종류마다 분해되는 시간이 달라요.

 **플라스틱으로 만든 비닐봉지** 20년

 플라스틱 코팅 컵 50년

 **빨대** 200년

 **병** 450년

 음료수병 묶음 고리 450년

 낚싯줄 600년 이상

바다의 플라스틱

바다를 떠도는 쓰레기

거대한 태평양 쓰레기 섬의 이모저모를 살펴봐요

>> 지도로 보면 캘리포니아와 하와이 사이에 푸른 바다가 쭉 펼쳐진 것 같지만, 직접 가 보면 쓰레기들로 이루어진 큰 섬이 보일 거예요. 플라스틱으로 이루어진 섬이지요. 플라스틱 쓰레기는 전 세계 바다에서 발견돼요. 하지만 물에 떠다니는 잔해들은 해류와 바람에 실려 일정한 방향으로 움직여요. 그러다 몇몇 해역에 엄청나게 모이지요. 결국 플라스틱 쓰레기 섬이 되는 거예요. 그중 가장 큰 것은 거대한 태평양 쓰레기 섬이에요. 과학자들은 이 섬에 플라스틱이 1.8조 개쯤 있고, 그중 94퍼센트는 미세 플라스틱*이라고 추정해요. 발 디딜 생각은 하지 마요. 바닥이 단단한 섬이 아니니까요! 그물, 밧줄, 뱀장어 통발, 상자, 바구니 같은 어구를 포함하여 부피가 있는 물건들도 있어요. 지진 해일 때 바다로 쓸려 온 쓰레기도 있고요. 지진 해일은 지진이나 화산 활동으로 생기는 물결인데, 육지로 밀려들었다가 자동차에서 가전제품과 부서진 집에 이르기까지 수백만 톤의 잔해를 바다로 끌고 와요. 과학자들은 쓰레기섬을 치울 방법을 연구하고 있어요. 갈수록 많은 플라스틱이 끊임없이 밀려들기에, 그 노력은 계속되어야 할 거예요.

태국 푸켓 해안에 밀려든 뒤엉킨 나일론 밧줄

부서진 배의 잔해들은 이윽고 거대한 태평양 쓰레기 섬으로 몰려들어요.

*미세 플라스틱: 길이 5mm 이하의 작은 플라스틱 조각으로 하수 처리 시설에 걸러지지 않는다.

플라스틱 제로

쓰레기 섬이 발견되는 해역

전 세계의 바다는 소용돌이 형태로 순환하고 있어요. 이것을 '대양 환류'라고 하는데, 크게 위의 다섯 가지가 있어요. 플라스틱을 비롯한 쓰레기들은 해류를 타고 이동하다가 환류에 갇히게 돼요. 환류 중에서 가장 큰 북태평양 환류가 거대한 태평양 쓰레기 섬을 만들었지요.

거대한 태평양 쓰레기 섬은 면적이 160만 제곱킬로미터에 달해요.

비교해 볼까요?

프랑스의 **3**배

한반도의 **7**배

태평양 쓰레기 섬을 이루는 플라스틱 조각은 지구의 모든 사람 1명당 250개씩 치울 만큼 있어요.

23

바다의 플라스틱

S.O.S 바다거북을 구해라!

풍선을 삼킨 바다거북을 돕고자 구조대원들이 뛰어들었어요.

새끼 푸른바다거북이 미국 플로리다주 앞바다에서 수면을 오르락내리락하고 있었어요. 새끼 바다거북은 대개 수면에 머물지 않아요. 포식자의 눈에 띄기 쉬울 테니까요. 게다가 바다거북은 보통 더 깊은 바다에서 먹이를 찾아요. 그러므로 뭔가가 몸길이 약 30센티미터인 새끼 거북의 잠수를 막았던 거예요. 다행히 구조대원들이 발견해서 클린워터 해양 아쿠아리움에 데려왔어요. 첵스라는 이름도 붙였지요. 첵스는 얕은 유아 수영장으로 보내졌어요. 힘들이지 않고 잠수할 수 있는 곳이죠. 과학자들은 첵스의 피를 검사하고 엑스선 사진도 찍었어요. 아무 문제도 없었지요. 그 때 생물학자 로렌 벨의 눈에 뭔가 보였어요. "첵스가 이상한 것을 싸기 시작했어요." 첵스의 몸에서 나온 것은 자주색 풍선이었고 끈도 달려 있었지요.

해안에서 자라는 해초를 살리자!

바다거북은 물에 떠다니는 쓰레기를 먹이로 착각하곤 해요. 벨은 "사람도 물에 뜬 비닐봉지와 해파리를 구별하지 못할 때가 많아요."라고 말해요. 플라스틱은 바다거북을 다치게 할 뿐 아니라 바다거북의 서식지도 파괴해요. 푸른바다거북은 좋아하는 해초가 자라는 해안에 머물곤 해요. 그런데 버려지거나 강에서 흘러온 플라스틱이 해안에 모이면 해초를 뒤덮어 죽일 수 있어요. 해초를 먹고 해초에서 쉬는 첵스 같은 푸른바다거북에게는 큰 문제가 돼요.

자원봉사자들이 미국 버지니아주의 어느 해안을 3시간 동안 청소했더니, 풍선이 900개 넘게 나왔어요.

거북아 힘내!

풍선 끈
풍선 조각

① 푸른바다거북 첵스는 아마 0.6미터 길이의 끈을 먹이로 착각했을 거예요.

② 첵스는 클린워터 해양 아쿠아리움의 유아 수영장에서 긴 시간을 보낸 뒤에 회복되었어요. 첵스가 다시 딱딱한 먹이를 먹기 시작하자, 구조대원들은 첵스를 바다로 돌려보내기로 결정했지요.

플라스틱 제로

푸른바다거북
미국 플로리다 레딩턴 해안

북극해 · 북아메리카 · 유럽 · 아시아 · 대서양 · 태평양 · 아프리카 · 태평양 · 남아메리카 · 인도양 · 오스트레일리아 · 남극 대륙

해초

풍선아, 잘 가

아쿠아리움에서 며칠을 보내는 동안 풍선이 소화계를 빠져나가며, 첵스는 회복되기 시작했어요. 이윽고 풍선과 0.6미터짜리 끈이 다 나왔어요. 몇 달 뒤 고형 먹이를 섞어 주어도 첵스가 잘 먹자, 구조대는 첵스를 바다로 돌려보낼 준비가 됐다고 판단했어요. 벨이 바다에 허리 깊이까지 들어가자, 다른 직원이 첵스를 건넸어요. 벨은 조심스레 첵스를 물에 내려놓고, 새끼 거북이 발을 휘저으며 떠나는 모습을 지켜보았어요. "첵스가 '와, 바다다! 고마워요, 안녕!' 하고 말하는 것 같았어요." 벨이 말했어요. 축하 파티를 열자고요! 하지만 풍선은 쓰지 않는 게 좋겠어요.

오염 해결책: 플라스틱 포식자

바다에는 문장의 마침표보다 작은 미세 플라스틱 쓰레기 조각이 가득해요. 너무 작고 많아서 청소하기가 정말 어렵죠. 하지만 유형류라고 하는 동물이 해결책을 줄지도 몰라요. 올챙이처럼 생긴 이 해양 동물은 스스로 분비한 점액으로 자신을 감싸서, 마치 얇고 투명한 공기 방울에 들어 있는 듯해요. 그 상태로 유형류가 물을 삼키면 미세한 먹이는 먼저 유형류를 감싸는 점액에 걸려요. 유형류는 그 먹이를 먹고 살지요. 과학자들은 비슷한 방법으로 유해한 미세 플라스틱을 걸러 내고자 이 행동을 연구하고 있어요.

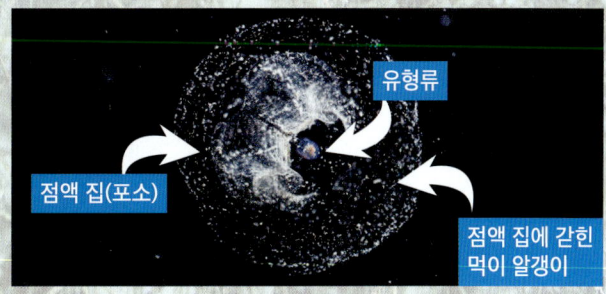

유형류 · 점액 집(포소) · 점액 집에 갇힌 먹이 알갱이

③ 생물학자 로렌 벨이 작은 거북을 바다로 돌려보낼 준비를 해요.

2022년 사이언스 챌린지

우리의 소중한 바다를 소개해 보자!

NATIONAL GEOGRAPHIC KIDS
2022년 사이언스 챌린지

지구는 파란 행성이라 불려요. 지구 표면의 70퍼센트 이상이 파란 바다로 덮여 있거든요. 많은 상을 받은 수중 사진작가이자 내셔널지오그래픽 탐험가인 브라이언 스케리는 가장 희귀한 해양 생물을 사진으로 남기기 위해서 전 세계를 여행해 왔어요. 가장 사나운 물고기부터 가장 장엄한 고래에 이르기까지, 스케리는 바다의 모든 것을 보아 왔지요. 이제 스케리는 사진에 담기지 않은 바다의 삶을 더 알려 주려고 해요. 우리 모두가 힘을 모아서 바다를 지키는 것이 왜 중요한지도 이야기할 거예요.

수중 사진작가가 되기로 마음먹은 계기는 무엇이었나요?

나는 미국 매사추세츠주에서 자랐는데, 어릴 때 부모님이 해안으로 데려다주시곤 했어요. 그때 바다의 매력에 푹 빠졌어요. 바다에는 아무도 발견하지 못한 것들이 가득했어요. 그래서 바다를 탐험하고 싶었지요. 또 나는 사진 찍는 것도 좋아했기에, 카메라를 들고 바다를 탐험하면서 사진으로 바다의 이야기를 담아 사람들에게 들려주면 정말 좋겠다고 생각했어요.

바다에서 헤엄치거나 상어가 있는 곳에서 잠수할 때 겁이 나지 않나요?

나는 물을 두려워한 적이 없어요. 물에 들어가는 것이 너무나 자연스럽고 편안했어요. 하지만 상어 같은 포식자를 보면 당연히 겁이 나지요. 상어가 위험하다는 것을 알기에, 최대한 조심하면서 안전하게 일하려고 애써요.

상어와 함께하면서 가장 좋은 기억은요?

수천 가지나 되지요! 장완흉상어 옆에서 헤엄친 일도 즐겨 떠올리는 기억 중 하나예요. 장완흉상어는 세상에서 가장 위험한 동물에 속해요. 16일 동안 찾아다닌 끝에 겨우 암컷 한 마리와 마주쳤어요. 상어는 곧바로 나를 향해 왔어요! 나는 바하마 제도의 아름다운 파란 물에서 빙빙 돌면서 사진을 찍었어요. 장완흉상어는 호기심이 아주 많았지요. 내 주위를 크게 원을 그리며 빙빙 돌면서 살펴보더군요. 상어가 너무나 점잖게 행동해서 놀랍기도 하고 아주 기뻤어요. 마법의 한 장면 같았지요.

상어 말고 또 어떤 동물들과 함께 헤엄쳤나요?

고래와 함께 헤엄치는 것을 무척 좋아해요. 최근에 여러 종과 함께 헤엄치면서 사진을 찍을 기회가 있었지요. 나는 여러 해 동안 이 일을 하면서 고래가 사람과 많이 비슷한 문화를 지니고 있다는 사실을 발견했어요. 고래마다 언어가 다르고 사투리도 있어요. 혹등고래는 노래 경연을 해요. 베이비시터가 있는 고래 가족도 있어요! 고래는 너무나 매력이 넘쳐요. 나는 사람들이 고래를 더 이해했으면 좋겠어요.

바다를 지키는 것이 왜 중요할까요?

바다는 우리의 모든 것이에요. 우리는 땅에 살지만, 물의 행성에 살아요. 지표면의 약 72퍼센트는 바다이고, 지구에서 생명이 살 수 있는 곳의 98퍼센트는 물이에요. 날씨부터 우리가 숨 쉬는 공기에 이르기까지 모든 것은 바다에서 나와요. 우리가 살아가려면 바다가 꼭 필요해요. 바다를 이해하고 보호하는 일에 우리의 생존이 달려 있어요.

플라스틱 제로

2022년의 챌린지 주제

이제 여러분의 차례예요! 자신이 좋아하는 해양 동물에 관한 그림과 글을 통해서 우리의 소중한 바다를 알리는 일을 도와주세요. 바다에는 멋진 동물들이 아주 많아요. 고래, 문어, 바다거북, 돌고래, 해달, 바다코끼리, 해마, 흰동가리, 해파리 등등이 있잖아요. 자신이 좋아하는 동물을 고르고 소개할 방법을 정해요. 그림을 그리거나 글을 쓸지, 아니면 둘 다 할지 결정해요.

그림: 자신이 좋아하는 해양 동물을 그려요. 그 동물이 사는 환경을 배경으로요. 그 동물을 얼마나 알고 좋아하는지를 남들이 알 수 있도록, 가능한 한 정확히 그리는 거예요. 다 그렸으면, 동물의 이름과 사는 곳, 중요한 특징 한 가지도 적어요.

글: 자신이 좋아하는 해양 동물에 관한 짧은 글이나 시를 써요. 이름, 사는 곳, 얼마만큼 자라고 무엇을 먹고 왜 좋아하는지 같은 생태 정보를 글에 담아요. 그 동물에 관한 사실들을 창의적으로 써 보세요. 그 동물을 얼마나 알고 좋아하는지를 남들이 알 수 있도록요.

가장 창의적인 그림과 글은 내년에 나올 책에 소개될 거예요!

올해의 도전 과제를 온라인 게시판에 올려 주세요.
www.bir.co.kr/challenge
다른 어린이들의 작품도 살펴보세요.

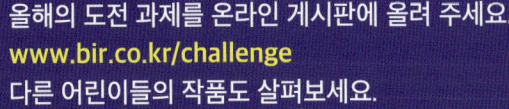

2021년 미국 내셔널지오그래픽 키즈 챌린지 결과

지난해 플라스틱 쓰레기 줄이기 챌린지에 35,000명이 넘는 어린이가 참여했어요. 대부분 가족, 친구들과 함께했어요. 여럿이 힘을 모을수록 지구에 더 좋은 영향을 미칠 수 있어요.
2021년 챌린지의 우승자는 메리 로즈 파리넬라(9세)예요. 메리가 제출한 내용은 「행성 지킴이: 한 번에 한 모금씩 작은 차이 만들기」예요. 식구들에게 빨대와 비닐봉지 사용을 줄이고 재활용을 더 하자고 설득했어요. 가장 중요한 점은 플라스틱 물병을 오래 쓸 수 있는 금속 물병으로 바꾸게 한 거예요. 전 세계에서 1분마다 거의 100만 개의 플라스틱 음료수 병이 팔리니까 큰 차이를 가져올 수 있는 일이죠. 게다가 누구나 할 수 있고요!

생활 속 실천

10가지 플라스틱을 줄이는 간단한 방법

부모님께 슈퍼에 갈 때 비닐봉지 대신에 **재사용**할 수 있는 **장바구니**를 이용하자고 권해요.

플라스틱 포장지에 담긴 과자 대신에 사과, 바나나, 오렌지 같은 **과일**을 먹어요.

쓰고 버리는 플라스틱 물병을 피하고 **재사용**할 수 있는 **물병**을 써요.

아이스크림을 먹을 때 **콘**으로 고르면, 플라스틱 컵과 숟가락을 쓰지 않을 수 있어요.

부모님께 **과자, 시리얼, 파스타**는 큰 봉지로 사서 **유리통**에 보관 하자고 해요.

28

플라스틱 제로

부모님께 세제와 우유 같은 제품은 **재활용되는 종이 갑에 든 것**을 사자고 해요.

플라스틱 빨대 대신에 **금속 빨대나 종이 빨대를** 사용해요.

야외로 소풍을 갈 때 일회용 수저 대신에 집에서 쓰는 **숟가락과 젓가락을** 챙겨 가서 써요.

플라스틱 칫솔 대신에

대나무로 만든 칫솔을 써요.

새 모이통

플라스틱 병을 버리는 대신에 **장난감, 미술 재료 같은 다른 용도로 재활용**해요.

29

생활 속 실천

플라스틱을 덜 쓰는 방법

여러분도 일회용 플라스틱 제품이 바다에 들어가지 못하게 할 수 있어요. 아래 중 더 좋은 선택은 어느 쪽일까요?

좋은 선택

좋지 않은 선택

왜요?

우리는 간식거리를 담을 때 비닐봉지를 쓰지만, 많은 동물들은 비닐봉지를 간식이라고 착각해요! 물에 떠서 반짝이는 비닐봉지가 물고기처럼 보일 수 있어요. 동물이 비닐봉지를 먹으면 음식이 창자로 내려가지 못해요. 그러면 동물은 굶어 죽게 되지요. 얼마 전에 발견된 민부리고래는 위장에 과자 포장지, 비닐봉지, 나일론 밧줄 등 40킬로그램이 넘는 플라스틱이 가득 차 있었어요.
그러니까 간식을 싸 들고 외출할 때는 재사용할 수 있는 통에 담아요.

'플라스틱 OUT' 운동을 주변 어른들에게 알려요!

내게 완벽한 간식 포장 은 뭘까?   재사용 가능한 음식 용기를 찾아봐요.

❶ 가방에서 샌드위치가 짓눌리는 것은 싫어요. → 튼튼한 용기에 담아요.

❷ 가볍고 유연한 포장을 원해요. → 천이나 밀랍 종이로 싸요.

❸ 떠먹는 음식을 담을 용기가 필요해요. → 유리병을 써요.

❹ 좀 눌리더라도 튼튼한 주머니가 필요해요. → 실리콘 주머니에 담아요.

최후의 수단. 집에 비닐봉지가 몇 개 남아 있다면, 계속 써요! 쓰고 나면 비눗물로 씻은 다음 잘 말려서 다시 써요. 비닐봉지가 닳으면 재활용할 곳을 찾아요. 못 찾으면 그때 재활용품으로 배출하면 돼요.

플라스틱 제로

플라스틱을 안 쓰고 간식을 먹는 방법

세 가지 방법을 살펴볼까요?

1 말린 열매와 과자, 견과 믹스

슈퍼에서 좋아하는 간식들을 큰 봉지로 사서 조금씩 꺼내어 그릇에 섞어 담아요. 이제 먹으면 돼요! 소금이나 계핏가루 같은 원하는 양념을 조금 쳐도 좋고요. 다음 중 섞고 싶은 것이 있나요? 나만의 간식을 만들어 봐요.

- ☐ 프레첼
- ☐ 아몬드, 피스타치오, 땅콩 같은 견과류
- ☐ 호박씨나 해바라기씨
- ☐ 건살구, 건포도, 바나나 칩 같은 말린 과일
- ☐ 초콜릿 칩
- ☐ 뻥튀기
- ☐ 고구마 말랭이

2 집에서 튀긴 팝콘

팝콘용 옥수수를 파는 곳을 찾아가서 종이봉투에 담아 와요. 이제 식용유와 뚜껑 있는 큰 냄비가 필요해요. 이 요리를 하려면 부모님의 도움을 받아야 해요.

- ☐ 냄비 바닥을 덮을 만큼만 식용유를 부어요.
- ☐ 냄비를 레인지에 올리고 중간 불로 가열해요.
- ☐ 팝콘용 옥수수를 냄비 바닥에 한 층으로 깔릴 만큼 넣어요.
- ☐ 냄비 뚜껑을 덮어요.
- ☐ 몇 분 지나면 팝콘 터지는 소리가 들릴 거예요. 소리가 잦아들면, 냄비를 내려요. 뚜껑을 열고 팝콘을 그릇에 부어요.
- ☐ 소금, 버터 등 원하는 양념을 치고 잘 섞어요.

3 구운 사과

설탕, 버터, 계피로 사과를 특별한 간식으로 만들어 볼까요? 이 요리를 하려면 부모님의 도움이 필요해요.

- ☐ 부모님께 오븐을 175°C로 예열해 달라고 해요. (전자레인지나 에어프라이어를 써도 돼요.)
- ☐ 사과를 반으로 자른 뒤, 씨와 심을 빼내요.
- ☐ 사과를 오븐용 그릇에 담고 잘린 부위에 숟가락으로 흑설탕과 버터를 발라요. 계핏가루도 살짝 뿌리고요.
- ☐ 오븐에서 30분 동안 구워요. 전자레인지를 쓴다면 사과가 부드러워질 때까지 약 3분 돌리면 돼요.

생활 속 실천

막대 아이스크림 만들기

일회용 플라스틱 제품을 줄이는 것이 지구의 건강을 돕는 길이에요. 막대 아이스크림을 직접 만들어 먹으면, 가게에서 비닐 포장에 담긴 것을 사지 않아도 돼요.

준비할 재료

- 딸기, 블루베리, 복숭아, 바나나 같은 신선한 과일 2컵(350g)
- 꿀 두 숟가락(30ml)
- 주스나 물 1/4컵(60ml)
- 믹서
- 작은 종이컵 8개
- 빵틀(없어도 돼요!)
- 알루미늄 포일이나 머핀용 포일 컵 8개
- 나무 막대 8개

비닐봉지는 바깥에 있는 쓰레기통에 버리면 바람에 날려서 자연환경으로 들어가기 쉬워요. 그렇게 날아간 비닐봉지를 동물들이 먹이로 착각할 수 있어요.

1단계

부모님께 과일, 꿀, 주스(또는 물)을 믹서에 넣어 달라고 해요.

2단계

믹서 뚜껑을 닫고 작동시켜서 완전히 갈아요.

플라스틱 제로

3단계

잘 갈린 과일을 종이컵의 4분의 3이 찰 때까지 부어요. (부을 때 엎질러지지 않도록 빵틀에 종이컵을 넣어 두면 좋아요.)

4단계

알루미늄 포일이나 머핀용 포일 컵으로 종이컵을 덮어요.

5단계

포일 한가운데로 조심스럽게 나무 막대를 찔러 넣어요.

6단계

막대를 수직으로 내려서 반쯤 들어갈 때까지 넣어요.

7단계

약 4시간 동안 냉동실에 넣어 두고 완전히 얼려요.

8단계

냉동실에서 꺼내어 포일과 종이컵을 떼어 내고, 맛있게 먹어요!

더 알아보기

잠깐 퀴즈!

여러분의 생태 친화 IQ는 얼마일까요? 이 퀴즈를 풀면 알 수 있어요!

답을 종이에 적은 뒤, 아래 정답과 비교해 봐요.

1 참일까, 거짓일까? 플라스틱을 태우면 환경에 해로워요. 유해 물질이 빠져나와 공기로 퍼지기 때문이에요. (   )

2 플라스틱이 바다로 들어오지 못하게 막는 방법은 무엇일까?
a. 포장재가 없는 과자를 골라요.
b. 간식거리를 살 때 비닐봉지를 쓰지 않아요.
c. 가게에 갈 때 재사용할 수 있는 장바구니를 들고 가요.
d. 모두 다

3 태평양의 거대한 쓰레기 섬에는 플라스틱이 몇 개나 있을까?
a. 18만 개
b. 180만 개
c. 18억 개
d. 1.8조 개

4 바다거북은 _____를 좋아하는 먹이인 해초로 착각하곤 한다.
a. 바닷말
b. 뱀장어
c. 떠다니는 쓰레기
d. 물고기

5 참일까, 거짓일까? 플라스틱을 비롯한 쓰레기들은 대양 환류라는 전 세계를 도는 해류에 갇혀요. (   )

너무 쉽다고요?
다음 장에 나오는 **퀴즈**에도 **도전**해 봐요!

정답: ① 참, ② d, ③ d, ④ c, ⑤ 참

플라스틱 제로

이렇게 해 봐요!

편지 잘 쓰는 법

편지를 잘 쓸 줄 알면 많은 도움을 구할 수 있지요. 누군가에게 자기 생각의 요지를 이해시키고 설득하고 싶을 때 편지는 쓸모가 있어요. 국회 의원에게 이메일을 보내거나 학교 과제를 위해 자료 요청 메일을 쓰거나 할머니께 편지를 쓸 때, 편지를 잘 쓰면 말하고자 하는 바를 상대방에게 전달하는 데 많은 도움이 돼요.
가장 중요한 점은 잘 쓴 편지가 좋은 인상을 준다는 거예요.

아래 사례를 보고 좋은 편지의 구성 요소가 무엇인지 살펴볼까요?

받는 사람
편지를 받는 사람의 이름을 쓰고 "께"나 "에게"를 붙여요.

→ 존경하는 해피 햄버거 상점 주인께

인사말
"안녕하세요", "안녕" 인사하고 보내는 사람이 누군지 써요.

→ 안녕하세요? 저는 이웃에 사는 매디 스미스입니다.

들어가는 말
편지를 쓰는 이유를 간단히 제시해요.

→ 해피 햄버거에서 일회용 플라스틱과 비닐봉지를 쓰지 말아 주시길 부탁드리고자 이 편지를 보냅니다.

본문
편지에서 가장 긴 부분이며, 자신의 생각을 뒷받침하는 증거를 제시해요. 설득력 있게 써요!

→ 해피 햄버거는 제가 좋아하는 음식점이에요. 우리 식구는 거의 토요일 저녁마다 찾아가서 식사를 해요. 저는 늘 베이컨 치즈버거와 감자튀김을 주문해요. 제가 정말 좋아하는 거예요!
저번에는 아빠가 포장 주문을 해서 집에 들고 오셨어요. 그런데 플라스틱 포크, 칼, 숟가락도 딸려 왔어요. 모두 얇은 비닐로 따로따로 포장되어 있었고요. 또 큰 비닐봉지에 들어 있었어요. 플라스틱이 아주 많았어요!
저는 플라스틱이 걱정이에요. 지구에 엄청난 문제를 일으키니까요. 해마다 플라스틱 쓰레기가 900만 톤씩 바다로 들어간다는 걸 아세요? 게다가 과학자들은 2050년에는 플라스틱의 양이 3배까지 늘 수 있다고 해요.
동네의 몇몇 음식점은 일회용 플라스틱 사용을 줄였어요. 핫도그 행아웃 상점은 포장 주문 때 플라스틱 비닐봉지 대신에 종이봉투를 써요. 위핑어니언 가게는 플라스틱 포크 같은 것을 손님에게 필요하냐고 물어본 후 넣어 주세요.

맺는말
자신의 주장을 요약해요.

→ 해피 햄버거도 이런 간단한 사항들은 바꿀 수 있을 거라고 생각해요. 그러면 최고의 버거를 팔 뿐 아니라, 지구를 지키는 데에도 도움을 줄 수 있을 거예요.

인사말
"감사합니다", "건강하시기를" 같은 인사말로 끝내요.

→ 시간을 내어 읽어 주셔서 감사합니다.

맺는 인사말 예시
감사합니다, 고맙습니다,
즐거운 일이 가득하시기를 빕니다,
행복하세요.

날짜 → 2022년 4월 22일

서명 → *매디 스미스* 올림

동물의 세계

아메리카수리부엉이가 날고 있어요.

동물의 분류

분류학이란 무엇일까?

지구에는 수많은 생물이 있기에 사람들은 각각 분류할 방법을 찾았어요. 과학자들이 생물을 분류하기 위해 세운 학문을 '분류학'이라고 해요. 모든 생물을 일정한 규칙에 따라서 나누거나 묶는 거지요. 그러면 여러 생물들이 서로 어떻게 같고 다른지를 더 잘 이해할 수 있어요. 지금은 생물을 8단계로 분류해요. 맨 위에 있는 가장 크게 묶은 집단은 '역'이라고 해요. 그 밑으로 계부터 종까지 이어져요.

생물학자들은 진화 역사를 토대로 생물을 분류하며, 생물을 유전 구조에 따라서 3대 역으로 나누어요. 고세균, 세균, 진핵생물이지요.(101쪽 '생명의 가장 큰 분류 단위, 역'을 참조해요.)

분류의 사례
필리핀안경원숭이

- 역: 진핵생물
- 계: 동물계
- 문: 척삭동물문
- 강: 포유강
- 목: 영장목
- 과: 안경원숭잇과
- 속: 필리핀안경원숭이속
- 종: 필리핀안경원숭이

동물은 어디에서 나왔을까?

고슴도치

동물은 진핵생물에 속해요. 몸을 이루는 세포에 세포핵이 들어 있다는 뜻이에요. 분류해서 이름을 붙인 동물은 100만 종이 넘어요. 동물은 '문'이라는 더 작은 집단들로 나뉘어요. 과학자들은 동물을 몸 구조나 등뼈 유무 같은 과학적 기준에 따라서 30문 이상으로 나누어요. 이 분류는 꽤 복잡해서, 덜 복잡하게끔 동물을 크게 두 집단으로 나누기도 해요. 바로 등뼈가 있는 '척추동물'과 등뼈가 없는 '무척추동물'이에요.

분류 체계는 이렇게 기억해 봐요!
"**역**시나 **계**단이 많으면 **문**제야. 다리 힘을 **강**하게 주고 **목**도 세우고 **과**감하게 **속**도를 내어 **종**다리처럼 올라가자."

몇 종이나 될까?

전 세계의 야생에서 취약하거나 멸종 위험에 처한 동물은 14,735종이나 돼요.

- **포유류 1,299종.** 눈표범, 북극곰, 고기잡이삵 등
- **조류 1,486종.** 참수리, 마다가스카르플러버 등
- **어류 2,849종.** 메콩자이언트메기 등
- **파충류 1,406종.** 일롱드낮도마뱀붙이 등
- **곤충 1,819종.** 에페이로스눈반점나비 등
- **양서류 2,276종.** 황제영원 등
- **그밖에** 거미류 197종, 갑각류 734종, 말미잘과 산호 234종, 조개류 201종, 달팽이와 민달팽이 2,069종.

일롱드낮도마뱀붙이

동물의 세계

척추동물 등뼈가 있는 동물

어류는 기온에 따라 체온이 변하는 변온 동물이고 물에 살아요. 아가미로 숨을 쉬고 알을 낳고 대개 비늘이 있어요.

양서류는 변온 동물이에요. 새끼는 물에 살면서 아가미로 숨을 쉬어요. 다 자란 성체는 물 밖으로 나와 허파와 피부로 호흡해요.

파충류는 변온 동물이고 허파로 호흡해요. 땅과 물 양쪽에 살아요.

조류는 체온이 일정한 정온 동물이고 깃털과 날개가 있어요. 알을 낳고 허파로 숨을 쉬어요. 대개 날 수 있어요. 육지나 물 위에 살고, 양쪽을 오가는 새도 있어요.

포유류는 정온 동물이고 허파로 호흡하며 새끼 때 어미의 젖을 먹고 자라요. 피부는 대개 털로 덮여 있어요. 육지나 물에 살아요.

원앙(조류)

독화살개구리(양서류)

무척추동물 등뼈가 없는 동물

해면동물은 몸이 아주 단순해요. 물에 살고 스스로 움직이지 못해요.

극피동물은 몸이 가시 모양 골편으로 덮여 있고, 바닷물에 살아요. 불가사리, 성게 등이 있어요.

연체동물은 몸이 부드럽고, 껍데기가 있는 종도 있어요. 육지나 물에 살아요. 오징어, 달팽이 등이 있어요.

절지동물은 수가 가장 많은 동물이에요. 겉뼈대가 있고, 몸이 몸마디로 이루어져 있어요. 물이나 육지에 살아요. 곤충이나 거미 등이 속해요.

선형동물은 몸이 부드러운 실 모양이고 다리가 없어요. 흙 속에 살아요.

자포동물은 물에 살고, 입 주위에 촉수가 있어요. 해파리가 여기에 속해요.

갯민숭달팽이 (연체동물)

해면(해면동물)

사마귀(절지동물)

변온 동물 대 정온 동물 비교하기

변온 동물은 냉혈 동물이라고도 하며, 몸 바깥에서 열을 얻어요.

정온 동물은 온혈 동물이라고도 하며, 바깥 기온에 상관없이 체온을 일정하게 유지해요.

동물의 생태와 특징

10가지 새끼 동물에 관한 깜찍한 사실들

새끼 토끼는 태어난 지 한 달 사이에 **금방 자라요.**

갓 태어난 **새끼 고슴도치**는 가시가 작고 부드러워요. 자라면서 바늘처럼 단단하고 **뾰족해지지요.**

솜털머리타마린은 주로 **쌍둥이를 많이 낳아요.**

강아지는 **하루에 20시간까지** 자기도 해요.

새끼 코뿔소는 태어날 때 **뿔이 없어요.** 뿔은 태어나고 몇 달 뒤에 자라기 시작해요.

동물의 세계

새끼 기린은 태어나자마자 곧 일어설 수 있고, 1시간이 지나기 전에 걸을 수 있어요.

갓 태어난 **돌고래**는 턱에 작은 털들이 나 있어요.

새끼 사슴은 몸에 하얀 반점이 있어요. 희끗희끗해서 포식자의 눈에 덜 띄어요.

어미 청설모는 어미 잃은 새끼를 **입양해서** 자기 새끼처럼 **키워요.**

새끼 판다는 태어날 때 몸길이가 **연필만 해요.** 어미 판다의 약 900분의 1밖에 안 돼요.

동물의 생태와 특징

아주 특별한
별난 동물들

등을 벅벅 긁고 있는 곰들이 있다!

아유, 시원해. 바로 거기야!

왼쪽과 아래 사진의 새끼 회색곰은 태어난 지 2년 반쯤 되었어요.

금속 기둥은 눈이 쌓여 있을 때 도로의 위치를 알려 줘요.

캐나다 유콘 준주

어미 회색곰과 거의 다 자란 새끼는 도로 표지용 금속 기둥을 발견하자 달려왔어요. 곰들은 뒷다리로 일어서서 기둥에 등과 얼굴을 대고 문질렀어요. 마치 가려운 곳을 긁는 듯했지요!
그러나 미국 유타 브리검영 대학교의 곰 생물학자 톰 스미스는 곰이 가려워서 긁은 게 아니라고 말해요. "곰은 몸을 문질러서 냄새를 남겨요. 자신이 여기 산다고 다른 곰들에게 알리는 거죠. 이 냄새는 영역 싸움을 피하고 짝을 찾는 데 쓰여요." 원래 숲에 사는 곰은 나무줄기에 자기 냄새를 남기곤 해요. 하지만 툰드라*에는 나무가 없어요. 그래서 캐나다 북쪽 툰드라에 사는 회색곰은 바위, 진흙이나 건물과 표지판 같은 것에 냄새를 남겨요. 냄새로 '여기는 내 구역이다' 써 붙이는 셈이지요!

*툰드라: 북극해 연안에서 최고 온도가 10도 이하이며 큰 나무가 자라지 못하는 곳.

동물의 세계

깨끗한 바다 = 행복한 새!

홍학의 외침! "지구를 구하자!"

홍학인 밥이 카리브해에서 헤엄치고 있어요.

퀴라소 빌렘스타트

밥은 바닷가를 거닐며 짠 물웅덩이에 부리를 담그기를 좋아하는 홍학이에요. 밥은 아이들에게 자연 보전이 중요하다고 알리고 있죠.
수의사이자 야생 보전 구역 설립자인 오데트 두이스트는 호텔 창문으로 날아든 밥을 구조했어요. 두이스트는 밥이 더 이상 야생에서 생존할 수 없다는 것을 깨달았어요. 그래서 밥이 야생 보전 구역에 살면서 사람들에게 자연의 중요성을 알리도록 했지요.
두이스트는 밥을 학교로 데려가 아이들에게 플라스틱 오염 문제를 알려요. 야생 동물이 그물에 얽히거나 버려진 풍선을 먹이로 착각해서 먹고는 피해를 입을 수 있어요. 밥은 서식지에 생긴 작은 변화가 자신의 삶을 바꾸어 버렸음을 사람들에게 알려 주지요. 정말 멋진 새랍니다!

밥과 두이스트가 동네 학교의 교실을 방문했어요.

개가 하늘을 날다!

미국 미시간주 로체스터 힐스

치와와 팅커벨은 반려인과 함께 시장을 한가롭게 거닐고 있었어요. 그때 갑자기 시속 113킬로미터의 돌풍이 불었어요. 탁자와 의자가 공중으로 날아올랐어요. 몸무게 2.7킬로그램인 팅커벨도요. 가족들은 깜짝 놀라서 쫓아갔지만, 팅커벨은 종이비행기처럼 마구 날려 갔어요.
그후 이틀 동안 반려인 래번과 도로시는 주변을 샅샅이 뒤졌어요. 하지만 찾은 것은 팅커벨의 목줄뿐이었어요. 400미터쯤 떨어진 곳에 있었지요. 두 사람은 간절한 심정으로 팅커벨을 부르면서 숲길을 따라갔어요. 그때 놀랍게도 팅커벨이 달려왔어요!
팅커벨이 어떻게 살아남았는지, 어떻게 땅에 내려왔는지는 아무도 몰라요. 기상학자인 데이브 렉스로스는 이렇게 말했어요. "아마 약 2미터쯤 올라갔겠죠. 이리저리 날아가다가 작은 나무에 걸렸을 거예요." 어떻게 살아남았는지보다 더 중요한 것이 있었지요. "우리는 그저 팅커벨이 돌아왔다는 게 너무나 기쁠 뿐이에요." 래번이 말했지요.

나, 새 아냐?

동물의 생태와 특징

바다를 건넌 암탉

항해가 비행보다 훨씬 쉬워요.

프랑스 브르타뉴

어떻게 닭이 바다를 건넜냐고요? 요트 항해를 함께했기 때문이죠!
귀렉 수디와 암탉 모니크는 몇 년째 함께 항해하면서 남극 대륙, 카리브해의 섬, 남아프리카 같은 곳들을 방문했어요. 모니크는 수디가 돛을 올릴 때 옆에 서 있고, 갑판으로 건져 올린 물고기를 잡지요. 수디는 "이 작은 닭은 나만큼 모험심이 강해요."라고 말해요. 또한 수디는 『세계를 항해한 닭』이라는 책을 썼어요.
모니크는 지푸라기가 채워진 자기 선실에 살면서, 알도 꾸준히 낳았어요. 닭 행동 전문가 케이린 스미스는 모니크가 대다수의 닭보다 더 행복할 것이라고 말해요. 더 넓은 곳에서 햇빛도 잘 받으니까요. 무엇보다 닭장에 갇혀 있지 않잖아요!

수디는 항해할 때 모니크가 종종 '노래'를 불러 준다고 말했어요.

나도 배를 몰아 보고 싶은데.

모니크는 대개 수디 옆을 떠나지 않아요.

동물의 세계

동물 가짜 뉴스!

어떤 사람들은 주머니쥐가 꼬리로 매달리거나 호저가 가시를 화살처럼 쏜다고 믿어요. 이 밖에 다른 가짜 뉴스는 또 뭐가 있을까요? 널리 떠도는 속설을 몇 가지 살펴봐요!

가짜 뉴스 코끼리는 생쥐를 무서워한다.

어떻게 생겨났을까 사람들은 생쥐가 코끼리 코로 기어 들어가기를 좋아한다고 생각했어요. 그러면 코끼리가 코를 다치거나 심한 재채기를 할 수도 있다고 짐작했어요. 그러니 코끼리가 쥐를 겁내는 것도 당연히 말이 되겠지요.

사실이 아닌 이유 코끼리는 낯선 소리를 들으면 불안해하긴 하지만, 시력이 아주 나빠서 사실 생쥐를 거의 알아보지 못해요. 게다가 코끼리는 호랑이, 코뿔소, 악어 같은 포식자도 겁내지 않는데, 생쥐에게 겁먹을 리가 있겠어요?

가짜 뉴스 금붕어의 기억은 3초에 불과하다.

어떻게 생겨났을까 사람 어른의 뇌는 무게가 약 1.4킬로그램인데 비해, 금붕어는 뇌가 아주 작아요. 그러니까 금붕어의 뇌는 기억을 담을 공간도 부족하지 않겠어요?

사실이 아닌 이유 금붕어가 아주 영리하다는 연구 결과가 있어요. 영국 플리머스 대학교의 필 지 박사는 금붕어가 레버를 누르면 먹이가 어항으로 떨어지는 장치를 설치했어요. "금붕어는 레버가 작동하는 시간을 기억했다가 그 시간이 되면 레버를 눌렀어요!" 다른 과학자는 금붕어에게 클래식과 블루스 음악을 구별하는 법도 가르쳤어요.

가짜 뉴스 개구리나 두꺼비를 만지면 사마귀가 옮는다.

어떻게 생겨났을까 많은 개구리와 두꺼비는 피부에 사마귀처럼 보이는 혹이 우둘투둘 나 있어요. 어떤 이들은 이 혹이 옮는다고 생각해요.

사실이 아닌 이유 피부과 의사 제리 리트가 말했어요. "사마귀를 일으키는 바이러스는 사람에게 있지, 개구리나 두꺼비에게는 없어요." 하지만 두꺼비의 귀 뒤쪽에 난 혹은 위험할 수 있어요. 이 분비샘에서 나오는 독은 포식자의 입을 아프게 하는데, 사람 피부에도 자극을 일으켜요. 따라서 두꺼비는 사마귀가 나게 하지는 않지만, 다른 문제를 일으킬 수 있어요. 그러니 혹이 있든 없든 간에 만지지 않는 것이 좋아요!

동물의 생태와 특징

너무너무 귀여운 동물들 중에 최고!

화려한 모습, 뛰어난 감각, 놀라운 속도
모든 동물은 저마다 지닌 특징 덕분에 멋져요. 그중에서도 환한 웃음, 폭신폭신한 털, 넘치는 기운 등으로 보기만 해도 사랑스러운 종들이 있어요. 자, 세상에서 가장 귀여운 동물 15종류를 소개할게요.

털이 가장 빽빽한 동물
북극곰은 빽빽한 하얀 털로 뒤덮여 있어서 북극 지방의 눈과 얼음 사이에서 눈에 띄지 않게 돌아다닐 수 있어요. 털이 발바닥에도 자라요! 털은 얼음에 잘 달라붙어 미끄러지지 않게 하고, 추위를 막아 주지요.

가장 꼭 껴안는 동물
아프리카에서 가장 작은 맹금류*인 피그미새매는 몸길이가 연필만 해요. 겨울에 체온을 유지하기 위해 피그마새매들은 하루에 최대 15시간씩 둥지에서 서로 꼭 껴안고 있어요.

*맹금류: 매와 올빼미 등 날카로운 부리와 발톱을 가진 육식성 조류.

위장을 가장 잘하는 동물
나뭇잎일까요, 해마일까요? 해마와 같은 실고기과에 속하는 나뭇잎해룡이에요. 몸에 난 잎 모양의 부속지* 덕분에, 이 물고기는 바닷말 사이에 숨어 있으면 잘 들키지 않아요.

*부속지: 동물의 몸통에 가지처럼 붙어 있는 기관이나 부분.

동물의 세계

가장 잘 매달려 있는 동물

오랑우탄은 깨어 있는 시간의 90퍼센트 이상을 나무 위에서 보내요. 팔이 다리보다 더 길어서, 나무 위 생활에 아주 잘 맞아요.

가장 잘 뛰어다니는 동물

새끼 양이 폴짝 뛰어요! 모든 양은 잘 놀지만, 새끼 양은 특히 기운이 넘쳐요. 온종일 뛰고 달리고 서로 머리를 부딪치면서 놀아요.

가장 멋지게 차려입은 동물

마다가스카르에서 처음 발견된 표범카멜레온은 몸이 파란색과 초록색에서 분홍색과 노란색에 이르기까지 화려한 색깔을 띠어요. 몇 분 사이에 몸 색깔을 휙 바꿀 수 있어요.

머리 모양이 가장 멋진 동물

닭의 한 품종인 폴리시는 '톱해트'라는 별명이 있어요. 머리 위쪽, 볏에 난 풍성한 깃털이 높이 솟은 모자처럼 보이기 때문이에요. 독특한 외모 때문에 1700년대에 유럽의 부자와 귀족에게 인기가 많았어요. 품종명은 폴리시('폴란드의'라는 뜻)이지만, 네덜란드에서 나온 품종이라고 해요.

동물의 생태와 특징

냄새를 가장 잘 맡는 동물

코끼리는 후각이 좋아서 냄새를 아주 잘 맡아요. 긴 코끝의 콧구멍으로 몇 킬로미터 떨어진 곳에 있는 물과 먹이 냄새를 맡을 수 있어요.

발굽이 가장 작은 동물

토끼만 한 베트남쥐사슴은 세계에서 가장 작은 발굽 동물*이에요. 야생에서 30년 가까이 보이지 않다가 2017년 베트남에서 사진에 찍혔어요.

*발굽 동물: 포유류 중에서 다리 끝에 각질로 된 발톱이 두꺼워진 발굽이 있는 동물.

목이 가장 잘 늘어나는 동물

목이 아주 길면 뭐가 좋을까요? 먹이를 더 잘 잡을 수 있지요! 뱀목거북은 등딱지 길이의 절반 이상 늘어나는 목을 뻗어 새우, 벌레, 물고기를 탁 쳐서 잡아먹어요.

가장 빠른 동물

치타는 육지에서 가장 빠른 동물이에요. 먹이를 사냥할 때, 3초 만에 시속 97킬로미터까지 속도를 낼 수 있어요.

동물의 세계

곡예를 가장 잘하는 동물

자벌레*는 몸의 양 끝에만 다리가 있어서 재밌는 방식으로 걸어요. 몸을 멋진 아치 모양으로 구부려서 뒤쪽 끝을 앞쪽 발에 가져와 댄 뒤에 앞쪽 발을 떼어 쭉 내미는 식으로 나아가요.

*자벌레: 자벌레나방의 유충.

잠이 가장 많은 동물

코알라는 잠을 아주 많이 자요! 하루에 22시간까지 잔답니다. 먹이가 소화되는 동안, 에너지를 아끼기 위해 자는 거예요.

가장 강하게 경고하는 동물

야생에서 독화살개구리를 보면 조심해요! 이 작은 양서류는 세계에서 가장 강한 독을 지닌 동물에 속해요. 노란색, 금색, 구리색, 빨간색, 초록색, 파란색, 검정색 등 선명한 색깔로 포식자에게 물러나라고 경고하지요.

가장 느린 동물

나무늘보가 제시간에 오리라고 기대하지 마세요! 가장 느린 종은 1분에 최대 1.8~2.4미터쯤 움직여요. 또 하루에 약 20시간씩 나무 위에서 잠을 자요.

곤충의 생태

이건 몰랐을 걸!

6가지 곤충의 비밀

1 **잠자리**는 최초의 새보다 **1억 4000만 년 더 일찍** 지구에 출현했어요.

2 **모기**는 **발** 냄새가 심한 사람을 **더 잘 물어요.**

3 **흰개미**를 **날로** 먹으면 **파인애플 맛**이 나요.

4 **집파리**는 **공중**에서 **재주넘기**를 할 수 있어요.

5 사람의 눈썹에 사는 **진드기**도 있어요.

6 대개 **반딧불이 암컷**은 **날지 못해요.**

50

동물의 세계

거미집의 모든 것

거미 한 마리는 1년에 곤충 2,000마리까지 잡아 먹을 수 있어요. 거미는 맛있는 곤충 먹이를 어떻게 잡을까요? '방적 돌기'라는 특수한 샘에서 나오는 거미줄로 끈적거리는 거미집을 지어 먹이를 잡아요. 그런데 거미집에는 놀라운 사실들이 숨어 있어요!

0.001~0.004 밀리미터
거미집을 짓는 데 쓰는 거미줄의 굵기

-60도~150도
거미줄이 견딜 수 있는 온도 범위

25 미터
세상에서 가장 큰 거미집을 짓는 다윈나무껍질거미가 지은 거미집의 지름!

무당거미

2~8쌍
거미줄을 만드는 데 쓰는 실이 나오는 방적 돌기의 수

5배
같은 굵기의 강철보다 거미줄이 강한 정도

가장 오래된 거미집이 만들어진 때(호박에서 발견되었음)
140,000,000년 전

위험에 처한 동물

태양곰 구조 작전

어미를 잃은 새끼 곰을 야생으로 돌려보내기 위해서 많은 이들이 애썼어요.

태양곰은 가슴에 해가 뜨는 것 같은 노란색이나 하얀색 무늬가 있어요. 이 무늬 덕분에 몸집이 더 커 보일 수도 있다고 해요.

동물의 세계

생후 3개월 된 태양곰이 금속 우리 안에 혼자 웅크리고 있었어요. 며칠 전 밀렵꾼이 야생에서 잡아 말레이시아의 한 도시로 데려온 거예요. 불법인데도 애완동물로 팔려고요. 어미를 잃은 곰은 스트레스를 받고 굶주려 있었어요. 계속 우리에 있다가는 죽을 수도 있는 상황이었죠.

새끼 곰 돌보기

그때 보르네오 태양곰 보전 센터의 직원들이 나섰어요. 새끼 곰에게 나탈리라는 이름을 붙이고 단백질을 더 넣은 특수한 우유를 먹이며 잘 보살폈지요. 몇 주 지나지 않아서, 나탈리는 보호자에게 안겨서 외출할 만큼 튼튼해졌어요. 심지어 나무도 기어올랐지요! 곧 야외 울타리에서 지내는 다른 태양곰 세 마리와 어울리기 시작했어요. 나탈리는 다른 곰들과 놀면서 흰개미, 지렁이, 꿀 같은 맛있는 먹이를 찾는 법을 배웠어요.

다시 야생으로

구조 센터에서 5년을 보낸 뒤, 나탈리는 야생으로 돌아갈 준비가 되었어요. 수의사들은 마지막으로 몸무게 45킬로그램인 곰의 건강 상태를 살펴본 뒤, 추적 장치를 달았어요. 야생으로 돌아간 처음 몇 달 동안 어디로 다니는지 살피려고요. 그런 뒤 나무 상자에 담아서 헬기로 야생 생물 보전 구역으로 옮겼어요. 구조 대원들은 긴 밧줄을 써서 멀리서 나탈리가 든 상자를 열었어요. 나탈리는 재빨리 숲으로 뛰어 들어갔어요. 마침내 다시 자유롭게 살게 되었지요.

과학자들은 어미 태양곰이 뒷다리로 서서 앞다리로 새끼를 안고 있는 모습을 보곤 해요.

웡 시우 테는 나탈리를 살찌우기 위해서 특수한 우유를 먹였어요.

웡은 야생에서 어미 곰이 하듯이 나탈리를 지켜보곤 했어요.

태양곰이 사는 곳

위험에 처한 동물

이 숲의 곡예사가 깜짝 놀랄 만한 공연을 준비했어요.

보고도 믿어지지 않는

레서판다의 놀라운 묘기

레서판다는 상록수 가지 위를 뒤뚱뒤뚱 걸어요. 체조 선수가 평행봉 위에서 걷듯이 한 발 한 발 내딛으면서요. 그러다가 발을 헛디뎌 버려요. 30미터 높이에서 떨어지면 죽을 수도 있어요. 하지만 재빨리 네 발과 날카로운 발톱으로 나뭇가지를 꽉 움켜쥐지요. 레서판다는 계속 걸어가요.

미국 스미스소니언 국립 동물원의 사육사 매리얼 랠리는 레서판다가 생애의 약 90퍼센트를 나무 위에서 보낸다고 말해요. 실제로 레서판다는 나무 위 생활에 아주 잘 적응해 있어요. 놀라운 묘기를 선보이는 걸로 유명해요. 레서판다가 공중 묘기와 함께 땅으로 완벽하게 착지할 수 있는 비결을 알아봐요.

레서판다가 사는 곳

1. 타고난 균형 유지 능력

줄타기 곡예사는 장대를 들고서 놀라울 만치 균형을 잘 잡아요. 하지만 레서판다는 곡예사처럼 팔을 양옆으로 뻗을 수가 없어요. 대신에 꼬리를 뒤로 쭉 뻗어요. 사육사 랠리는 "몸이 한쪽으로 기울어지면, 꼬리를 반대 방향으로 움직일 수 있어요. 꼬리가 외줄 타기 곡예사가 든 장대와 같은 역할을 하는 거죠."라고 말해요.

동물의 세계

2. 위장용 털

굶주린 눈표범을 피할 수 있는 가장 좋은 방법이 뭘까요? 아예 들키지 않는 거죠! 레서판다의 붉은 털은 동물원에서는 눈에 잘 띄지만, 히말라야산맥의 전나무 숲에서는 달라요. 나무에 불그스름한 이끼와 하얀 지의류가 붙어 있거든요. 과학자들조차 레서판다를 찾아내기가 어려워요.

3. 가짜 엄지손가락

그네 곡예사는 그네를 꽉 움켜쥘 엄지손가락이 필요하지요. 레서판다는 나무를 거꾸로 타고 내려갈 때 꽉 움켜쥘 수 있도록 엄지처럼 생긴 특수한 손목뼈가 있어요.

레서판다를 구하라!

새끼 고양이처럼 생긴 얼굴, 복슬복슬한 털, 뒤뚱거리는 걸음. 레서판다는 너무 귀여워요. 그래서 멸종 위기에 처했고 불법으로 거래되어 애완동물로 팔리기도 해요. 그래서 멸종 위기에 처했지요.

다행히도 사람들은 레서판다를 도우려 애쓰고 있어요. 레서판다 네트워크는 네팔 지역 주민을 고용해서 레서판다를 지켜보고, 먹이인 대나무를 심고, 관광객들이 레서판다를 방해하지 않도록 안내하는 일을 맡겨요. 암시장*에서 구해낸 레서판다의 DNA로 어디에서 왔는지 알아내서 밀렵꾼을 추적하는 단체도 있어요.

여러분도 레서판다를 도울 수 있어요. 소셜 미디어에서 레서판다 사진이나 동영상을 본 적 있나요? 야생 동물 사진작가나 보전 단체처럼 믿을 수 있는 사람이나 기관이 아니면 '좋아요'를 누르지 마세요. 밀렵꾼일 수도 있으니까요.

*암시장: 불법으로 몰래 물건을 사고파는 시장.

달리는 레서판다

미국 스미스소니언 국립 동물원

애슐리 와그너는 식구들과 외출하다가 한 동물이 길을 건너는 것을 보았어요. 와그너의 엄마는 미국너구리인가 보다 생각했지만, 동물이 가족들을 쳐다본 순간 와그너는 레서판다임을 알아차렸어요. 몇 주 전에 동물원에서 달아났던 레서판다 러스티였던 거예요. 와그너는 레서판다가 울타리 밑으로 도망가는 모습을 찍어서 소셜 미디어에 올리고, 동물원에 전화를 했지요. 곧 사람들이 와서 나무 위에서 러스티를 찾아 구조해 냈어요.

지금 러스티는 탈출은 그만두고 아주 잘 지낸답니다. 새끼 레서판다 세 마리의 아빠가 된 러스티는 스미스소니언 보전 생물학 연구소에서 살고 있어요.

고양잇과 야생 동물

큰 고양잇과, 나와라!

재규어 수컷

내셔널지오그래픽 큰 고양잇과 사업단은 연구, 보전, 교육, 홍보를 통해서 사자 같은 큰 고양잇과를 보전하기 위해 일해요.

야생 고양이가 다 큰 고양잇과는 아니에요. 그럼 큰 고양잇과란 무엇일까요? 야생 생물 전문가는 호랑이, 사자, 표범, 눈표범, 재규어, 퓨마, 치타를 큰 고양잇과라고 해요. 앞의 다섯 종류는 표범속의 동물들이에요. 모두 우렁차게 울 수 있고, 육식 동물이라서 다른 동물을 잡아먹지요. 강한 턱, 날카로운 발톱, 칼날 같은 이빨을 갖춘 뛰어난 사냥꾼들이에요.

동물의 세계

어느 종일까?

표범속의 큰 고양잇과 동물들은 공통점이 많아요. 하지만 차이점을 알면, 금방 구별할 수 있어요.

털

눈표범
눈표범은 산에서 사계절 내내 숨기 좋게 털에 점무늬가 있어요. 겨울에는 눈과 잘 섞이도록 새하얀 털이 나고, 여름에는 식물 사이에서 잘 들키지 않도록 황갈색 털로 덮여 있어요.

재규어
재규어의 털은 무늬가 표범과 비슷해요. 둘 다 장미 모양(로제트)의 검은 무늬가 있지요. 차이점은요? 재규어의 장미 무늬는 가장자리가 울퉁불퉁하고 한가운데에 검은 점이 한 개 이상 있어요.

호랑이
호랑이는 대부분 몸에 세로로 줄무늬가 나 있어요. 호랑이가 웃자란 풀 사이에 숨어서 먹이를 기다릴 때, 이 줄무늬 덕분에 잘 안 보여요. 사람의 지문처럼, 이 줄무늬는 호랑이마다 다 달라요.

표범
표범은 누런 털로 덮여 있는데 등과 옆구리에 검은 장미 무늬가 있어요. 이 무늬는 가장자리가 매끄럽고 원 모양이에요. 털 색깔과 무늬가 주변 환경과 비슷해서 눈에 잘 띄지 않아요. 

사자
사자는 털이 옅은 갈색이나 황갈색이고, 꼬리 끝에 검은 털 뭉치가 달려 있어요. 수컷들은 대개 목덜미에 덥수룩한 갈기가 자라요. 갈기 덕분에 몸집이 크고 강해 보이지요.

표범
무게: 30~80kg
몸길이: 1.3~1.9m

벵골호랑이(인도호랑이)
무게: 109~227kg
몸길이: 1.5~1.8m

재규어
무게: 45~113kg
몸길이: 1.5~1.8m

눈표범
무게: 27~54kg
몸길이: 1.2~1.5m

아프리카사자
무게: 120~191kg
몸길이: 1.4~2m

57

고양잇과 야생 동물

역사상 가장 기이한 고양이

서벌은 생김새가 조금 별나요. 하지만 사냥하기에 아주 유리한 모습이라고 해요.

서벌은 물에서 사냥할 때 3시간 동안 개구리를 30마리까지 잡을 수 있어요.

새끼 서벌은 어미 곁에서 2년까지 머물다가 독립해요.

서벌은 치르르, 푸르르, 쉿쉿, 크르르, 으르렁 등 여러 울음소리를 내요.

아주 중요한 귀

서벌의 커다란 귀는 사냥에 아주 중요한 역할을 해요. 서벌은 돌아다닐 때 다른 감각보다 소리에 더 의지해요. 고양잇과 야생 동물 중에서 몸집에 비해 가장 큰 귀를 지녔고, 사바나*에서 아주 작은 소리도 들을 수 있어요. 뛰어난 청력을 잘 활용하기 위해서, 서벌은 사냥할 때 소음을 내지 않아요. 그래서 일부 고양이들처럼 슬그머니 다가가는 대신에, 빈터에 가만히 쪼그려 앉아 먹잇감이 내는 소리에 귀를 기울여요.

*사바나: 열대와 아열대 지방에 발달한 초원.

서벌은 주위를 살피는 부엉이처럼, 풀밭에 가만히 앉아 머리만 앞뒤로 움직이곤 해요. 열대 초원인 사바나를 훑으며 먹이를 찾는 중이에요. 눈이 아니라 커다란 귀로요. 빽빽한 덤불 아래 설치류가 움직이는 소리를 들으면, 서벌은 공격을 준비해요. 몸을 웅크렸다가 키 큰 풀 위로 폴짝 뛰어올라요. 오로지 소리만 듣고서 보이지 않는 쥐를 덮쳐요.

아주 긴 다리, 쭉 늘어나는 목, 커다란 귀를 지닌 서벌은 보기에 따라서는 생김새가 정말 이상해 보일 수도 있지요. 하지만 아프리카에서 서벌을 연구하는 생물학자 크리스틴 틸벤더는 이렇게 말해요. "이 이상해 보이는 신체 부위들이 한데 모여서 정말로 뛰어난 사냥꾼이 된 거예요." 실제로 서벌의 사냥 성공 가능성은 절반 이상이에요. 고양잇과 야생 동물 중에서 가장 뛰어난 쪽이지요. 사자는 무리가 함께 사냥해도 성공률이 약 20퍼센트밖에 안 돼요.

동물의 세계

수수께끼의 검은 표범

**여러분은 미신을 믿나요?
검은 고양이가 앞을 가로지르면
안 좋은 일이 생긴다고 생각하나요?**

옛날에는 검은 고양이가 악마의 편이라고 믿는 사람들이 많았어요. 만화책, 포스터, 영화에도 으레 그렇게 묘사되지요. 하지만 실제로 털이 검은색을 띤 큰 고양잇과 동물은 저녁 먹기 전에 과자를 먹어도 된다고 허락하는 부모님만큼 드물어요. 이런 수수께끼 같은 검은 고양잇과는 무엇일까요? 또 그들은 어디 살까요?
"검은표범은 그냥 털이 검은 표범이에요. 자세히 보면, 검은 털에 난 무늬도 희미하게 보여요."
생물학자 존 사이덴스티커의 말이에요.
예전에 생물학자들은 검은표범이 표범과 다른 종이라고 생각했어요. 또 일반 표범보다 더 공격적이라고 생각했지요. 갈기가 검은색인 사자가 옅은 색깔의 사자보다 더 공격적인 것처럼요. 하지만 동물원 사육사들은 한 배에서 일반 표범과 검은표범이 함께 태어나기도 한다는 것을 알아차렸어요(아래 사진). 한 집안에 얼굴이 흰 아이도 있고 까무잡잡한 아이도 있는 것처럼요.

주변에 섞여 드는 위장술

검은표범은 야생에서 아주 드물어요. 아프리카의 표범이 사는 지역에서 거의 목격된 적이 없어요. 인도에서도 아주 드물게 목격되지요. 그런데 놀랍게도 말레이시아의 숲에 사는 표범은 검은표범뿐이에요. 검은표범이 너무나 흔해서 그 숲에 사는 사람들의 언어에는 일반 표범을 가리키는 단어조차 없어요.

과학자들은 말레이시아에 검은표범이 흔한 이유가 무엇인지 잘 몰라요. 다만 말레이시아의 습하고 컴컴한 숲에서는 검은색이 더 눈에 안 띄기 때문이라고 보는 이론이 있어요. 검은 고양이는 마녀와 악마의 편에 선 사악한 동물이 아니에요. 자기 서식지에 잘 적응한 동물이지요.

고양잇과 야생 동물

눈 위의 호랑이

러시아 동부의 심한 추위도 견뎌 내는 고양잇과 야생 동물들이 있어요.

> 시베리아호랑이는 해안가에 많이 살아요. 우리나라의 동해에 접한 러시아의 숲에 살지요.

암호랑이는 나무 사이로 소리 없이 먹이를 향해 다가가요. 눈이 쌓여 걸음을 내딛을 때마다 발이 푹 빠져서 배까지 닿지요. 호랑이는 눈이 소리를 줄여 주는 것을 알기에, 눈을 헤집고 솔방울을 찾는 멧돼지에게 몰래 다가갈 수 있어요. 거리가 몇 미터로 줄면, 멈추어 127킬로그램의 몸을 웅크렸다가 펄쩍 뛰어 먹이를 향해 달려요. 접시만 한 앞발로 멧돼지를 덮치지요. 공중에 눈이 마구 흩날려요. 눈이 가라앉으면, 길이 0.9미터의 꼬리와 주황색, 검은색, 흰색의 몸통이 보여요. 이제 호랑이는 붉게 물든 이빨로 멧돼지를 입에 꽉 물고 있어요.

호랑이가 먹이를 물고 낙엽송 뒤쪽으로 가요. 가까운 언덕에 새끼 두 마리가 있어요. 새끼들은 나무 사이에 몸을 숨긴 채, 어미가 사냥하는 모습을 지켜봤지요. 곧 새끼들도 사냥을 시작할 거예요. 하지만 지금은 어미가 주는 먹이를 먹고 낮잠을 즐겨요. 시베리아호랑이 또는 아무르호랑이라고 하는 이 동물은 러시아 동쪽 끝에 살아요. 호랑이 아종 중에서 가장 북쪽에 살지요. 두꺼운 털가죽으로 얼어붙을 듯한 겨울 추위를 막아요. 여름에는 털의 무늬가 숲과 잘 어울려서 거의 눈에 띄지 않아요.

먹이가 없어요

시베리아호랑이는 야생에 약 600마리가 남아 있어요. 50년 전만 해도 시베리아에는 호랑이의 먹이인 사슴과 멧돼지가 많았어요. 지금은 먹이를 찾기가 어려워요. 또 사람들은 호랑이를 사냥하고, 벌목 회사는 호랑이가

새끼 호랑이는 적어도 18개월 동안 어미 곁에 머물러요.

사는 숲에서 나무를 베고 불을 놓아요. 호랑이 보호 서식지가 있지만, 먹이가 부족해요. 새끼 호랑이 중 절반은 병들거나 사냥꾼에게 잡히거나 어미를 잃고서 죽어요. 살아남은 새끼는 태어난 지 18개월쯤 되면 독립해 그동안 배운 사냥 기술로 살아가지요. 다 자란 수컷은 먹이가 많은 곳을 찾아서 아주 멀리 가기도 해요. 그러다 보면 사람이 사는 곳으로 들어가곤 하지요.

어떻게 해결할까요?

늦겨울에 다 자란 수컷이 어미 곁을 떠났어요. 호랑이는 나무를 긁다가 뭔가가 발에 걸렸어요. 올가미였죠. 얼마 뒤 소리가 들렸어요. 사람들이었지요. 그중 한 명이 총을 겨냥했어요. 호랑이는 비명을 지르고 잠시 후 쓰러졌어요. 다행히 호랑이의 등에 꽂힌 건 사냥꾼의 총알이 아니라 연구자가 쏜 진정제였어요. 눈 덮인 숲에서 먹이를 찾기 힘들자, 이 호랑이는 인근 마을에서 가축과 개를 잡아먹기 시작했지요. 이 문제를 해결하기 위해 데일 미켈레와 그의 연구진이 나섰어요. "다른 곳으로 이주시켜서 새로운 기회를 마련해 줄 거예요. 그렇지 않으면 농민들이 추적해서 쏘아 죽일 테니까요."

연구자들은 재빨리 잠든 호랑이의 몸무게와 크기를 쟀어요. 그런 뒤 무선 송신기가 달린 추적 장치를 채웠지요. 적어도 3년 동안 호랑이가 어디를 다니는지 살필 수 있을 거예요.

새로운 터전을 찾아서

두 시간 뒤 호랑이는 마을에서 약 241킬로미터 떨어진 곳에 선 트럭 짐칸에서 깨어났어요. 우리 문이 열리자 호랑이는 뛰쳐나갔어요. 낯선 곳에 온 호랑이는 다른 호랑이의 흔적을 찾았지요. 한 자작나무에서 냄새가 강하게 났어요. 다른 수컷이 오줌을 뿌려 남긴 냄새였지요. 줄기를 할퀸 자국도 있었어요. "여기는 내 땅임. 들어오지 말 것."이란 표시였어요.

호랑이는 계속 나아갔어요. 미켈레 연구진은 추적 장치의 신호를 통해 호랑이를 지켜보았어요. 호랑이가 먹이를 찾고, 다른 수컷을 피하고, 자기 영역을 찾아내고, 암컷과 짝을 짓기를 바라면서요. 호랑이는 사슴을 발견했어요. 나무에서 눈이 녹아 똑똑 떨어지는 소리 때문에 발소리가 가려졌어요. 먹이를 잡을 가능성이 높아졌지요.

이 호랑이는 나무를 긁어서 다른 호랑이들에게 표시를 남기고 있어요.

시베리아호랑이는 1930년대에는 야생에 약 30마리밖에 없었어요.

얼음장 같은 물로 목을 축여요.

동물의 세계

물에서 생활하는 동물

하마는 거친 강을 건너는 새끼 동물들을 도와줘요.

아프리카의 초원에서도 교통이 혼잡한 때가 있어요. 10월이 되면 마라강으로 누와 얼룩말 수천 마리가 모여요. 그맘때 케냐의 마사이마라 국립 보호 구역에서 탄자니아의 세렝게티 국립 공원으로 이주하지요. 그러려면 세차게 흐르는 이 깊은 강을 건너야 해요. 물살이 아주 세서 다 자란 동물도 헤엄쳐 건너기가 쉽지 않아요. 인근에서 레말라마라 사파리 야영장을 운영하는 톰 율은 이렇게 말해요. "강물이 불면 건너다가 빠져 죽는 동물이 많아요." 강둑에서 새끼 누와 새끼 얼룩말이 차례로 물에 뛰어드는 모습을 지켜보던 율은 이윽고 벌어진 광경에 깜짝 놀랐어요.

야생의 안전 요원

1

새끼 누 한 마리가 강을 건너려다가, 세찬 물살에 휩쓸렸어요. 떠내려가면서도 계속 앞으로 가려고 기를 썼지요. 그때 무언가가 물 위로 올라왔어요. 커다란 검은 머리가 나오고, 하마의 육중한 몸이 드러났어요. "하마는 동물들이 뛰어드는 곳 근처에 엎드려 있다가 곧바로 새끼를 따라갔어요." 하마는 자기 영역을 지키려고 때로 상대를 죽이기도 해요. 율은 하마가 새끼 누를 공격하려나 보다 하고 짐작했어요.
그런데 하마가 몸으로 버티고 서서 새끼 누가 떠내려가지 못하게 막았어요. 하마는 새끼를 강 건너로 안내했어요. 지켜보던 율과 다른 사람들은 자기 눈을 믿을 수가 없었어요. "그런 광경은 평생 처음 봤어요." 새끼 누는 강 건너편에 도착하자 상류 쪽으로 뛰어가서 무리에 합류했어요.

새끼 누

동물의 세계

곤경에 빠진 얼룩말

2 그때 갑자기 새끼 얼룩말 한 마리가 강물에 휩쓸렸어요. 줄무늬가 있는 작은 머리가 물에 잠겼다 솟아올랐다 하면서 떠내려가고 있었어요. 하마가 다시 나타났어요. 이번에도 하마는 새끼 얼룩말을 건너편으로 데려다주었어요. 새끼는 너무 지쳤는지 거의 일어서지도 못했지요. 하마는 부드럽게 새끼를 밀어서 커다란 바위 두 개 사이의 안전한 틈새로 들여보냈어요. 율이 이렇게 말해요.
"하마가 물 밖으로 나오더니 커다란 턱으로 새끼를 문지르기 시작했어요. 그런 뒤 얕은 물을 건너서 둑 위에 있는 어미 곁으로 올라가도록 했지요."

땅에 안전하게 도착!

3 율은 하마가 너무 지쳐서 더 이상 슈퍼 히어로 역할을 못할 것이라고 생각했어요. 그런데 하마는 다시 강으로 들어가서 유심히 주위를 살폈지요. "동물은 예측할 수 없어요. 저마다 개성이 있거든요. 이 하마는 위험에 처한 동물을 도우려는 본능을 지니고 있어요. '여기는 내가 책임져!'라며 남들을 돕는 자원봉사자 같아요."

63

물에서 생활하는 동물

바다의 유니콘

과학자들은 일각돌고래의 **거대한 엄니***에 얽힌 **수수께끼**를 풀려고 애쓰고 있어요.

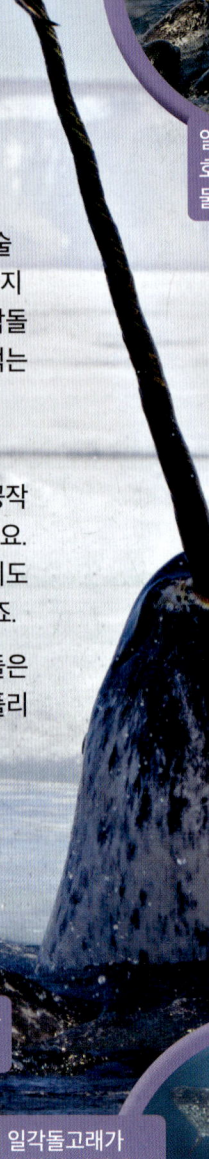

차가운 바닷물이 북극해의 빙산에 철썩철썩 부딪혀요. 갑자기 유니콘처럼 머리에 뿔이 하나 나 있는 고래 종인 일각돌고래 무리가 물 위로 솟아올랐어요. 일각돌고래는 북극해에 살아요. 고래류가 대부분 그렇듯이 아주 커서 무게가 약 1,600킬로그램까지 나가고, 물 위로 올라와서 호흡해요. 범고래 같은 몇몇 고래 종처럼 무리를 지어 대개 15~20마리가 함께 지내요. 일각돌고래는 머리에서 삐죽 튀어나온 거대한 엄니가 있지요. 수세기 동안 사람들은 일각돌고래 엄니의 용도를 알아내고자 애썼어요. 실제로는 아주 커진 이빨이지요. 과학자들은 이 놀라운 수수께끼를 풀 수도 있는 이론을 내놓았어요.

먹이를 기절시켜요

칼처럼 생긴 일각돌고래의 엄니는 생후 3개월쯤에 턱에서 윗입술을 뚫고 나오기 시작해요. 엄니도 크면서 나오는 이빨에 불과하지요. 시간이 흐르면 엄니는 몸길이의 절반까지 자라기도 해요. 일각돌고래가 이 엄니를 휘둘러서 북극대구 같은 먹이를 기절시킨 뒤 먹는다는 연구 결과가 있어요.

나 정말 멋있지?

한편 일각돌고래 수컷이 엄니로 암컷을 꾄다는 이론도 있어요. 공작의 화려한 꼬리 깃털처럼, 엄니로 자신이 좋은 짝이라고 뽐낸다고요. 이들이 마치 펜싱을 하듯이 엄니를 맞대고 긁는 모습이 관찰되기도 했어요. 같은 무리의 수컷들이 서로를 알아보는 행동인지도 모르죠.

일각돌고래는 아직도 많은 수수께끼를 간직하고 있지만, 과학자들은 답을 찾으려 계속 노력할 거예요. 아무튼 당분간 엄니의 비밀은 풀리지 않겠죠?

*엄니: 크고 날카롭게 발달한 포유류의 이빨.

일각돌고래 무리가 호흡을 하기 위해 물 위로 올라와요.

수컷 일각돌고래 무리가 북극해에서 헤엄쳐요.

어미 일각돌고래가 새끼와 함께 여행해요.

동물의 세계

권투하는 공작갯가재

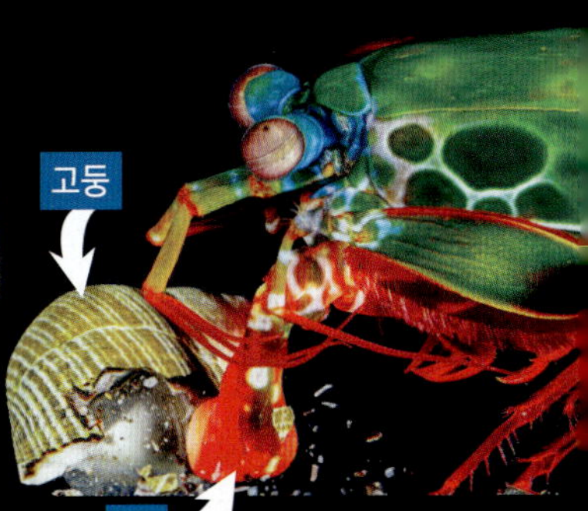

조심! 이 작은 갑각류가 여러분을 때려눕힐지 몰라요.

산호초 근처의 모래 속에는 작고 무시무시한 동물이 굴을 파고 살아요. 이 갑각류는 화려한 껍데기에 귀여운 눈을 지니고 있지만, 겉모습에 속지 말아요. 공작갯가재는 몸길이가 2.5~17.8센티미터에 불과하지만, 무시무시한 포식자예요. 이 작은 동물이 어떤 놀라운 비밀을 지니고 있는지 알아볼까요?

권투 선수처럼 잘 쳐요

게, 조개, 고둥처럼 공작갯가재가 좋아하는 먹이는 아주 단단한 껍데기로 몸을 감싼 종류가 많아요. 하지만 공작갯가재는 **망치 같은 앞다리 2개를 지녔기에** 제 몸무게보다 2,500배 더 강한 힘으로 때릴 수 있어요. (강철 벽에 쾅 부딪히는 것과 비슷한 충격이에요!) 이 동물은 강력한 망치 같은 집게발로 서로 영역 싸움도 해요. **힘이 너무 세서 수족관 유리까지 깨뜨린다고** 알려져 있어요.

영리하게 공격하지요

공작갯가재가 위협적인 또 한 가지 이유는 영리하기 때문이에요. 무기를 언제 어떻게 쓸지 알려면 영리해야 해요. 미국 캘리포니아 대학교 버클리 캠퍼스의 생물학자 로이 콜드웰은 이렇게 말해요. "공작갯가재들은 전에 싸웠던 상대를 기억할 뿐 아니라, **이겼는지 졌는지도 기억해요.**" 그리고 맛있는 먹이를 잡으려 할 때, 계획도 세운다고 해요. "공작갯가재가 게를 잡을 때는 먼저 위험한 집게발을 부러뜨려요. 이어서 다리를 부러뜨린 뒤, 자기 다리로 게를 꽉 잡고서 **껍데기의 한 지점을 정확히 때려서 부수지요.**"

괴물처럼 빨라요

공작갯가재 앞에서는 눈도 깜박이지 말아요. 너무 빨라서 눈을 깜박이는 사이에 50번은 때릴 수 있으니까요. 공작갯가재가 이렇게 빨리 움직일 때면 먹잇감 주위로 공기 방울이 생겨나요. 이 방울은 순식간에 터지면서 먹이에게 충격을 주지요. 공기 방울이 터질 때 순식간에 수온이 **4,704도까지** 올라가고, 에너지 충격파가 먹이를 덮쳐요.

수컷이 암컷보다 더 화려해요.

눈 · 때리는 부속지 · 헤엄 부속지 · 섭식 부속지 · 걷는 부속지

물에서 생활하는 동물

미스터리를 밝혀라

> 범고래는 대개 깊이 잠수하지 않아요. 주로 수면 가까이에 있는 먹이를 먹으니까요.

> 범고래를 배불리 먹이려면 참치 캔이 650개 넘게 필요해요!

범고래의 생활

동료 돌고래들과 '**친하게 지내고**', 놀이를 '**좋아하고**', '**수다를 떠는**' 범고래는 최고로 활발한 **사회적 동물**일 수 있어요.

큰돌고래는 돌고래들과 헤엄칠 때 꼬리를 파닥거려요. 새끼 침팬지는 어미가 딱딱한 열매를 깨는 모습을 자세히 지켜보지요. 사냥을 하려는 늑대 수컷은 울부짖어서 무리를 불러 모아요.

놀기, 가르치기, 협력하기를 사회성 기술이라고 해요. 이것들을 전부 할 수 있는 사람은 사회적 동물이에요. 큰돌고래, 침팬지, 늑대도 마찬가지예요. 그리고 과학자들은 또 다른 동물을 손꼽아요. 바로 범고래예요! 범고래는 돌고래과에 속해요. 과학자들은 범고래의 사회적 행동을 어느 정도 알고 있지요. 미국 국립 해양 대기청의 생물학자 재니스 웨이트는 말해요. "우리는 범고래가 무리 지어 다닌다는 것을 알고 있었지요." 그러나 버스만 한 이 동물이 전에 알려진 것보다 더 복잡한 사회적 행동을 한다는 것이 최근 연구를 통해 드러났어요.

범고래도 사회성이 가장 좋은 동물에 속할까요? 다음 이야기를 읽고 판단해 봐요.

범고래는 어미 잃은 새끼를 "입양한다"

스프링거는 다가오는 배를 신기하게 쳐다보고 있었어요. 이 새끼 범고래는 어미를 잃어서 배의 프로펠러에 다칠 수 있다는 사실을 배운 적이 없었어요. 더 가까이 보고 싶은 스프링거는 배에 점점 더 다가가는데……. 그때 노데일스라는 나이 많은 암컷이 억지로 스프링거를 밀어내서 위험에서 구했어요. 휴!

캐나다 오르카랩의 공동 연구소장인 폴 스퐁은 이렇게 말해요. "노데일스는 스프링거를 돌보았지요. 친척도 아닌데요. 새끼 범고래는 머지않아서 배를 멀리해야 한다는 것을 이해했어요." 현재는 스프링거도 어미가 되었고, 뱃길을 피해 다녀요.

동물의 세계

범고래는 서로 새끼를 돌본다
어느 날 샤키라는 암컷이 갓 태어난 새끼와 어미 무리에 다가갔어요. 샤키는 한 새끼 범고래 옆에서 헤엄치면서 놀아 주었어요. 어미가 잠시 쉴 수 있도록요. 생물학자 웨이트는 샤키가 다른 새끼에게도 똑같이 하는 것을 보았지요. "범고래 가운데서 '베이비시터' 행동을 한 젊은 암컷은 더 있었어요. 우리는 젊은 암컷 범고래가 나중에 자기 새끼를 돌보기 위해 미리 연습하는 것이 아닐까 생각해요."

범고래들이 웨들바다표범을 향해 다가가요. 먹이로 삼기 위해서지요.

범고래는 함께 논다.
범고래는 물 밖으로 뛰어오르면서 장난을 치곤 해요. 미국 국립 해양 대기청의 생물학자 캔디스 에먼스는 "범고래는 무리끼리 만났을 때 가장 흥분해요."라고 밝혀요. 서로 다른 무리가 만나면 몸을 비비며 인사를 나누어요. 범고래는 꼬리로 물을 철썩 치면서 기쁨을 드러내곤 하지요. 에먼스가 가장 좋아하는 모습은 '가슴지느러미 맞대기'예요.
"팔을 맞대듯이, 서로 가슴지느러미를 맞대지요." 경기에서 이겼을 때 사람들이 손바닥을 부딪치면서 기뻐하는 것과 비슷해요.

범고래는 서로 협력한다.
웨들바다표범이 남극의 유빙에 엎드려 있었어요. 갑자기 범고래 다섯 마리가 그 얼음을 밀었어요. 곧 커다란 암컷이 휘파람 소리와 딸깍 소리를 내기 시작했어요. 신호였어요. 다른 범고래들이 한 줄로 늘어서더니, 유빙을 향해 빠르게 헤엄쳤어요. 큰 물결이 일며 얼음이 기울었고, 바다표범은 물에 빠졌어요. 이상하게도 범고래들은 바다표범이 달아나도록 놔두었어요.
일부 전문가들은 암컷이 새끼들에게 협력해서 사냥하는 법을 가르치고 있던 것이라고 생각해요. 그리고 새 기술은 연습을 통해 완벽하게 다듬어지지요!

범고래는 가족을 가장 중요히 여긴다.
플럼퍼와 카이카시는 대부분 붙어 다녔어요. 그러다가 동생 플럼퍼가 아프자, 형제가 함께 다니기 어렵겠다고 연구자들은 걱정했어요. 그러나 형제는 결코 떨어질 수 없었지요. 카이카시는 조금 헤엄치고 멈춘 뒤, 플럼퍼가 따라올 때까지 기다리곤 했어요. 연구소장 스퐁은 이렇게 말했어요. "몇 시간 동안 그랬지요. 카이카시는 개의치 않는 듯했어요. 사람 형제처럼 둘은 서로를 든든하게 받쳐 주었지요."
사실 범고래는 거의 온종일 가족과 함께 지내요. 성체, 특히 수컷은 홀로 사냥에 나서기도 하지만, 대개 식구들의 소리가 들리지 않는 먼 곳까지 가지는 않아요. 웨이트는 이렇게 말해요. "사람처럼 끈끈한 가족 관계를 유지하는 듯해요."

범고래는 고래, 바다사자, 펭귄, 물범, 바다코끼리, 다양한 물고기와 오징어를 먹어요. 우적우적!

야생 동물의 능력

바닷가의 늑대

해안 늑대가 바닷가에서 살아가는 5가지 방법

많은 지역의 전통문화에서 해안 늑대를 귀하게 여겨요. 어떤 문화권에서는 해안 늑대를 조상이라고 믿기도 해요.

늑대는 때로 합창하듯이 울부짖어요.

늑대 한 마리가 모래사장으로 들어섰어요. 젖은 모래를 킁킁거리며 냄새로 숨어 있는 조개를 찾아내요. 우두둑! 늑대는 조개를 씹어서 부순 뒤 삼켜요. 그래도 배가 고픈지, 첨벙 물로 뛰어들어서 먹이를 찾아 가까운 섬으로 헤엄쳐 가요. 늑대가 해안에 산다니까 좀 이상하지요? 하지만 이 회색늑대는 수천 년 전부터 바닷가에 살았어요. '해안 늑대'라고 불리는 이 늑대는 캐나다 브리티시컬럼비아 서부의 해안과 섬에 약 2,000마리가 살고 있어요.(미국 알래스카 남동부에도 살아요.) 야생 동물 연구자 크리스 더러먼트는 말해요. "다른 늑대들과 전혀 다른 환경에 살지요. 그러니 이 독특한 환경에 적응해야 했지요." 이 늑대들이 해안에서 어떻게 살아가는지 알아볼까요?

1

바닷가에 어울리는 털이야. 문제없어!

대다수의 회색늑대와 달리, 해안 늑대는 털에 주황색 줄무늬가 나 있기도 해요. 해안에 자라는 바닷말과 잘 어울리는 색깔이어서 사냥할 때 몸을 숨길 수도 있어요. 또 해안 늑대는 다른 회색늑대보다 긴 털 속의 빽빽한 잔털이 적어요. 미국 몬태나주처럼 눈이 쌓이는 곳에서는 솜털 같은 잔털이 체온 유지를 돕지만, 해안 늑대의 서식지는 따뜻해서 잔털이 필요 없어요.

동물의 세계

2

늑대는 사람보다 후각이 약 100배 더 뛰어나요.

바닷가에 맞춤한 몸집

해안 늑대는 독일셰퍼드만 해요. 북아메리카 숲에 사는 회색늑대보다 약 20퍼센트 작아요. 과학자들은 늑대가 해산물을 먹기 때문에 근력이 많을 필요가 없어서 몸집이 작아진 것이 아닐까 추측해요. 거대한 말코손바닥사슴이 아니라 작은 해달을 잡아먹으니까요. 더러먼트는 이렇게 말해요. "커다란 먹잇감을 쫓는 것이 아니라서, 커다란 몸집이 필요하지 않아요."

먹이를 찾아 헤엄쳐요

해안 늑대 한 무리는 매일 약 3킬로그램의 먹이를 찾아 먹어야 하는데, 작은 섬에는 대개 먹이가 그렇게 많지 않아요. 그래서 먹이를 찾아 이 섬 저 섬으로 헤엄쳐 다녀요. 환경 운동가 이언 매캘리스터는 말해요. "우리가 인도를 걷듯이 섬 사이를 헤엄쳐 다니지요." 사실 해안 늑대들은 헤엄을 아주 잘 쳐요. 과학자들은 약 1,000개에 달하는 이 지역의 거의 모든 섬과 바위섬에서 해안 늑대를 목격했어요. 12킬로미터 떨어진 곳까지 헤엄친다고 해요.

3

몇몇 해안 늑대는 먹이의 90퍼센트를 바다에서 얻기도 해요.

4

5

갑자기 첨벙, 먹이를 덮쳐요

툰드라 같은 탁 트인 서식지에 사는 회색늑대는 넓은 평원을 달려가 커다란 발굽 동물을 사냥해요. 빽빽한 숲이 많은 해안이나 작은 섬에서는 그렇게 달려서 먹이를 잡는 방식이 맞지 않아요. 대신에 해안 늑대는 슬그머니 다가가서 와락 덮치지요. 매캘리스터는 말해요. "물범은 범고래를 피해 물 밖으로 나왔다가 땅에 매복해 있는 늑대의 공격을 받아요."

해산물이 좋아!

무엇을 먹을까요? 해안 늑대는 뛰어난 후각을 써서 아무 먹이나 가리지 않고 다 찾아 먹어요. 모래를 파서 게와 조개를 잡고, 바닷말에 붙어 있는 물고기 알도 먹고, 햇볕을 쬐고 있는 물범이나 해달 같은 더 큰 동물도 사냥하지요. 연어 같은 물고기로 배를 채우기도 해요. 더러먼트는 말해요. "연어의 등이 물 밖으로 드러나는 얕은 물에서 기다리고 있다가 가장 맛있어 보이는 연어를 콱 물어요." 해안 늑대는 아침에 연어를 10마리까지 잡기도 해요. 배불리 먹지요!

야생 동물의 능력

고릴라가 말을 한다고?

콩고 민주 공화국에 사는 이 마운틴고릴라는 카메라가 신기한가 봐요.

고릴라들이 대화하는 놀라운 방법 5가지

미국 오하이오주 콜럼버스 동물원의 사육사들은 고릴라 우리에 들어가면 사람이 재잘거리는 듯한 소리를 들어요. 서부로랜드고릴라 맥이 내는 소리예요. 맥은 낮고 길게 투덜거리는 소리를 내어 사육사를 환영해요. 고릴라 말로 "안녕?" 인사하지요. 저녁에 사육사가 떠날 때도 비슷한 소리를 내요. "잘 가." 인사해요. 고릴라는 말을 해요. 고릴라 말을 좀 알면, 고릴라들이 무슨 말을 하는지 이해할 수 있어요.

콜럼버스 동물원 큐레이터 오드러 마이넬트에 따르면 "유인원은 의사소통을 아주 잘해요". 고릴라는 소리만으로 대화하지 않아요. 몸짓으로도 하고 심지어 몸 냄새로도 의사를 전달하죠. 고릴라가 사람 다음으로 의사소통이 뛰어난 동물이라고 과학자들이 말하는 것도 당연해요. 고릴라의 대화를 살펴볼까요?

1 "나한테 뭐가 좋은데?"

서부로랜드고릴라인 니아는 사육사가 자기 서식지에 넣은 새 '장난감'을 발견하자 흥분했어요. 플라스틱 컵이었지요. 사육사가 컵을 다른 장난감으로 바꾸려 하자, 니아는 안 내놓으려고 했지요. 그래서 사육사는 내놓으면 맛있는 간식을 주겠다고 했지요. 니아는 컵을 포기했어요. 그리고 그 컵이 가치가 있다는 사실을 알아차렸어요. 다음번에 컵을 하나 발견하자, 니아는 컵을 쪼갰어요. 그리고 사육사에게 한 번에 한 조각씩만 건넸어요. 조각을 내놓을 때마다 맛있는 간식을 달라고요!

동물원의 다른 고릴라들도 니아의 비법을 알아차렸어요. 사육사 헤더 카펜터는 말해요. "우리가 원한다고 생각하는 물건을 안 내놓으려고 해요. 우리가 가져가려고 하면, 뒤로 빼요. '아직은 아니야!'라고 말하듯이요. 자신들이 원하는 것을 주면 돌려주겠다고 행동으로 보이는 거지요."

동물의 세계

서부로랜드고릴라가 동물원에서 하품을 해요.

② "도와줘!"

인류학자 켈리 스튜어트는 자신이 입은 새 고릴라 티셔츠를 보고 야생의 마운틴고릴라가 어떻게 반응할지 알고 싶었어요. 재킷 지퍼를 열어서 티셔츠를 보여 주자, 새끼 암컷인 심바는 비명을 질렀어요. "무서워요!"라는 뜻이었지요. 또 무리의 나이 든 고릴라들에게 도와 달라는 신호이기도 했어요. 곧 무리의 지도자인 거대한 엉클버트가 으르렁거리면서 스튜어트를 향해 다가왔어요. 스튜어트는 재빨리 티셔츠를 가리고 심바로부터 물러났어요. 심바는 비명을 멈추었지요. 엉클버트는 심바가 조용해지자 돌아갔어요. 심바는 낯선 '고릴라'가 사라지자 안심했어요. 스튜어트는 말했어요. "전 그 티셔츠를 다시는 입지 않았어요!"

③ "따라와."

아프리카 콩고 민주 공화국에 사는 동부로랜드고릴라 키고마는 고릴라 한 무리를 이끄는 지도자예요. 고릴라 복원 및 보전 교육 센터에서 일한 소냐 칼렌버그는 지도자가 누구인지 쉽게 알아볼 수 있다고 말해요. 수컷 지도자 등에 은색 털이 나 있거든요. 그래서 실버백이라고 불러요. 또 수컷 지도자는 트림을 자주 해요! "목을 가다듬듯 '나오옴' 하는 소리가 들려요. '나 여기 있어'라는 뜻이지요. 또 키고마는 움직일 준비가 되면, 끙끙거리는 소리를 내요. 다른 고릴라들에게 따라오라고 알리는 거죠."

르완다에서 마운틴고릴라 지도자가 무리를 이끌고 있어요.

④ "불쾌해."

미국 텍사스주 댈러스 동물원의 사육사들은 양말 고린내가 풍기면, 고릴라를 살펴볼 때가 되었다는 것을 알아요. 냄새는 고릴라 수컷의 겨드랑이에서 나는 거예요. 서식지에 다람쥐가 들어왔거나, 몸에 뭔가 이상이 있는 거지요. 어느 쪽이든 간에 이 냄새가 나면 문제가 생긴 거예요.

고릴라가 고약한 냄새를 맡았나 봐요.

⑤ "넌 할 수 있어!"

야생 마운틴고릴라 파샤는 아프리카 르완다의 숲에서 밀렵꾼이 친 덫에 발이 걸렸어요. 가까스로 빠져나왔지만, 무리를 따라갈 수 없었지요. 이코로로는 친구를 홀로 두지 않았어요. 팔을 부축해서 함께 숲속을 걸어갔지요. 또 몇 분마다 친구를 돌아보면서 톡톡 두드렸어요. "거의 다 왔어."라고 하듯이요.
함께 강을 건넌 뒤, 이코로로가 파샤를 꼭 안아 주었어요. 사랑하는 친구를 격려하는 놀라운 능력을 고릴라도 지니고 있는 거예요.

힘내!

야생 동물의 능력

놀라운 능력이 있는 뱀

뱀은 위장술의 대가이자 노련한 사냥꾼이며 커다란 먹이를 꿀꺽 삼키는 능력자예요. 이 파충류는 전 세계에 3,000종 넘게 있어요. 뱀이 얼마나 놀라운 동물인지 알아볼까요?

아마존나무보아

톱비늘살무사

뱀은 혀로 냄새를 맡는다

'생쥐 냄새인데?' 뱀은 혀로 냄새를 맡아요. 끝이 갈라진 긴 혀를 날름거리면서 공기, 땅, 물에서 나오는 화학 물질을 감지해요. 혀는 냄새 분자를 입천장에 있는 작은 구멍 두 개, 즉 야콥슨 기관으로 보내요. 야콥슨 기관에 있는 세포들이 냄새를 분석하지요. '음, 점심거리군!'

뱀독은 사람도 죽일 수 있다

많은 뱀은 독니로 먹이에 두 개의 구멍을 내고 독을 주입해 마비시키거나 죽여요. 그런 뒤 통째로 꿀꺽 삼키지요. 아프리카의 뻐끔살무사는 가장 치명적인 뱀에 속해요. 몸길이 1.8미터, 몸무게 6킬로그램까지 자라며, 날쌔게 공격하죠. 이 뱀독은 사람에게 심한 통증뿐 아니라 조직 손상, 사망까지 일으킬 수 있어요. 그러니까 이 뱀은 쳐다만 봐요.

뻐끔살무사

황금나무뱀

뱀은 허물을 벗는다

뱀은 말 그대로 피부를 찢고 자라요. 대개는 몇 달마다 땅이나 나뭇가지에 몸을 문질러서, 바깥쪽 피부를 입부터 벗어요. 양말을 벗듯이 안팎이 뒤집히면서 허물이 벗겨지지요. 그러면 반지르르한 새 피부로 덮여 있어요. 멋진 변신이죠!

왕뱀은 먹이를 꽉 감아서 잡는다

보아, 아나콘다, 비단뱀 같은 왕뱀들은 죄는 힘이 아주 세요. 왕뱀은 근육질 몸통으로 먹이를 칭칭 감아서 꽉 조여요. 옥죄인 먹이는 질식해서 죽어요. 그렇게 감고 죄는 힘은 200개 이상의 척추뼈에 붙은 근육에서 나와요. (사람은 척추뼈가 33개에 불과해요.)

누룩뱀

동물의 세계

박쥐를 사랑할 수밖에 없는 5가지 이유

1 곡예를 부리는 비행 능력
박쥐는 포유류 중에서 날 수 있는 유일한 동물이에요. 박쥐의 날개는 사실 아주 긴 손가락과 손뼈들 사이에 늘어진 피부예요.

2 유용한 배설물
박쥐 배설물 구아노에는 식물의 주요 영양소 중 하나인 질소가 아주 많이 들어 있어요. 남아메리카의 고대 잉카 사람들은 작물에 필요한 비료를 제공하는 박쥐를 보호했지요. 구아노는 지금도 농사에 쓰여요.

3 놀라운 모기 제거 능력
많은 박쥐가 곤충을 잡아먹어요. 나방, 모기 같은 날아다니는 곤충으로 배를 가득 채우죠. 갈색박쥐는 모기만 한 곤충을 시간당 1,000마리씩 삼켜요. 미국 텍사스주의 한 동굴에 사는 박쥐들은 매일 밤 약 200톤의 벌레를 먹어요. 시멘트 트럭 6대를 꽉 채울 무게예요. 대부분 작물을 먹는 해충이지요.

4 놀라운 비행 능력
늙은이박쥐는 가을마다 캐나다에서 남쪽으로 1,000킬로미터 넘게 이주해요. 5킬로미터 상공까지 올라가, 꼬리로 바람을 받아서 시속 97킬로미터 넘는 속도로 날아가곤 해요.

5 어미 박쥐의 힘
갓 태어난 박쥐는 몸무게가 어미의 3분의 1에 달하기도 해요. 하지만 어미는 새끼를 안은 채 동굴 천장에 발가락으로 매달려 있어요.

박쥐 더 알아보기

작은갈색박쥐
'작은'이라는 말이 딱 맞아요. 몸무게가 작은 동전 2개와 비슷하니까요!

짧은꼬리잎코박쥐
단 하룻밤 사이에 열매를 먹고 남은 씨를 6만 개까지 퍼뜨릴 수 있어요. 열대 우림의 식물이 자라는 데 매우 중요한 일을 하지요.

흡혈박쥐
이 박쥐는 소와 말의 피가 주식이에요. 사람을 무는 일은 거의 없어요.

온두라스흰박쥐
이 박쥐는 '텐트'를 치곤 해요. 커다란 잎을 군데군데 물어뜯어서 잎이 살짝 접히게 해요. 그 텐트 안에 들어가서 아늑하게 잠을 자지요.

날여우박쥐
날여우박쥐(위 사진)는 약 60종이 있어요. 100만 마리까지 모여 지내곤 해요.

벨벳자유꼬리박쥐
공중에서 곤충을 낚아채 볼주머니에 담아 뒀다가 씹어 삼켜요.

흰배박쥐
커다란 귀로 땅에서 돌아다니는 먹이가 내는 소리를 들어요.

사막긴귀박쥐
초음파를 보내어 돌아오는 메아리로 먹이가 어디 있는지 알아내요.

잎코박쥐
사냥할 때 쓰는 복잡한 모양의 코를 갖고 있어요.

이건 몰랐을걸! 박쥐 침은 생명을 구할 수도 있어요

오스트레일리아 멜버른에 있는 모내시 대학교 연구진에 따르면 흡혈박쥐의 침에 뇌졸중 환자에게 도움이 될 물질이 있대요. 뇌졸중은 피떡이 생겨서 뇌의 혈관을 막을 때 생겨요. 흡혈박쥐 침에는 피가 엉기지 않게 하는 항응고 물질이 들어 있어요. 그래서 동물의 상처에서 피가 계속 흘러나와서 먹을 수 있지요. 연구자들은 이 물질이 뇌졸중 환자의 피떡도 녹일 수 있을 것이라고 생각해요. 다행히도 이 물질은 약으로 만들 수 있어요. 그러니까 일부러 박쥐에게 물릴 필요는 없어요!

야생 동물의 능력

북극곰이 꼭 알아야 할

북극권의 얼어붙은 야생 세계에서 살아가기란 쉽지 않아요. 지상에서 가장 큰 포식자인 북극곰이라고 해도요. 영하의 기온, 눈 덮인 풍경, 온종일 해가 뜨지 않는 추위를 견디려면, 북극곰은 680킬로그램이나 되는 몸에 근육, 뼈, 지방을 잘 배치해야 해요. 여러분이 북극곰이라면, 북극의 얼음 위에서 살아남는 법을 알아야 해요.

1 걷자, 달리지 말고… 가만히 앉아 있으면 더 좋다.

북극곰은 걷거나 달릴 때 다른 대다수 포유류보다 에너지를 2배 이상 더 써요. 에너지를 절약하고 싶다고요? 움직이지 말아요. 달린다면, 조금만 뛰어요. 건강한 새끼 곰도 8킬로미터를 달리면 몸이 지나치게 뜨거워질 수 있어요.

2 맨발… 흠… 맨발이 최고야!

발이 왜 이렇게 크냐고요? 다 자란 북극곰의 발은 정말 커요. 너비 30센티미터까지 자라지요. 이렇게 큰 발은 눈신 역할을 해요. 눈과 얼음 위에서 몸무게를 분산시켜서 눈에 빠지지 않게 하지요. 또 걸을 때 뽀드득 소리도 나지 않아요. '왕발이' 북극곰이 다가온다는 사실을 먹잇감은 알아차리지 못하지요.

3 새끼가 북극곰의 먹잇감이 되지 않도록 조심, 또 조심!

안타까운 사실은 북극곰 성체 수컷이 때로 새끼를 잡아먹곤 한다는 거예요. 그래서 어미 곰은 새끼를 보호하기 위해 애쓰지요. 어미는 대개 자기보다 훨씬 큰 수컷도 쫓아 버려요. 몇몇 용감한 어미 곰은 새끼를 지키려고 뒷다리로 일어서서 지나가는 헬리콥터를 향해 펄쩍 뛰기도 해요!

동물의 세계

6가지 생존 비법

4 **지방은 있어야 할 곳에 있다.**

추운 북극 기후에서 몸의 지방층은 아주 중요해요. 지방은 두꺼운 속옷 역할을 해요. 추운 공기와 얼어붙을 듯이 차가운 물로 체온이 빠져나가지 않게 단열하죠. 또 두께 10센티미터인 지방층은 먹이가 부족할 때 에너지가 되고, 헤엄칠 때 몸을 띄워 줘요. 지방이 물보다 가볍기 때문이죠.

5 **단정하고 깨끗하게! 고로 몸을 잘 말려야 한다.**

깨끗한 곰은 따뜻한 곰이에요. 더럽고 헝클어진 털은 체온을 보존하는 능력이 떨어지기 때문이죠. 북극곰은 식사 후에 최대 15분까지 짬을 내어 털을 골라요. 긴 혀로 가슴, 발, 주둥이를 핥아 주지요. 여름에는 먹자마자 목욕을 해요. 그런 뒤 몸을 마구 흔들거나, 눈에 몸을 비벼서 물을 떨어내요. 눈을 두껍고 보슬보슬한 수건으로 쓰는 거예요.

6 **털은 언제나 하얗게 하얗게!**

여러분은 두꺼운 털가죽에 난 털이 실제로는 하얗지 않다는 것을 알아차렸나요? 한 올의 털은 투명하고 속이 비어 있어서 빛이 들어오면 반사되지요. 그래서 주변 환경과 잘 어울리죠. 경계심 많은 물범을 사냥할 때 유리해요. 게다가 북극곰의 흰 털은 늘 멋져 보이지요.

반려동물의 비밀

개는 어떻게 말할까?

잡아 봐! 잡을 수 있으면!

공원에서 노는 개들을 지켜봐요. 개들은 서로 모르지만, 만난 지 몇 분 지나지 않아서 함께 놀기 시작해요. 뒤엉키고 뒤쫓을 때 개들은 '대화'를 하고 있어요. 단어 대신에 몸짓 언어를 쓰지요. 개의 몸짓 언어를 '듣는' 법을 배우면, 반려견과 더 가까워지는 데 도움이 될 거예요. 5가지 행동으로 개의 말뜻을 알아볼까요?

같이 놀자

개는 플레이보우(play-bow)라는 독특한 자세를 취해서 상대에게 놀 준비가 되었다고 알려요. 앞다리의 발꿈치를 거의 땅에 닿다시피 구부리고 엉덩이를 치켜들고서 꼬리를 마구 흔들지요. 이 자세를 몇 초 동안 유지한 뒤 달려 나가요. 어깨 너머로 고개를 돌려서 다른 개가 따라오는지 확인하면서요. 새 친구가 따라오면, 뒤쫓기 경주가 시작되지요. 뒤쫓던 개가 앞서 달리는 개에게 세게 부딪히면, 재빨리 플레이보우 자세를 취해요. "미안!"이라는 뜻이에요. 다음번에 개가 플레이보우 자세를 취하면, "그래 놀자"라고 하세요!

개의 꼬리는 절대로 잡아당기면 안 돼요. 뼈가 어긋나서 신경이 손상될 수 있어요. 그러면 꼬리를 더 이상 움직이지 못해요.

꼬리 자랑

꼬리를 뻣뻣이 세우고 점잔 빼면서 걷는 개는 자신이 대장이라고 과시하는 거예요. 눈에 잘 띄는 꼬리를 지닌 개는 이 자세가 더 잘 나와요. 늑대가 크고 덥수룩한 꼬리를 지니고, 많은 개가 꼬리 밑면에 더 옅은 색의 털이 나 있는 이유가 이 때문일지도 몰라요. 꼬리를 치켜들면 옅은 색깔의 털이 보이면서 완벽한 신호기 역할을 하지요.

동물의 세계

> 개는 사람이 안 본다고 생각할 때 음식을 훔쳐 먹을 가능성이 4배 더 높대요.

간절한 눈망울

여러분이 뭔가를 먹고 있을 때 반려견이 간절한 눈으로 쳐다보나요? 그건 배가 고픈 게 아니라 여러분을 통제하는 거예요. 뚫어지게 쳐다보는 개는 여러분과 대화를 하는 중이에요. 바깥에서는 자신이 대장이니까 너무 가까이 다가오지 말라고 말하는 것일 수 있어요. 식탁에서는 음식을 달라고 부탁하는 것일 수도 있지요. 슬쩍 음식을 주면, 개는 자신이 여러분을 잘 훈련시켰다고 생각할 수 있어요. 자기 명령을 잘 듣는다고요! 그러니 개가 식탁 옆에서 간절한 눈망울로 바라볼 때는 무시하세요. 다른 식구들도 주지 않아야 해요. 그러면 반려견은 여러분이 주인이고 간절한 눈을 해도 소용없다는 점을 알아차릴 거예요. 그러고 나서 엎드리라고 말하면, 개는 순순히 따를 거예요.

엉덩이 냄새 맡기

개는 별난 방식으로 인사해요. 앞발을 흔드는 대신에, 서로의 엉덩이 냄새를 맡아요! 한쪽이 다른 개가 엉덩이 냄새를 맡도록 놔둬요. 그런 뒤 반대로 하지요. 왜 그럴까요? 개는 모습이 아니라 냄새로 친구를 알아봐요. 개의 엉덩이에는 냄새를 풍기는 항문샘이 있는데, 개마다 독특한 냄새를 풍겨요. 개의 냄새에는 신분증만큼 많은 정보가 담겨 있어서 개가 건강한지 아픈지, 나이가 많은지 적은지, 심지어 저녁에 뭘 먹었는지까지 알려 줘요.

> 개는 약 100가지 표정을 지을 수 있어요.

배 드러내기

배를 문질러 줄 시간이에요! 개가 드러누워서 앞다리를 구부리고 배를 드러내면 꼭 그렇게 말하는 것 같아요. 배를 문지르기 시작하면, 때로 뒷다리를 차 대면서 아주 만족하는 듯도 해요. 뒷다리를 차는 것은 그냥 반사 작용이에요. 사람의 무릎을 고무망치로 탁 치면 발이 올라오는 것과 마찬가지예요. 하지만 이 자세의 진짜 의미는 복종과 신뢰예요. 여러분이 주인임을 받아들인다는 뜻이지요.

77

반려동물의 비밀

반려동물의 5가지 놀라운 능력

농구 천재라고 불러 줘요.

토끼가 농구를 한다
미국 캘리포니아주 로스앤젤레스

홀랜드 롭이어 토끼인 비니는 밤에 잠자리에 들기 전에, 슬램덩크를 해요. 공이 안 들어가면, 다시 시도하지요. 반려인인 샤이 라이터는 "공을 넣을 때까지 자러 가지 않을 거예요."라고 말해요. 비니는 혼자 농구 비슷한 행동을 하기 시작했어요. 어느 날 밤, 라이터는 토끼가 같은 공을 계속 상자에 떨어뜨렸다가 꺼냈다 하는 것을 보았어요. 그래서 비니에게 장난감 농구대를 사 주고, 비니가 슬램덩크를 하면 좋아하는 먹이를 보상으로 주었지요. 귀리 씨앗이었죠. 비니는 농구를 할 뿐 아니라, 라이터의 집안일을 돕는 것도 좋아해요. "소형 진공청소기를 쓰는 법도 알아요."

홀랜드 롭이어 품종은 대개 고양이 장난감을 좋아해요.

이렇게 타는 거랍니다.

퍼그가 스케이트보드를 탄다
미국 워싱턴 D.C.

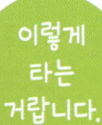

퍼그 미스터버츠는 스케이트보드에 뛰어올라 한 발로 밀면서 자신이 좋아하는 빵집 앞을 쌩 지나쳐요. 반려인인 저스틴 시마스코는 말해요. "미스터버츠는 종종 과자에 정신이 팔려요." 그렇지 않은 날에는 멋지게 보드를 탄 보상으로 빵을 받아요. 그리고 보드를 탔는데 보상을 빨리 주지 않으면, 재채기로 주인에게 항의해요. "재채기 소리가 클수록, 불만이 더 크다는 거죠."
이 기술을 훈련시키기 위해서, 저스틴과 베스 부부는 먼저 미스터버츠에게 움직이지 않는 보드에 올라가 앉아 있도록 가르쳤어요. 그리고 두 발만 보드에 올려놓는 것부터 움직이는 보드에 타는 어려운 기술까지 하나씩 가르쳤지요. "보드를 밀 수 있게 되자, 혼자서 타기 시작했어요." 미스터버츠가 즐겨 타는 곳이 어디냐고요? 워싱턴 기념탑 주변이에요.

고대 중국에는 작은 궁전과 경호원까지 있는 개도 있었어요.

3 돼지가 그림을 그린다
남아프리카 공화국 프란스후크

몸무게 약 450킬로그램의 돼지 피그카소는 그림을 그리면서 춤을 추곤 하지요. 피그카소가 사는 생츄어리 농장 주인 조앤 레프선은 이렇게 말해요. "머리를 흔들고 귀를 펄럭여요." 이 돼지는 누군가 흘린 붓을 입에 물면서 처음으로 그림 그리는 법을 배웠어요. 레프선은 돼지가 그림에 흥미가 있다는 것을 알아차리고서 캔버스를 설치하고, 붓에 물감을 묻혔어요. 돼지가 어떤 그림을 그릴지 보고 싶어서요. "거의 즉시 그림을 그리기 시작했어요." 그림을 다 그리자, 피그카소는 붓을 공중에 탁 던졌어요. 이 화가가 하는 별난 행동은 그것만이 아니에요. "그림을 다 그리면, 코를 비트 뿌리 잉크에 담갔다가 캔버스에 대고 눌러요. 서명을 하는 거죠."

이 그림은 10억 원에 팔릴 거야.

돼지는 서로 마주 보고 자는 것을 좋아해요.

붕붕 비행 중! 뭐, 별것 아니죠.

기니피그의 이빨은 평생 계속 자라요.

4 기니피그가 허들을 넘는다
미국 텍사스주 오스틴

기니피그 롤리는 멋진 공연을 펼치는 조랑말처럼 장애물을 뛰어넘어요. 하지만 조랑말과 달리, 롤리는 휴지 심과 빨대로 만든 작은 장애물을 넘어요. 때로 뛰어넘을 때 찍찍 소리도 내요. 반려인인 말리아 캐넌은 장애물 너머에 상추 조각을 놓아서 롤리에게 뛰어넘는 법을 가르쳤어요. 롤리가 성공할 때마다 장애물 높이를 점점 더 올렸지요. 이제 롤리는 휴지 심을 세운 높이만큼 뛰어넘을 수 있어요!

왕 앞에서 머리를 조아리도록.

5 고양이가 놀라운 자세를 취한다
미국 캘리포니아주 데이나포인트

만세! 이 고양이는 왜 만세를 부르듯 두 팔을 번쩍 치켜들까요? 코코넛오일을 핥아먹고 싶은 거예요. 고양이 키스는 몇 년 전 주인의 잠을 깨우려 할 때 처음 뒷다리로 일어섰어요. 반려인인 피터 메이스는 그 모습이 귀여워서 키스에게 코코넛오일을 조금 주었지요. 그러자 키스는 같은 행동을 계속했어요. 그런데 코코넛오일이 다 떨어지면 어떡하죠? "아이스크림도 괜찮아요." 메이스가 말해요.

공룡의 특징

선사 시대 연대표

현생 인류*는 약 4만 년 전에 지구에 출현했어요. 약 46억 년이라는 지구 역사와 비교하면 아주 짧은 기간을 존재했지요. 지구가 처음 생겨난 뒤로 많은 일이 일어났어요. 선캄브리아 시대에는 수백만 년 동안 산소 농도가 아주 높았어요. 고생대에는 단단한 껍질이 있는 연체동물, 척추동물, 양서류, 파충류가 등장했어요.

공룡은 중생대 내내 지구를 지배했어요. 약 6600만 년 전 공룡이 모두 사라졌고, 신생대에는 현생 인류가 등장했어요. 작은 연체동물이 출현한 이래로 쥐라기의 거대한 공룡이 돌아다니고 그 뒤로 인류가 등장할 때까지 지구에는 많은 변화가 일어났지요.

*현생 인류: 현재 살고 있는 인류와 같은 종. '호모 사피엔스 사피엔스'를 이른다.

선캄브리아 시대

46억 년~5억 4100만 년 전
- 지구(그리고 다른 행성들)는 가스와 먼지로 이루어진 거대한 구름에서 태양이 생겨나고 남은 것으로 만들어졌어요. 그 구름은 근처의 초신성들이 폭발한 충격으로 만들어진 것이지요.
- 지구 대기에는 산소가 거의 없어서 숨이 막힐 듯했어요.
- 초기 생명체가 출현했어요.

고생대

5억 4100만 년~2억 5200만 년 전
- 육지에 최초의 곤충과 다른 동물들이 출현했어요.
- 4억 5000만 년 전, 상어의 조상이 바다에서 헤엄치기 시작했어요.
- 4억 3000만 년 전, 식물이 육지에 자라기 시작했어요.
- 3억 6000만 년 전, 양서류가 물 밖으로 나왔어요.
- 대륙은 오랜 시간 동안 하나로 뭉쳤다가 쪼개지기를 반복했어요. 쪼개졌던 땅덩어리들이 다시 서서히 합쳐져서 '판게아'라는 하나의 초대륙이 되었어요.
- 3억 년 전, 파충류가 육지를 지배하기 시작했어요.

공룡은 왜 사라졌을까?

수 세기 동안 과학자들을 괴롭혀 온 수수께끼가 있어요. 공룡에게 과연 어떤 일이 일어난 것일까요? 지금까지 여러 이론이 나왔지만, 최근 연구를 보면 거대한 크레이터(주로 운석이 부딪혀 생긴 구덩이)를 만든 소행성이나 혜성의 충돌이 원인일 가능성이 가장 높아요. 그 충돌로 지진 해일, 지진 같은 자연재해가 일어나서 공룡의 생태계와 먹이 사슬을 파괴했어요. 또 화산이 뿜어낸 연기로 햇빛이 가려져 기후 변화가 심하게 일어났고요. 그 결과로 지구 생물 종의 절반이 사라졌고, 공룡까지 전멸했지요.

공룡 시대

중생대
2억 5200만 년~6600만 년 전
중생대는 파충류의 시대이며, 최초의 공룡이 출현한 시대예요. 공룡은 1억 5000만 년 넘게 지구를 지배했어요. 크게 세 시기로 나뉘어요.

트라이아스기
2억 5200만 년~2억 100만 년 전
- 최초의 포유류가 출현했어요. 생쥐만 했지요.
- 최초의 공룡이 출현했어요.
- 꽃이 없는 양치류가 육지의 주된 식물이었어요.
- 트라이아스기 말에 거대한 초대륙 판게아가 쪼개지기 시작했어요.

쥐라기
2억 100만 년~1억 4500만 년 전
- 거대한 공룡이 육지를 지배했어요.
- 판게아가 계속 쪼개지면서 그 사이로 바다가 생겨났어요. 덕분에 상어와 바다악어 같은 해양 동물들도 번성했어요.
- 잎이 뾰족한 침엽수가 각 대륙으로 널리 퍼졌지요.

백악기
1억 4500만 년~6600만 년 전
- 대륙들이 현재의 모습을 갖추었어요.
- 가장 큰 공룡들이 출현했어요.
- 꽃식물이 육지에 널리 퍼졌어요.
- 포유류가 번성했고, 거대한 익룡이 하늘을 지배했어요. 작은 새들도 나타났고요.
- 기온이 극단적으로 변했어요. 공룡은 남극 대륙부터 북극권까지 넓은 지역의 사막, 습지, 숲에 살았어요.

신생대~제3기
6600만 년~260만 년 전
- 공룡이 멸종한 뒤, 포유류가 지구를 지배하게 되었어요.
- 조류는 계속 번성했어요.
- 화산 활동이 많이 일어났어요.
- 기온이 내려가기 시작했고, 빙하기가 찾아왔어요.
- 대륙끼리 이어진 부분을 통해 많은 동식물이 새로운 땅으로 퍼져 나갔어요.

공룡의 특징

공룡, 이렇게 분류하자

공룡을 비롯해 여러 생물을 분류하는 일은 꽤 복잡해요. 그래서 과학자들은 분류를 더 쉽게 할 체계를 생각해 냈어요. 공룡은 아주 다양한 특징을 토대로 종류를 나누어요.

과학자들은 공룡을 크게 두 집단으로 분류해요. 골반이 새의 골반과 비슷하면 조반목, 도마뱀의 골반과 비슷하면 용반목이지요.

조반목

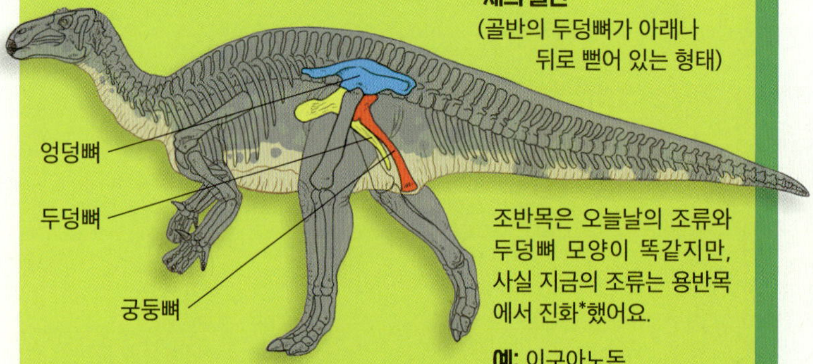

'새의 골반'
(골반의 두덩뼈가 아래나 뒤로 뻗어 있는 형태)

- 엉덩뼈
- 두덩뼈
- 궁둥뼈

조반목은 오늘날의 조류와 두덩뼈 모양이 똑같지만, 사실 지금의 조류는 용반목에서 진화*했어요.

예: 이구아노돈

*진화: 생물이 세대를 거치며 환경에 적응해 변화하는 것.

용반목

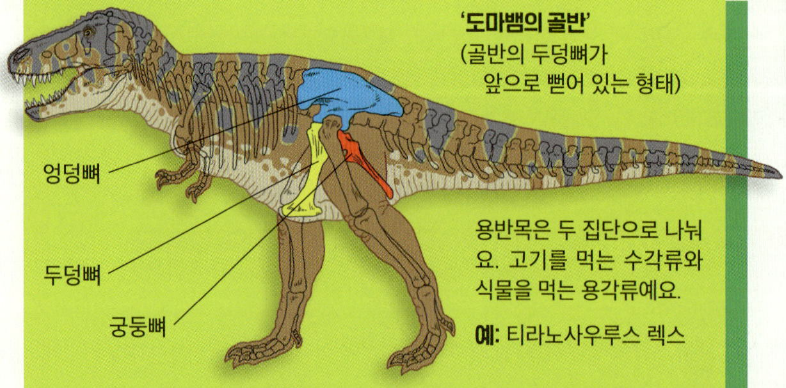

'도마뱀의 골반'
(골반의 두덩뼈가 앞으로 뻗어 있는 형태)

- 엉덩뼈
- 두덩뼈
- 궁둥뼈

용반목은 두 집단으로 나눠요. 고기를 먹는 수각류와 식물을 먹는 용각류예요.

예: 티라노사우루스 렉스

모든 공룡은 이렇게 크게 두 갈래로 나눈 뒤, 비슷한 종끼리 묶어 더 나누지요. 예를 들어서 스테고사우루스는 목과 등에 골판이 있고 꼬리에 가시가 나 있어요. 같은 검룡과에 속하는 공룡들은 이런 특징이 있지요.

공룡이 실제로 무슨 **색깔**이었는지 아무도 몰라요.

모든 공룡은 **알을 낳았고**, 깃털이 난 공룡도 있었어요.

옛날 사람들은 공룡 뼈를 **용의 뼈**라고 생각했어요.

티라노사우루스 렉스 화석은 **약 368억 원**에 팔리기도 했어요.

82

동물의 세계

새로 발견된 공룡 3 종류

사람들은 수백 년 전부터 공룡의 화석을 찾아다녔어요. 그리고 많이 발견했지요. 공룡은 지금까지 전 세계에서 적어도 1,000종이 발견되었고, 수천 종이 더 발견될 수도 있어요. 최근에는 디네오벨라토르 노토헤스페루스를 찾아냈어요. 날카로운 이빨과 발톱을 갖춘 데다 깃털이 난 육식 공룡을 발견했지요.

① 디네오벨라토르 노토헤스페루스(용반목)
- 학명: *Dineobellator notohesperus*
- 이름 뜻: 남서쪽의 나바호 전사
- 길이: 2.0m(꼬리를 제외함)
- 생존 시기: 후기 백악기
- 발굴 지역: 미국 뉴멕시코주

② 우롱 보하이엔시스(용반목)
- 학명: *Wulong bohaiensis*
- 이름 뜻: 춤추는 용
- 길이: 까마귀와 비슷함
- 생존 시기: 전기 백악기
- 발굴 지역: 중국 랴오닝성

③ 알로사우루스 짐마드세니(용반목)
- 학명: *Allosaurus jimmadseni*
- 이름 유래: 제임스 H. 매드슨(고생물학자)의 이름을 딴 것.
- 길이: 8~9m
- 생존 시기: 후기 쥐라기
- 발굴 지역: 미국 유타주

공룡의 특징

공룡의 방어 수단

과학자들도 초식 공룡이 어떤 놀랄 만한 신체 기관으로 육식 공룡과 싸웠는지 확실히 알지 못해요. 하지만 이 초식 공룡들은 분명 자신을 지킬 수 있는 꽤 놀라운 무기를 갖추고 있었어요.

갑옷: 가스토니아

학명: *Gastonia*

가스토니아는 뽀족뽀족하고 무거운 갑옷을 몸에 두르고 있었어요. 육식 공룡의 강한 턱으로부터 자신을 지킬 수 있도록 머리에 뿔이 4개 나 있고, 두꺼운 뼈로 뇌를 보호했어요. 등에는 굵은 가시가 있고, 꼬리 양쪽으로 삼각형 골판이 나 있었어요.

가시: 켄트로사우루스

학명: *Kentrosaurus*

물러서! 스테고사우루스와 비슷한 이 공룡은 꼬리를 따라 가시가 쌍쌍이 뻗어 있었어요. 이 꼬리를 엄청난 속도로 휘두를 수 있었어요. 한 고생물학자는 켄트로사우루스가 무시무시한 꼬리를 휘둘러서 상대의 뼈를 부쉈을 것이라고 추정했어요!

동물의 세계

곤봉 꼬리:
안킬로사우루스

학명: *Ankylosaurus*

비켜, 비켜! 안킬로사우루스는 적을 때릴 수 있는 무거운 곤봉 같은 꼬리가 있었어요. 후기 백악기의 이 공룡은 티라노사우루스 렉스의 공격을 완전히 막을 수는 없었겠지만, 곤봉 꼬리를 휘둘러서 상대에게 심한 타격을 줄 수 있었을 거예요.

채찍 꼬리:
디플로도쿠스

학명: *Diplodocus*

몇몇 과학자는 후기 쥐라기의 이 거대한 공룡이 꼬리를 채찍처럼 아주 빠르게 휘둘러서 커다란 소음을 내어 포식자를 쫓았다고 추측해요. 디플로도쿠스는 몸길이가 27미터인데, 꼬리가 그 절반에 달했어요.

뿔: 트리케라톱스

학명: *Triceratops*

후기 백악기에 트리케라톱스가 뿔을 써서 육식 공룡과 싸웠다는 증거는 전혀 없어요. 그러나 과학자들은 뿔이 3개 달린 이 공룡이 같은 종의 개체들과 싸울 때 머리의 주름 장식과 뿔을 썼다고 여겨요.

더 알아보기

잠깐 퀴즈!

동물에 대해서 얼마나 아는지 퀴즈로 풀어 봐요!

답을 종이에 적은 뒤, 아래 정답과 맞추어 봐요.

1 케냐 마사이마라 국립 보호 구역의 하마는 어떻게 다른 동물들을 도왔을까?
a. 새끼를 맡아 주어서
b. 먹이를 더 주어서
c. 숨을 곳을 알려 주어서
d. 강을 건너게 도와주어서

2 북극곰은 먹은 뒤 15분 동안 무엇을 할까?
a. 털을 골라요.   c. 이를 닦아요.
b. 낮잠을 자요.   d. 다음 먹이를 찾아요.

3 참일까, 거짓일까? 유인원은 의사소통 능력이 뛰어나요. (   )

4 공작갯가재는 먹이를 사냥할 때 .
a. 공기 방울을 만들어요.
b. 세게 때려요.
c. 부속지로 먹이를 붙잡아요.
d. 전부 다 해요.

5 개의 플레이보우 자세는 무엇을 뜻할까?
a. '내가 대장이야.'   c. '배고파요.'
b. '놀고 싶어요.'   d. '무서워요.'

너무 쉽다고요?
다음 장에 나오는 퀴즈에도 도전해 봐요!

정답: 1.d 2.b 3.참 4.d 5.b

이렇게 해 봐요!
아주 훌륭한 동물 보고서 쓰기

동물의 세계

해마

선생님이 해마에 관한 보고서를 쓰라는 과제를 내 주더라도 걱정 마요. 보고서를 잘 쓰는 방법을 알려 줄게요.

잘 쓰기 위한 3단계: 보고서는 서술과 설명을 담아요 (197쪽 '보고서를 쓰는 법' 참조). 주요 개념을 제시하고, 뒷받침할 증거를 자세히 적고, 결론을 내려야 해요. 이 기본 구조와 전체 흐름을 생각하면서 한 문단씩 써 나가면 보고서를 제대로 쓸 수 있을 거예요.

1. 서론
주요 개념을 제시해요.
  해마는 많은 독특한 특징을 지닌 흥미로운 물고기예요.

2. 본론
주요 개념을 **뒷받침하는 증거**를 제시해요.
  해마는 아주 작은 물고기예요.
  해마는 머리가 말 모양이라서 '바다의 말'이라는 이름이 붙었어요.
  해마는 거의 모든 지구 동물들과 다른 특이한 행동을 해요.
이어서 서술하고, 설명하고, 논술하여 이 요점들을 **확장**해요.
  해마는 아주 작은 물고기예요.
  해마는 태어날 때 건포도만 하고, 성체 해마는 대부분 찻잔 안에 들어갈 크기예요.
  해마는 머리가 말 모양이라서 '바다의 말'이라는 이름이 붙었어요.
  해마는 주둥이가 긴 관 모양이에요. 말처럼 생겨서 해마라고 해요.
  해마는 거의 모든 지구 동물들과 다른 특이한 행동을 해요.
  다른 대다수 물고기와 달리, 해마는 평생을 같은 짝과 함께 살아요. 또 암컷이 아니라 수컷이 새끼를 낳는 유일한 종이기도 해요.

3. 결론
보고서 전체 내용을 **요약**해요.
  독특한 생김새와 독특한 행동 때문에, 해마는 바다에서 가장 흥미로우면서 쉽게 알아볼 수 있는 동물에 속해요.

핵심 정보

보고서에는 다음과 같은 내용을 포함시킬 생각을 해야 해요.
  내가 다룰 동물은 어떤 모습일까요?
  어떤 종과 가까울까요?
  어떻게 움직일까요?
  어디에 사나요?
  무엇을 먹나요?
  포식자는 어떤 동물일까요?
  얼마나 오래 사나요?
  멸종 위기에 있나요?
  왜 관심을 갖게 되었나요?

사실과 허구 구분하기: 여러분이 보고서를 쓸 동물은 영화나 신화나 전설에 나왔을 수도 있어요. 그 동물이 묘사된 모습과 현실에서 실제로 어떻게 행동하는지를 비교하고 대조해요. 예를 들어, 펭귄은 애니메이션 영화 「해피 피트」에서처럼 춤을 출 수는 없어요.

교정과 수정: 어떤 글이든 마찬가지로 다 쓰고 나면 맞춤법, 문법, 문장에 오류가 있는지 검사해요. 남에게 교정을 맡기는 것도 도움이 되곤 해요. 여러분이 놓친 오류를 찾아낼 수도 있으니까요. 또 문장과 문단을 더 다듬을 수도 있지요. 설명을 덧붙이고, 글이 훨씬 더 잘 전달될 만한 동사, 부사, 형용사를 골라요.

창의력을 발휘하기: 시각 자료를 덧붙여서 보고서에 활기를 불어넣어요. 잡지나 웹사이트에서 찾아낸 흥미로운 동물 사진을 보고서에 추가해요. 직접 그려 넣어도 되지요! 또 동물 서식지 모형을 만들 수도 있어요. 창의력을 발휘해서 자신이 아주 좋아하는 동물을 알릴 방법을 찾아봐요.

최종 결과물 완성하기: 이 모든 사항들을 다 모으고 다듬어서 최종 보고서로 만들어요. 깨끗하고 말끔하게 작성하고, 인용한 참고 문헌도 적어 두어요.

발명을 일으키는 기술

10가지 전화와 통신 기기에 관한 흥미로운 사실들

핀란드에서는 **휴대 전화 던지기 세계 대회**가 열려요. 참가자들은 **낡은 휴대 전화를 멀리 던지는 경기**를 해요.

대부분의 휴대 전화에는 평균 **금이 1,200원어치 넘게** 들어 있어요.

약 145년 전 미국 매사추세츠주 서머빌의 한 집에 **최초로 전화선이 설치되었어요.**

알렉산더 그레이엄 벨이 전화를 만들어 1876년 최초로 특허를 받은 뒤, 사람들에게 전화를 받을 때 "어호이." 라고 대답하라고 권했어요.

약 50억 명, 즉 세계 인구의 64퍼센트 이상이 **휴대 전화나 모바일 기기를 쓰고 있어요.**

과학과 기술

1992년에 발명된 **최초의 스마트폰**은 이름이 '**사이먼**'이었고, 무게가 **작은 생수병** 한 개와 비슷한 510그램이었어요.

이모지*는 1990년대 말 일본에서 초기 스마트폰에 처음 도입되었어요.

*이모지: 감정을 표현하는 그림 문자.

세계 최초의 휴대용 컴퓨터는 1989년에 나왔고, AA 건전지 2개로 **50시간 동안** 작동했어요.

애플은 신제품을 정식 발표 전까지 비밀로 유지하기 위해서 **아이폰**은 '**퍼플**', **애플워치**는 '**기즈모**'라는 암호 명으로 불렀어요.

국제 우주 정거장(ISS)에는 **전화기**가 전혀 없어요.

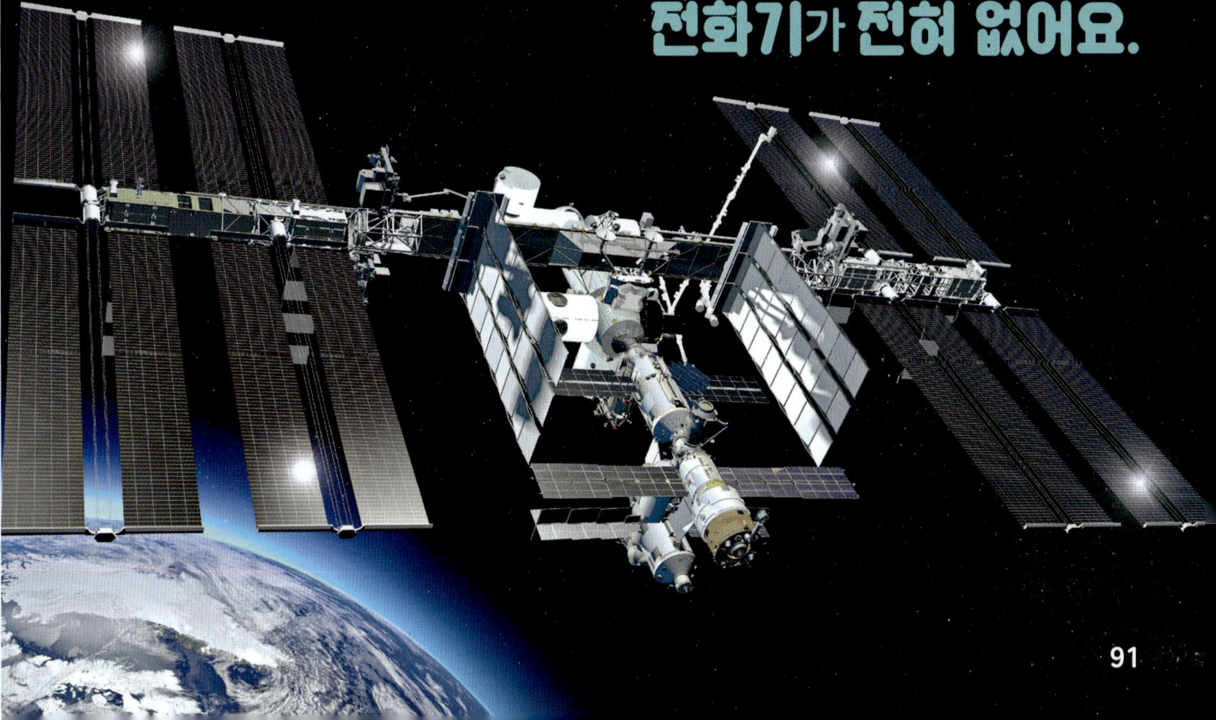

발명을 일으키는 기술

5가지 멋진 발명품

우리의 삶을 바꿀 **대단히 영리한 전자 기기, 주변 기기, 탈것들**

① 하늘을 나는 바이크

스피더는 모터사이클처럼 좌석과 손잡이가 있지만, 보통 바이크가 결코 갈 수 없는 곳까지 갈 수 있어요. 바로 **하늘**이지요! 단추를 누르기만 하면 이륙해요. 앞뒤에 있는 4개의 **터보제트 엔진**이 돌면서요. 손잡이를 움직여서 방향을 잡고 **공중을 날아요**. 무게가 약 104킬로그램인 이 바이크는 조종사 면허가 없어도 탈 수 있을 거예요. 아직 시험 중이지만, 스피더는 **시속 96.6킬로미터로 날고 해발 4,572미터까지 오를 수 있어요.** 자 날아 볼까요!

② 태양 에너지 텐트

야외에서 캠핑을 하는데 스마트폰 배터리가 다 닳으면 어쩌죠? 난감하겠죠. **뱅뱅 태양 에너지 텐트** 안에서 잠을 자면 달라요. 이 밝은 색깔의 4인용 텐트에는 낮 동안 햇빛을 받아 들이는 **태양 전지판**이 붙어 있어요. 전지판에서 만들어진 전기는 텐트 안에 있는 리튬 배터리를 충전시켜요. 이제 전자 기기를 그냥 배터리에 연결하기만 하면 돼요. 별빛 아래 야영하면서 동영상을 열심히 찍어도 걱정 없어요.

과학과 기술

③ 개를 위한 샘

우리 개는 앉고, 물건을 가져오고, 죽은 척도 할 수 있어요. 그런데 개가 **물을 떠 마실 수도 있나요?** 그건 좀 어렵겠죠. 개에게 **포셋**을 주면 물도 해결돼요. 목마른 **개가 발로 누르면** 언제든 깨끗한 물이 나와서 마실 수 있어요. 그냥 포셋에 물 호스를 연결하고 수도를 열어 놓으면 돼요. 개는 그저 **발판에 올라서기만 하면 물을 마실 수 있어요.** 정말로 꼬리를 신나게 흔들 만한 장치가 생긴 거예요.

④ 새 전용 사진관

캘리포니아 덤불어치

버드포토부스는 배고픈 **참새**와 **박새**를 찍어 주는 촬영 장치예요. **모이통** 뒤쪽 상자에 휴대 전화를 넣기만 하면, 집 안에서 컴퓨터나 태블릿으로 **새가 모이를 먹는 모습**을 실시간으로 볼 수 있어요. 완벽한 사진이 보이죠? 버드포토부스에는 **고급 렌즈**가 들어 있어서 스마트폰으로도 야생 생물 사진작가 수준의 사진을 찍을 수 있답니다. "웃어요. 짹짹!"

⑤ 제트 추진 서프보드

파도를 타요! 커다란 파도가 해안에서 너무 멀리서 부서져요. 힘들게 거기까지 팔을 저어서 갈 필요는 없어요. 제트로 나아가는 서프보드인 **웨이브젯**을 쓰면 되거든요. 높은 파도가 시작되는 곳까지 땀 한 방울 흘리지 않게 데려다줄 거예요. 보드 아래쪽에 **배터리로 작동하는 엔진** 두 개가 달려 있어서 **손목 밴드**로 전원을 켜고, 속도를 **시속 16킬로미터까지** 조절할 수 있어요. 사람이 보드를 타고 팔을 저어서 가는 평균 속도보다 약 5배 더 빨라요. 엔진 장치는 쉽게 떼어 낼 수 있어요. 물에서 속도를 내고 싶다고요? **패들보드든 보디보드든 카약이든** 무엇에나 붙이면 돼요.

발명을 일으키는 기술

역사상 가장 성공한 상품

조지 워싱턴 카버는 열심히 지식을 탐구하여 세계적으로 유명한 과학자이자 발명가가 되었어요. 이 사람의 놀라운 생애를 알아볼까요?

출발

1864년경
조지 워싱턴 카버는 미국 미주리주의 한 농장에서 노예로 태어났어요. 1865년 노예제가 폐지되자, 그의 주인이었던 모지스 카버와 수전 카버 부부는 고아인 조지를 입양해서 아들로 키웠어요.

1891년~1896년
카버는 아이오와 주립 대학교에 입학한 최초의 흑인이었어요. 대학생이 된 카버는 농학을 공부했어요.

1896년
카버는 미국 앨라배마주에 있는 터스키기 대학교 교수가 되었어요. 연구를 통해서 새로운 종류의 물감과 살충제 등 수백 가지 제품을 발명했어요.

1906년
땅콩으로 접착제, 약, 종이를 만드는 등 땅콩 작물을 활용하는 방법을 300가지가 넘게 발명했어요. 농민들에게도 알려 주었지요. (근데 땅콩버터는 카버가 발명한 것이 아니에요. 재밌죠?)

"아니요, 루스벨트. 물을 더 주라고 했잖아요."

"이런."

1915년
카버는 다양한 농업 기기들을 만들어서 유명해졌고, 전직 미국 대통령 시어도어 루스벨트에게 농업 자문도 했어요.

1943년
카버는 세상에 중요한 기여를 한 아프리카계 미국인의 상징이 되었고, 피부색에 상관없이 많은 이들에게 영감을 주었지요.

과학과 기술

우연한 사고가 때로는 놀라운 발명이 된답니다.

우연한 발명품: 막대 아이스크림

아차, 깨달은 순간: 밤새 얼어 붙은 음료를 보았을 때

자세한 사연: 1905년 미국 캘리포니아주 오클랜드에서 11세 소년 프랭크 에퍼슨이 깜박 잊고 가루를 녹인 음료가 든 컵을 집 바깥에 밤새 두었어요. 유달리 추운 밤이 지난 다음 날 아침, 소년은 꽁꽁 얼어 버린 음료를 발견했어요. 가루를 젓던 막대가 그대로 꽂힌 채였죠. 컵에서 음료를 꺼내는 데 실패한 에퍼슨은 컵 바깥으로 따뜻한 물을 흘려 보냈어요. 그러자 뿅! 막대 손잡이가 달린 최초의 아이스크림이 미끄러져 나왔어요. 20년 뒤 에퍼슨은 자기 착상에 특허를 내고, 팝시클이라는 이름을 붙였지요.

우연한 발명품: 슬링키

아차, 깨달은 순간: 떨어지는 물체

자세한 사연: 1943년 미국 펜실베이니아주 피츠버그에서 기술자 리처드 제임스가 책상 앞에 앉아 있었어요. 옆 선반에 있던 선박 물품들을 담은 상자가 갑자기 쓰러졌어요. 제임스는 깜짝 놀라서 위를 쳐다보았어요. 온갖 물건들이 떨어졌는데, 긴 금속 스프링이 하나 보였어요. 스프링은 바닥에 쌓인 책을 따라 옆으로 스르르 미끄러져 내려갔어요. 그 순간 착상이 떠올랐어요. '굉장한 장난감이 될 것 같은데!' 제임스의 아내인 베티가 이름 붙여 준 슬링키는 나오자마자 대성공을 거두었어요. 90분 동안 400개나 팔렸어요.

실패와 잘 마주하는 법

어떤 사람들은 '실패'라는 단어를 듣는 것조차 정말로 싫어해요. 하지만 사실 실패가 아주 나쁜 것은 아니에요. 실패를 좋은 방향으로 돌리는 요령이 몇 가지 있어요.

실패에서 배운다.

실패가 가르치는 힘을 받아들여요. 축구장에서 내가 당혹스러운 실수를 할 때, 동료들이 다 지켜봐서 부끄러울 거예요. 하지만 같은 실수를 저지르지 않는 법을 배우게 되지요.

실패 없이는 성공도 없다.

자전거를 아예 타지 않으면, 자전거를 타다 넘어질 일도 없을 거예요. 하지만 자전거를 잘 타려면, 넘어지기를 많이 해 봐야 해요. 먼저 실패해야 달콤한 성공을 맛볼 수 있어요!

실패는 괴롭다. 그래도 괜찮다!

시험에 떨어지거나 야구공을 놓쳤다고요? 마음이 아플 거예요. 하지만 외면하지 말아요. 더 열심히 공부하고 연습하면, 다음에는 더 잘할 거예요. 가장 중요한 점은 계속 나아가는 거예요.

미래 기술 전망

미래 세계 보고서

십 년 뒤의 식당은 어떤 모습일까요? 미국 뉴저지주에 있는 럿거스 대학교의 식품학자 폴 타키스토프는 이렇게 답해요. "식량을 기르고 주문하는 기술에 많은 변화가 일어날 거예요. 또 더욱 각자에게 맞춘 식량이 생길 거예요." 미래의 이 식당에는 어떤 요리가 있는지 알아볼까요?

배고프다면? 인쇄 버튼을 눌러요!

탁자 위의 스캐너에 대고 손가락을 빠르게 스캔해요. 그러면 몸에 어떤 영양소가 부족한지 보여 주지요. 단추를 하나 누르면, 3D 프린터가 진한 퓌레가 든 음식 카트리지를 써서 당신의 몸이 필요로 하는 비타민이 든 파스타를 인쇄해요. 타키스토프는 이렇게 말해요. "어떤 건강 식품이 모두에게 좋은 것은 아니에요. 사람마다 몸 상태가 다르므로, 필요로 하는 영양소가 달라요." 음식 프린터는 효율이 높아서 요리사가 많은 사람들에게 개인별 맞춤 음식을 빨리 내놓을 수 있지요.

상자에 농장을 만들어요

이 주방에 있는 상추 중 일부는 슬퍼요. 커다란 컴퓨터 화면에 있는 상추 이모지 중 하나가 찌푸린 표정이에요. 화면 뒤 상자 안에서 실제 상추가 자라기에 알맞게 햇빛, 물, 영양소를 조합하지 않았기 때문이에요. 다시 화면을 누르면 온도가 더 내려가고, '상자 농장'에서 상추의 찌푸린 표정이 바뀌어요. 이 식당에서는 흙에 씨를 뿌리지 않고서도 필요한 모든 과일과 채소를 기를 수 있어요. 매사추세츠 공과 대학교의 선임 연구원 힐드레스 잉글랜드는 이렇게 말해요. "누구든 농부가 될 수 있어요. 아이슬란드에 살아도 마치 멕시코에서 키우는 것처럼 딸기를 재배할 수 있어요."

재활용

연구자들은 현재 사람의 배설물을 영양소로 바꿀 방법을 연구하고 있어요. 미래에 지구에서 먹든지 우주로 휴가를 가든지 간에, 우리의 음식 중 일부는 재활용된 성분으로 만들어질 거예요.

과학과 기술

음식이 궁금해!

실내에서 농작물을 재배해요

미래의 농장에는 어떤 일이 일어날까요? 농장이 수직으로 높아질 거예요. 인구가 90억 명으로 늘어나면서 도시는 계속 커지고, 경작할 땅은 점점 줄어들 거예요. 경작은 이런 도시의 고층 건물에서 이루어질 가능성이 높아요. 다행히도 실내 경작은 물을 덜 쓰고, 작물도 더 빨리 자라는 듯해요.

홀로그램으로 낚시해요

낚시를 하러 주방으로 갈까요? 요리사가 공중으로 휙 낚아 올리는 생선은 3D 홀로그램이에요. 언젠가 사람들은 가상 세계에서 각종 성분을 모아 주방을 채울 거예요. 디지털 덤불에서 열매를 따거나 가상 농장의 소에서 살코기를 잘라 낼 수도 있지요. 여러분이 요리 재료를 다 고르면, 홀로그램은 자세한 내용을 동네 시장으로 보내어 주문할 거예요. 이 프로그램을 연구하는 과학자들은 사람들이 더 재미있게 쇼핑하기를 원해요.

스마트 식당

좋아하는 식당에서 간편하게 주문할 수 있어요. 식탁을 두드려서 디지털 차림표를 열고 막 딴 채소와 3D 인쇄물을 골라요. 잠시 후 식탁 한쪽의 상자에서 음식이 준비되었다는 알림이 떠요. 그럼 문을 열어서 음식을 꺼내면 돼요. 뭔가 잊었다고요? 로봇 종업원이 더 필요한 것이 있는지 살피러 올 거예요.

미래 기술 전망

미래 세계 보고서

신호가 울리면, 경주가 시작돼요. 심장이 두근거려요. 여러분의 차가 다른 차들을 헤치고 맨 앞으로 치고 나와요. 앞 유리를 통해 결승선이 보여요. 여러분의 차가 우승이에요! 관중이 환호해요.

여러분은 실제로 차에 타고 있지 않아요. 하지만 스마트 안경을 쓴 덕분에 관중석에서도 카 레이서가 경주로를 돌 때 정확히 어떻게 하는지를 경험해요.

미래 기술 미디어 회사인 유매니메이션의 개발자인 에므리크 캐스탱은 이렇게 말해요. "미래에는 첨단 기술로 마치 실제 현장에 참여하듯이 느낄 수 있을 거예요." 2060년 이후에는 어떻게 삶을 즐길지 미리 살펴볼까요. 그에 앞서 용어 2개를 알아보기로 해요.

1. 증강 현실(AR) 컴퓨터로 만든 이미지를 현실 세계에 겹치는 기술(예: 포켓몬고).

2. 가상 현실(VR) 컴퓨터로 만든 이미지를 써서 전혀 다른 세계에 있는 양 느끼게 하는 것.

스마트 경기장

공을 잡는 순간을 놓쳤다고요? 걱정 말아요. 미래에는 3D 홀로그램이 경기장 상공에서 결정적인 순간을 다시 보여 줄 테니까요. 아예 비행 포드를 타고 가까이에서 관람할 수도 있어요. (경기가 끝나면 그대로 포드를 타고서 집에 갈 수도 있지요!) 이제 음식을 사거나 팀 유니폼을 사기 위해서 길게 줄을 설 필요도 없어요. 앱으로 주문하면 드론으로 좌석까지 배달해 주거든요.

경기 시작

우주선에 탄 외계인이 여러분을 공중에서 떨구려고 쉬잉 날아와요. 여러분은 두 손의 강력한 힘으로 외계인을 밀어내요. 여러분이 극적으로 승리하자, 관중이 환호성을 질러요. 공원에 모인 사람들에게는 여러분이 방금 외계인 우주선을 무찌른 것처럼 보이니까요. VR 고글과 운동 센서가 장착된 옷 덕분이지요. 고글을 쓰면 가상 경기장의 모습이 동영상으로 비쳐요. 관중은 여러분이 외계인과 맞서 싸우는 모습을 지켜보면서 응원하고요. 또 헤드셋을 쓰면 마치 외계 공간에 와 있는 듯이 느낄 수 있어요!

과학과 기술

공연과 전시가 궁금해!

박물관을 집으로

미래의 박물관은 현실을 AR, VR과 섞은 곳이 될 거예요. 미술관에서 AR 안경을 쓰고 조각품을 보면, 화가와 양식에 대한 정보가 자세히 떠요. 또 VR 헤드셋을 쓰고 있으면 감상한 작품에 영감을 얻어서 즉석에서 자신만의 걸작을 그릴 수도 있어요. 캐스탱은 이렇게 말해요. "집에서 VR 헤드셋과 3D 프린터를 이용해서, 박물관에서 본 것을 만들 수도 있어요." 박물관을 집으로 가져오는 것이나 다름없지요.

큰 화면

미래의 극장에는 안 좋은 자리란 없을 거예요. 관객이 3D 화면의 한가운데에 있을 테니까요. 바닥과 천장에도 화면이 있어요. 최신 해양 어드벤처 영화를 볼 때면 마치 물속에 있는 느낌이 들 거예요. 또 좌석에서 태블릿을 통해 음식을 주문하면 로봇이 앉은 자리로 음식을 가져다줄 거예요.

로봇 비트를 느껴 봐!

좋아하는 밴드의 음악에 맞추어 몸을 흔들 준비가 되었나요? 미래에는 로봇 팝 스타든지 로봇 오케스트라 지휘자든지 사람이 아닌 로봇이 음악을 연주할 수 있어요. 음악을 눈으로 볼 수도 있어요. AR 안경을 쓰면 악기에서 어느 음이 나오는지 볼 수 있을 거예요. 캐스탱은 이렇게 말해요. "AR 안경은 새내기 음악가에게도 도움이 될 수 있어요. 사실상 안경이 음악 선생님이 되는 셈이지요."

99

생물학의 기초

생명이란 무엇일까?

대답하기 쉬운 질문이지요? 지저귀는 새가 살아 있고 바위는 살아 있지 않다는 것은 누구나 알아요. 그러나 세균과 다른 미생물을 떠올리면, 점점 복잡해져요.

생명이란 정확히 무엇일까?
대부분의 과학자는 번식할 수 있고, 자라면서 구조가 더 복잡해지고, 영양소를 얻어서 살아가고, 노폐물을 배출하고, 햇빛과 기온 변화 같은 외부 자극에 반응한다면, 살아 있는 생물로 보아요.

생명의 종류
생물학자들은 에너지를 얻는 방식에 따라서 생물을 분류해요. 조류, 식물, 몇몇 세균은 햇빛을 에너지원으로 삼아요. 사람을 비롯한 동물, 균류, 고세균 같은 단세포 미생물은 화학 물질을 써서 에너지를 얻어요. 우리가 음식을 먹으면, 몸에서 음식에 든 화학 물질이 소화되고 화학 반응을 거쳐서 에너지로 바뀌죠.
생물은 땅, 바다, 하늘에 있어요. 사실 생명은 바다 밑, 수 킬로미터 깊이의 땅속, 얼음 속 등 극한 환경에서도 살아요. 이 혹독한 환경에서 번성하는 생물이 극한 생물이에요. 어떤 생물은 주변의 화학 물질을 바로 흡수해 에너지를 만들어요. 우리에게 친숙한 생물들과 전혀 달라서, 때로는 살아 있지 않다고 착각하기도 하지만, 극한 생물들은 살아 있어요.

생명은 어떻게 살아갈까?
생물이 살아가는 방식을 이해하려면, 가장 단순한 생물인 단세포 세균, 연쇄상 구균을 살펴보는 것이 좋아요. 종류가 아주 많고, 사람에게 병을 일으키는 것도 있어요. 우리 몸속에서 독소를 뿜어내 우리를 아프거나 불편하게 만드는 세균도 있지요.
연쇄상 구균은 아주 작아서 마침표 하나에 500마리 이상 들어가요. 이런 세균은 우리가 아는 가장 단순한 생물에 속해요. 움직이는 부위도 없고, 허파도 뇌도 심장도 간도 없고, 잎도 열매도 없지요. 그러나 이 생명체는 번식을 해요. 또 긴 사슬처럼 자라고, 영양소를 흡수하고 노폐물을 배출하지요. 우리처럼 이 작은 생물도 살아 있어요.
감기와 코로나19 바이러스에 대해 연구할 때면, 살아 있다는 기준이 모호해져요. 바이러스는 우리 몸을 이루는 세포 안에 들어가서 불어나요. 하지만 세포도 없고, 영양소를 분해하여 에너지를 얻지 못하고, 숙주가 없으면 증식도 못하기에, 과학자들은 바이러스가 과연 살아 있다고 할 수 있을지 의심해요. 바이러스는 아주 성능 좋은 현미경이 있어야 볼 수 있어요. 세균보다 수백 배 더 작거든요.

> 과학자들은 생명이 약 41~39억 년 전에 시작됐다고 생각하지만 그렇게 오래된 화석은 없어요. 가장 오래된 화석은 약 35억 년 전에 살았던 원시 생명체예요. 그 뒤로 곧 다른 생물들이 출현했어요. 과학자들은 지구에서 생명이 어떻게 진화했는지를 계속 연구해요. 생명은 다른 행성에서 왔을 수도 있지요.

미생물

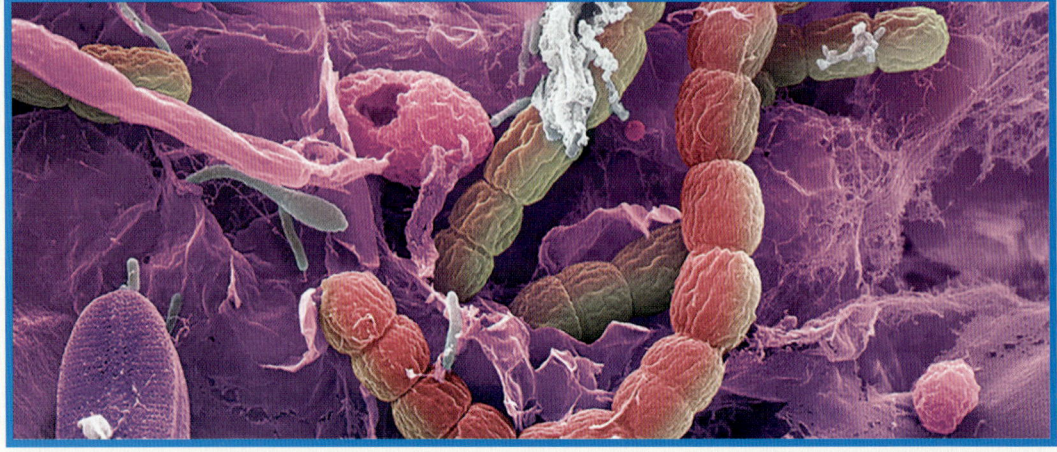

생명의 가장 큰 분류 단위, 역

생물학자들은 모든 생물을 세 집단(역)으로 나누어요. 세균, 고세균, 진핵생물이지요. 세균과 고세균은 세포에 핵이 없어요. 핵은 번식을 비롯한 세포 기능에서 핵심적인 역할을 하는 소기관이에요. 공통점이 있지만 세균과 고세균은 여러 면에서 서로 달라요. 사람 세포는 핵이 있어서 우리 인류는 진핵생물에 속해요.

① 세균역

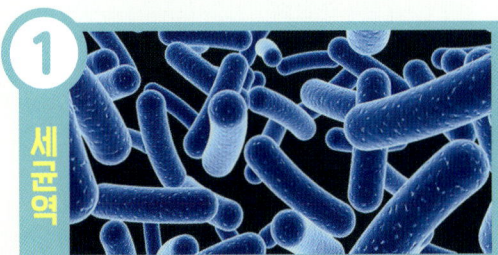

이 단세포 미생물은 박테리아라고도 하는데, 지구의 거의 모든 곳에 있어요. 세균은 작고 핵이 없어요. 막대나 나선, 공 모양이에요. 사람에게 유용한 것도 있고, 해로운 것도 있어요.

② 고세균역

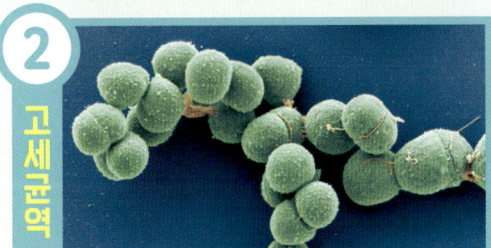

이 단세포 미생물은 극도로 살기 힘든 환경에 살아요. 과학자들은 오늘날 살아 있는 고세균이 지구에 최초로 출현한 생명체와 가장 비슷하다고 생각해요. 고세균은 세균처럼 핵이 없지만, 진핵생물과 공통된 유전자도 있어요.

③ 진핵생물역

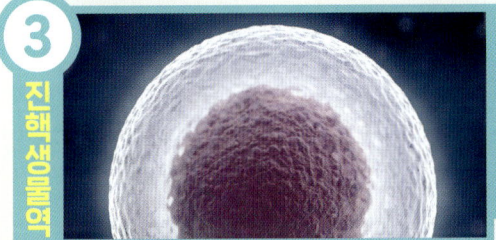

이 다양한 생명체 집단은 세균과 고세균보다 더 복잡해요. 진핵생물은 세포에 핵이 있거든요. 우리 몸은 이 작은 세포들로 이루어져 있어요. 진핵생물은 네 집단으로 나뉘어요. 균류계, 원생생물계, 식물계, 동물계이지요.

더 알아두기

관련 있는 계통끼리 분류할 때 쓰는 가장 큰 단어예요. 과학에서 생물을 무엇이에요? 역이란

균류계

균류는 대부분 다세포 생물이고, 스스로 먹이를 만들 수 없어요. 버섯과 효모는 균류예요.

원생생물계
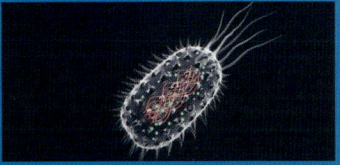

대부분의 세포기 히나뿐인 단세포 생물이에요. 간혹 다세포 생물도 포함돼요. 아메바는 단세포 원생동물이에요.

식물계

식물은 다세포 생물이며, 광합성을 통해 스스로 먹이를 만들 수 있어요. (102쪽 '광합성' 참조)

동물계

동물은 대부분 다세포 생물이며 호흡계, 소화계 등 기관계가 있어요. 식물이나 다른 동물을 먹어 에너지를 만들지요.

식물과 토양

정원의 식물은 어떻게 자랄까?

식물의 3가지 특징:
1. 대부분 엽록소(광합성을 해서 햇빛을 에너지로 바꾸는 초록 색소)가 있어요. 다른 식물에 기생하는 식물도 있어요. 기생 식물은 스스로 먹이를 만들지 않아요.
2. 식물은 스스로 옮겨 다닐 수 없어요.
3. 셀룰로오스라고 하는 튼튼한 물질로 된 세포벽이 있어요.

식물계에는 약 40만 종이 있어요. 식물은 전 세계에서 자라요. 산꼭대기, 바다, 아주 추운 곳에서도 자라지요. 식물이 없다면, 지구의 생명은 살아갈 수 없을 거예요. 식물은 사람을 포함한 모든 동물에게 먹이와 산소를 제공해요.

광합성

식물은 운이 좋아요. 대개는 사냥을 하거나 먹이를 구할 필요가 없으니까요. 대부분의 식물이 햇빛을 써서 스스로 먹이를 만들어요. 식물의 엽록체(세포 안에서 엽록소가 들어 있는 곳)는 광합성을 통해서 햇빛의 에너지를 공기 중의 이산화 탄소와 땅에서 빨아들인 물과 결합하여 포도당을 만들어요. 식물은 포도당을 분해하여 자라는 데 필요한 에너지를 얻어요. 한편 식물이 광합성을 할 때 더불어 생기는 부산물로 산소가 나와요. 바로 사람을 비롯한 동물이 호흡할 때 필요한 것이지요. 우리는 호흡할 때 산소를 마시고 이산화 탄소를 내뿜어요. 식물은 이 이산화 탄소로 광합성을 하고요. 그러니 생태계는 아주 치밀하게 맞추어진 체계예요. 다음에 식물 화분 옆을 지나칠 때면, 고맙다고 해 봐요.

과학과 기술

토양의 이모저모

동네 공원이나 가까운 산을 돌아다니면 많은 생물이 보일 거예요. 예쁜 꽃, 짹짹거리는 새 등이 있지요.

흙을 파면 약 0.1제곱미터의 면적에서 **지렁이를 30마리까지** 발견할 수 있을 거예요. 지렁이는 흙에 있는 유기물*을 먹어요.

*유기물: 탄소가 들어 있으며, 주로 생물의 몸을 이루거나 생물이 만들어 내는 물질.

그러나 발밑의 흙에도 드넓은 생물 세계가 있다는 것을 생각해 본 적 있나요? 만약 언젠가 흙을 파게 된다면 다음과 같은 놀라운 사실들을 떠올려 봐요!

한 찻숟가락(4g) 만큼의 흙에 들어 있는 것:

3미터 길이의 곰팡이 팡이실*

*팡이실: 균류의 몸을 이루는 실 모양의 세포.

100마리쯤 되는 작은 토양 곤충

수백 마리가량의 섬모충*과 선형동물*

*섬모충: 몸에 가는 털이 난 단세포 원생동물로 짚신벌레, 종벌레 등이 있다.
*선형동물: 긴 원통형 몸을 가진 동물로, 회충, 요충 등이 속한다.

1,000제곱미터 면적의 흙에 **448 킬로그램** 이상의 식물 뿌리가 있을 수 있어요.

대략 **수천 마리**쯤 되는 편모충*과 아메바*

최대 **10억 마리**에 달하는 세균

*편모충: 긴 털이 있는 원생동물로 연두벌레 등이 있다.
*아메바: 몸 전체가 한 개의 세포로 된 동물. 척추동물의 소화관 속에 살기도 한다.

103

인체 탐구하기

놀랍고 신기한 우리 몸!

우리의 피부는 약 한 달에 걸쳐서 서서히 벗겨지고 새로 자라요.

인체는 복잡한 여러 기관계들로 이루어져 있어요. 정확히 말하면 9가지 기관계예요. 각 기관계는 몸에서 저마다 다른 중요한 일을 해요. 사람이 살아가려면 모든 기관계가 다 필요해요.

인체의 **신경계**는 몸을 제어해요.
인체의 **근육계**는 몸을 움직여요.
인체의 **골격계**는 몸을 지탱해요.
인체의 **순환계**는 온몸으로 피를 운반해요.
인체의 **호흡계**는 몸에 산소를 공급해요.
인체의 **소화계**는 음식을 영양소로 분해하고 노폐물을 제거해요.
인체의 **면역계**는 질병과 감염으로부터 몸을 보호해요.
인체의 **내분비계**는 신체 기능을 조절해요.
인체의 **생식계**는 자식을 낳을 수 있게 해요.

NATIONAL GEOGRAPHIC KIDS
기발하고 **괴상**하고 **웃긴 과학 사전!**

인간의 **뇌**는 평균적인 **컴퓨터**보다 **100배** 많은 정보를 저장할 수 있어요.

피 한 방울에 들어 있는 **적혈구의 수**는 **약 500만 개**쯤 돼요.

과학과 기술

눈, 밖을 보다!

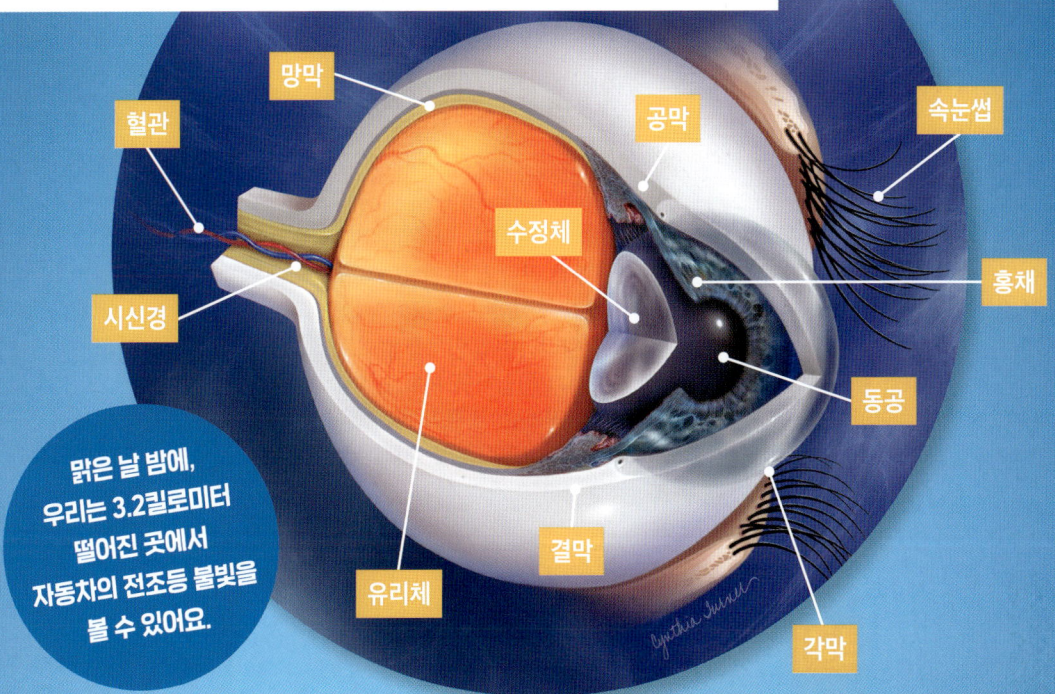

맑은 날 밤에, 우리는 3.2킬로미터 떨어진 곳에서 자동차의 전조등 불빛을 볼 수 있어요.

우리 눈은 몸에서 가장 놀라운 기관이에요.

액체로 차 있는 공처럼 작고 물컹이는 눈에는 몸의 감각 수용기의 약 4분의 3이 들어 있어요. 두 눈은 아주 뛰어난 카메라 두 대와 같지만, 더 복잡해요.
우리는 어떻게 세상을 볼까요? 먼저 눈꺼풀이라는 보호막을 열어서 빛이 들어오게 해요. 빛은 각막이라는 창을 통해 눈에 들어와서 안방수*, 즉 눈 조직에 영양소를 공급하는 액체를 지나요. 빛은 홍채의 한가운데에 있는 동공(눈동자)이라는 검은 원을 통해 들어가요. 사람은 밝은 빛과 약한 빛을 다 볼 수 있어야 하므로, 홍채의 근육은 알아서 빛이 강할 때는 눈동자를 좁히고 빛이 약할 때에는 넓혀요. 빛은 수정체를 지나고, 수정체 주변의 근육은 보는 물체가 멀리 있는지 가까이 있는지에 따라서 수정체의 두께를 조절해요. 이어서 빛은 유리체(투명한 젤리 같은 물질)을 지나 망막에 다다라요. 망막은 눈알 뒤쪽에 있는 약 1억 2600만 개의 시각 세포로 이루어진 층이에요. 시각 세포는 빛을 흡수하면, 전기 신호로 바꾸어서 시신경을 통해 뇌로 보내요. 그러면 뇌는 우리가 무엇을 보고 있는지 해석하지요.

*안방수: 눈의 각막과 홍채 사이, 홍채와 수정체 사이를 가득 채운 투명한 액체.

거꾸로 보는 세계

눈의 수정체는 빛을 모아서 상을 맺는데, 그 상은 위아래가 뒤집혀 있어요. 카메라 렌즈도 똑같이 작동해요. 즉 눈의 망막과 카메라 렌즈에 맺히는 상은 뒤집혀 있어요. 뇌는 그 상을 자동으로 뒤집어서 세상을 실제 모습과 같게 보여 주지요. 그런데 현실이 갑작스럽게 변한다면 어떡하죠? 20세기 중반에 유명한 실험이 이루어졌어요. 사람들에게 상을 뒤집는 특수한 안경을 씌워서 망막에 상이 똑바로 맺히게 했지요. 그런데 뇌가 금방 적응을 했어요. 뒤집히지 않은 상을 정상이라고 보게 되었어요! 신생아는 아주 짧은 기간 동안 세상을 뒤집힌 상태로 보는 듯해요. 뇌가 망막에 맺힌 상을 뒤집어 보는 법을 배우기 전까지는요.

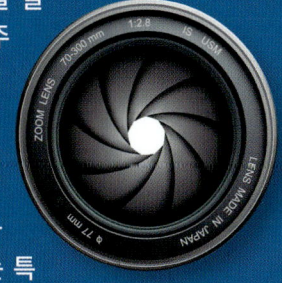

카메라 렌즈

인체 탐구하기

나는 왜 땅콩을 먹거나 개털을 만지면 몸이 안 좋아질까?

그건 땅콩이나 개털에 알레르기가 있다는 뜻이에요. 여러분만 그런 것이 아니에요! 어른의 약 30퍼센트와 아이의 약 40퍼센트는 알레르기가 있어요. 가려움, 재채기, 기침, 콧물, 구역질, 발진, 호흡 곤란 같은 반응이 나타나지요. 알레르기는 병균과 싸워야 할 몸의 면역계가 음식이나 약 같은 무해한 것을 위험한 침입자로 대할 때 생겨요. 알레르기 항원이라는 침입자를 알아차리면, 면역계는 경고를 보내요. 그러면 항체가 만들어져서 침입자와 싸워요. 이때 알레르기 항원 주위의 조직은 염증이 생기거나 부어올라요. 호흡기 쪽이라면 숨 쉬기가 힘들어지지요. 반응이 너무 심하면 온몸에 아나필락시스 쇼크라는 치명적인 증상이 나타나기도 해요. 즉시 가려움증, 두드러기가 생기거나 심하면 사망할 수도 있어요.

끔찍하고 심각한 알레르기 항원

땅콩
조개류 및 게, 새우 같은 갑각류와 더불어 가장 흔한 식품 알레르기 항원이에요.

반려동물
동물의 몸에서 떨어진 작은 털이나 깃털 때문에 눈물이 나고 재채기가 일어나요!

집먼지진드기

아주 작은 거미류로서 집에 수백만 마리가 살면서 우리 몸에서 떨어진 죽은 피부 조각을 먹어요. 집을 청소하면 진드기 껍데기와 미세한 배설물이 구름처럼 피어올라요.

페니실린

페니실린 같은 항생제는 우리를 아프게 하는 세균을 죽이지만, 알레르기가 있는 환자에게는 오히려 해를 끼칠 수 있어요.

꽃가루
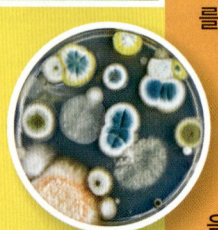
식물은 미세한 꽃가루를 바람에 날려서 다른 식물로 보내 수분*해요. 꽃가루는 알레르기가 있는 사람의 코를 자극해서 재채기와 눈물을 일으켜요. 이런 증상을 알레르기 비염이나 꽃가루 알레르기, 건초열이라고도 하지요.

알레르기는 왜 있을까?

알레르기 이야기는 고대 이집트 때부터 전해 오지만 그 원인은 거의 몰랐지요. 모든 사람이 알레르기를 지닌 것은 아니에요. 알레르기는 어릴 때 생기는 것도 있고, 더 늦게 생기는 것도 있어요. 또 나이를 먹으면서 사라지는 것도 있어요. 부모님께 알레르기를 물려받기도 하지만, 대개 특정한 알레르기를 물려받는 것은 아니에요. 과학자들은 이런 수수께끼 같은 면역 반응이 기생충이나 독소처럼 치명적인 위협과 맞서 싸우기 위해서 진화한 것이라고 생각해요. 의사들은 알레르기를 완전히 없앨 수 있을지 확신을 못하지만, 검사하는 방법을 많이 찾아냈고 증상을 줄이는 약을 처방해서 대응하고 있어요.

> 식품 알레르기를 일으키는 8대 원인은 우유, 달걀, 생선, 조개, 견과, 땅콩, 밀, 콩이에요.

*수분: 꽃가루가 수술에서 암술로 옮겨지는 것.

과학과 기술

나는 왜 왼손을 오른손보다 (또는 오른손을 왼손보다) 잘 못 쓸까?

이 책을 읽는 사람 열 명 중 아홉 명은 아마도 오른손으로 책장을 넘길 거예요.

글을 쓰고 공을 던지는 일도 같은 손으로 하겠죠. 사람은 약 90퍼센트가 오른손잡이예요. 즉 주로 쓰는 손이 오른손이라는 뜻이에요. 나머지 10퍼센트는 왼손잡이예요. 주로 쓰는 손으로 할 때 자연스럽게 느껴지는 행동을 다른 손으로 하면 어색하거나 어렵게 느껴져요. 주로 쓰지 않는 손으로 이름을 써 봐요. 쉽지 않을걸요?

5,000여 년 전의 동굴 벽화들을 보면 당시 사람들도 지금처럼 오른손잡이 대 왼손잡이의 비율이 9 대 1임이 드러나요. 그리고 150만 년 전에 인류의 조상들이 썼던 석기들을 보아도 마찬가지예요. 화석 기록상 현생 인류인 호모 사피엔스 사피엔스가 등장하기 훨씬 전에도 마찬가지로 오른손잡이가 훨씬 더 많았어요.

그러면 왜 한쪽 손을 주로 쓸까?

과학자들은 일련의 유전자가 주로 쓰는 손과 관련이 있다는 것을 알아냈어요. 머리색이나 보조개처럼 오른손잡이(또는 왼손잡이)도 아이에게 전달되는 형질이라는 거죠. 이런 형질들은 우리 뇌가 어떻게 구성되느냐에 따라서 정해져요. 어떻게요? 뇌는 좌우로 절반씩 좌반구와 우반구로 나뉘어져 있어요. 인류의 약 90퍼센트는 좌반구에서 언어를 처리해요. 이들은 대개 오른손잡이지요. 왼손잡이 유전자를 지닌 사람은 인구의 10퍼센트인데, 대개 오른쪽 뇌에서 언어를 처리해요.

따라서 뇌의 어느 한쪽이 언어를 처리한다면, 주로 쓰는 손은 그 반대쪽이 되지요. 뇌는 왼쪽이 몸의 오른쪽을 제어하고, 오른쪽이 몸의 왼쪽을 제어해요. 그래서 과학자들은 주로 쓰는 손이 언어 능력의 발달과 어느 정도 관련이 있지 않을까 생각해요. 또 사람은 주로 쓰는 눈, 발, 귀도 있어요. 그러나 왜 그런지 이유는 확실하지 않아요. 그것이 바로 사람의 뇌가 우주에서 가장 복잡하다고 여겨지는 이유 중 하나예요.

혹시 나는 '양손잡이'일까?

양손을 거의 비슷하게 잘 쓰는 사람도 있지 않나요? 양손잡이 말이에요.(양손잡이라는 말은 주로 쓰는 손이 없다는 뜻이라서, 이 말을 안 쓰려는 과학자도 있어요.) 인구의 약 1퍼센트는 양손잡이랍니다. 여러분은 어떤가요? 종이에 글씨를 써 보면 알 수 있지요!

인체 탐구하기

우리 곁에는 미생물이 있어요

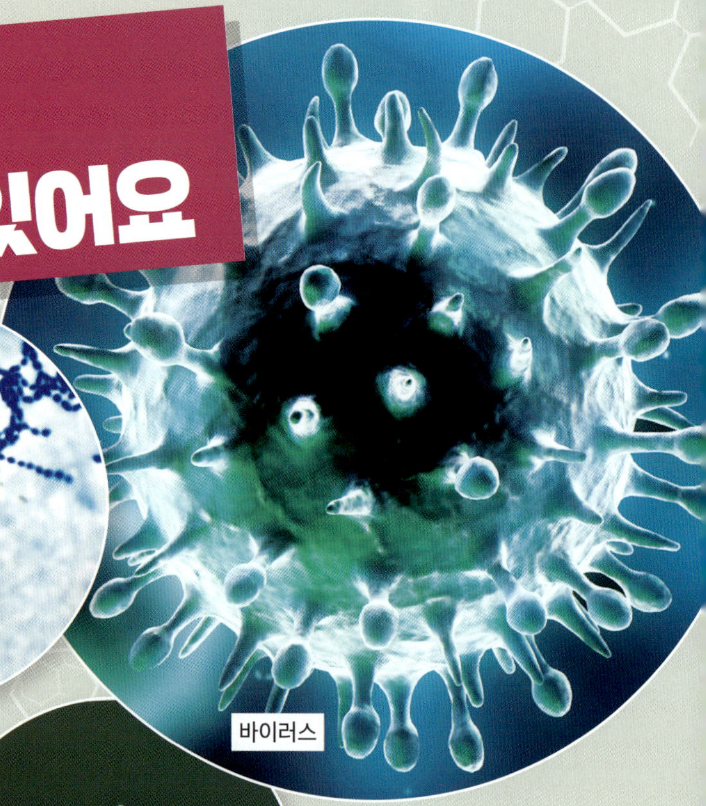

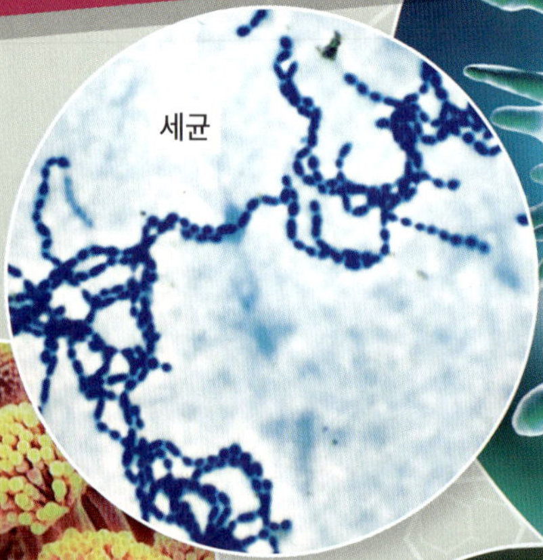

세균

균류

바이러스

주의: 사진마다 확대 배율이 달라요.

사람의 피부 6.5제곱센티미터당 **약 600만 마리**의 **세균**이 살아요.

원생동물은 모기를 통해 전파될 수 있어요.

몇몇 미생물은 우리 몸에 병을 일으킬 수 있어요. 너무 작아서 맨눈으로는 보이지 않아요. 그중에서도 병을 일으키는 세균, 바이러스, 균류, 원생동물을 '병균'이라고 부르지요.

세균은 지구의 거의 모든 곳에 살아요. 우리의 피부와 몸속에도 살지요. 소화계의 활동을 돕는 좋은 세균도 있어요. 중이염과 인후염 같은 질병을 일으키는 해로운 세균도 있어요.

감기 바이러스와 독감 바이러스 등 바이러스가 생존하려면 다른 생물(숙주)의 몸에서 살아야 해요.

균류는 식물, 동물, 사람으로부터 양분을 얻어요. 일부 균류는 우리 몸에서 무좀 같은 피부병을 일으켜요.

원생동물은 오염된 물이나 지저분한 환경에서 사람에게 질병을 퍼뜨릴 수 있어요. 모기에 물려서 감염되는 말라리아 같은 유행병을 일으켜요.

다 더하면?

우리의 피부와 몸속에는 세균이 살아요. 얼마나 많이 살까요? 조 단위예요. 무려 1,000,000,000,000마리가 넘어요! 대부분은 무해하지요. 더 위험한 세균을 억제하거나 피부 감염을 막아 주고 상처 치료를 돕는 등 이로운 일을 하는 종류도 있어요.

과학과 기술

병균을 피하는 인사법

영국 웨일스에서 과학자들이 세 가지 인사법을 연구했어요.
가장 깨끗하고 안전한 방법은 어떤 것일까요?

악수하기

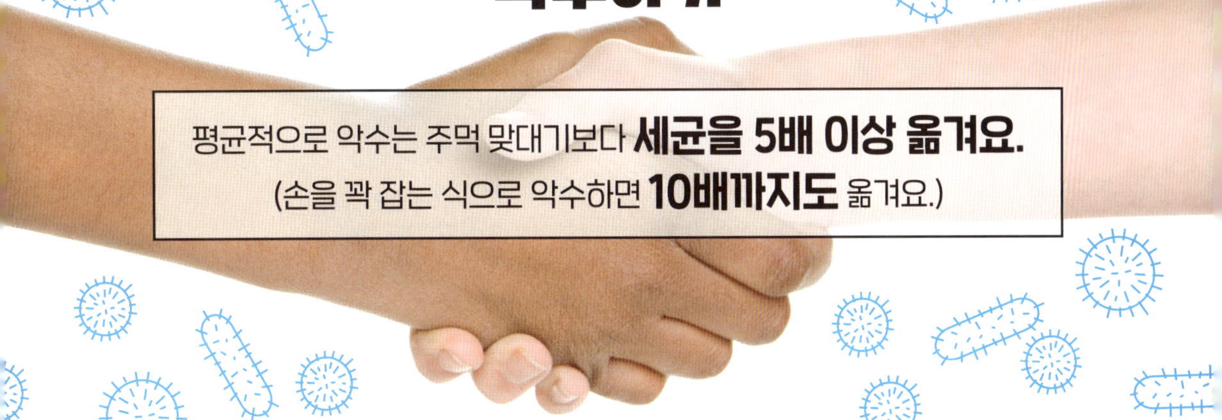

평균적으로 악수는 주먹 맞대기보다 **세균을 5배 이상 옮겨요.**
(손을 꽉 잡는 식으로 악수하면 **10배까지도** 옮겨요.)

손바닥 마주치기

주먹 맞대기보다 **세균을 2배만큼** 옮겨요.

주먹 맞대기

우승

주먹 맞대기는 손을 쓰는 인사법 중에서 **피부 접촉 면적이 가장 적어서** 그만큼 손에서 손으로 **미생물을 옮길 가능성이 가장 낮아요.**

인체 탐구하기

으스스한
무서움의 과학

무시무시하고 오싹한 것들이 우리 뇌에 미치는 영향

밤에 들리는 저 이상한 소리가 뭐지요? 바람 소리일까요? 아니면 다른 무엇? 심리학자 마틴 앤토니는 이렇게 말해요. "무서운 것과 마주치면, 뇌는 화학 물질을 분비해요. 그러면 심장이 두근거리고, 숨이 가빠지고, 땀이 나요. 신경계가 몸이 위협에 맞서 싸우거나 달아날 수 있도록 준비시키는 거예요." 과학자들은 이를 '투쟁-도피 반응'이라고 해요. 그런데 어떤 것이 이런 기분을 느끼게 할까요? 또 왜 그럴까요? 무서운 것들의 어떤 점이 우리를 경악하게 하는지 알아볼까요?

무서운 것: 거미
병명: 거미 공포증
겁나는 이유: 인류의 조상들은 거미가 치명적인 질병을 옮긴다고 생각했어요. 그래서 사람들은 늘 거미를 무서워했지요. 심리학과 교수 카일 렉서는 이렇게 말해요. "지금은 그렇지 않다는 것을 알지만, 많은 사람들은 여전히 거미가 아주 위험하다고 잘못 생각하고 있지요." 치명적인 거미도 있긴 하지만, 대부분의 거미는 위험하지 않아요. 사실 인류는 거미에게 도움을 받고 있어요. 거미는 모기와 바퀴 같은 질병 매개체를 잡아먹어서 해충 방제에 중요한 역할을 하기 때문이에요. 또 과학자들은 거미 독을 통증 완화나 질병 치료에 쓸 수 있을지 연구하고 있어요.

무서운 것: 어릿광대
병명: 광대 공포증
겁나는 이유: 상대가 친구인지 적인지를 판단하는 한 가지 방법은 얼굴 표정을 보는 거예요. 광대는 짙게 화장을 하고 장신구를 달고 가짜 코를 붙여서 표정을 읽기가 어려워요. 그래서 어떤 사람들은 광대를 무섭다고 생각해요. 심리학과 교수 프랭크 맥앤드루는 이렇게 말해요. "광대가 어떤 기분인지 알기는 어려워요. 그래서 이런 생각이 들지요. 광대가 감정을 숨길 수 있다면, 딴것은 못 숨기겠어요?"

공포와 맞서 싸우는 법

무서운 것을 피하고 싶다고요? 당연해요. "하지만 거미든 광대든 어둠이든 간에 두려움을 이기려면 피하는 대신에 그것에 집중해야 해요." 렉서의 말이에요. 렉서는 두려움을 이기는 데 도움이 되는 방법이 몇 가지 있다고 말해요.

과학과 기술

무서운 것: 높이
병명: 고소 공포증
겁나는 이유: 우리가 단단한 바닥에 서 있을 때에는 눈이 속귀와 협력해서 몸의 균형을 잡도록 도와요. 그러나 낭떠러지에 서 있으면, 균형 감각이 어긋날 수 있어요. 속귀 전문가 데니스 피츠제럴드는 이렇게 설명해요. "속귀는 단단한 땅에 있다고 말하지만, 눈은 '아니야'라고 말하지요." 눈과 귀에서 받는 정보가 서로 다르니까 뇌는 혼란스러워요. 그래서 현기증이 생길 수 있고, 높은 곳을 무서워하게 되지요.

무서운 것: 어둠
병명: 어둠 공포증
겁나는 이유: 다른 공포증처럼, 어둠 공포증도 위험을 피하기 위해 생긴 거예요. 우리 조상들은 밤에는 포식자인 동물과 침입자인 사람 등을 막기 위해 더욱 신경을 써야 했어요. (전등이 없었으니까요!) 심리학자 앤터니는 이렇게 말해요. "많은 사람들이 지금도 어둠을 두려워해요. 뭐가 있는지 모르니까 두려운 거죠."

무서운 것: 좁은 공간
병명: 폐쇄 공포증
겁나는 이유: 승강기에 갇힌 적이 있지만 별것 아니었다고요? 하지만 그럴까 봐 겁이 나서 계단을 이용하는 사람도 있어요. 앤터니는 이렇게 말해요. "좁은 공간에 있으면 산소가 다 떨어지지 않을까, 못 나가게 될까 걱정하는 사람도 있어요. 갇힐 가능성이 실제로 없다고 해도요. 생존 기회를 높이기 위해 인류는 갇히는 상황을 피하는 성향을 갖도록 진화했어요. 그래서 좁은 곳이라면 어디든 갇힐 수 있다고 생각하는 사람도 있지요."

- 안전하다고 느끼는 환경에서 두려운 것을 접해요. 사람들 앞에서 말하는 것이 두렵다고요? 거울 앞에서 먼저 연습하고, 그다음에 가장 친한 사람들 앞에서 말해 봐요.

- 마음이 불안하면, 손을 배에 대고 천천히 심호흡을 해요. 호흡에 집중하면서요. 그러면 보다 차분해지고 두려운 마음이 줄어들 거예요.

- 너무 자신을 몰아붙이지 말아요! 누구든 두려워하는 것이 있어요. 두려움에 빠져들지 말아요. 정 힘들면 주변 어른에게 말해요.

더 알아보기

잠깐 퀴즈!

나는 과학과 기술에 대해서 얼마나 알고 있을까요? 이 퀴즈를 풀면 알 수 있어요!

답을 종이에 적은 뒤, 아래 정답과 맞추어 봐요.

1 미래에 개인별 맞춤으로 3D 인쇄한 음식물에는 어떤 성분이 들어갈까요?
a. 몸에 필요한 비타민
b. 더 많은 당분
c. 보이지 않는 브로콜리
d. 동결 건조 아이스크림

2 참일까, 거짓일까? 사람의 약 90퍼센트는 왼손잡이예요. (　　　)

3 한 찻숟가락만큼의 _____에는 팡이실이 3미터쯤 들어 있다.
a. 파스타 소스
b. 연못 물
c. 모래
d. 흙

4 어둠을 두려워하는 것을 가리키는 병명은 무엇일까?
a. 광대 공포증
b. 폐쇄 공포증
c. 어둠 공포증
d. 거미 공포증

5 참일까, 거짓일까? 과학자들은 다른 행성에 생명이 있을 가능성을 알아보기 위해서 지구의 미생물을 연구해요. (　　　)

너무 쉽다고요?
다음 장에 나오는 퀴즈도 풀어 봐요!

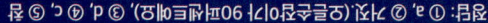
정답: ① a, ② 거짓(오른손잡이가 90퍼센트예요), ③ d, ④ c, ⑤ 참

과학과 기술

이렇게 해 봐요!
어려운 문제를 푸는 방법

아주 복잡한 문제라도 단계를 하나하나 밟아 나아가면 풀 수도 있어요. 이렇게 차근차근 푸는 방법을 과정 분석이라고도 해요. 과학자와 공학자는 이와 같은 분석으로 로봇의 프로그램을 짜고 컴퓨터 코드를 짜요. 우리도 요리법을 따라 하는 것부터 새 장난감을 조립하는 것에 이르기까지 일상생활에서 여러 가지로 과정 분석을 활용해요. 간단한 과정 분석 보고서를 써 볼까요?

1단계: 주제 문장 고르기
쓰고자 하는 내용을 명확하게 요약한 주제 문장을 하나 골라요. 그 주제가 왜 중요한지를 설명하는 문장이어야 해요. 그리고 해내는 데 몇 단계가 걸리는지도 설명하면 좋고요.

2단계: 필요 목록 작성하기
과정을 끝내려면 구성 요소나 장비가 필요하겠지요? 어떤 것들이 필요한지를 독자가 알 수 있도록 다 적어요.

3단계: 지시 사항 적기
명확하고 따라 하기 쉽게 자신의 방법을 적어야 해요. 처음 해 보는 사람에게 어떻게 하는지를 설명한다고 가정해요. 낯선 용어도 명확히 정의해야 해요. 읽는 사람이 정확히 순서대로 따르면 일을 끝낼 수 있도록 단계별로 나누어서 적어요. 하지만 6단계를 넘지 않도록 해요.

4단계: 주요 개념 반복하기
주제 문장으로 다시 돌아가서, 결론을 내리면서 그 주제가 왜 중요한지를 다시 설명해요.

과정 분석 보고서의 작성 사례

앱을 내려받는 것만으로도 우리는 태블릿 피시에 기능을 추가할 수 있어요. 오늘 나는 앱을 검색해서 태블릿 피시에 설치하는 방법을 설명하려고 해요.

첫째, 인터넷에 접속할 수 있는 태블릿 피시가 필요해요. 혹시나 나쁜 앱일 수도 있으니까, 먼서 부모님과 이야기해서 허락을 받으면 안전할 거예요.

다음은 태블릿 피시에서 앱스토어로 들어가서 검색창에 앱 이름을 넣고 검색해요. 앱을 찾으면, '다운로드'를 누르고 앱이 설치될 때까지 기다려요. 설치가 끝나면 앱 아이콘을 눌러요. 그러면 앱을 쓸 수 있어요.

이제 원하는 앱으로 태블릿 피시를 더 재미있게 사용할 수 있어요.

이탈리아 베네치아에서는 해마다 기독교의 사순절*이 되기 전에 축제를 열어요. 이때 전통 복장을 차려입곤 해요.

*사순절: 기독교에서 부활절 전 40일 동안 예수의 수난을 기리며 금식하고 속죄하는 기간.

문화와 생활

세계의 기념일과 휴일

2022년 세계의 여러 가지

업 헬리 아
1월 25일

스코틀랜드 셰틀랜드의 역사를 기념하는 이 축제에서는 전통 복장을 한 사람들이 횃불을 들고 마을을 행진한 뒤에 바이킹의 배를 그대로 본뜬 배를 불태워요.

설날
2월 1일

아시아의 일부 국가에서 음력으로 쇠는 새해 첫날이에요. 한국에서는 가족들이 모이고, 차례를 지내고 성묘를 하기도 해요. 쌀로 만든 가래떡을 얇게 썰어 육수에 넣고 끓인 떡국을 나누어 먹어요. 아이들은 어른들에게 세배를 하고 세뱃돈을 받기도 해요.

청명절
4월 5일

중국에서 조상의 묘나 사랑하던 사람의 무덤을 찾아가서 돌보는 날이에요. 제사를 지내고 폭죽을 터뜨리고 가짜 돈을 태우지요.

라마단과 이드 알피트르
4월 2일*~5월 1일**

이슬람교의 기념일인 라마단은 한 달 동안 이어지고, 이드 알피트르 축제로 끝나요. 이 기간에는 낮에 금식을 하고, 해가 진 뒤에만 먹어요. 사람들은 예배를 드리며 용서를 구하고 기도하지요.

부활절
4월 17일†

예수의 부활을 기념하는 기독교 기념일이에요. 부활절에는 아이들에게 바구니에 사탕이나 색칠한 달걀을 담아 선물해요.

레이 데이
5월 1일

하와이에서 '알로하 정신'을 기념하는 날이에요. 전통 화환인 레이를 목에 걸거나 머리에 써요. 훌라 춤 추기, 레이 만들기, 공예품 전시 같은 행사가 열려요.

문화와 생활

기념일

각 기념일은 해마다 날짜가 달라지기도 해요. 그러니 해가 바뀌면 달력을 꼭 확인하세요.

로쉬 하샤나
9월 25일*~27일

히브리 달력에 따르는 유대인의 새해 첫날이에요. 기도하고, 기념 음식을 먹고, 쉬는 날이지요.

디왈리
10월 24일~28일

힌두교인들이 새해의 시작으로 여기는 날로 점토 램프에 불을 켜서 집을 밝혀요. 어둠의 악귀에 맞서는 내면의 불을 상징하지요. 인도에서 가장 중요하고 가장 큰 축제예요.

하누카
12월 18일*~26일

유대교 기념일로서 8일 동안 이어져요. 빼앗겼던 예루살렘 성전을 다시 찾은 것을 기념하는 축제예요. 전통 촛대에 8일 동안 불을 켜고, 선물을 주고받아요.

크리스마스
12월 25일

예수의 탄생을 기념하는 기독교 축일이에요. 대개 나무를 장식하고, 선물을 교환하고, 모임을 갖지요.

*해가 진 뒤에 시작돼요.
**날짜는 나라에 따라 다를 수 있어요.
†정교회(134쪽 참조)의 부활절은 4월 24일이에요.

2022년 달력

1월
일	월	화	수	목	금	토
						1
2	3	4	5	6	7	8
9	10	11	12	13	14	15
16	17	18	19	20	21	22
23	24	25	26	27	28	29
30	31					

7월
일	월	화	수	목	금	토
					1	2
3	4	5	6	7	8	9
10	11	12	13	14	15	16
17	18	19	20	21	22	23
24	25	26	27	28	29	30
31						

2월
일	월	화	수	목	금	토
		1	2	3	4	5
6	7	8	9	10	11	12
13	14	15	16	17	18	19
20	21	22	23	24	25	26
27	28					

8월
일	월	화	수	목	금	토
	1	2	3	4	5	6
7	8	9	10	11	12	13
14	15	16	17	18	19	20
21	22	23	24	25	26	27
28	29	30	31			

3월
일	월	화	수	목	금	토
		1	2	3	4	5
6	7	8	9	10	11	12
13	14	15	16	17	18	19
20	21	22	23	24	25	26
27	28	29	30	31		

9월
일	월	화	수	목	금	토
				1	2	3
4	5	6	7	8	9	10
11	12	13	14	15	16	17
18	19	20	21	22	23	24
25	26	27	28	29	30	

4월
일	월	화	수	목	금	토
					1	2
3	4	5	6	7	8	9
10	11	12	13	14	15	16
17	18	19	20	21	22	23
24	25	26	27	28	29	30

10월
일	월	화	수	목	금	토
						1
2	3	4	5	6	7	8
9	10	11	12	13	14	15
16	17	18	19	20	21	22
23	24	25	26	27	28	29
30	31					

5월
일	월	화	수	목	금	토
1	2	3	4	5	6	7
8	9	10	11	12	13	14
15	16	17	18	19	20	21
22	23	24	25	26	27	28
29	30	31				

11월
일	월	화	수	목	금	토
		1	2	3	4	5
6	7	8	9	10	11	12
13	14	15	16	17	18	19
20	21	22	23	24	25	26
27	28	29	30			

6월
일	월	화	수	목	금	토
			1	2	3	4
5	6	7	8	9	10	11
12	13	14	15	16	17	18
19	20	21	22	23	24	25
26	27	28	29	30		

12월
일	월	화	수	목	금	토
				1	2	3
4	5	6	7	8	9	10
11	12	13	14	15	16	17
18	19	20	21	22	23	24
25	26	27	28	29	30	31

세계의 기념일과 휴일

이건 몰랐을걸!
세계 8곳의 새해맞이 풍경

1 태국에서 벌이는 **송끄란 물싸움**은 초봄에 태국의 새해를 기념하는 축제예요.

2 이란에서는 **봄이 오는 것**을 기념하기 위해서 13일 동안 축제가 벌어져요.

3 벨기에의 아이들은 부모님과 대부모님*께 **편지를 써서** 새해 첫날에 읽어요.

*대부모님: 가톨릭교에서 아기가 세례를 받을 때 부모를 대신하여 증인이 되는 남자 어른과 여자 어른.

4 영국 런던에서는 새해 0시에 먹을 수 있는 **바나나맛 색종이와 복숭아맛 눈**을 공중에 뿌려요.

5 영국 스코틀랜드에서는 주민들이 **1월 1일 0시가 되기 직전**에 집의 문을 열어 지난해를 내보내고 새해를 들여요.

6 에티오피아의 새해는 비가 많이 오는 시기인 우기가 끝나는 **9월**이에요.

7 캐나다 밴쿠버에서는 새해 첫날 **북극곰 수영 대회**가 열리고 2,000명 넘게 참가해요.

8 미국의 원주민 크릭 부족이 쓰는 달력에서는 **옥수수가 익은 뒤**인 **한여름**에 새해가 시작돼요.

> 문화와 생활

나는 무슨 띠일까?
내가 태어난 해를 찾아보면 돼요.

동아시아에서는 음력에 따라 12년 주기로 운세가 돌아간다고 여겨서 순서를 나타내는 띠가 있어요. 띠를 상징하는 동물도 있어요. 어떤 사람이 태어난 해에 그해의 동물 이름을 붙여 '○○띠'라고 하지요. 나는 무슨 띠일까요? 내 띠의 동물은 어떤 성격을 말해 줄까요?

쥐띠
1972, 1984, 1996, 2008, 2020년생
'치즈' 하고 웃어 봐요! 난 매력적이고 인기 있고 창의적이에요. 화가 나면 날카로운 이빨을 드러내기도 해요!

말띠
1966, 1978, 1990, 2002, 2014년생
행복이 삶의 목표예요. 영리하고 열심히 일하지요. 말이 너무 많다고 선생님이 주의를 줄 수도 있어요.

소띠
1973, 1985, 1997, 2009, 2021년생
영리하고 끈기 있고 강한 사람이에요. 지도자이긴 하지만, 결코 뽐내지 않아요.

양띠
1967, 1979, 1991, 2003, 2015년생
새끼 양처럼 점잖고, 예술성이 있고 동정심이 많고 지혜로워요. 수줍음이 많은 사람도 있어요.

호랑이띠
1974, 1986, 1998, 2010, 2022년생
친절한 사람이에요. 하지만 누군가 자기 방에 허락도 없이 들어오면 무척 화를 낼 거예요!

원숭이띠
1968, 1980, 1992, 2004, 2016년생
원숭이처럼 성급하게 행동하는 사람은 아니에요. 기억력이 뛰어나고, 문제를 해결하는 능력도 뛰어나요.

토끼띠
1975, 1987, 1999, 2011, 2023년생
야심과 재능이 있어서 기회를 잘 잡아요. 또 소문에 늘 귀를 기울이고 있지요.

닭띠
1969, 1981, 1993, 2005, 2017년생
자신의 모험담을 자랑하곤 하지만, 사실 수줍음이 많아요. 생각이 깊고, 유능하고, 용감하고, 재주가 많지요.

용띠
1976, 1988, 2000, 2012년생
기운이 넘쳐요! 건강하고, 활기차고, 정직하고, 용감해서 살아 있는 전설이 될 수도 있어요.

개띠
1970, 1982, 1994, 2006, 2018년생
무리의 지도자가 되기도 해요. 충직하고 정직해요. 비밀도 잘 지키는 사람이에요.

뱀띠
1977, 1989, 2001, 2013년생
말수가 적지만, 아주 영리해요. 늘 비상금을 지니고 있는 듯해요.

돼지띠
1971, 1983, 1995, 2007, 2019년생
용감하고 정직하고 친절하지만, 한 가지 일에 집중하지 않아요.

세계의 기념일과 휴일

한번 해 볼까! 과자로 집짓기

준비할 재료
- 바닐라 아이싱(1통)
- 타르타르 크림 1/4찻숟가락
- 마분지
- 크래커
- 톱니가 있는 빵칼(사용할 때는 어른에게 도와 달라고 해요.)
- 여러 가지 사탕, 프레첼, 과자, 네모난 캐러멜, 젤리 등
- 코코넛 부스러기

만드는 법
'풀' 만들기: 아이싱은 크래커를 잘 붙여 줄 거예요. 바닐라 아이싱을 타르타르 크림과 섞어요. 섞은 것을 비닐봉지에 넣고, 봉지의 한쪽 귀퉁이를 살짝 자른 다음 짜내며 발라요.

집 만들기:
바닥 집과 풍경이 다 들어갈 만큼 마분지를 크게 잘라서 깔아요.

벽 앞뒤의 벽은 네모난 크래커로 만들어요. 나머지 두 벽은 주변 어른에게 도와 달라고 해요. 빵칼로 크래커를 잘 썰어서 지붕과 닿는 세모 벽을 만들어야 하니까요. 크래커의 모서리를 따라 아이싱을 얇게 발라요. 마분지에서 크래커 벽을 세울 곳에 아이싱 '풀'을 발라요. 그런 뒤 벽을 세워서 붙여요.

맞배지붕 벽의 꼭대기를 따라 아이싱을 죽 발라요. 그 위에 크래커를 이어 붙여서 지붕을 만들어요. 아이싱을 발라서 떨어지지 않도록 하면서요. 이제 굳도록 밤새도록 놔둬요.

마차 크래커를 적당한 크기로 잘라서 바닥과 옆판을 만들어요. 뒤판도 만들고요. 이제 조각들을 위의 방법대로 만든 '풀'로 붙여요. 프레첼로 바퀴를 붙이고 캐러멜을 괴어 바닥을 지탱해요.

곡물 창고 아이스크림 콘 2개의 끝을 자른 뒤, 풀로 양쪽 입구를 붙여요. 색깔 있는 젤리로 장식을 하고, 위에는 과자 구울 때 쓰는 은박지 컵을 덮어요.

눈사람 막대 모양 프레첼 위아래로 마시멜로 2개를 끼워요. 젤리 사탕으로 모자, 눈, 코를 만들어요. 프레첼로 팔을 만들어요. 긴 젤리로 목에 스카프를 감아 줘요.

120

문화와 생활

재미있는 겨울 선물 만들기

스노 글로브

준비할 재료
- 뚜껑 있는 작은 유리병
- 사포
- 순간접착제(어른과 함께 사용하세요.)
- 병에 들어갈 만큼 작은 플라스틱 동물 모형이나 인형
- 네일 리무버
- 바디 오일
- 하얀 종이 가루 1/2찻숟가락(종이를 잘게 잘라요.)

만드는 법

병뚜껑을 뒤집어요. 사포로 뚜껑 안쪽에 붙어 있는 것을 문질러 벗겨 내요. 모형을 뚜껑 한가운데에 잘 붙여요. (손과 표면에 붙은 접착제는 네일 리무버로 떼어 내요.) 4시간 동안 잘 말려요. 병을 바디 오일로 채우고 하얀 종이 가루를 넣어요. 병 입구 테두리에 접착제를 발라요. 뚜껑을 꽉 닫고서 4시간 동안 말려요. 이제 병을 뒤집어요. 눈이 아름답게 흩날리지요!

개집 과자 집을 만들 때와 똑같이 하면 돼요. 크기만 4분의 1로 줄여요.

헛간 과자 집과 같은 방식으로 만들어요. 지붕 높이는 그대로 하고 옆과 앞뒤의 벽 길이만 절반으로 줄여요.

장식 좋아하는 과자와 사탕을 앞서 만든 '풀'로 붙여서 문, 지붕, 나무 같은 것들을 마음껏 만들고 꾸며요. 다 붙이고 나면 잘 굳도록 하룻밤 동안 놔둬요. 마분지 위에 코코넛 부스러기를 뿌려서 눈 덮인 풍경을 완성해요.

개 젤리 두 개를 붙여서 몸을 만들어요. 젤리를 작게 잘라서 귀, 코, 꼬리도 붙여 줘요.

세계의 교통수단

10가지 세계의 놀라운 교통수단

포르투갈의 마데이라 제도에서는 썰매인 **터보건**을 타고서 **구불구불한 도로를 10분 동안** 달릴 수 있어요.

유럽 대륙에서 가장 오래된 지하철은 터키 이스탄불에 있는데, 역이 두 군데뿐이에요. 이 지하철은 가파른 언덕을 **오르내리면서** 사람들을 실어 날라요.

하벨하벨은 필리핀에서 쓰는 모터사이클이에요. **아주 긴 좌석**이 달려 있어서 한번에 4~5명까지 탈 수 있어요.

태국에는 툭툭이라는 삼륜차* 택시가 있어요. 툭툭은 옆은 뚫려 있고 지붕만 있어요.

길이 **9,288킬로미터**에 **표준시* 7개**에 걸쳐 아시아 대륙을 횡단하는 시베리아 철도는 세계에서 **가장 긴 철도 노선**이에요.

*삼륜차: 바퀴가 세 개 달린 차.

*표준시: 태양이 자오선을 통과하는 것을 기준으로 정한 시간대로 일정한 지역에서 공통 시간으로 사용한다. 동서로 긴 나라는 여러 개의 표준시를 쓴다.

문화와 생활

핀란드 라플란드는 사람과 순록의 수가 비슷하고, 주민들이 썰매를 타고 다녀요.

파키스탄에서는 말 한두 마리가 끌고, 운전사가 모는 마차인 **탕가를 탈 수 있어요.**

미국 뉴욕시의 루스벨트섬은 이스트강 상공 76미터 높이에서 지나가는 케이블카를 통해서만 오갈 수 있어요.

캐나다 앨버타주 재스퍼에 있는 컬럼비아 빙원을 방문하는 사람들은 **스쿨버스와 트럭을 섞은 것 같은** 거대한 차를 타고 올라가요.

그리스의 방문객은 섬과 섬 사이를 오갈 때 **물 위로 떠서 고속으로 달리는 수중익선**을 타기도 해요.

*수중익선: 밑에 날개가 달려 있어서 물 위로 뜨는 배. 날개는 앞으로 나아가면 위로 작용하는 양력을 받아서 배를 물 위로 띄운다.

화폐와 문화

돈의 비밀 세계 각국의 동전과 지폐

브라질 동전에는 남십자자리*를 이루는 남십자성이 새겨져 있어요.

어떤 사람들은 **캐나다의 100달러 지폐에서 메이플시럽 냄새가** 난다고 해요.

한 영국인 사업가는 자신이 소유한 영국의 섬에서 쓸 수 있는 **퍼핀**이라는 화폐를 만들었어요.

2015년 2월 스쿠버다이버들은 이스라엘 앞바다에서 서기 9세기에 만들어진 금화를 2,600개 넘게 발견했어요.

독일의 어느 도서관에서 청소원이 **동전이 든 상자**를 발견했는데, 수십만 달러의 가치가 있는 희귀한 동전임이 밝혀졌어요.

보츠와나의 화폐는 **풀라**라고 해요. '비'라는 뜻이지요. 보츠와나는 건조한 나라여서 비가 아주 **귀하거든요.**

*남십자자리: 남쪽 하늘에 나타나는 십자가 모양의 별자리로 북위 30도 이남에서만 볼 수 있어서 한국에서는 보이지 않는다.

문화와 생활

고대 그리스인은 사후 세계로 가는 뱃삯으로 쓰라고 **죽은 사람의 입에 동전을 넣어 주었어요.**

1666년 만들어져 오늘날의 **버뮤다 제도***에서 쓰던 동전은 **호기**라는 별명이 붙었어요. 호기는 영어로 **돼지**를 뜻해요. 동전에 돼지가 새겨져 있었거든요.

1935년 이래로 인쇄된 **모노폴리*** 게임용 돈은 합하면 **5조 달러**가 넘어요.

이집트의 1파운드짜리 동전에는 고대 이집트왕 **투탕카멘**이 새겨져 있어요.

인도에서 10만 루피는 여행 가방을 뜻하는 페티라는 **별명으로 불려요.** 큰 가방이 필요할 만큼 큰돈이라는 뜻이에요!

한 영국 미술가는 **전 세계**의 헌 지폐를 모아서 옷을 지었어요.

용돈을 더 받는 요령!
부모님께 쿠폰을 만들어 드려요. 내 돼지 저금통에 용돈을 넣어 주면 쓸 수 있는 심부름 쿠폰을 만들어 선물하세요.

*버뮤다 제도: 북대서양에 있는 섬의 무리이며 영국의 영토이다.
*모노폴리: 주사위를 굴려 나온 수만큼 칸을 이동해 그 칸을 사고 건물도 짓는 보드게임.

음식 문화

어디 한번 먹어 볼까?

케사디야!

식당에서 보는 케사디야는 아주 다양한 재료로 속을 채워요. 하지만 멕시코 전통 요리법에서는 한 가지가 꼭 들어가요. 바로 치즈예요. 케사디야는 스페인어로 '치즈 맛 나는 것'을 뜻하며, 구운 치즈 샌드위치 속을 원하는 재료로 채운 요리예요.

- 우주 비행사는 우주로 **토르티야**를 가져가요. 빵보다 부스러기가 덜 생기거든요.
- 토르티야 속에 **치즈**를 넣으면 빈 곳을 줄일 수 있어요.
- **애호박**을 넣어도 맛있어요.
- 멕시코 고추인 **할라페뇨**는 주로 씨 주변이 매워요.
- **옥수수** 한 개에는 알이 약 600개 달려 있어요.

*토르티야: 옥수숫가루나 밀가루를 반죽하여 납작하게 빚어 팬에 구운 음식.

케사디야를 직접 만들어 볼까요?

불을 쓸 때에는 부모님께 도와 달라고 해요.

① 오븐을 200℃로 예열해요. 프라이팬에 올리브유를 찻숟가락 3개(45ml)만큼 두르고 중간불로 가열해요.

② 애호박을 반으로 길게 자른 뒤, 엎어 놓고 반달 모양으로 얇게 썰어요.

③ 자른 애호박과 냉동 옥수수 알 1컵(128g)을 프라이팬에 넣고, 살살 저으면서 6분 동안 가열해요.

④ 토르티야 4장을 꺼내 한쪽에 올리브유를 발라요. 그중 2장을 오븐 팬에 올려요. 기름 바른 쪽을 아래로 놓아요.

⑤ 토르티야 2장에 채소를 올려놓고서 치즈를 갈아서 1컵(100g)씩 뿌려요.

⑥ 나머지 토르티야 2장을 ⑤ 위에 얹어요. 올리브유를 바른 쪽을 위로 해요.

⑦ 5분 동안 구운 뒤, 뒤집어요. 치즈가 다 녹을 때까지 약 5분 더 구워요.

⑧ 완성된 케사디야를 여러 조각으로 자른 뒤, 할라페뇨 조각들을 올려요.

문화와 생활

사과 사탕!

어느 가게 주인은 그저 계피 맛 사탕을 더 많이 팔고 싶었대요. 그런데 사과 사탕 열풍을 불러일으켰지요! 하루는 사과 몇 개를 계피를 녹인 붉은 설탕물에 담갔다가 꺼내어 진열장에 전시했어요. 얼마 후 주인은 손님들이 설탕을 입힌 사과를 통째로 사 가고 싶어 하는 걸 알았어요. 곧 가게에서는 1년에 수천 개씩 사과 사탕을 팔았다고 해요.

코코넛은 예전에는 아주 비쌌어요. 금으로 칠해서 장식용으로 놓기도 했답니다.

캐러멜, 버터스카치 사탕, 토피*는 성분이 거의 같아요. 만들 때의 온도만 다를 뿐이에요.

피스타치오 나무 한 그루에는 2년마다 약 5만 개의 견과가 열려요.

옥수수 사탕은 1950년대에 여름 간식으로 인기가 있었어요.

메이플라워호를 탄 사람들이 영국에서 미국으로 **사과** 씨앗을 가져갔어요.

캐러멜 사과를 직접 만들어 볼까요?

부모님의 도움을 받아서 재밌고 달콤한 과일을 만들어 봐요.

*토피: 설탕이나 당밀불 버터, 밀가루와 함께 끓이고 식혀 만든 과자.

① 사과 6개를 씻어서 말리고, 꼭지를 떼어 내요. 꼭지가 있던 곳으로 나무젓가락을 찔러 넣어요. (아이스크림용 막대를 써도 돼요.)

② 전자레인지용 그릇에 캐러멜 40개를 까서 넣고 우유 두 숟가락(30ml)을 넣어요.

③ ②를 전자레인지에 넣고 2분 동안 돌려요. 중간에 멈추고 잘 섞어 줘요. 다 녹으면 식혀요.

④ 사과를 녹은 캐러멜에 대고 굴려요. 골고루 잘 입혀지도록 해요.

⑤ 접시에 유산지를 깔고 사과를 놓아요. 사과에 원하는 토핑을 올려요. 피스타치오나 옥수수 사탕 같은 것들이지요. 이제 굳을 때까지 기다려요.

언어와 문화

사라질 위기에 처한 언어를 살리자!

현재 세계에서는 7,000가지가 넘는 언어가 사용되어요. 그러나 2100년경에는 그중 절반 이상이 사라질 수도 있어요. 전문가들은 이 주마다 언어 하나가 사라지고 있다고 말해요. 영어, 스페인어, 중국어 같은 많이 쓰이는 언어들의 사용이 늘면서 밀려나는 것이지요.

그렇다면 어떻게 해야 언어가 사라지는 것을 막을 수 있을까요? 우선 내셔널지오그래픽 탐험가들은 전 세계에서 다양한 계획을 추진하고 있어요. 세계에서 가장 심각한 소멸 위기에 처한 언어를 구하고, 그 언어가 속한 문화를 지키고 보전하려고 노력하지요. 언어를 구하려는 탐험가들의 이야기를 들어 볼까요?

탐험가: 탐 티 톤
언어: 바나르어

활동: 톤은 수수께끼와 재담 등 전래 설화를 모아서 초등학생들에게 바나르어를 가르치는 이중 언어 교재를 만들고 있어요. 바나르어는 베트남 중부 고지대에 사는 바나르족의 언어이지요.

바나르족 교실에서 이야기하는 톤

탐험가: 산댜 나라야난
언어: 케추아어와 아이마라어

활동: 나라야난은 페루와 볼리비아의 국경을 따라 흩어져 있는 안데스 지역의 원주민 언어들을 조사하여, 원주민 부족들 사이의 상호 작용이 시간이 흐르면서 언어에 어떤 영향을 미치는지를 이해하고자 애쓰고 있어요.

나라야난이 내셔널지오그래픽 본부에서 현장 조사의 내용을 발표하고 있어요.

문화와 생활

탐험가: K. 데이비드 해리슨
언어: 코로-아카어

활동: 해리슨은 인도를 탐사하다가, 학자들에게 전혀 알려지지 않은 코로-아카어라는 새 언어를 찾아냈어요. 또한 해리슨은 소규모 부족의 언어를 알리고 되살리는 일을 하는 '멸종 위험 언어를 위한 살아 있는 말 연구소'의 부소장이기도 해요.

인터뷰를 하는 해리슨

탐험가: 수전 바필드
언어: 마푸둥군어

활동: 바필드는 세 가지 언어로 된 어린이 책 『엘 코피후』를 써서 칠레 남부에 사는 마푸체족의 언어인 마푸둥군어를 알리고 있어요. 마푸체족 설화에 마푸체족 학생들의 그림을 곁들인 책이에요.

바필드가 출판 기념회에서 선물을 건네주고 있어요.

펄린이 마을 지도자를 인터뷰하고 있어요.

탐험가: 로스 펄린
언어: 세케어

활동: 네팔 북부의 세케어를 보전하기 위해서, 펄린은 그곳 마을과 뉴욕에서 세케어를 쓰는 사람들과 긴밀하게 협력해 왔어요. 현재 그 지역 출신으로 뉴욕에 사는 젊은이들도 자신의 언어를 기록하기 위해 애쓰고 있어요.

탐험가: 라이 라파차
언어: 키란티-코이츠어

활동: 네팔 카트만두의 키라톨로지 연구소 설립자이자 소장으로서, 라파차는 덜 알려진 히말라야 원주민 언어들을 연구하고 있어요. 소멸 위기에 처한 라파차의 모어*인 키란티-코이츠어도 연구 대상이에요.

*모어: 자라나면서 배운 말로 첫 번째 언어.

네팔 현장에서 일하고 있는 라파차

고대 신화

세계의 신화

그리스 신화

이집트 신화

고대 그리스인은 많은 신과 여신이 우주를 지배한다고 믿었어요. 이 신화에 따르면 신들은 그리스의 올림포스 산 꼭대기에 살았다고 해요. 주요한 12명의 신들은 각자 성격이 달랐고, 사랑이나 죽음처럼 인간 삶의 특정한 측면을 맡았어요.

올림포스의 신들

데메테르는 풍요와 자연의 여신이에요.
아레스는 신들의 왕인 제우스의 아들이며 전쟁의 신이에요.
아르테미스는 제우스의 딸이자 아폴로의 쌍둥이로서, 사냥과 출산의 여신이지요.
아테나는 제우스의 머리를 깨고 나왔어요. 지혜와 기술의 여신이지요.
아폴론은 제우스의 아들이며 태양, 음악, 치유의 신이에요. 아르테미스의 쌍둥이지요.
아프로디테는 사랑과 미의 여신이에요.
제우스는 가장 강력한 신이에요. 벼락을 휘둘렀고, 하늘과 천둥의 신이에요.
포세이돈은 제우스의 형제이며, 바다의 신이지요.
하데스는 제우스의 형제이며, 지하 세계와 죽음의 신이지요.
헤라는 제우스의 아내이며, 여성과 결혼의 여신이에요.
헤르메스는 제우스의 아들이며, 신들의 전령이에요.
헤파이스토스는 헤라의 아들이며, 불의 신이에요.

고대 이집트의 창세 신화에서는 바다에 알이 나타나면서 이야기가 시작돼요. 알이 깨지자 태양의 신 라가 나왔다고 하지요. 그래서 고대 이집트인들은 태양과 함께, 대부분 라의 자식과 손주인 9명의 신을 숭배했어요.

9명의 신

게브는 슈와 테프누트의 아들이자, 땅의 신이에요.
네프티스(네베트-후트)는 게브와 누트의 딸이며, 죽은 사람의 수호자예요.
누트는 슈와 테프누트의 딸이자, 하늘의 여신이에요.
라(레)는 태양의 신이며, 일반적으로 창조신이라고 여겨져요. 삶과 죽음을 다스려요.
세트는 게브와 누트의 아들이고, 사막과 혼돈의 신이에요.
슈는 라의 아들이며, 공기의 신이에요.
오시리스(우시르)는 게브와 누트의 아들이며, 사후 세계의 신이에요.
이시스(아스트)는 게브와 누트의 딸이며, 풍요와 모성애의 여신이에요.
테프누트는 라의 딸이며, 비의 여신이에요.

130

문화와 생활

전 세계의 모든 문화에는 대대로 전해지는 나름의 전설과 전통이 있어요. 많은 신화에는 세계에서 일어나는 일들을 다스리는 신과 초자연적인 영웅이 등장해요. 북유럽 신화에서는 붉은 수염의 토르, 번개와 뇌우를 일으키는 천둥의 신을 이야기해요. 한편 많은 창세 신화, 특히 몇몇 북아메리카 원주민 문화의 신화는 깊은 바다에서 어떤 동물이 모래나 진흙을 갖고 올라와서 땅이 만들어졌다고 이야기해요. 그 작은 조각에서 세계 전체가 생겨났다고 하지요.

북유럽 신화

로마 신화

북유럽 신화는 유럽 북부 스칸디나비아에서 생겨났어요. 무지개다리를 건너야만 갈 수 있는 아스가르드라는 천상의 세계에 사는 신들이 나오지요. 북유럽 신화는 덜 알려져 있지만, 영어권에서는 일상생활에서 자주 쓰여요. 영어의 요일 이름은 대부분 북유럽 신들의 이름을 땄어요. 다음은 주요 신들이에요.

북유럽 신들

발데르(발드르)는 빛과 미의 신이에요.
프레이야는 사랑, 미, 풍요의 여신이에요.
프리그는 아스가르드의 여왕이자 결혼, 모성애, 가정의 여신이에요. 영어로 금요일(Friday)의 어원이지요.
헤임달은 무지개다리 비프로스트의 감시자이자 신들의 수호자예요.
헬은 로키의 딸이며, 죽음과 저승의 여신이에요.
로키는 변신 능력자예요. 신들을 돕는 책략가이긴 하지만, 때로 말썽도 일으켜요.
스카디는 겨울과 사냥의 여신이에요. '눈의 여왕'으로 표현되기도 해요.
토르는 천둥과 번개의 신이에요. 영어로 목요일(Thursday)의 어원이에요.
티르는 하늘과 전쟁의 신이에요. 영어로 화요일(Tuesday)의 어원이에요.
오딘(우딘)은 전쟁, 지혜, 죽음, 마법의 신이에요. 영어로 수요일(Wednesday)의 어원이지요.

로마 신화는 그리스 신화에서 따온 내용이 많지만, 로마인들은 독창적인 신화도 많이 만들었어요. 로마 신화의 신들은 어디에나 살았고, 각자 맡은 역할이 있었어요. 신이 수천 명이나 되었지요. 그중에서 몇몇 주요 신들을 살펴볼까요?

고대 로마 신들

넵투누스는 유피테르의 형제이며, 바다의 신이에요.
디아나는 유피테르의 딸이며, 사냥과 달의 여신이에요.
마르스는 유피테르와 유노의 아들이며, 전쟁의 신이에요.
메르쿠리우스는 유피테르의 아들이며, 신들의 전령이자 여행자의 신이에요.
미네르바는 지혜, 공부, 예술과 기술의 신이지요.
베누스는 사랑과 미의 여신이에요.
베스타는 불과 화덕의 여신이지요. 로마에서 가장 중요한 신 중 한 명이에요.
유노는 유피테르의 아내이며, 여성과 출산의 여신이에요.
유피테르는 로마의 수호자이자 신들의 왕이에요. 하늘의 신이지요.
케레스는 수확과 모성애의 여신이에요.

고대 신화

그리스 신화
바다의 신 포세이돈

포세이돈은 형제인 하데스 및 누이인 헤스티아, 데메테르, 헤라와 함께 태어나자마자 아버지인 크로노스에게 잡아먹혔어요. 여섯째 아이인 제우스는 먹히지 않았고, 나중에 형제자매들을 구했지요. 포세이돈은 상황을 파악하고 제우스를 따르는 편이 낫다고 생각했어요.

10년 동안 형제자매 6명은 아버지, 고모, 삼촌 등 강력한 타이탄들과 맞서 싸웠어요. 지독한 전쟁이었지요. 대체 무엇을 위한 전쟁이었을까요? 포세이돈은 이를 악물고 열심히 싸웠어요. 이따금 전투가 뜸해지기도 했어요. 제우스가 다른 데 신경이 팔렸거나 타이탄이 휴식을 취하고 싶어 했을 수도 있어요. 이유가 무엇이든 간에 그렇게 시간이 생길 때 포세이돈은 모든 물의 신인 폰토스, 할머니인 대지의 여신 가이아, 할아버지인 하늘의 신 우라노스를 찾아가곤 했어요. 포세이돈은 폰토스의 물에서 헤엄칠 때면, 오랫동안 지독한 전쟁을 벌이고 있어도 행복한 기분을 느꼈지요.

게다가 포세이돈은 네레우스와 친구가 되었지요. 둘은 깊은 물을 좋아해서 함께 산호초와 해면동물이 자라는 바다 밑으로 잠수하곤 했어요. 거북을 타기도 했고요. 가오리처럼 팔을 벌리고 흔들다가, 가만히 해류를 타고 흘러가기도 했어요.

그러다가 다시 전쟁터로 돌아갔지요. 손이 100개인 가이아의 아들들이 제우스의 편에 섰어요. 키클롭스는 제우스에게 벼락을 주고, 하데스에게 보이지 않게 해 주는 투구를 주고, 포세이돈에게는 강력한 삼지창을 주었어요. 포세이돈이 삼지창으로 땅을 치면 지구 전체가

문화와 생활

삼지창을 든 바다의 신 포세이돈

포세이돈은 머리를 뒤로 흩날리며 바다를 헤엄치면서 도움이 필요한 사람이 있는지 살폈어요. 순찰을 하지 않을 때에는 물속의 수수께끼를 푸는 데 몰두했지요.

그러다가 흥미로운 수수께끼를 만났어요. 바다의 신 포르키스와 바다의 여신 케토의 딸 메두사였어요. 포세이돈은 그가 완벽한 아내가 되리라 생각했어요. 메두사는 고르고네스 세 자매 중 한 명이었고, 다른 두 자매는 죽지 않는 존재였어요. 하지만 메두사는 아니었죠.

포세이돈은 메두사가 죽을 수 있는 존재라는 점에 매료되었어요. 더 애틋한 마음이 들었지요. 포세이돈이 안으면 메두사의 머리칼인 뱀들이 그의 팔에 드리웠지요. 마음에 들었어요. 뱀이 적을 물어서 독을 주입할 수 있기에 메두사를 잘 보호해 주니까요. 그는 메두사의 어깻죽지에서 튀어나온 날개를 조심스레 쓰다듬었어요. 마음에 들었어요. 공격을 받으면 멀리 피하게 해 줄 테니까요. 그는 갑옷보다 더 단단한 메두사의 비늘도 쓰다듬었어요. 아주 마음에 들었지요! 무엇보다 가장 안심이 되는 점은 메두사가 지닌 특수한 능력이었어요. 죽을 수 있는 존재는 누구라도 메두사의 얼굴을 마주 보면, 돌로 변했지요. 그래서 포세이돈은 사랑하는 메두사가 거의 완벽하게 안전하다고 느꼈어요. 둘은 함께 바다의 왕국에서 즐겁게 지냈어요. 적어도 얼마 동안은요…….

뒷이야기가 궁금하다면 '그리스 신화'에 관한 책을 읽어 보세요!

흔들렸어요. 결국 제우스를 비롯한 올림포스 신들이 전쟁에서 승리했어요.
제우스는 포세이돈을 바다의 통치자로 임명했어요. 포세이돈은 제우스가 바다를 별로 안 좋은 세계로 여긴다는 것을 알았어요. 그래도 포세이돈은 너무나 기뻤지요.

남편인 포세이돈을 안고 있는 메두사

133

세계의 종교

전 세계에는 다양한 종교가 있어요. 기독교, 이슬람교, 유대교처럼 초월적이며 오직 하나인 신을 믿는 일신교가 있지요. 반면에 힌두교, 대다수의 토착 신앙처럼 여러 신을 믿는 다신교도 있어요.

모든 주요 종교는 아시아 대륙에서 기원해서 전 세계로 퍼졌어요. 신자가 가장 많은 기독교는 크게 세 종파가 있어요. 로마 가톨릭교, 정교회, 개신교로 나뉘지요. 종교가 있는 인구의 약 4분의 1을 차지하는 이슬람교는 주요 종파가 두 개 있어요. 수니파와 시아파이지요. 힌두교와 불교는 종교인의 5분의 1을 차지해요. 그리고 약 4,000년 전에 출현한 유대교는 신자가 1,400만 명이지만 종교인 전체의 1퍼센트에 못 미쳐요.

기독교
약 2,000년 전 현재의 이스라엘 지역에서 태어난 예수의 가르침을 토대로 한 기독교는 사람들을 적극적으로 개종시키면서 전 세계로 퍼졌어요. 사진은 스위스의 기독교도들이 부활절에 등불과 십자가를 들고 행진하는 모습이에요.

불교
약 2,400년 전 인도 북부에서 힌두 왕자 고타마 싯다르타가 창시했어요. 불교는 동아시아와 동남아시아에 퍼져 있어요. 사진에 나온 스리랑카의 미힌탈레처럼 불교 사원에는 불상이 있어요.

힌두교
4,000여 년 전에 생겨난 힌두교는 주로 인도에서 따라요. 베다 같은 경전의 가르침을 따르고 다시 태어나는 환생을 믿지요. 사진은 두르가 여신을 기리는 나브라트리 축제 때, 신자들이 가르바 춤을 추는 모습이에요.

문화와 생활

단기 출가* 소년 승려

*단기 출가: 집을 떠나 불교 사회에 들어가는 것을 '출가'라고 하며, 짧은 기간 동안 불교의 수행을 체험하는 것이 '단기 출가'이다.

2018년 4월 태국에서 와일드보어스 유소년 축구팀은 한 동굴에 들어갔다가 물이 불어나서 갇히는 사고를 겪었어요. 축구팀은 다행히 많은 도움을 받아 무사히 구조되었지요. 몇 주 뒤 그중 소년 11명은 스님이 되어 9일 동안 절에서 지냈어요. 사진은 스님이 된 소년들이 자신들을 구조하다가 숨진 해병대원 사만 구난을 기리며 추모하는 모습이에요.

이슬람교

이슬람교도인 무슬림은 경전인 코란이 알라(신)가 약 610년부터 예언자 무함마드에게 한 말씀을 기록한 것이라고 믿어요. 사진은 이슬람교의 정신적 중심지인 사우디아라비아 메카의 카바 신전을 신자들이 둘러싼 모습이에요.

유대교

유대교의 전통, 율법, 신앙은 유대인의 민족 시조인 아브라함과 율법서인 토라에서 나왔어요. 사진은 예루살렘의 바위 사원 아래 있는 서쪽 벽에서 유대교 신자들이 기도하는 모습이에요.

더 알아보기

잠깐 퀴즈!

여러분은 세계에 대해서 얼마나 알고 있나요?
이 퀴즈를 풀면 알 수 있어요!

답을 종이에 적은 뒤, 아래 정답과 맞추어 봐요.

1. 어떤 사람들은 캐나다의 100달러 지폐에서 _____ 향기가 난다고 생각한다.
 a. 장미 c. 메이플시럽
 b. 풍선껌 d. 감초

2. 핀란드의 라플란드에는 _____ 이 사람만큼 많다.
 a. 닭
 b. 쥐
 c. 토끼
 d. 순록

3. 열두 띠에 들어가는 동물은 무엇일까?
 a. 호랑이
 b. 용
 c. 뱀
 d. 전부

4. 하와이의 _____ 는 '알로하 정신'을 기리는 기념일이다.

5. 참일까, 거짓일까? 고대 로마인은 수천 명의 신을 믿었어요. ( )

너무 쉽다고요?
다음 장에 나오는 퀴즈도 풀어 봐요!

정답: ① c, ② d, ③ d, ④ 에이케이 데이, ⑤ 참. 고대 로마인들은 유피테르, 마르스, 베누스 등 많은 신을 믿었어요.

문화와 생활

이렇게 해 봐요!

새롭고 낯선 문화 탐사하기

브라질 우표

여러분은 학생이지만, 세계의 시민이기도 해요. 내가 사는 나라 또는 다른 나라를 조사하여 보고서를 쓰면 사람들이 어떻게 살아가는지를 더 잘 이해할 수 있어요. 한국도 좋고, 뉴스에서 본 나라도 좋고, 언젠가 방문하고 싶은 나라를 골라도 좋아요.

브라질 지폐와 동전

잘 쓰기 위한 요령
자신이 고른 나라에 관한 상세한 정보를 제공하는 것이니까, 설명문의 형식을 따르는 것이 좋아요.

다음 단계들을 따라가면 멋진 보고서를 쓸 수 있어요.

브라질 국기

① 조사하기
나라 조사 보고서를 쓸 때 가장 중요한 단계는 정보를 모으는 거예요. 인터넷, 백과사전, 책, 잡지, 신문 등을 조사해서 중요한 내용이나 흥미로운 내용을 모아요.

② 조사한 내용 정리하기
모은 정보를 정리해서 어디까지 쓸지 대강 윤곽을 정해요. 예를 들면 역사, 정부, 기후 등으로 자료를 나누어서 정리하는 식이에요.

③ 작성하기
좋은 글의 기본 구조를 따라 서론, 본론, 결론의 순서로 쓰는 거예요. 각 문단에 주제 문장을 적고 뒷받침해 주는 사실 자료와 세세한 내용을 덧붙여요. 모은 정보를 적는 한편, 자기 생각도 적어야 해요. 다른 사람이 이해하기 쉽도록 자세하게 쓰려고 노력해요.

④ 시각 자료 덧붙이기
지도, 그림, 사진 같은 시각 자료를 찾아 덧붙여요.

⑤ 교정하고 수정하기
잘못 쓴 단어나 표현을 바로잡고, 문장을 다듬어요.

⑥ 참고 문헌과 출처 표시하기
조사하며 참고한 책이나 자료는 꼭 적는 습관을 들여요.

게임과 퍼즐

미국 알래스카에서 갈색곰 두 마리가 싸우면서 장난치고 있어요.

깨끗하고 푸르게
녹색 도시

여러분은 이 바쁜 도시의 시장으로 뽑혔어요. 이 도시를 세계에서 가장 푸른 곳으로 만들어 보세요. 아래에 적힌 쓰레기 15개와 파란 재활용 수거함 8개와 녹색 퇴비통 2개를 찾아서 동그라미로 표시해요.

정답: 338쪽

1. 택배 상자
2. 구겨진 종이
3. 음료 깡통
4. 종이컵
5. 전화번호부
6. 시리얼 상자
7. 신문
8. 먹다 버린 사과
9. 달걀 상자
10. 종이봉투
11. 바나나 껍질
12. 유리병
13. 잡지
14. 음식 포장 용기
15. 우유갑

알쏭달쏭 세상 관찰
이건 뭘까?

고리 찾기
다음은 고리 모양을 한 것을 가까이 또는 멀리 찍은 사진들이에요. 사진 아래 적힌 힌트를 보고 고리의 정체를 알아맞혀 봐요.

정답: 338쪽

구 농 대 골

후 프 라 훌

인 애 파 플

이 테 나

쇠 리 고 열

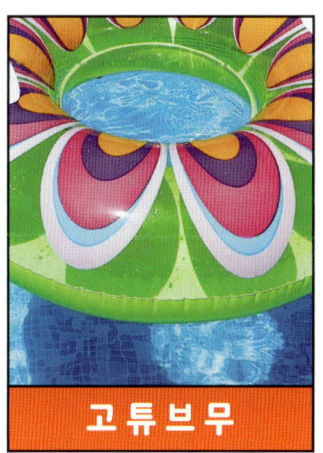
고 튜 브 무

트 판 다

141

숨바꼭질 동물 탐정 — 숨은 동물 찾기

동물은 주변 환경과 잘 어울리는 색깔과 모습을 띠고 천적에게 들키지 않도록 위장하곤 해요. 다음의 동물들을 사진에서 찾아 종이에 그려 보세요!

정답: 338쪽

1. 악어 (   )
2. 회색청개구리 (   )
3. 동부아메리카소쩍새 (   )
4. 검은꼬리사슴 (   )
5. 검은코뿔소 (   )
6. 바다나리 공생 새우 (   )

게임과 퍼즐

수다쟁이 동물들

> 나는 벌레를 아주 잘 잡아먹는 홀쭉한 초록색 동물이에요!

동물이 소셜 미디어를 한다면, 무슨 말을 할까요? 이 빨간눈청개구리가 주고받는 메시지를 하루 동안 지켜봤어요.

빨간눈청개구리
- **사는 곳:** 멕시코 남부와 중앙아메리카
- **사용자 이름:** 팝개구리
- **친구들** ⌄

무지개왕부리새	중앙아메리카 아구티	킨카주

바나나부리	숲의친구	킨카우

짱

오후 7:20

 팝개구리: 프로필 사진을 새로 올렸어요! 나 어때요?

 바나나부리: 음, 간식 같아요. 하지만 난 방금 식사를 했어요. 그러니까 긴장하지 않아도 돼요…. 지금은요.

숲의친구: 이봐요 @바나나부리, 어느 나무에 있나요? 열매 좀 떨궈 줘요. 내가 다 먹을게요. 😋

 킨카우: 난 지금 단 게 먹고 싶은데…. 벌집이 어디 있는지 누구 알아요? #내혀가원하는맛

오후 10:00

 팝개구리: 빨판 달린 내 발가락아, 너무 고마워. 나는 개구리 곡예사야. 곡예구리!

킨카우: 그저 매달려 있기만 하는 것도 꽤 힘들겠어요. 난 꼬리가 있지롱.

바나나부리: 여러분은 모두 나무를 벗어나지 못하는군요. 나는 하늘을 날아요. 😎

 숲의친구: 난 숲 바닥이 딱 좋아요. 사방에 엉덩이를 문질러 내 냄새를 묻히고 다니면 좋거든요. #정상보통평범

 팝개구리: 와, 뭐라고 말하기가…. 나는 미끈거리고 냄새나는 물질을 분비해요.

오전 5:00

 팝개구리: 짜잔! 나 좀 봐요. 어? 이젠 안 보이네요? #완벽한위장술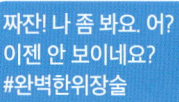

숲의친구: 우리 숨바꼭질하는 거예요? 나는 덤불 속에서는 완벽하게 숨을 수 있어요.

킨카우: 음, 그 말을 들으니 할 일이…. 나는 숨어서 잘 나무 구멍을 찾아야겠어요. 내일 봐요!

 팝개구리: 큭큭! 나는 숨어 있다가 폴짝 뛰어서 나방을 잡으려는 것뿐이에요! #쩝쩝

바나나부리: 와, 대단한 공중 도약 기술이네요. 하늘을 나는 건 나만 할 수 있는 줄 알았어요.

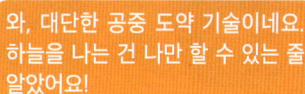

재미있고 우스운
빈칸 채우기

친구와 함께 빈칸 아래 힌트를 살펴보고 빈칸을 웃기는 단어로 채워 각자 이야기를 완성해 봐요. 누구의 이야기가 더 웃기나요?

우리 가족은 보트를 타고 _____(물)을(를) 다니면서 _____(물에 사는 동물)을(를) 살펴보러 _____(나라)의 사파리로 갔어요. 나는 먼저 보트에 올라탔어요. 그러자 갑자기 배가 _____(동사) 시작했어요. 나는 혼자 _____(액체)을(를) 따라 _____(동사)! _____(숫자) 킬로미터를 흘러가자 _____(날 수 있는 동물) 무리가 내 주위로 몰려들었어요. 그 동물들은 _____(신체 부위)을(를) 파닥거리더니, 갑자기 내 _____(옷 부위)을(를) 움켜쥐고는 나를 하늘로 끌어 올렸어요! _____(감탄사)! 나는 소리쳤어요. 이윽고 놀랐던 마음이 가라앉자, _____(털북숭이 동물) 새끼들이 보였어요. 그리고 _____(유명한 운동선수)보다 빨리 달릴 수 있는 _____(색깔)의 _____(얼룩무늬 동물)도 보였지요. 그때 저쪽에 부모님이 보였어요. "고마워요!" 나는 땅에 내려온 뒤 _____(동사) 동물들에게 큰 소리로 인사를 했어요. 우리 동네에 돌아가서 이 _____(관형사) 이야기를 하면 아무도 믿지 않을 거예요.

게임과 퍼즐

알쏭달쏭 세상 관찰
이건 멀까?

무지개 너머로

다음은 무지갯빛을 띤 물건들을 확대해 촬영한 사진들이에요. 사진 아래 적힌 힌트를 보고 무지개의 정체를 알아맞혀 봐요.

정답: 338쪽

말 양

탕 대 사 막

새 무 앵

이 크 케

레 용 크

스 크 아 이 림

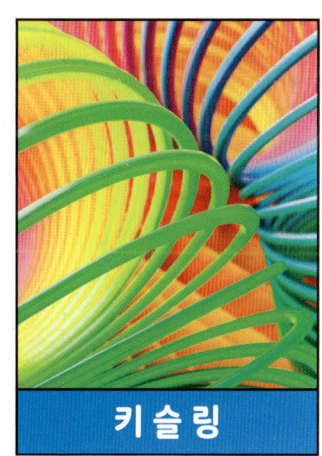
키 슬 링

145

키득키득 웃기는 이야기

"원숭이야, 너희 엄마가 널 깨우라시는데."

"간식을 먹기 전에 꼭 배를 깨끗이 닦으라고 아빠가 말했지요?"

"교정기가 떨어져 나올 때까지만 끼고 있으면 돼요."

"어휴, 엄마. 저 오늘 정말 학교 가야 해요?"

옆집에 이사 온 이웃은 겨울잠쥐가 틀림없어요.

푸하하하 웃어 볼까!

게임과 퍼즐

악어

똑똑, 똑똑.
누구세요?
공룡이에요.
공룡이라고요?
아닌데요?
공룡 맞다니까요.
누워 있을 뿐이에요!

Q 도시에 산토끼 500마리를 풀어놓으면 어떻게 될까요?

A 500마리 산토끼 도시야가 해요.

Q 아주 인기 있는 향수를 뭐라고 할까요?

A 가장 잘나가는 향수예요.

혀가 꼬이는 말
다음 문장을 빨리 세 번 읽어 봐요.
저기 가는 저 새는 새로 온 새인가, 안 새로 온 새인가
여섯 사람이 사진기로 샅샅이 살펴봐요.

147

재미있고 우스운
빈칸 채우기

친구와 함께 빈칸 아래 힌트를 살펴보고 빈칸을 웃기는 단어로 채워 각자 이야기를 완성해 봐요. 누구의 이야기가 더 웃기나요?

친구와 나는 물건을 _____(동사) 수 있는 기계를 _____(동사). 하지만 사람들 앞에 보여 주려면 먼저 _____(명사)을(를) 해야 했어요. 나는 탁자에 _____(명사)을(를) 놓고 단추를 _____(동사). 그러자 _____(관형사) 빛이 확 뿜어졌어요. 갑자기 녹색 띠가 위로 쑥 솟아올랐지요. 풀이었어요. 우리는 _____(부사) _____(동사)! 그때 무슨 소리가 들렸어요. 돌아보니 눈이 8개인 _____(명사)이(가) 있었어요. 한 친구는 재빨리 가까이 있는 _____(자연물)(으)로 기어올랐어요. 나머지 친구들은 _____(명사)을(를) 묶어 밧줄을 만들었어요. 동물이 우리에게 _____(동사). 하지만 우리는 가까스로 안전한 곳으로 기어올랐어요. 그때 _____(하늘을 나는 동물)이(가) 나와 친구를 집어 올려서 우리 기계 위에 떨어뜨렸어요. 우리는 힘을 모아서 단추를 _____(동사). 그 순간 _____(동사). 모든 것이 _____(명사)(으)로 돌아왔어요! 우리의 엄청난 모험이 이제 끝난 거예요.

게임과 퍼즐

알쏭달쏭 세상 관찰
이건 뭘까?

야생의 멋진 무늬

다음은 아프리카 동물들을 확대해 촬영한 사진들이에요. 사진 아래 적힌 힌트를 보고 동물의 정체를 알아맞혀 봐요.

정답: 338쪽

말룩얼

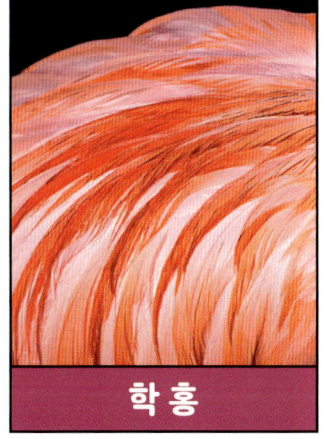
학 홍

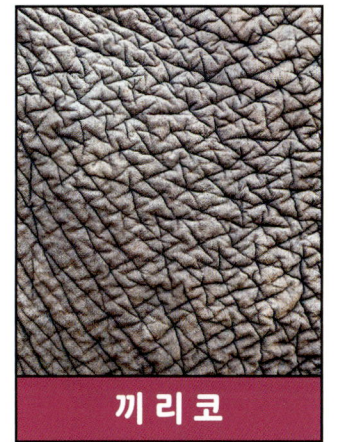
끼 리 코

드 릴 맨

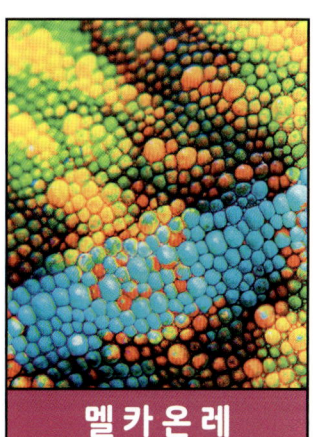
멜 카 온 레

북 거

개 들 프 아 리 카

숨은 동물 찾기

숨바꼭질 동물 탐정

동물은 주변 환경과 잘 어울리는 색깔과 모습을 띠고 천적에게 들키지 않도록 위장하곤 해요. 다음의 동물들을 사진에서 찾아 종이에 그려 보세요!

정답: 338쪽

1. 게　　　　　(　　)
2. 산토끼　　　(　　)
3. 악어　　　　(　　)
4. 사마귀　　　(　　)
5. 바다표범　　(　　)
6. 씬벵이　　　(　　)

게임과 퍼즐

재미있고 우스운
빈칸 채우기

친구와 함께 빈칸 아래 힌트를 살펴보고 빈칸을 웃기는 단어로 채워 각자 이야기를 완성해 봐요. 누구의 이야기가 더 웃기나요?

이번 주말에 나는 엄마, 동생과 함께 우리 _____(형용사) _____(교통수단)을(를) 타고 세차를 _____(동사). _____(직업을 지닌 사람)이(가) 우리를 향해 신호를 했을 때, _____(소리)이(가) 들렸어요. 커다란 _____(동물)이(가) 차를 향해 _____(동사)! 우리는 "_____(감탄사)!" 하고 소리쳤어요. 동물은 _____(명사)을(를) 써서, 우리 앞에서 _____(명사)의 뒤쪽을 닦았어요. 긴 코로 _____(명사)을(를) 뿌리면서 발에 묶은 _____(명사)(으)로부터 _____(명사)를 떨구었어요. 그런 뒤 귀로 차를 _____(동사). 모두가 _____(액체)(으)로 뒤범벅이 되었지요. 이 세차장이 _____(동물)이(가) 세차를 해 주는 곳인 줄 몰랐어요. 우리 가족 차가 처음 하는 _____(관형사) 경험이었답니다!

151

알쏭달쏭 세상 관찰
이건 뭘까?

선명한 자주색

다음은 자주색을 띤 것들을 확대해 촬영한 사진이에요. 사진 아래 적힌 힌트를 보고 자주색의 정체를 알아맞혀 봐요.

정답: 338쪽

양 서 두 자

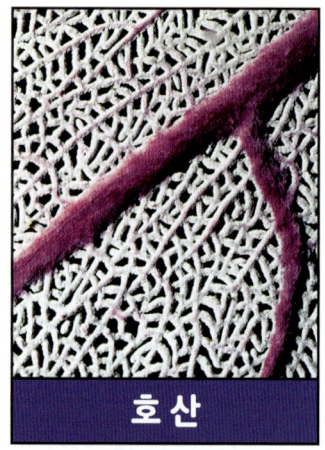
호 산

끈 발 신

리 사 가 불

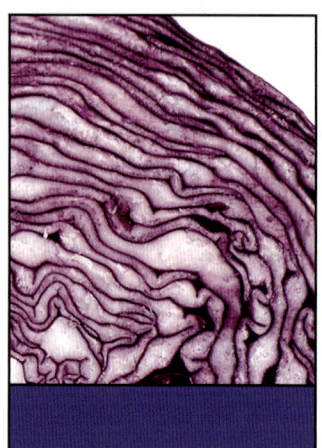

용 레 크

초 난

수 정 자

게임과 퍼즐

진짜? 가짜? 옛 표지판

보이는 것이 다 진짜는 아니에요. 다음 중 5개는 진짜이고 2개는 가짜예요. 어느 것이 가짜일까요?   정답: 338쪽

게임과 퍼즐

재미있고 우스운
빈칸 채우기

친구와 함께 빈칸 아래 힌트를 살펴보고 빈칸을 웃기는 단어로 채워 각자 이야기를 완성해 봐요. 누구의 이야기가 더 웃기나요?

_____(친구 이름)와(과) 나는 겨울에 늘 하는 놀이를 하러 가요. 해마다 우리는 옷을 겹겹이 껴입고 샌드위치와 _____(관형사) 보온병을 챙기고 산으로 가요. 식구들은 겨울이 되면 기온이 늘 _____(숫자)℃를 넘는 _____(따뜻한 곳)(으)로 가요. 하지만 우리는 겨울에 늘 하는 전통을 지켜야 해요. 그래서 이번 겨울에도 _____(옷 종류)을(를) 입고 _____(음식)을(를) 챙기고 _____(교통수단)을(를) 예약했어요. 우리는 저 아래 멀리 도시가 한눈에 내려다보이는 높은 _____(명사)까지 _____(동사). 우리는 _____(신체 부위)에 _____(운동 장비)을(를) _____(동사). 그리고 _____(소리)을(를) 지르면서 아래로 _____(동사). 우리는 _____(동물)보다 빨리 내려갔고, _____(작은 것)이(가) 우리 얼굴을 따라 _____(동사). "_____(감탄사)!" 우리는 소리쳤어요. 순식간에 처음에 있던 곳으로 내려왔어요. 이제 다시 올라갈 차례예요.

확대 촬영한 사진으로 광물의 일종인 비스무트 결정을 자세히 관찰해 보세요.

우주와 지구

지구의 구조

지구 속 들여다보기

지구 표면에서 중심까지의 거리는 적도에서 쟀을 때 약 6,400킬로미터예요. 지구는 4개의 층으로 이루어졌어요. 바깥에서부터 얇고 단단한 지각, 암석으로 구성된 맨틀, 녹은 철로 이루어진 외핵, 마지막으로 고체에 가까운 철로 여겨지는 내핵이에요.

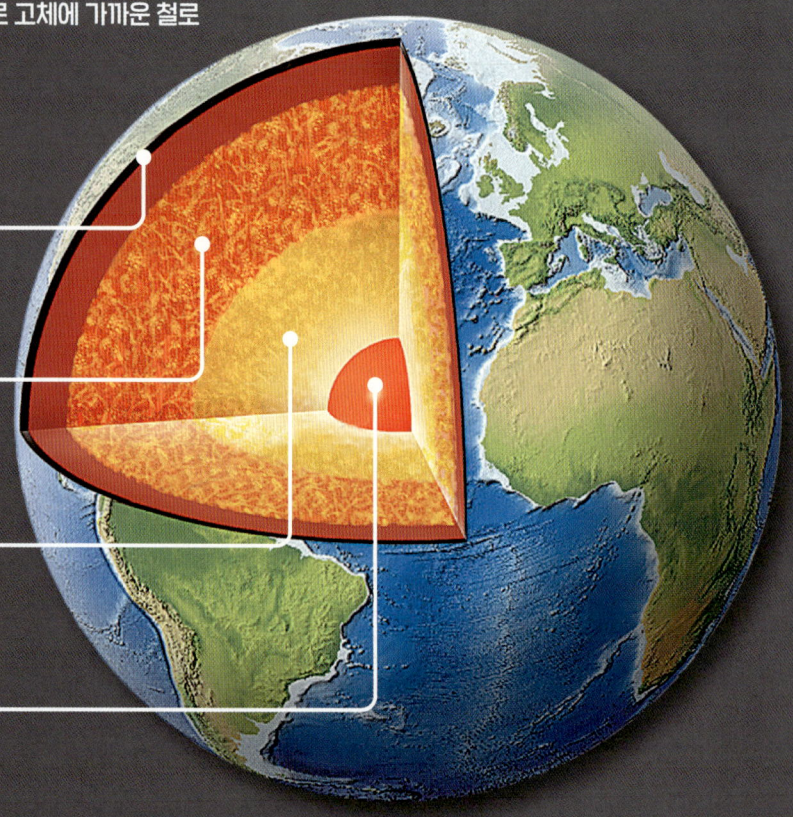

지각은 판*의 윗부분으로, 대륙 지각과 해양 지각을 포함해요. 두께는 5~100킬로미터예요.

맨틀은 뜨겁고 두꺼운 암석으로 약 2,900킬로미터 두께예요. 상부 맨틀(적갈색)과 하부 맨틀(주황색)로 나눌 수 있어요.

외핵은 주로 철과 니켈로 이루어져 있고, 암석이 녹아 액체 상태예요.

내핵은 지구의 단단한 중심부이고, 주로 고체 상태의 철과 니켈로 이루어져 있어요.

*판: 지구의 표면을 덮고 있는 단단한 조각으로 지각과 최상부 맨틀로 구성되며, 여러 개로 나뉘어 있고 계속해서 움직여요.

지구 반대편까지 땅을 파 들어가면 어떻게 될까?

마그마로부터 몸을 보호할 옷을 입고 성능 좋은 드릴을 챙기면 어느 지표면이든 뚫고 들어갈 수 있을까요? 땅을 파서 지구 반대편에 닿으려면 12,714킬로미터는 뚫어야 해요. 그 전에 지표면에서 가장 단단한 지각을 32킬로미터쯤 파고 들어가 맨틀에 도달해야 하죠. 맨틀의 열과 압력은 너무 높아 탄소가 다이아몬드로 바뀔 정도예요. 사람은 쭈그러들고 말겠죠. 살아남더라도 2,900킬로미터를 더 파 들어가야 해요. 그러면 온도가 6,000도 이상 되는 화성 크기만 한 핵에 도착할 거예요. 핵을 뚫고 계속 가면 지구 반대편의 맨틀과 지각을 만나요. 다 파면 지구 반대편에 머리를 내밀 수 있겠죠. 하지만 구멍을 빠르게 빠져나와야 해요. 땅속에 큰 구멍이 생기면 주변 암석이 무너져 빈 공간을 채우려고 할 테니까요. 빈 곳이 메워지며 작은 지진이 생길지도 몰라요. 그럼 돌아갈 길은 완전히 막히겠죠. 행운을 빌어요!

우주와 지구

여러 가지 암석 알아보기

암석과 광물은 지구상 어디에나 있어요! 두 가지를 구별하기는 쉽지 않죠. 암석과 광물은 어떻게 다를까요? 암석은 주로 광물로 이루어졌고 자연에 존재하는 고체 물질이에요. 광물은 자연에 존재하는 고체인 무생물로 암석을 이루는 기본 요소예요. 암석은 흑연처럼 한 가지 광물로 구성될 수도, 여러 종류의 광물로 이루어질 수도 있어요. 하지만 모든 암석이 광물로 이루어지지는 않아요. 석탄은 식물성 성분으로 만들어졌고, 호박은 먼 옛날 나무에서 나온 송진으로 만들어졌어요.

화성암

화성암은 '불로 만들어진' 암석이란 뜻이죠. 마그마, 즉 암석이 뜨거워 녹은 액체가 차갑게 식어서 만들어져요. 마그마는 땅속 깊은 곳에 고였다가 지표면으로 천천히 나오는데, 폭발하듯 분출된 것을 '용암'이라고 해요. 용암층이 켜켜이 쌓여 만들어진 산이 화산이지요. 흔히 볼 수 있는 화성암으로 흑요석, 현무암, 부석이 있어요. 부석은 기포가 빠져나온 구멍이 안에 가득해 가벼워서 물 위로 떠요.

안산암   화강 반암

변성암

변성암은 변신을 아주 잘하는 암석이에요! 이 암석은 한때 화성암이거나 퇴적암이었다가 땅속 깊은 곳의 강한 열과 압력 때문에 변형된 거예요. 변성암은 완전히 녹지 않아요. 그 대신 열과 강한 압력이 암석을 뒤틀고 구부려서 모양이 아주 많이 바뀌지요. 변성암으로는 점판암, 대리암이 있어요. 대리암은 건물이나 기념물 조각상의 재료로 쓰인답니다.

운모 편암   호상 편마암

퇴적암

바람과 물, 얼음은 암석 표면을 끊임없이 닳게 해요. 이 과정에서 퇴적물이라는 작은 조각이 생겨요. 자갈, 모래, 진흙은 다 퇴적물 알갱이예요. 물은 경사진 곳을 흐르면서 퇴적물 알갱이를 호수나 바다에 옮겨 놓아요. 퇴적물 더미가 계속 쌓이다 보면 알갱이는 결국 압축되거나 한데 결합해요. 그 결과 새로운 퇴적암이 만들어져요. 사암, 석고, 석회암, 셰일은 이런 식으로 생겨난 퇴적암이에요.

석회암   암염

지구의 구조

이런저런 광물 감별하기

지구에는 너무도 다양한 광물이 있기 때문에 뭐가 뭔지 구별하기가 쉽지 않아요. 다행히도 각 광물에는 지질학자나 광물 수집가들이 활용할 수 있는 물리적인 특징이 있어요. 색깔, 광택, 조흔색, 쪼개짐, 깨짐, 굳기 같은 여러 특징에 따라 어떤 광물인지 확인해 봐요.

색깔

어떤 광물을 볼 때 첫눈에 들어오는 특징은 색깔이에요. 몇몇 광물은 거의 같은 색을 띠기 때문에 색깔이 가장 큰 특징이에요. 예컨대 아래 사진의 남동석은 항상 파란색이에요. 하지만 어떤 광물은 불순물이 들어가면 색깔이 바뀌기도 해요. 위 사진의 형석은 초록색, 붉은색, 보라색을 비롯한 여러 색깔을 띠어요. 그러니 이런 광물을 감별할 때는 색깔만으로는 안 돼요.

형석

광택

광택은 빛이 광물의 표면에서 반사되는 방식에 따라 구분돼요. 광물이 금이나 은처럼 금속과 비슷하게 보이나요? 아니면 오피먼트처럼 진주 같거나 다이아몬드처럼 반짝반짝 빛나나요? 광택을 묘사할 때는 '흙 같은', '유리 같은', '비단 같은', '윤기 없는' 등의 표현을 쓰기도 해요.

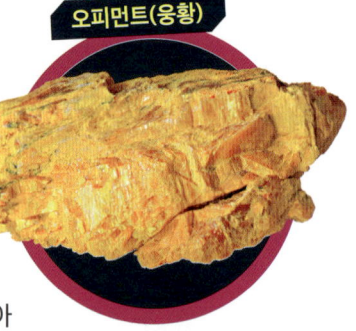

오피먼트(웅황)

다이아몬드

남동석

조흔색

'조흔색'이란 광물 가루의 색깔이에요. 광물을 가루가 될 때까지 갈면 결정일 때와는 다른 색을 띠는 경우가 많아요. 예컨대 황철석이라는 광물은 겉으로는 금과 비슷해 보여요. 하지만 황철석을 '조흔판'이라는 초벌구이 도자기 타일에 문지르면 검은색 흔적이 남아요.

황철석

우주와 지구

쪼개짐

'쪼개짐'이란 특성은 광물이 부서지는 모양에서 드러나요. 한 종류의 광물은 구조가 언제나 동일하기 때문에 같은 모양으로 쪼개져요. 모든 광물이 잘 쪼개지지는 않아요. 하지만 사진 속 미사장석처럼 한 방향 또는 여러 방향으로 고르게 쪼개지는 광물도 있어요. 이런 광물은 '완전 쪼개짐'을 가졌다고 해요. 쪼개진 단면이 매끈하거나 깔끔하지 않을수록 '양호', '명료' 또는 '불완전' 쪼개짐을 보인다고 하죠.

미사장석

금

깨짐

지질학자들에 따르면 금 같은 몇몇 광물은 쪼개지면서 부서지는 대신 깨져요. 깨지는 방식은 광물에 따라 다양해요. '조개껍질 모양', '깔쭉깔쭉한', '고른', '고르지 않은' 같은 말로 이 특성을 묘사할 수 있어요.

굳기

광물이 얼마나 잘 긁히고 그렇지 않은지, 단단한 정도를 나타내는 기준을 '굳기'라고 해요. 굳기는 '모스 굳기계'라는 특별한 표준에 따라 측정할 수 있어요. 모스 굳기계는 1에서 10까지 숫자로 나타내요. 표에서 낮은 단계에 있는 무른 광물은 높은 단계에 있는 단단한 광물에 긁혀요.

굳기(도)	광물 이름	굳기가 비슷한 것
1	활석	비누
2	석고	손톱
3	방해석	구리 동전
4	형석	무른 쇠못
5	인회석	강철 주머니칼 칼날
6	정장석	창문 유리
7	석영	단단한 쇠줄
8	황옥	에메랄드
9	강옥	루비, 사파이어
10	금강석	다이아몬드

지구의 구조

다이아몬드를 만드는 방법

눈부시게 반짝이는 보석, 다이아몬드는 수천 년 동안 귀한 보물로 여겨져 왔어요. 하지만 지질학자들도 아직은 지구에서 다이아몬드가 어떻게 형성되는지 확실히 몰라요. 다음은 과학자들이 자연에서 다이아몬드가 만들어지는 과정으로 추정한 방법이에요.

❶ 지표면 아래로 대략 **161 킬로미터** 깊이에 묻혀 있는 **탄소를 찾는다.**

❷ 맨틀 속에서 약 **1,204 도로 가열한다.**

❸ 수직으로 대략 **1제곱센티미터당 50,973 킬로그램**의 높은 압력으로 짓누른다.

❹ 대략 **10억 년 ~ 30억 년** 동안 기다린다. (지구 나이의 약 75퍼센트에 이르는 긴 세월이에요!)

1905년에는 자연에서 발견된 것 중 가장 큰 다이아몬드 원석이 등장했어요. 무게가 약 **621그램**이나 되었죠.

❺ 원석을 잘라서 **58개의 면**을 가진 전통적인 다이아몬드 보석 모양으로 가공한다.

164

우주와 지구

모든 광물은 특별한 자기만의 결정 형태를 지녀요.

광물 결정은 보통 처음에는 액체예요. 액체가 차갑게 식거나 증발하면, 액체 속 원자가 모여 결정을 이루기 시작하지요. 주변 조건이 적당해야만 커다란 결정이 잘 형성될 수 있어요.

이 자수정 결정은 액체 상태에서 천천히 커졌어요.

소금 결정 만들기

쉽게 구할 수 있는 소금과 황산마그네슘 용액을 활용해서 두 종류의 결정을 만드는 실험을 소개할게요.

준비 재료:

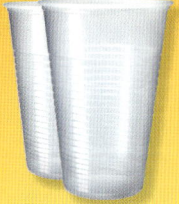   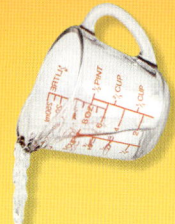  

작고 투명한 플라스틱 컵 (250ml) 2개 | 소금 | 황산마그네슘 (인터넷에서 엡솜 염을 찾아보세요.) | 뜨거운 물 | 유성 매직펜 | 돋보기

1 매직펜으로 컵 하나에는 '소금', 다른 컵에는 '황산마그네슘'이라고 써요. 각각의 컵에 뜨거운 물을 반쯤 채워요.

2 '소금'이라고 적힌 컵에 소금을 5~6찻숟가락 (25~30ml) 넣고 완전히 녹을 때까지 잘 섞어요. 다른 컵에는 황산마그네슘을 같은 양만큼 넣고 잘 저어요.

3 두 개의 컵을 안전한 장소에 놓고 물이 완전히 증발하기를 기다려요. 물이 없어지기까지 일주일 정도가 걸릴 거예요.

4 물이 모두 증발하면 돋보기를 이용해서 컵 바닥에 만들어진 결정을 조심스럽게 관찰해요.

소금 결정은 조그만 정육면체 형태로, 황산마그네슘 결정은 긴 바늘기둥 형태로 만들어질 거예요. 다음에는 소금과 황산마그네슘의 양을 다르게 해서 어떤 모양의 결정이 만들어지는지 실험해 봐요.

소금 | 황산마그네슘

지구의 구조

뜨거운 화산

증기가 부글부글 솟아오르는 화산 속에서는 대체 무슨 일이 벌어지고 있을까요?

화산 내부를 들여다보면, '화도'라 불리는 길쭉한 통로가 보일 거예요. 불의 길을 뜻하는 화도를 통해 지각 아래의 마그마 방에 괴어 있던 마그마가 산꼭대기에 난 구멍, 분화구까지 연결돼요. 화도에서 마그마가 가지를 뻗어 갈라진 틈을 만들기도 해요.
화산 안쪽의 압력이 높아지면 화산 가스는 빠져나갈 구멍을 찾아서 결국 지표면을 향해 올라와요! 이때 용암, 화산 가스, 화산재, 돌멩이가 분화구에서 뿜어져 나와요. 이를 화산이 분화한다고 해요.

- 분화구, 화구
- 화도
- 갈라진 틈
- 마그마 방
- 용암과 화산재가 쌓여 단단히 굳어진 지층

우주와 지구

화산의 여러 종류

분석구
캐나다 이브콘산

분석구는 우묵한 그릇을 뒤집어 놓은 듯한 모양이에요. 뜨거운 용암과 화산재를 격렬하게 뿜어내서 만들어지지요. 몇 년에 걸쳐 연기를 뿜다가 크게 분화하기도 해요.

성층 화산
칠레 리칸카부르산

원뿔 모양의 성층 화산은 이전에 분화했을 때 나온 용암과 화산 쇄설물이 단단히 굳고 시간이 갈수록 겹겹이 쌓여서 만들어져요. 이 화산에서 뿜어낸 자욱하고 뜨거운 화산재는 시간당 수백 킬로미터의 속도로 날아가요.

순상 화산
미국 하와이주 마우나로아산

비탈면이 완만하고 넓은 모습이 전사들이 쓰던 방패를 닮았어요. 보통 느리게 분화해서, 용암이 맹렬히 공중으로 솟구치는 대신 후드득 떨어지거나 줄줄 흘러내리지요.

용암돔
미국 워싱턴주 세인트헬렌스산

끈적한 용암이 쌓여서 종 모양을 이룬 화산이에요. 분화구는 용암이 굳어서 막혀 있는 경우가 많아요. 화산 속 압력이 높아지면 다시 분화할 수 있어요.

불의 고리

화산은 모든 대륙에서 발견되지만, 대부분은 '불의 고리'라고 하는 환태평양 조산대를 따라 자리해요. 말굽 모양으로 생겼으며, 약 4만 킬로미터에 이르는 태평양 연안 지역을 가리켜요.

지구 표면을 이루는 단단하고 커다란 판 여러 개가 이곳에서 만나요. 판들은 서로를 향해 움직이다가 부딪치곤 해요. 그러면 어떻게 될까요? 화산이 분화하고 지진이 발생해요. 실제로 전 세계에서 기록된 지진의 90퍼센트와 활화산의 약 75퍼센트가 이 불의 고리에서 나타나요. 책장을 넘겨 불의 고리에 대한 멋진 사실들을 알아봐요!

지구의 구조

10가지 불의 고리에 관한 깜짝 놀랄 만한 사실들

불의 고리에서 **가장 위험한 화산**은 어디일까요? 멕시코의 포포카테페틀산은 1519년 이후로 **열다섯 번 넘게 분화했어요.**

불의 고리를 따라 발견된 **화산은 450개가 넘는데** 대부분이 **바닷물 속에** 자리하고 있어요.

불의 고리의 일부인 러시아의 **캄차카반도**에는 **150개 넘는 화산**이 있어요. 이 가운데 30개 정도가 활동하고 있어요.

전문가들은 불의 고리가 **1억 년 전**에 생겨나기 시작했다고 여겨요. 그때는 바로 공룡들이 널리 퍼져 살던 **백악기**였어요.

지금까지 전 세계에서 일어난 **가장 강력한 지진**은 1960년 **칠레의 발디비아 지진**이었어요. 불의 고리를 따라 발생한 것이었지요.

우주와 지구

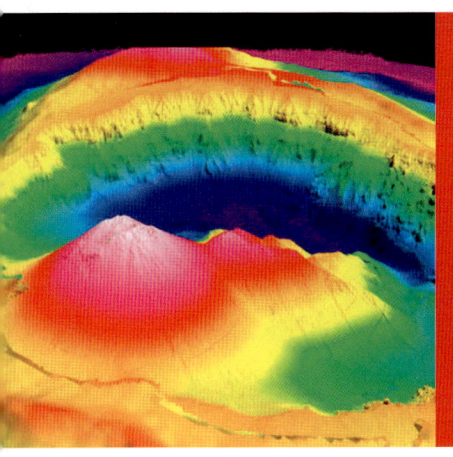

수중 음파 탐지기, 소나가 달린 심해 로봇을 이용해 깊은 바닷속을 촬영했어요. 태평양 아래 약 1,600미터 깊이에 있는 **브라더화산**을 화려한 색깔로 표시한 사진을 얻어냈지요.

불의 고리에는 마리아나 해구*도 있어요. 최대 깊이가 **11킬로미터**나 되고, 전 세계 바다에서 **가장 깊은 곳이에요.**

*해구: 바다 밑바닥에서 좁고 길게 움푹 들어간 곳.

불의 고리는 사실 **완전히 둥근 고리 모양은 아니에요.** 동그라미보다는 **말발굽 모양**에 가깝죠.

용암갈매기는 불의 고리 위쪽에 있는 갈라파고스 제도에 살아요. **깃털이 어두운 색**이라 몸을 숨기면 **어두운 화산암 틈새에서** 눈에 띄지 않죠.

전 세계 활화산의 약 **10퍼센트**가 **일본**에 있어요. 일본은 불의 고리의 서쪽 가장자리에 길게 뻗어 있지요.

우주의 천체들

은하와 우주

멀리 떨어진 은하에 대한 5가지 사실들

우주 비행사들은 1968년에 처음으로 지구 궤도 밖에서 고향 행성을 돌아봤어요. 우주 속의 우리라는 넓은 관점은 우주 비행사의 삶을 바꿔 놓았어요. 어쩌면 인간성에 대한 생각도요. 우리가 우주로 떠난 뒤를 돌아본다면 무엇이 보일까요? 놀랍게도 과학자들은 이 엄청나게 넓은 공간을 발견했어요. 그리고 거품을 보았죠. 물론 말 그대로 비누 거품이 아니라 냄비에 거품이 가득한 듯한 구조예요. 거품의 표면처럼 우주의 빈 공간을 얇은 표면이 둥글게 덮고 있어요. 이 표면을 확대해 살펴보면 은하들의 무리가 보여요. 더 확대해 보면 우리 은하가 나오고, 평범한 별인 태양 주위를 돌고 있는 평범한 행성인 지구가 나오죠. 정말 놀라워요.

디지털 우주여행

슬론 디지털 스카이 서베이(SDSS)에서 수집한 자료 덕분에 우리는 방에 앉아서 우주 여행을 간접 체험할 수 있어요. 동영상 사이트에서 'SDSS(Sloan Digital Space Survey)를 통한 우주 비행 영상'을 찾아 달라고 어른들에게 부탁해 보세요. 그리고 편하게 앉아서 여행을 즐겨요!

2 암흑 물질

우주에는 아직 제대로 설명되지 않은 신비로운 중력의 원천이 있어요. 바로 보이지 않는 암흑 물질이지요. 암흑 물질은 허블 우주 망원경의 관측 자료를 합성한 이 사진에서 희미하고 어두운 고리로 보여요. 마치 은하단과 은하를 끌어당기는 것 같죠. 이 기묘한 물질의 정체는 무엇일까요? 거대한 블랙홀도, 행성도, 별도, 반물질도 아니에요. 간접적으로만 모습을 드러낼 뿐이죠. 그래서 천문학자들이 '암흑 물질'이라는 이름을 붙였어요.

1 은하단과 초은하단

중력은 사물이 서로 끌어당기는 힘으로, 별 속의 기체, 은하 속의 별들도 서로 끌어당겨요. 은하들도 가끔 수천 개가 한데 모여 은하단이나 초은하단을 이뤄요. 엄청나게 온도가 높은 기체도 포함돼요. 우주 공간을 채우는 고온 기체는 최고 온도가 섭씨 1억 도 정도로 아주 뜨거워요. 은하단에는 비밀이 하나 있어요. 은하 간의 중력이 서로를 끌어당길 만큼 세지 않다는 것이죠. 나머지 중력을 일으키는 원천은 암흑 속에 숨어 있어요.

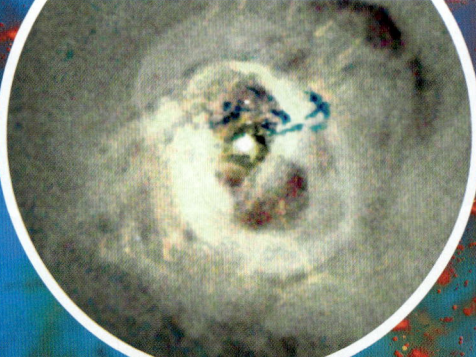

170

우주와 지구

3 시작은…… 빅뱅이었다

아주 오랜 옛날, 우주는 단단하게 뭉쳐 있었어요. 오늘날보다 뜨겁고, 작고, 밀도가 높았으며 거의 균일한 상태였죠. 그러다 굉장히 미세한 불균질한 부분 때문에 강력한 에너지가 방출되었는데, 천문학자들은 이것을 '빅뱅'이라고 불러요. 눈 깜짝할 사이에 우주가 엄청나게 팽창했죠. 최초의 입자가 형성되었고 원자, 은하, 힘, 빛, 모든 것들이 여기서 생겨났어요. 오늘날에는 거대한 실(4번 참고)로 이 최초의 불균질한 부분이 어디에 있었는지 알아낼 수 있어요.

4 실과 종이: 우주의 거품들

우주를 아주 멀리서 바라보면 어떤 모습일까요? 놀라서 입이 벌어질걸요. 은하단과 초은하단(그림에서 붉은색과 노란색 부분)은 실가닥처럼 서로 연결되어 암흑 물질과 함께 큰 구조를 이루어요. 그 길이가 수백만 광년에서 수십억 광년에 이르지요. 벽, 면, 실(필라멘트)과 같은 거대한 구조가 드넓은 텅 빈 공간, 즉 '거품(그림에서 푸른색 부분)'을 감싸고 있어요. 우주는 이처럼 우리가 예상하지 못한 뜻밖의 구조를 갖추고 있어요.

5 충돌이 일어나는 구역

은하들이 모여 은하단이나 초은하단을 이루는 과정은 두 축구팀이 맞붙는 것과 비슷해요. 축구 경기가 시작되면 엄청난 움직임과 에너지가 발생하지요. 은하단과 초은하단이 만들어질 때도 무척 많은 일들이 벌어져요. 색을 입힌 오른쪽 사진에서 초고에너지 엑스선으로 탐지한 분홍색 영역이 그 증거예요.

우주의 천체들

태양계 행성들

수성
- 태양으로부터 떨어진 평균 거리: 57,900,000킬로미터
- 적도에서 잰 지름: 4,878킬로미터
- 하루의 길이: 지구 시간으로 59일
- 1년의 길이: 지구 시간으로 88일
- 알려진 위성의 수: 0개
- 재미있는 사실: 수성에서는 태양이 하루에 두 번 떴다가 져요.

지구
- 태양으로부터 떨어진 평균 거리: 149,600,000킬로미터
- 적도에서 잰 지름: 12,750킬로미터
- 하루의 길이: 24시간
- 1년의 길이: 365일
- 알려진 위성의 수: 1개
- 재미있는 사실: 과학자들에 따르면 최근에 '작은 위성'이 지구 주위를 돌고 있어요. 작은 소행성일 가능성이 높아요.

금성
- 태양으로부터 떨어진 평균 거리: 108,200,000킬로미터
- 적도에서 잰 지름: 12,100킬로미터
- 하루의 길이: 지구 시간으로 243일
- 1년의 길이: 지구 시간으로 224.7일
- 알려진 위성의 수: 0개
- 재미있는 사실: 금성 표면은 기압이 무척 높아서 납이 녹고 잠수함이 쭈그러질 정도예요.

화성
- 태양으로부터 떨어진 평균 거리: 227,936,000킬로미터
- 적도에서 잰 지름: 6,794킬로미터
- 하루의 길이: 지구 시간으로 25시간
- 1년의 길이: 지구 시간으로 1.9년
- 알려진 위성의 수: 2개
- 재미있는 사실: 화성의 먼지구름 가운데 일부는 없어지지 않고 몇 달씩 남아 있어요.

우주와 지구

이 그림은 우리 태양계의 행성 8개와 5개의 왜소행성을 나타내요. 상대적인 크기라든가 위치는 실제와 같지만, 천체들 사이의 상대적인 거리는 실제와 달라요.

토성 / 천왕성 / 해왕성 / 명왕성 / 하우메아 / 마케마케 / 에리스

목성
- 태양으로부터 떨어진 평균 거리: 778,412,000킬로미터
- 적도에서 잰 지름: 142,980킬로미터
- 하루의 길이: 지구 시간으로 9.9시간
- 1년의 길이: 지구 시간으로 11.9년
- 알려진 위성의 수: 79개*
- 재미있는 사실: 2029년에는 우주 탐사선 한 대가 목성의 궤도에 진입할 예정이에요.

천왕성
- 태양으로부터 떨어진 평균 거리: 2,871,000,000킬로미터
- 적도에서 잰 지름: 51,120킬로미터
- 하루의 길이: 지구 시간으로 17.2시간
- 1년의 길이: 지구 시간으로 84년
- 알려진 위성의 수: 27개
- 재미있는 사실: 천왕성에서 부는 바람은 지구의 허리케인보다 7.5배나 강력해요.

토성
- 태양으로부터 떨어진 평균 거리: 1,433,600,000킬로미터
- 적도에서 잰 지름: 120,540킬로미터
- 하루의 길이: 지구 시간으로 10.7시간
- 1년의 길이: 지구 시간으로 29.5년
- 알려진 위성의 수: 82개*
- 재미있는 사실: 토성의 고리를 이루는 돌멩이와 얼음 덩어리 가운데 몇몇은 산처럼 커요.

해왕성
- 태양으로부터 떨어진 평균 거리: 4,498,000,000킬로미터
- 적도에서 잰 지름: 49,528킬로미터
- 하루의 길이: 지구 시간으로 16시간
- 1년의 길이: 지구 시간으로 164.8년
- 알려진 위성의 수: 14개
- 재미있는 사실: 해왕성에는 액체 다이아몬드로 된 바다가 있을지도 몰라요.

*국제 천문 연맹에서 확인해 정식 이름이 붙기 전인 임시 위성을 포함해요.

왜소행성에 대해서는 174쪽을 참고하세요.

우주의 천체들

왜소행성

에리스

명왕성

하우메아

기술이 발달한 덕분에 천문학자들은 망원경으로 예전에는 결코 볼 수 없었던 여러 천체들을 발견했어요. 새롭게 발견된 사실을 알려 줄까요? 명왕성 너머에 태양 주위를 돌고 있는 차가운 얼음 같은 천체들 무리가 있어요. 그 중 가장 큰 천체는 명왕성과 마찬가지로 왜소행성으로 분류되죠. 왜소행성은 달보다는 작지만 스스로의 몸집을 당겨 공 모양을 유지할 수 있을 만큼 무거운 천체예요. 하지만 자기 궤도상에 있는 작은 천체들을 모두 끌어당겨서 없앨 수 있을 만큼 중력이 크지는 않아요. 그래서 보다 크고 무거운 다른 행성들은 자기만의 공전 궤도를 가진 데 비해 왜소행성들은 다른 왜소행성이나 자기보다 작은 바위, 얼음덩어리와 함께 궤도를 같이 돌아요.

지금까지 천문학자들이 발견한 왜소행성 중에 잘 알려진 5개는 케레스, 명왕성, 하우메아, 마케마케, 에리스죠. 이름을 붙이기에 앞서 추가 연구가 더 필요한 왜소행성들도 최근에 많이 발견되었어요. 천문학자들은 우리 태양계의 추운 바깥쪽에서 수백 개의 새로운 천체들을 관찰하고 있어요. 시간이 지나 기술이 더 발전하면, 우리에게 알려진 왜소행성의 무리는 분명 계속해서 늘어날 거예요.

케레스
- 하루의 길이: 지구 시간으로 9.1시간
- 1년의 길이: 지구 시간으로 4.6년
- 알려진 위성의 수: 0개

명왕성
- 하루의 길이: 지구 시간으로 6.4일
- 1년의 길이: 지구 시간으로 248년
- 알려진 위성의 수: 5개

하우메아
- 하루의 길이: 지구 시간으로 3.9시간
- 1년의 길이: 지구 시간으로 282년
- 알려진 위성의 수: 2개

마케마케
- 하루의 길이: 지구 시간으로 22.5시간
- 1년의 길이 지구 시간으로 305년
- 알려진 위성의 수: 1개*

에리스
- 하루의 길이: 지구 시간으로 25.9시간
- 1년의 길이: 지구 시간으로 561년
- 알려진 위성의 수: 1개

*국제 천문 연맹에서 확인해 정식 이름이 붙기 전인 임시 위성을 포함해요.

우주와 지구

화성에 대한 9가지 놀라운 사실들

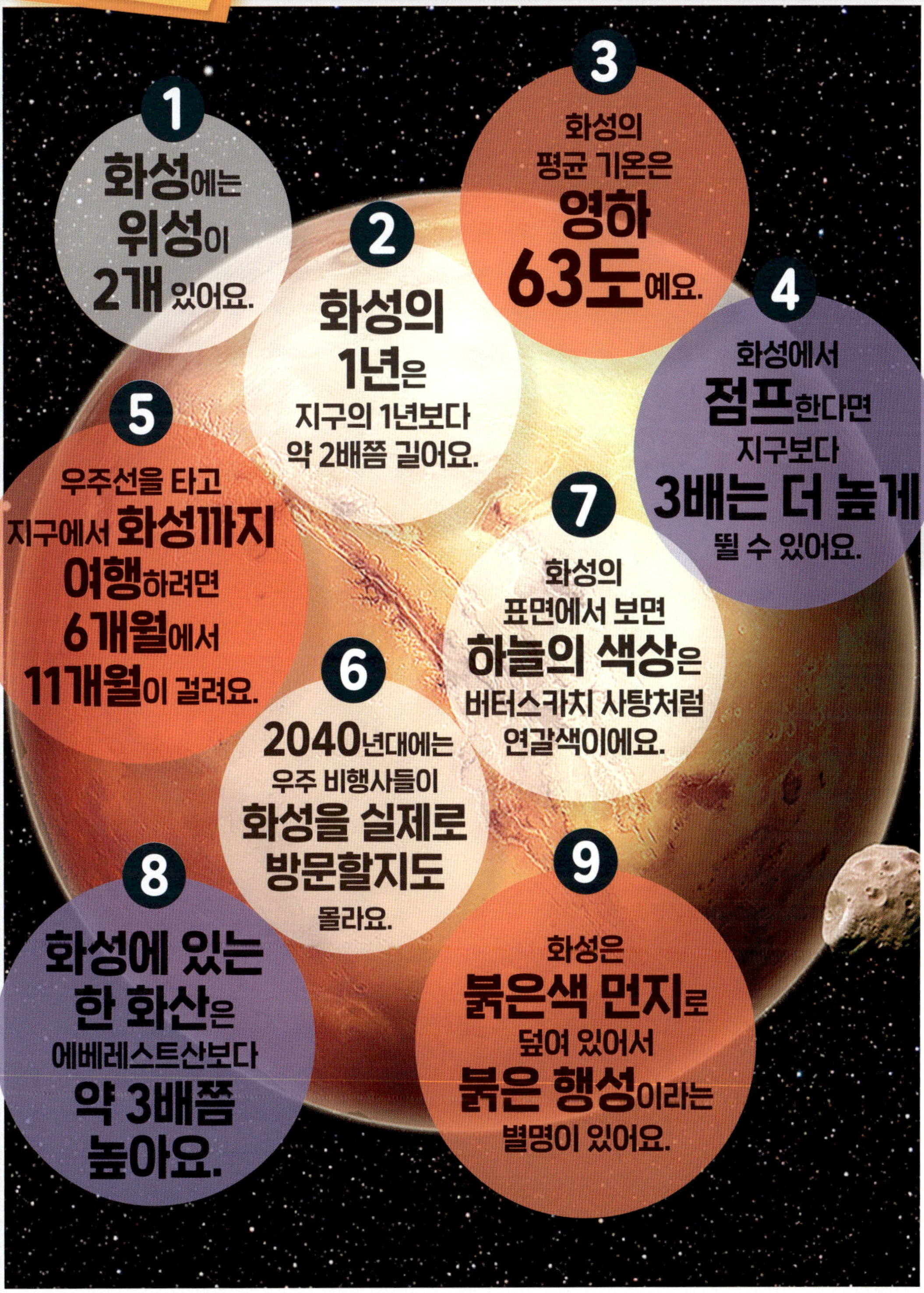

1 화성에는 위성이 2개 있어요.

2 화성의 1년은 지구의 1년보다 약 2배쯤 길어요.

3 화성의 평균 기온은 영하 63도예요.

4 화성에서 점프한다면 지구보다 3배는 더 높게 뛸 수 있어요.

5 우주선을 타고 지구에서 화성까지 여행하려면 6개월에서 11개월이 걸려요.

6 2040년대에는 우주 비행사들이 화성을 실제로 방문할지도 몰라요.

7 화성의 표면에서 보면 하늘의 색상은 버터스카치 사탕처럼 연갈색이에요.

8 화성에 있는 한 화산은 에베레스트산보다 약 3배쯤 높아요.

9 화성은 붉은색 먼지로 덮여 있어서 붉은 행성이라는 별명이 있어요.

우주의 천체들

블랙홀

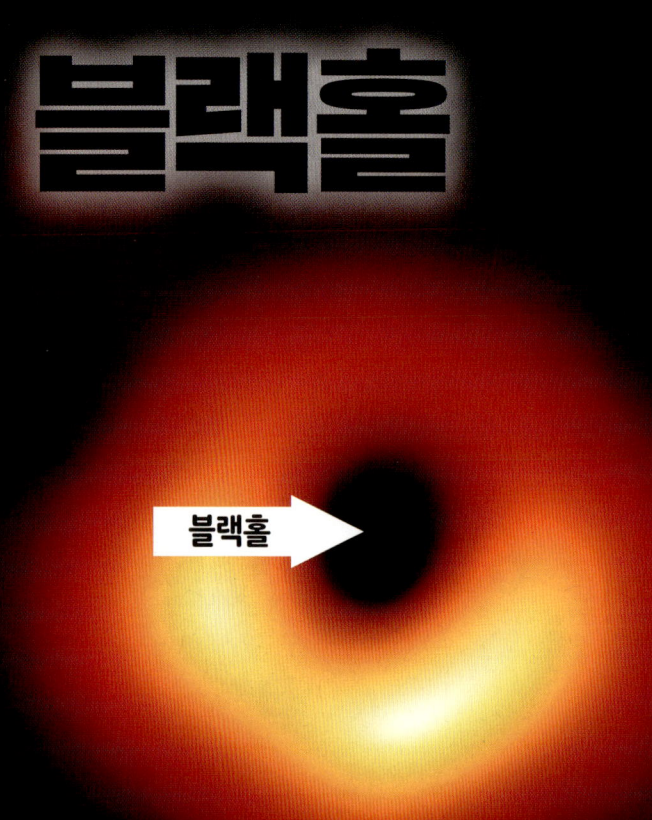

블랙홀

블랙홀은 정말로 우주에 난 구멍 같아 보여요. 대부분의 블랙홀은 거대한 별의 중심이 붕괴해 사라지는 과정에서 만들어져요. 블랙홀은 중력이 강해서 우주의 그 어떤 것도 끌어당기죠. 마치 바닥없는 구덩이처럼 가까이 다가오는 모든 것을 집어삼켜요. 빛마저 끌어당기기 때문에 검은색이지요. 블랙홀은 크기가 다양해요. 가장 작은 블랙홀은 질량이 태양의 약 3배예요. 지금껏 과학자들이 발견한 것 중 가장 큰 블랙홀은 질량이 태양의 약 30억 배나 된대요. 은하 한가운데에 있는 정말로 큰 블랙홀은 오랜 세월 엄청난 양의 기체를 삼키는 과정을 통해 만들어졌을 거예요. 2019년에는 과학자들이 최초로 블랙홀의 그림자 사진(왼쪽)을 찍는 데 성공했어요. 예전이라면 기록하기 어려웠을 이 이미지는 6개 대륙에 걸친 망원경 네트워크를 통해 얻어 냈어요.

별자리 이야기

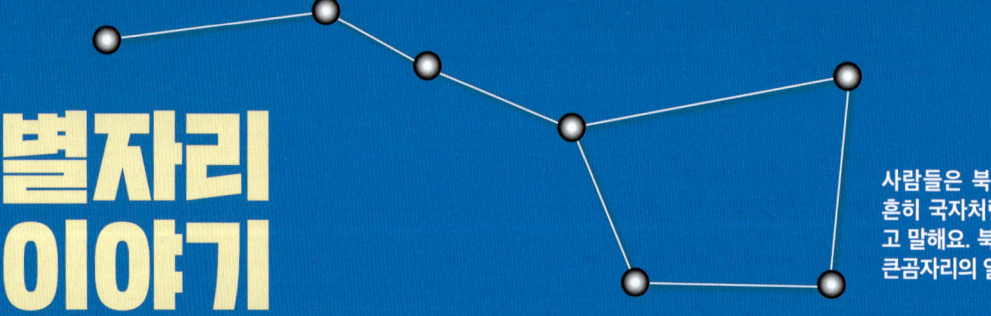

사람들은 북두칠성을 흔히 국자처럼 생겼다고 말해요. 북두칠성은 큰곰자리의 일부예요.

먼 옛날 사람들은 하늘을 바라보면서 별을 이어 모양과 패턴을 만들었어요. 점 잇기 놀이를 하면서 사람들은 밤하늘에 사람이나 동물이 떠 있다고 상상했지요. 전설 속의 영웅이나 괴물도 별들을 이어서 그렸어요.
오늘날 우리는 고대 그리스인과 로마인들이 이름 붙이고 국제천문연맹이 공식적으로 정리한 별들의 패턴을 '별자리'라고 해요. 전부 합쳐 88개가 있어요. 몇몇은 적도 북쪽에서만 보이고, 몇몇은 적도 남쪽에서만 보여요.
탐험의 시대였던 16세기에 유럽 사람들은 바다를 항해하여 남반구의 육지에 도착했어요. 그러면서 남반구에서 볼 수 있는 남십자자리와 같은 별자리에 이름을 붙였지요. 천문학자들은 이 항해자들의 별 관찰 결과를 활용해 성도(천체 지도)의 빈 공간을 채웠어요. 그런데 별자리는 밤하늘에 고정되어 있지 않아요. 우주의 다른 장소에 가서 보면 별자리를 이루는 별들의 배열이 달라져요. 우리가 보는 모든 별들은 우주 공간에서 이동하기 때문에 별자리는 시간이 갈수록 변해요. 앞으로 수천 년이 지나면 큰곰자리의 일부인 북두칠성도 계속 움직여 국자 모양이 사라질 거라 예상돼요.

우주와 지구

천문 관측 달력 2022년

목성

사자자리 유성우

슈퍼문

- **1월 3일~4일**
  용자리(사분의자리) 유성우가 가장 잘 보이는 날
  1시간에 최대 40개의 유성이 보여요. 매년 처음으로 볼 수 있는 유성우예요.

- **5월 6일~7일**
  물병자리 에타 유성우가 가장 잘 보이는 날
  1시간에 약 30~60개의 유성이 보여요.

- **5월 16일**
  개기 월식이 일어나는 날
  달이 지구의 본그림자에 완전히 가려졌다가 나오며, 어둡고 붉은색을 띠어요. 개기 월식은 북아메리카, 그린란드, 서유럽 일부, 서아프리카, 대서양 지역에서 볼 수 있어요.

- **6월 14일**
  슈퍼문이 뜨는 날
  달이 지구에 가까이 오면서 평소보다 크고 밝게 보여요. 7월 13일과 8월 11일에도 슈퍼문을 볼 수 있어요.

- **8월 12일~13일**
  페르세우스자리 유성우가 가장 잘 보이는 날
  유성이 1시간에 90개나 관찰되기 때문에 볼만한 유성우로 꼽혀요! 페르세우스자리 쪽에서 가장 잘 관찰돼요.

- **8월 14일**
  토성이 충*의 위치에 오는 날
  2022년에 고리 달린 행성인 토성을 관찰하기에 최고의 기회예요.

- **8월 27일**
  수성의 동방 최대 이각**
  해가 지고 난 직후에 서쪽 하늘에 낮게 뜬 수성이 보여요. 수성이 지평선 위로 가장 높이 떠 있는 때예요.

- **9월 26일**
  목성이 충*의 위치에 오는 날
  2022년에 목성을 관찰하기 가장 좋은 기회예요. 기체로 이루어진 거대한 행성이 하룻밤 내내 하늘에 밝게 뜬 채 잘 보일 거예요. 쌍안경이 있나요? 그러면 목성의 가장 큰 위성 4개도 같이 관찰할 수 있어요.

- **10월 21일~22일**
  오리온자리 유성우가 가장 잘 보이는 날
  1시간에 최대 20개의 유성이 보여요. 유성우를 가장 잘 관찰하려면 오리온자리 쪽을 잘 살피세요.

- **11월 8일**
  개기 월식이 일어나는 날
  2022년의 두 번째 개기 월식은 한국을 비롯해 오스트레일리아, 일본, 러시아 동부, 태평양, 북아메리카 서부와 중부의 일부 지역에서 보일 거예요.

- **12월 13일~14일**
  쌍둥이자리 유성우가 가장 잘 보이는 날
  1시간에 최대 120개나 되는 다양한 색의 유성이 나타나는 장관이 펼쳐져요!

- **2022년의 여러 날**
  국제 우주 정거장(ISS)이 잘 보이는 날
  우리 지역 위로 국제 우주 정거장이 언제 지나가는지를 알고 싶다면 NASA의 홈페이지를 참고하세요.
  https://spotthestation.nasa.gov

여러분이 사는 지역에 따라 이 날짜는 조금씩 다를 수 있어요. 가까운 천문대를 방문해서 천체를 더 자세히 관찰해 봐요.

*지구보다 바깥쪽에 위치한 외행성이 지구를 중심으로 태양과 정반대 위치에 오는 상태예요.
**지구에서 볼 때 지구보다 안쪽 궤도에 있는 내행성이 태양의 동쪽으로 가장 멀리 떨어져 있는 상태예요.

더 알아보기

잠깐 퀴즈!

우주와 지구에 대해서라면 자신 있다고요? 다음 문제를 풀어 보세요!

답을 종이에 적은 뒤, 아래 정답과 맞추어 봐요.

1 참일까, 거짓일까? 소금은 결정의 한 종류예요. (   )

2 화성에는 위성이 몇 개 있을까?
a. 2개   c. 6개
b. 4개   d. 12개

3 빈칸을 채워 보자.
'불의 고리'를 따라 발생하는 활동 때문에 지구상에서 가장 큰 규모의 _____이(가) 일어났어요.

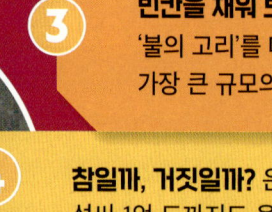

4 참일까, 거짓일까? 은하단 속의 기체는 온도가 섭씨 1억 도까지도 올라가요. (   )

5 심해 로봇이 수중 음파 탐지기를 이용해 화려한 색상으로 바닷속에서 찍은 이것은 무엇일까?
a. 해구
b. 해저 산맥
c. 화산
d. 산호초

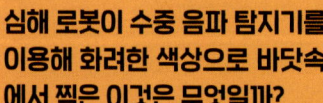

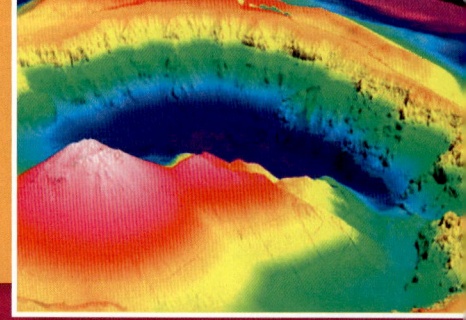

너무 쉽다고요?
다음 장에서 나오는 **퀴즈**에도 도전해 봐요!

답: ① 참, ② a, ③ 지진, ④ 참, ⑤ c

우주와 지구

이렇게 해 봐요!

과학전람회 준비하기

책을 통해서도 과학을 많이 배울 수 있어요. 하지만 과학을 직접 경험하기 위해서는 실험실에 가서 실제로 해 봐야 하죠. 청소년을 위한 과학전람회나 과학 탐구 대회에 나가든 궁금한 것을 혼자 해결하든, 도전할 수 있는 과학 프로젝트는 많아요. 그러니 고글과 실험용 가운을 챙기고 실험을 시작해 봐요.

과학 탐구 주제는 여러분에게 달려 있는 경우가 많을 거예요. 그러니 자신이 흥미를 느끼는 주제를 고르도록 해요.

과학에서 조사와 발견의 기초는 바로 과학적 방법이에요. 다음 여러 단계를 거쳐 실험을 해 봐요.

관찰과 조사: 질문하고 문제를 발견해요.

가설: 여러분이 알아보고 싶은 질문을 떠올렸다면, 그 질문에 대해 가능한 답도 생각해요.

실험: 여러분의 가설이 맞는지 틀리는지 어떻게 알까요? 시험해 보면 되죠. 실제로 실험을 하는 거예요. 여러분이 질문에 답할 수 있는 실험을 설계해야 해요.

분석: 실험 결과를 모으고 일관된 과정을 거쳐 조심스레 측정해요.

결론: 여러분이 얻은 결과가 가설을 뒷받침하나요?

발견한 결과 보고: 실험하고 발견한 결과를 논문으로 작성해 사람들에게 알려요. 논문은 여러분의 실험 전체를 요약해야 하죠.

보너스!

여러분의 프로젝트를 한 단계 더 밀고 나가 봐요. 학교에서 해마다 과학전람회나 과학 탐구 대회가 열릴 수도 있지만, 지역 대회와 전국 대회도 열려요. 상을 놓고 다른 학생들과 겨루어 봐요.

실험 설계하기
실험 유형의 세 가지 예를 들어 볼게요.

모형 만들기: '분출하는 화산' 모형을 만들어요. 간단하고 분명하게 해요.

시연하기: 터널형 인공 장치인 풍동에 토네이도를 일으키는 것처럼 과학 원리를 직접 보여 줘요.

조사하기: 과학 프로젝트의 결정판으로 과학전람회를 위해 잘 쓰이는 활동이에요. 가설을 세우고 적절한 과학 실험을 하고 과학적 방법을 활용해 질문에 대한 답을 찾아요.

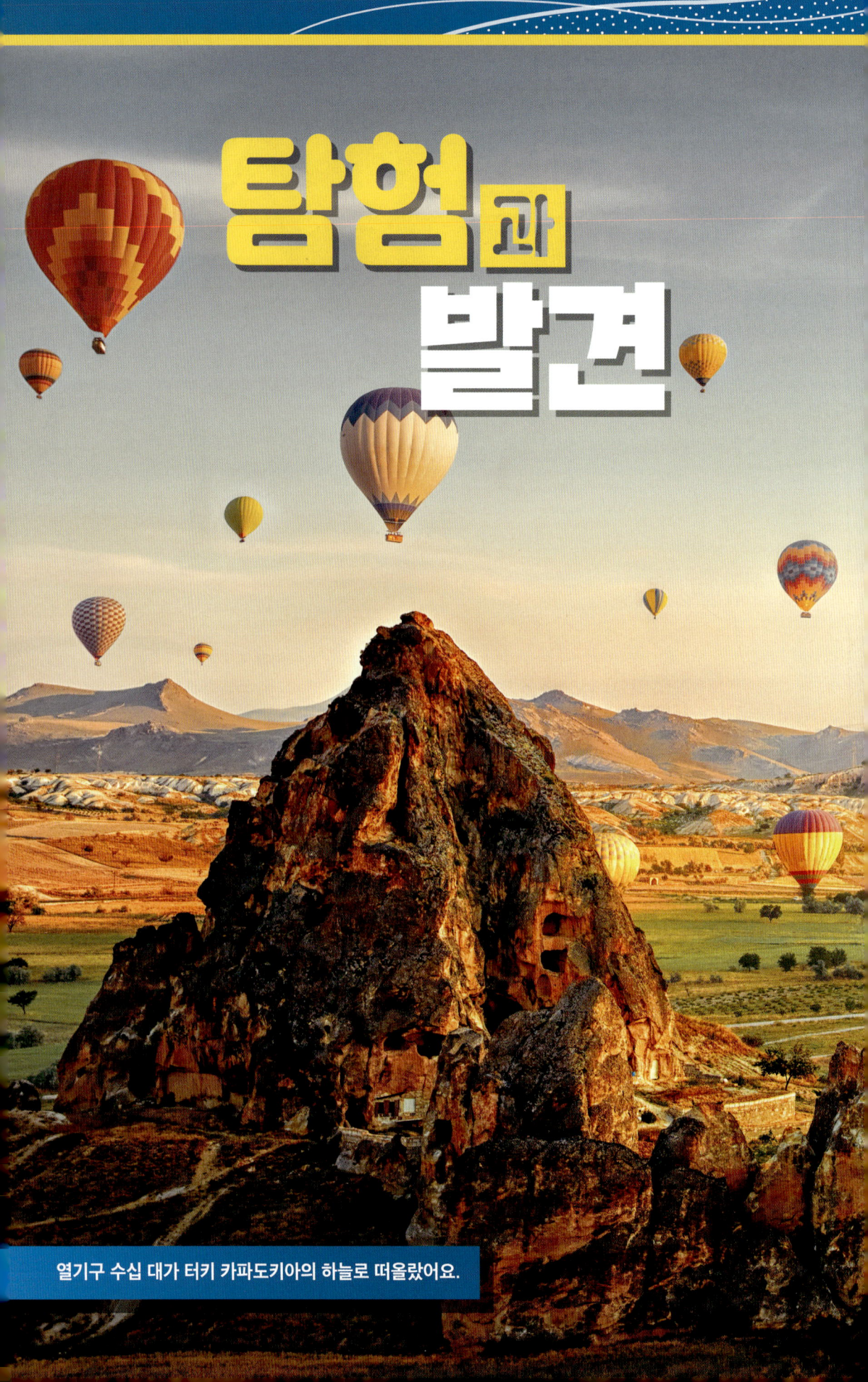

갈라파고스 제도 모험

10가지 갈라파고스 제도에 대한 멋진 사실들

해양 과학자이자 내셔널지오그래픽 탐험가인 살로메 버글러스는 에콰도르에 있는 갈라파고스 제도의 독특한 생태에 대해 연구하느라 셀 수도 없이 많은 시간을 보냈어요. 이제부터 버글러스가 알아낸 흥미로운 사실들을 들려줄 거예요.

"**푸른발부비새**는 이 섬 **어디에나 있어요**. 이 새가 먹이를 찾아 공중에서 물속으로 뛰어들 때 속도는 **시속 97킬로미터**나 된답니다."

"이 섬에서는 **야생 동물을 굉장히 아껴요**. 우리는 동물로부터 거리를 두고, **쓰다듬거나 함부로 먹이를 주지 않아야 해요**. 자연은 존중하고 감탄하며 멀리서 바라보는 거예요."

"여기서는 **갈라파고스땅거북**이 길을 건너거나 **바다이구아나**가 슈퍼마켓에 몰래 들어오는 모습을 꽤 흔히 볼 수 있어요."

"일이 끝나고 여가 시간에는 서핑을 하러 가요. 서핑할 때는 거북을 꼭 피해야 해요. 거북의 딱딱한 등껍질에 맞아 보드가 부서질 수도 있거든요."

"**갈라파고스펭귄**은 정말 귀여워요. 펭귄은 평생 **한 마리와 짝**을 이루는데, 내가 점찍은 한 쌍을 지켜보는 건 즐거운 일이에요."

탐험과 발견

"바다를 연구하기 위해 우리는 카메라가 달린 로봇을 이용해요. **무선 조종 장비 (ROV)**라 불리는 이 로봇은 **수심 180미터까지 탐험할 수 있어요.**"

"갈라파고스 제도에서 생활하는 건 독특한 경험이에요. 지역 주민 가운데 **자동차가 있는 사람은 거의 없어요.** 다들 자전거를 타고 다니죠."

"열대 나무인 맹그로브 근처의 얕은 물에서 **백기흉상어**가 햇볕을 쪼이는 모습을 심심찮게 볼 수 있어요."

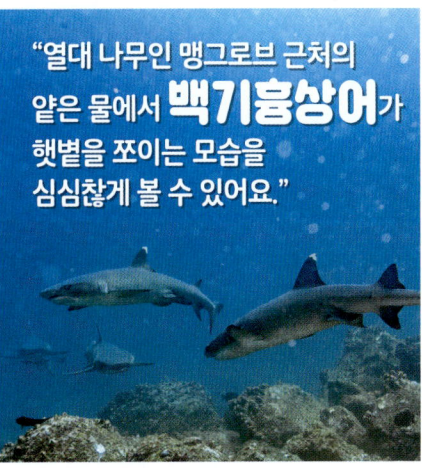

"최근의 탐사 여행에서 우리는 그동안 **알려지지 않은 해조류 한 종**을 발견했어요. 열대 지방에서 이런 종류의 해조류를 발견하는 건 **무더운 마이애미에서 북극곰을 발견하는 것과 비슷해요!**"

"다윈섬과 울프섬은 **전 세계에서 상어가 가장 많이 사는 곳**으로 꼽혀요. 나는 수백 마리나 되는 귀상어 떼 사이에서 헤엄쳐 본 적이 있어요."

탐험가의 지구 소식

용감한 탐험가들

내셔널지오그래픽의 탐험가들이 동물의 언어에 귀를 기울이는 일부터 벌에 담긴 이야기를 듣는 일까지, 세상과 소통하는 일에 숨겨진 비밀을 알려 줘요.

"겁내지 말고 물건을 뜯고 분해해 봐요. 갖고 놀면서 작동 방식을 알아내고 직접 실험해요."

공학자 화이트가 불법 벌목꾼을 잡는 데 보탬이 될 장치를 나무에 설치하려고 해요.

공학자

토퍼 화이트는 휴대폰을 재활용해 전 세계 외딴 우림의 나무에 부착해서 불법 벌목꾼들을 잡아내는 일을 하고 있어요. 이 작업을 하다가 벌 떼에 휩싸인 적도 있다고 해요.

"숲은 불법 벌목꾼들의 집도 될 수 있지만 가끔 나무 꼭대기에서는 땅보다 더 무서운 일이 벌어져요. 한번은 휴대폰을 설치하는데 벌들이 계속 내 위에 앉으려 했어요. 결국 온몸에 벌이 잔뜩 붙었어요! 하지만 나는 일을 끝내야 했어요. 벌에게 엄청나게 쏘이는 한이 있더라도요.
내가 설치한 휴대폰에는 전화기를 청취 장비로 바꾸는 앱이 깔려 있어요. 우림의 온갖 소리가 감지돼요. 이 소리에 귀를 기울이면 전기톱과 벌목 트럭 소리도 들을 수 있죠. 그렇게 불법 벌목이 일어나는 장소를 알아낼 수 있다면, 우리는 곧장 당국이나 이 지역 부족에게 알려요. 그러면 불법 벌목꾼들을 현장에서 잡을 수 있죠. 어떻게 보면 나무가 도움이 필요할 때 우리에게 말을 거는 셈이에요."

공학자가 되고 싶다면?

공부할 거리	수학, 물리학
볼거리	BBC「야생의 신비」같은 다큐멘터리
읽을거리	리처드 프레스턴, 『야생의 나무들 The Wild Trees』

화이트가 인도네시아의 숲에서 도청 장비를 설치하고 있어요.

탐험과 발견

왼쪽부터: 천문학자 헤일리 피카, 무나자 알람, 사라 캄나시오가 칠레의 직경 6.4미터짜리 망원경 앞에 서 있어요.

천문학자

무나자 알람은 밤하늘에서 언젠가 사람이 가서 살 만한 행성을 찾고 있어요. 이제 '쌍둥이 지구'라 부르는 행성을 찾아다니는 일에 대해 설명해 줄 거예요.

"나는 수많은 밤을 산꼭대기에 있는 천문대에서 보내요. 스쿨버스만 한 고해상도 망원경을 사용하기도 하죠. 나는 우리 태양계 밖의 멀리 떨어진 행성들을 관찰해요. 외계 행성들을 분석하면서 그중에서 지구와 대기가 비슷해 언젠가 인류가 가서 살 수도 있는 곳이 있을지 살피죠. 지구와 꼭 닮은 쌍둥이를 찾는다고 할 수도 있어요. '쌍둥이 지구'는 단단한 바위로 이뤄졌을 테고 액체 상태의 물이 자연 상태로 있을 만한 기온일 거예요. 아직 찾지 못했지만 내 생각엔 조금만 더 있으면 발견할 것 같아요. 항성과 그 주위를 도는 행성들을 많이 연구할수록 그곳이 어떤 특성을 가졌는지 더 많이 이해하게 되죠. 천문학자로서 내가 하는 일은 우리 은하와 그 너머에 있는 새로운 것들을 밝혀내기 위해 밤하늘을 계속 들여다보고 조사하는 거예요."

"호기심이 든다면 절대 그 불꽃이 사그라지게 놔두지 마세요. 열정을 지켜요. 여러분에게 영원히 영감을 줄 거예요."

천문학자가 되고 싶다면?

공부할 거리	물리학, 천문학
볼거리	영화 「자투라: 스페이스 어드벤처」
읽을거리	조애너 콜, 『신기한 스쿨버스 4. 태양계에서 길을 잃다』

수의사

얀 폴은 50년간 수의사로 일하면서 거의 50만 마리의 동물 환자를 치료했어요. 놀라운 사연이 많아서 하나만 고르기가 힘들기는 하지만, 폴은 정말 귀여웠던 두 동물이 기억난대요. 다친 사냥개 한 쌍과 병든 고양이 한 마리였죠.

"개들은 움직이는 건 뭐든 뒤쫓죠. 산미치광이도 예외가 아니에요. 한번은 너구리 사냥개 쿤하운드 한 쌍이 주둥이에 산미치광이 가시를 잔뜩 꽂은 채 병원에 왔어요. 어휴! 날카로운 가시를 제거하지 않으면 감염을 일으켜 개가 병들 수 있어요. 우리는 개들에게 진정제를 주사하고 가시를 하나하나 뽑았어요. 개들은 무사히 가족에게 돌아갔죠. 하지만 개는 경험에서 뭔가를 배우기 어렵죠. 다음에 다시 산미치광이를 만나도 똑같이 행동할걸요! 또 한번은 한 가족이 눈이 무언가에 심하게 감염된 길고양이를 데려왔어요. 이 가족은 고양이를 포기하지 않았고 나도 그랬죠. 수술에 들어가기 전까지는 어디가 잘못됐는지 결코 알 수 없었어요. 수술실에서 도저히 믿기 힘든 장면이 펼쳐졌어요. 커다란 곤충 애벌레가 고양이의 눈에서 자라고 있었던 거예요. 우리는 고양이의 눈을 끄집어낼 수밖에 없었어요. 하지만 고양이는 눈이 없어도 정말 잘 지냈죠. 더 잘된 일은 자기를 돌봐 줄 가족을 찾았다는 거예요."

"나는 모든 반려동물이 좋은 삶을 누릴 권리가 있다고 믿어요."

수의사가 되고 싶다면?

공부할 거리	수학, 생물학
볼거리	영화 「베토벤」, 영화 「베일리 어게인」
읽을거리	제임스 헤리엇, 『이 세상의 모든 크고 작은 생물들』

폴 박사는 어떤 동물이든 치료해요. 말, 개, 심지어는 고슴도치까지도요!

탐험가의 지구 소식

순간 포착
지구의 동물들

내셔널지오그래픽 사진가가 동물을 지키기 위한 여정의 뒷이야기를 들려줘요.

사진가 조엘 사토리는 돼지처럼 비명을 크게 지르고, 잉꼬로부터 카메라를 지키고, 지독한 냄새를 맡으며 고생해요. 멋진 사진을 찍어서 동물들을 보호하는 데 도움이 되기 위해서죠. "나는 사람들이 이 동물들의 모습을 보고 보호하겠다는 생각이 들었으면 좋겠어요." 사토리는 포획된 채 살아가는 1만 5,000종 이상의 동물들을 사진으로 남기는 내셔널지오그래픽 '포토 아크: 동물들을 위한 방주' 프로젝트를 맡았어요. 촬영을 할 때마다 사토리는 동물원 사육사, 수족관 관리자, 야생 동물 관리인들과 협력해서 동물들을 안전하고 편안한 상태에서 찍으려고 애썼어요. 하지만 예기치 못한 일이 생기곤 하지요. 사토리의 기억에 남는 순간들에 대해 들어 봐요.

쿨쿨 잠드는 순간

대왕판다(중국 토착종)
애틀랜타 동물원(미국 조지아주 애틀랜타)

" 이 대왕판다들은 태어난 지 겨우 몇 달이 되었어요. 축구공만 한 쌍둥이를 하얀 촬영용 텐트에 넣어 두 마리가 뒹굴뒹굴할 때 사진 몇 장을 찍었죠. 하지만 새끼들이 슬슬 피곤한 기색이어서 깨어 있는 모습을 찍으려면 서둘러야 했어요. 한 마리가 다른 한 마리의 등에 머리를 기댄 이 사진은 새끼들이 잠들기 직전에 겨우 찍은 멋진 한 컷이에요. "

어떤 북극여우 굴은 만들어진 지 300년도 넘었어요.

하! 피식하는 순간

북극여우(유라시아, 북아메리카, 그린란드, 아이슬란드의 북극 지역 토착종)
그레이트벤드 브릿 스파우 동물원(미국 캔자스주 그레이트벤드)

" 북극여우 토드는 무엇이건 냄새를 맡아요. 너무 잽싸게 움직이는 바람에 좋은 사진을 찍기가 어려웠죠. 그래서 난 토드의 주의를 끌려는 생각에 돼지처럼 꽥꽥 소리를 냈답니다! 이상한 소리가 들리자 토드는 멈춰 앉아서 대체 무슨 일이냐고 묻듯이 고개를 갸우뚱 기울였어요. 그때 얼른 사진을 찍는 데 성공해서 정말 다행이었죠. 돼지 소리가 또다시 효과가 있지는 않을 테니까요. 다음번에는 내가 소리를 내도 토드는 완전히 무시할 게 분명했어요. "

자연의 동물들을 더 만나자!

'포토 아크' 프로젝트는 온갖 종류의 동물을 소개해요. 조엘 사토리가 찍은 동물들 중 가장 기묘한 네 마리를 만나 보세요.

버젯프로그

주황점박이쥐치

지중해별노린재

알비노* 캐나다산미치광이

*알비노: 색소가 만들어지지 않아 피부와 털 등이 흰 동물.

탐험과 발견

사토리는 동물에 시선이 집중될 수 있도록 사진 배경은 검은색이나 흰색으로 해요. 그러면 작은 생쥐도 코끼리처럼 중요해 보이지요.

갓 태어난 대왕판다는 몸무게가 작은 우유갑과 비슷해요.

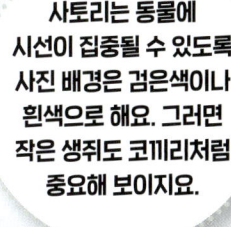

회색머리날여우박쥐 군락* 한 곳에는 최대 약 100만 마리가 모여 살 수도 있어요.

야호 신나는 순간

회색머리날여우박쥐 (오스트레일리아 남동부 토착종)

오스트레일리아 박쥐 진료소 (어드번스타운)

"박쥐 진료소에 도착해서 깜짝 놀랐어요. 온갖 종류의 박쥐들이 마치 건조대에 넌 빨래처럼 구조 센터 곳곳에 매달려 있었거든요. 내가 방을 따라 걷는 동안 박쥐들은 졸린 듯이 나를 바라봤죠. 나는 관리인에게 친근해 보이는 한 회색머리날여우박쥐를 사진에 담아도 되는지 물었어요. 그러자 관리인은 박쥐를 움켜잡고 내 앞에 놓인 철사 선반 걸이로 옮겨 주었어요. 박쥐는 아주 얌전해서 카메라 앞이라는 걸 신경도 쓰지 않는 듯했어요. 가장 좋았던 점이 뭐냐고요? 이 진료소는 날개가 찢어진 박쥐들에게 재활 치료를 해 줘요. 사진 속 박쥐도 치료를 받고 야생으로 돌아갔어요."

*군락: 같은 지역에 모여 사는 집단.

냠냠 먹는 순간

그물무늬기린 (아프리카 토착종)

글래디스 포터 동물원 (미국 텍사스주 브라운스빌)

기린은 가끔 혀를 이용해서 귀 청소를 하지요.

"기린은 사람이 시킨다고 해도 자기가 하기 싫은 행동은 결코 하지 않아요. 그래서 나는 사진을 잘 찍기 위해 기린이 좋아하는 활동을 촬영에 덧붙였죠. 바로 점심 식사였어요. 우리는 기린의 식사가 준비된 곳 뒤쪽 울타리 가로대에 큼직한 검은색 배경용 막을 매달았어요. 기린은 나를 전혀 신경 쓰지 않고 천천히 먹이 앞으로 다가왔어요. 약 10분간 이 동물이 대나무 잎을 우적우적 씹는 동안 나는 바라던 사진을 다 찍었어요. 기린은 점심 식사가 끝나자마자 떠나 버렸고 우리의 촬영도 막을 내렸죠."

야생의 자연 탐험

블루홀의
용감무쌍한 과학자들이 바다로

바하마의 여러 섬들을 둘러싼 반짝이는 대서양 속에는 지금껏 인류가 거의 본 적 없는 기묘한 세상이 있어요. 바로 블루홀이라 불리는, 바닷속의 아주 깊은 동굴이죠. 블루홀에는 이상하게 생긴 생물들과 6층 높이로 겹겹이 쌓인 바위, 심지어는 고대 인류의 흔적까지 남아 있어요. 스쿠버다이빙으로 블루홀을 탐사하는 과학자들은 소용돌이를 피해서 좁은 터널을 비집고 들어가야 해요. 이 위험한 탐험의 결과로 놀라운 비밀이 드러났어요.

독니를 가진 갑각류

동굴을 흐르는 형광 분홍색 물!

동굴 속 이상한 물

블루홀 아래로 9미터쯤 잠수해 들어가면 물이 분홍색으로 바뀌어요. 예뻐 보일지 모르지만 독성이 있답니다. 이곳은 물의 흐름이 약하기 때문에 빗물과 소금물이 독성 기체를 한 층에 가둬 놓아서 분홍색을 띤 세균이 많이 자라요. 이곳으로 들어가는 사람들은 오래 머물지 말아야 해요. 건강에 문제가 생기니까요.
다른 블루홀은 바닷물이 소용돌이를 치며 밀려들어 마치 거대한 욕조 배수구 같아요. 그래서 탐사하는 과학자들은 무척 조심해야 해요. 자칫 빨려들 위험이 있지요.

동굴 생물의 특징

훨씬 아래로 내려가면 동굴은 어둡고 구불구불해져요. 이곳에서 인류학자이자 내셔널지오그래픽 탐험가인 케니 브로드는 동료들과 함께 기묘한 생물 여러 종을 발견했어요. 그중에 독니가 있고 몸이 투명한 작은 갑각류(위 사진)도 있었죠.
블루홀에는 동물들의 화석도 있었어요. 심지어 새의 화석도 나왔죠. 마지막 빙하기 동안 이 지역은 건조해서 새들이 살기에 적당한 장소였어요. 어느 동굴에서는 1만 2,000년 전의 올빼미 둥지가 도마뱀 뼈에 둘러싸인 채 발견되었어요. 올빼미들이 잡아먹고 남은 흔적이에요.

탐험과 발견

신비한 비밀

들어가 바닷속 동굴에 대해 알아낸 것

블루홀은 어떻게 생겨났을까

지난 빙하기(1만 8,000년 전)에는 해수면이 낮아지면서 새로운 육지가 드러났어요. 비가 육지에 퍼부으면서 구멍이 생겼고 깊은 동굴이 되었어요. 동굴은 해수면이 다시 올라가면서 물이 가득 들어찼죠. 전 세계에서 가장 깊은 블루홀은 깊이가 200미터나 돼요.

등골이 서늘해지는 발견

블루홀에서 발견된 것 중 가장 놀라운 게 뭘까요? 바로 인간의 뼈예요. 과학자들은 이 뼈가 약 1400만 년 전 바하마에 처음으로 살았던 루카얀족의 것이라는 사실을 알아냈어요. 하지만 이 뼈가 왜 바닷속 동굴에서 발견되었는지는 아무도 몰라요. 연구 팀의 추측에 따르면 루카얀족은 이곳을 죽은 이의 무덤으로 썼을 거라고 해요. 조사가 더 이루어지면 뼈를 둘러싼 수수께끼도 풀릴 거예요. 그렇지만 과학자들은 블루홀에 아직 풀리지 않은 다른 비밀이 더 있다고 생각해요. 브로드는 이렇게 말해요. "이제껏 누구도 탐험하지 않은 블루홀이 수백 개는 남아 있습니다. 완전히 신세계라고 할 수 있죠."

벨리즈의 블루홀

지구에서 살아남기

정글 서바이벌

오랑우탄 구조 작전

내셔널지오그래픽 탐험가인 아구스틴 푸엔테스는 우림에서 길을 잃었다가, 생각지도 못한 도움을 받았어요. 다음 글을 읽어 보면 푸엔테스가 어떻게 집으로 돌아올 수 있었는지 알게 될 거예요.

아구스틴 푸엔테스는 희귀한 마룬잎원숭이를 발견하기를 바랐어요. 동남아시아의 보르네오섬에 가서 오랑우탄 연구소인 캠프 리키에서 한동안 시간을 보냈죠. 하루는 마룬잎원숭이를 찾아 빽빽한 우림 속을 탐사하기로 했어요. 푸엔테스는 나침반과 머리에 다는 헤드램프, 작은 배낭을 챙겨 떠났어요.

표시된 길을 따라 네 시간을 걸은 푸엔테스는 마룬잎원숭이를 언뜻 본 것 같았어요. 하지만 원숭이는 이미 숲속으로 모습을 감췄어요. 푸엔테스는 결심해야 했어요. 표시된 길에 머물며 원숭이가 다시 나타나기를 기다릴까, 아니면 지금 쫓아갈까?

그의 선택은 이랬어요. "나는 위험을 무릅쓰고 쫓아가기로 했어요." 잘못된 선택이었죠. 45분 뒤에는 숲 한복판에 들어섰는데 마룬잎원숭이는 전혀 보이지 않았어요. 푸엔테스는 나침반을 써서 어느 방향으로 가는지 추측하면서 계속 걸었죠.

"30분을 더 헤매자 조금 긴장되었어요. 주위가 빠르게 어둑해졌죠." 푸엔테스는 지금껏 아무도 온 적 없는 장소에 발을 들였다는 사실로 만족하려 했어요. 주변 숲을 둘러보자 감탄할 것이 아주 많았어요. "어느 순간 한 틈새로 금속 광택의 푸른 물웅덩이 같은 게 일렁거렸어요. 가까이 다가가자 푸른 빛이 조금씩 떨렸죠. 갑자기 눈앞에 수백 마리의 파란색 나비들이 날아올랐어요. 몇 발짝 앞에서 나비들이 야생 멧돼지의 똥을 맛나게 먹고 있었던 거예요."

푸엔테스는 다시 나침반을 꺼내 남쪽을 향했어요. 그러면 강을 마주하거나 다시 길을 만나게 될 거라 생각했죠. 이번에는 효과가 있었어요. 약 20분 뒤에 표시가 없는 길을 찾았어요. 잠시 후에는 근처에서 부스럭대는 소리가 났어요. 푸엔테스는 소리가 나는 쪽에 헤드램프를 비췄어요. 오랑우탄이었어요! 그런데 흔히 볼 수 있는 오랑우탄이 아니었죠. 푸엔테스는 이 동물이 캠프 리키에서 재활 치료를 받는 유인원이라는 사실을 금세 깨달았어요.

"우리는 서로를 쳐다보았고, 오랑우탄이 나에게 손을 내밀었어요. 그런 다음 오랑우탄은 내 손을 잡고 캠프로 이끌었어요. 나처럼 밖에 나갔다가 저녁이 되어 캠프에 돌아오는 중이었던 거죠."

극한 직업! 화산학자

새로운 연구 장비를 시험 중인 존 스티븐슨

존 스티븐슨이 하는 일은 결코 평범하지 않아요. 화산학자인 스티븐슨은 화산 분화를 평가하고, 용암의 흐름을 뒤쫓고, 화산에 대해 더 배우기 위해 외딴 지역까지 찾아가요. 다음 글을 읽어 보면 화산학자의 일이 얼마나 위험한지, 하지만 얼마나 보람이 많은지 알 수 있어요.

과학이 좋아서 "어릴 때 나는 과학과 자연을 정말 좋아했어요. 대학교에서는 화학 공학을 전공했지만 지질학도 공부했죠. 과학 분야의 배경 지식을 두루 갖추니 화산 관찰부터 분화 과정을 더 큰 관점에서 이해하는 데 도움이 되었답니다."

깊이 땅 파기 "나는 아이슬란드에서 4,200년 전에 폭발했던 부석과 재 표본을 모으는 작업을 열흘 동안 한 적이 있어요. 우리는 우리가 찾는 재 층이 나올 때까지 흙을 파고 또 팠어요. 그다음에는 2시간 동안 사진을 찍고 표본을 채집했어요. 밤에는 개울가의 경치 좋은 곳을 찾아 저녁을 먹고 캠핑을 했죠."

위험한 공기 "흘러가는 용암 가까이 있으면 위험해요. 주변 공기가 뜨거운 데다 독성이 있는 이산화황 기체가 잔뜩 떠다닐 수 있거든요. 아이슬란드의 활화산 바우르다르붕카산에서 일할 때, 주변을 떠다니는 먼지 농도를 재기 위해 방독면을 쓰고서 전자 가스 계량기를 사용했어요."

비처럼 내리는 재 "멕시코의 콜리마 화산에서 작업할 때 우리는 분화구에서 몇 킬로미터 떨어진 곳에 텐트를 치고 지냈어요. 어느 밤 쉭쉭대는 소리에 나는 잠에서 깼어요. 그 소리는 텐트에 비가 거세게 내리는 듯한 후드득 소리로 빠르게 바뀌었죠. 손을 뻗어 비를 받자 거친 회색 모래가 묻었어요. 화산이 폭발해서 화산재가 내린 것이었어요. 우리는 급히 짐을 싸서 안전한 곳으로 대피했죠."

이 직업의 장점 "멋진 장소에 가서 흥미로운 도구로 연구해요. 여가 시간에도 산을 오르거나 캠핑을 하고, 장비나 컴퓨터를 이리저리 만지며 보내죠. 나는 정확한 데이터를 얻고 어떤 방법을 찾아 문제를 해결하는 것을 좋아해요. 그러면 세계가 어떻게 돌아가는지 알 수 있으니까요."

현장에서 임하는 중

탐험을 위한 지식

이건 몰랐을걸!

동굴에 대한 8가지 깊은 사실

1 아이슬란드의 몇몇 얼음 동굴에는 **뜨거운 온천수**가 가득해요.

2 미국 유타주의 어느 동굴에서는 1,000년 전의 **팝콘**이 발견되었어요.

3 전 세계에서 가장 큰 동굴은 베트남의 **손둥동굴**이에요. 1990년에 지역 주민이 비바람을 피할 곳을 찾다가 발견되어 처음 알려졌어요.

4 동굴에 대해 **연구하는 학문**을 **동굴학**이라고 해요.

5 아메리칸 포크 캐니언의 한 동굴은 2차 세계 대전을 치르는 동안 **댄스홀**로 사용되었어요.

6 전문가들에 따르면 지구상의 동굴 가운데 사람에게 발견된 것은 **1퍼센트**밖에 되지 않아요.

7 오스트레일리아의 고대 동굴 벽화에는 키가 2.4미터에 가까운 **새**가 그려져 있어요.

한 소녀가 프랑스 알프스산맥의 한 동굴 입구에 서 있어요.

8 2018년에 멕시코 툴룸 근처에서 길이가 **346킬로미터**에 이르는 **수중 동굴**이 발견되었어요.

탐험과 발견

살인벌의 공격에서 살아남는 법!

① 물러서기
살인벌이라 불리는 아프리카화 꿀벌은 자기 집이 위협받을 때만 상대를 공격해요. 이 벌이 여러 마리 날아다닌다면 분명 근처에 벌집이 있을 거예요. "물러서!"라는 벌들의 경고대로 천천히 벌집에서 멀어지세요.

② 벌을 후려치지 말기
아마 본능적으로 벌들을 철썩 때려잡고 싶을 거예요. 하지만 이렇게 하면 벌들의 화를 돋울 뿐이죠. 시끄러운 소리를 내도 똑같은 효과를 가져와요. 그러니 비명을 지르지 말고 조용히 물러서요.

③ 벌과 숨바꼭질하지 않기
벌집은 물가에 있는 경우가 많아요. 그렇다고 물속에 잠수해 벌이 지나가기를 기다릴 생각은 하지 말아요. 여러분이 헤엄치더라도 물 밖으로 몸과 얼굴을 드러내는 순간 공중에서 기다리던 벌이 공격할 거예요.

④ 바람처럼 얼른 달아나기
살인벌은 일단 여러분을 쫓아갈 테지만 여러분이 벌집에서 한참(보통 180미터쯤) 멀어지면 포기할 거예요. 그러니 벌들이 멈출 때까지 멀리 도망쳐요.

⑤ 얼굴과 목 가리기
살인벌은 쏘이면 가장 위험한 부위인 얼굴과 목을 공격하려 들 거예요. 그러니 도망치는 동안 손으로 얼굴과 목을 가리거나 셔츠를 머리에 뒤집어써서 보호해요.

벌에 쏘였을 때 살아남는 법!

1. 침 제거하기
먼저 서늘한 장소로 가요. 몸에 박힌 가시를 빼듯이 손톱으로 살살 긁어서 벌의 침을 뽑아내요. 다른 방법이 없는 경우가 아니라면, 벌침을 비틀거나 족집게로 뽑아서는 안 돼요. 벌침을 비틀어 짜면 독이 더 방출될 수 있거든요.

2. 얼음찜질하기
벌에 물린 부위를 비누와 물로 씻고 차가운 것으로 누르면 부기를 가라앉힐 수 있어요. 1시간에 20분씩 얼음찜질을 계속하면 좋아요. 얼음을 수건이나 마른 행주로 감싸서 피부에 대요.

3. 제대로 치료하기
부모님의 허락을 얻어 항히스타민제를 먹고 히드로코르티손 크림을 쏘인 자리에 부드럽게 문질러 발라요.

4. 상처에 손대지 않기
쏘인 자리를 긁으면 안 돼요. 그러면 점점 더 아프고 크게 부을 거예요.

5. 얼마나 위험한 상태인지 알기
목구멍이나 입이 심하게 불에 데는 듯한 느낌이 들고 가려우며 부어오르거나, 숨쉬기 힘들고 몸에 기운이 빠지며 토할 것 같다면 응급실에 얼른 찾아가요. 벌의 독에 알레르기가 있어도 마찬가지예요.

동물 사진의 촬영 비결

야생에서 동물 사진 찍기

야생 동물의 생생한 모습을 담은 좋은 사진을 찍기란 쉽지 않아요. 멋진 사진을 찍기 위해 사진가들은 야생의 현장으로 직접 들어가고, 사진을 찍으려는 동물처럼 생각하거나 행동하기까지 하죠. 치명적인 독사를 뒤쫓거나 펭귄과 함께 헤엄치는 동물 사진가들은 아주 용감해야 해요. 동시에 조금은 거리를 두는 법도 알아야 하지요. 여기, 놀라운 사진가 세 명이 멋진 야생 동물 사진 촬영에 얽힌 믿기지 않는 뒷이야기를 들려줄 거예요.

독니에 초점을 맞추다

사진가: 마티아스 클룸
동물: 제임슨맘바
촬영 장소: 아프리카 카메룬

"제임슨맘바라는 독사는 아름답지만 위험해요. 독성이 강한 독액을 만들거든요. 우리 연구 팀은 몇 주 동안 지역 주민들에게 이 파충류가 많이 나타나는 지점이 어디인지 물어보며 계속 찾아다녔어요. 결국 나뭇잎 사이에서 고개를 내민 제임슨맘바를 발견했죠. 나는 조금씩 조심스레 다가갔어요. 내가 자기를 못 본 것처럼 구는 게 중요했죠. 그러지 않으면 뱀이 위협을 느껴서 공격할 수도 있거든요. 난 1.4미터쯤 떨어진 곳까지 다가가서 사진을 찍는 데 성공했어요. 그 뒤 내가 물러서자 뱀은 스르륵 미끄러져 사라졌죠."

사진가들이 들려주는
놀라운 야생 동물 사진의 비밀

탐험과 발견

장완흉상어는 보통 혼자 생활하지만 거두고래과의 여러 고래 무리와 함께 헤엄치는 모습이 발견되기도 해요.

상어와 마주하다

사진가: 브라이언 스케리
동물: 장완흉상어
촬영 장소: 바하마

"나는 멸종 위험에 처한 장완흉상어를 찍고 싶었어요. 그래서 과학자들과 함께 바다에 나가 이 상어가 이전에 발견되었던 구역을 찾았죠. 며칠 뒤 배 가까이에 상어의 큰지느러미가 물 위로 솟아올랐어요. 과학자 한 명이 상어를 관찰하기 위해 금속 우리 안에 들어가서 바다에 잠수했죠. 이어서 나도 바다에 뛰어들었어요. 나는 안전을 지켜 줄 금속 우리가 없었기 때문에 아주 조심했죠. 몸길이가 2.7미터에 이르는 장완흉상어는 공격적일 때도 있지만 이 상어는 그저 호기심에 찬 듯 보였어요. 2시간 동안 우리 주위를 맴돌면서 내가 사진을 찍을 기회를 주었죠. 완벽한 모델이었어요."

펄쩍 뛰어오를 때

사진가: 닉 니컬스
동물: 인도호랑이
촬영 장소: 인도 반다브가르 국립 공원

야생에 남은 인도호랑이는 이제 2,500마리도 채 되지 않아요.

"나는 절벽을 따라 호랑이 한 마리를 뒤쫓았고, 이 호랑이가 절벽 가장자리에서 자기의 비밀 샘물로 풀쩍 뛰어올라 물 마시는 모습을 봤어요. 호랑이를 크게 찍고 싶었지만 가까이 다가가면 위험할 수 있었죠. 그래서 이 장소에 언젠가 호랑이가 다시 올 거라 믿고 절벽에 적외선 센서가 달린 카메라를 설치했어요. 감지 범위 안으로 들어오면 사진이 찍혀요. 이 장치를 3개월 동안 설치해 놨는데 내가 건진 사진은 이 한 장뿐이에요. 나는 호랑이에 가까이 가기만 해도 팔에서 털이 쭈뼛 서요. 이렇게 놀라운 동물과 마주할 수 있었던 건 대단한 행운이에요."

더 알아보기

잠깐 퀴즈!

탐험에 대해서 얼마나 많이 아는지 다음 문제를 풀어서 확인해 볼까요!

답을 종이에 적은 뒤, 아래 정답과 맞추어 봐요.

1 사진 속 푸른발부비새를 볼 수 있는 장소는 어디일까?
a. 독일
b. 가나
c. 갈라파고스 제도
d. 그리스

2 참일까, 거짓일까?
지금껏 알려진 가장 깊은 블루홀은 깊이가 약 200미터예요. (　　　)

3 화산 분화를 평가하고 용암의 흐름을 뒤쫓는, 위험하지만 보람 있는 직업의 이름은 무엇일까?
a. 화산학자
b. 환경 보호 활동가
c. 심리학자
d. 농업 전문가

4 기린은 가끔 자기 혀로 _____를 청소한다.

5 수의사 얀 폴이 치료한 동물의 종류는 무엇일까?
a. 말
b. 고슴도치
c. 고양이
d. 전부

너무 쉽다고요?
다음 장에 나오는 퀴즈에도 도전해 봐요!

정답: ① c, ② 참, ③ a, ④ 귀, ⑤ d

196

이렇게 해 봐요!

완벽하고 훌륭한 보고서를 쓰는 법

과제로 보고서를 써야 한다고요? 숙제가 에베레스트산에 오르는 것처럼 부담스러운가요? 겁내지 마세요. 여러분은 도전할 준비가 됐으니까요! 다음 각 단계별 도움말을 차근차근 따라 하다 보면 엄청나 보이는 숙제도 끝낼 수 있어요.

1. 브레인스토밍
보고서의 주제는 정해져 있기도 하지만, 가끔은 그렇지 않기도 하죠. 어떤 경우든 여러분은 무슨 내용을 쓰고 싶은지 정해야 해요. 먼저 자유롭게 아이디어를 떠올려 봐요. 주제에 대해 생각나는 걸 뭐든지 적는 거예요. 그런 다음 적은 내용을 읽으면서 어떤 아이디어가 가장 강력한지 생각해 봐요. 어떤 내용을 가장 다루고 싶은지 스스로에게 묻고요. 보고서의 목적을 계속 떠올려야 해요. 이 주제로 숙제의 목표를 달성할 수 있나요? 그렇다면 다음 단계로 넘어가요.

2. 주제를 문장으로 써 보기
여러분이 쓸 보고서의 주제, 어떤 대상에 대한 여러분의 생각을 문장으로 적어 봐요. 다시 한번 이 보고서의 목표에 맞는지 고민해야 해요. 주제 문장이 보고서의 나머지 내용을 독자들에게 잘 설명할 수 있는지 생각해 봐요.

3. 아이디어의 윤곽 그리기
일단 훌륭한 주제 문장을 썼다면, 이제 그 문장을 보다 자세한 정보와 사실, 생각, 사례로 뒷받침해야 해요. 이런 뒷받침하는 내용은 여러분의 주제 문장에 대한 한 가지 질문의 답이에요. '왜 그럴까?' 바로 이 점이 연구와 조사, 때로는 보다 많은 브레인스토밍이 이루어져야 할 대목이에요. 그런 다음 이 내용들을 가장 의미가 잘 통하는 방식으로 짜요. 예컨대 중요한 순서로 배열할 수 있겠죠. 그러면 끝!

4. 제자리에, 준비, 쓰기 시작!
앞서 그린 윤곽을 따라 주제 문장을 뒷받침하는 각각의 내용을 문단의 줄거리로 삼아요. 독자들이 잘 이해할 수 있도록 내용을 정확히 서술하는 단어를 사용해요. 보다 자세한 부분은 구체적인 정보를 활용해 이야기를 전개하거나 여러분의 주장을 펼쳐요. 그리고 그 내용이 보고서 전체의 주제 문장과 관련이 있는지 점검해요. 글이 매끄럽게 흘러가도록 내용을 메워 넣어요.

5. 마무리하기
보고서 전체를 요약하는 결론을 내고, 주제를 다시 이야기하면서 글을 마무리해요.

6. 고치고 다듬기
맞춤법이 맞는지, 오탈자가 없는지, 문법에 맞는지 확인해요. 명료하고 이해하기 쉬우며, 흥미로운 글인지 살펴봐요. 서술하는 동사와 형용사를 적절히 활용해요. 다른 사람에게 글을 읽고 여러분이 실수한 부분을 지적해 달라고 하는 것도 도움이 돼요. 그런 다음 두 번째 원고에서 필요한 수정을 해요. 만족할 만한 최종 원고가 나올 때까지 이런 교정 과정을 한 번 이상 반복해요.

탐험과 발견

생태와 자연

생물 발광*을 하는 조그만 절지동물, 갯반디가 일본 오카야마 해안의 바위와 모래에서 빛나고 있어요.

*생물 발광: 생물체가 빛을 내는 현상. 열이 없는 빛을 낸다.

생물 군계 알아보기

생물 군계

'주요 생활대' 또는 '생물 분포대'라고 불리는 생물 군계는, 동물과 식물을 비롯한 생물이 특정 환경에 적응해 살아가는 커다란 자연 공동체예요. 생물 군계는 두드러진 식생과 기후, 그 지역의 지리에 따라 구분하는 방식이 여러 가지예요. 여기서는 크게 여섯 유형으로 나누어 볼게요. 바로 숲, 민물, 바다, 사막, 초원, 툰드라예요. 각 생물 군계는 여러 생태계로 구성돼요.

생물 군계는 엄청나게 중요해요. 생물 군계 사이에 균형 잡힌 생태학적 관계가 이루어져야 우리가 아는 지구상의 환경과 생명을 유지할 수 있죠. 예를 들어 외부에서 들어온 침입종 식물이 한 종 늘어나면 연쇄 작용으로 생물 군계 전체에 효과를 미칠 수 있어요.

숲

숲은 지구에서 육지의 약 3분의 1을 차지해요. 숲은 3가지 주된 유형이 있어요. 열대림, 온대림, 냉대림(타이가)이에요. 숲은 다양한 식물의 서식지인데 숲에 사는 몇몇 식물은 사람뿐 아니라 수많은 동물에게 약으로 쓰이죠. 아직 사람이 모르는 식물들도 있고요. 또한 숲은 온실가스*인 이산화 탄소를 흡수하고 산소를 방출해요.

아프리카 서부의 빽빽한 숲속에는 몸집이 토끼만 한 로열앤틸로프영양이 살아요.

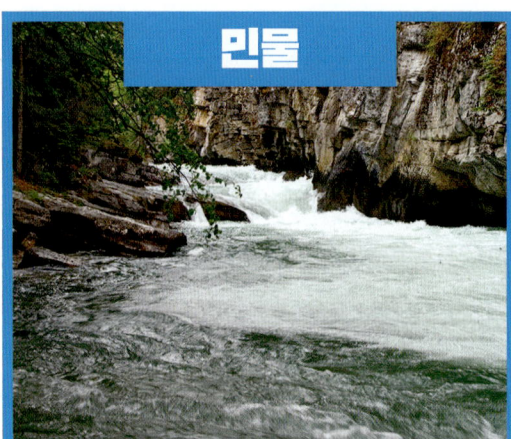

민물

지구상의 물은 대부분 바다, 즉 짠물이에요. 호수, 연못, 습지, 강, 시냇물을 포함한 민물 생태계의 물은 염도가 1퍼센트도 되지 않죠. 민물 생물 군계에 사는 수많은 동물과 식물 종은 대륙에 따라 종류가 다양해요. 조류, 개구리, 거북, 물고기, 여러 곤충의 애벌레 등이 있지요.

강의 민물이 바다의 짠물과 만나는 장소를 강어귀라고 해요.

*온실가스: 지구 대기를 이루는 기체 중에서 지구에서 우주로 나가는 적외선의 열을 흡수해 온실 효과를 일으키는 것으로 메테인 등이 있다.

바다

바다는 지구 표면의 거의 4분의 3을 차지해요. 지구상에서 가장 큰 서식지이죠. 바다 생물 군계의 대부분을 차지하는 것은 대양이에요. 산호초는 이 생물 군계에서 가장 생물 다양성이 높은 서식지예요. 가장 여러 종류의 생물이 살고 있다는 뜻이죠. 바다 생태계는 100만 종 이상의 동식물 종이 머무는 집이에요.

지중해에서 발견된 거의 10만 년쯤 된 해초가 지구상에서 가장 오래된 생명체로 추정돼요.

사막

지표면의 약 5분의 1을 덮고 있는 사막은 강수량이 1년에 25센티미터도 되지 않아요. 사막은 대부분이 무덥긴 하지만 그렇지 않은 다른 종류의 사막도 있어요. 주로 열대 사막, 온대 사막, 해안 사막, 한랭 사막으로 구분해요. 사막은 황무지와 달리 생물학적으로 생물 다양성이 높은 서식지랍니다.

사하라 사막의 몇몇 사구*는 50층짜리 건물이 묻힐 만큼 높아요.

초원

초원은 커다란 관목이나 나무 대신 풀이 자라는 게 특징이에요. 일반적으로 1년의 절반에서 4분의 3이 비가 내리는 우기이고요. 강수량이 그보다 더 많으면 숲이 되겠죠. 초원은 2가지 유형으로 나뉘어요. 열대 초원(사바나)과 온대 초원이지요. 코끼리처럼 지구상에서 가장 덩치 큰 육지 동물이 여기 살아요.

북아메리카의 초원은 프레리라고 불러요. 남아메리카의 초원은 팜파스라고 부르죠.

툰드라

모든 생물 군계 가운데 가장 추운 툰드라는 기후가 굉장히 차고, 식생이 단순하며, 강수량이 적어요. 그리고 흙에 영양분이 적고, 식물이 자랄 수 있는 기간이 짧지요. 툰드라에는 남극과 북극 툰드라와 고산 툰드라가 있어요. 툰드라에는 아주 적은 종류의 식물이 살아요. 또 늑대, 순록의 일종인 카리부, 심지어 모기를 비롯해 몇몇 동물 종들이 툰드라의 극단적으로 추운 기후에서 살아가요.

약 1만 년 전에 형성된 북극 툰드라는 가장 최근에 생긴 생물 군계예요.

*사구: 바람으로 운반된 모래가 쌓여서 생긴 언덕.

생물 군계 알아보기

10가지 아마존 생태계에 대한 놀라운 사실들

아마존에 사는 **모르포나비는** 날개가 파란색이지만 다른 각도에서 보거나 날개를 움직이면 **다른 색으로 빛나 보여요.**

아마존 생물 군계는 8개 나라에 걸쳐 있어요. **브라질, 볼리비아, 페루, 에콰도르, 콜롬비아, 베네수엘라, 가이아나, 수리남**이죠. **프랑스령 기아나**도 일부 포함돼요.

아마존은 단지 **열대 우림**만 있는 곳이 아니에요. **범람원*의 숲, 사바나, 강**이 있어요.

*범람원: 하천이 흘러넘치면서 운반해 온 흙모래가 쌓여 만들어진 평야.

아마존의 **침수림***은 과일과 씨앗을 먹고 사는 **물고기**의 유일한 서식지예요.

*침수림: 우기가 시작되면 강물이 높아져 땅이 잠기는 숲.

과학자들은 아마존에 자라는 **몇몇 식물**을 가지고 **암을 치료하는 방법**을 개발하고 있어요.

생태와 자연

아마존에는 **색이 화려한 금강앵무**가 살아요. 평생 한 마리의 짝과 살아가며, **수명은 최대 60년** 가까이 되는 새예요.

지구에 있는 모든 **민물**의 **15퍼센트**는 **아마존 분지**에 있어요.

천연 고무는 아마존에서 자라는 **고무나무**의 줄기에 상처를 내면 나오는 **우윳빛 액체**, 라텍스를 받아서 만들어요.

아마존 생물 군계는 지금껏 알려진 **지구 생물종**의 **10퍼센트**에게 소중한 **서식지**예요. 멸종 위기종인 **자이언트수달**도 살고 있어요.

600만 제곱킬로미터가 넘도록 드넓게 펼쳐진 **아마존 생물 군계**는 인도 면적의 **약 2배**와 비슷해요.

대양의 통계

푸른 지구를

태평양

통계 자료

면적: 169,479,000제곱킬로미터

지구 수권*에서 차지하는 비율: 47퍼센트

가장 깊은 곳: 마리아나 해구* 남쪽의 챌린저 해연*(수심 1만 984미터)과 비티아즈 해연(수심 1만 1,034미터)

표면 온도:
여름 최고: 32도
겨울 최저: 영하 2도

조차*:
가장 클 때: 9미터, 한반도 근처
가장 작을 때: 0.3미터, 미드웨이 제도 근처

멋진 서식 동물: 문어, 병코고래, 흰동가리, 백상아리

흰동가리

대서양

통계 자료

면적: 91,526,300제곱킬로미터

지구 수권에서 차지하는 비율: 25퍼센트

가장 깊은 곳: 푸에르토리코 해구, 수심 8,605미터

표면 온도:
여름 최고: 32도
겨울 최저: 영하 2도

조차:
가장 클 때: 16미터, 캐나다 펀디만
가장 작을 때: 0.5미터, 멕시코만과 지중해

멋진 서식 동물: 대왕고래, 대서양알락돌고래, 바다거북, 큰돌고래

돌고래

*수권: 물(과 얼음)이 지표면을 덮고 있는 부분.   *해구: 대양 밑바닥에 좁고 길게 움푹 들어간 곳.
*해연: 해구 가운데 특히 깊이 들어간 곳.   *조차: 밀물과 썰물 때의 바닷물 높이의 차이.

생태와 자연

만드는 대양들

인도양

통계 자료

면적: 74,694,800제곱킬로미터

지구 수권에서 차지하는 비율: 21퍼센트

가장 깊은 곳: 자바 해구, 수심 7,450미터

표면 온도:
여름 최고: 34도
겨울 최저: 영하 2도

조차:
가장 클 때: 11미터,
가장 작을 때: 0.6미터,
둘 다 오스트레일리아 서해안이에요.

멋진 서식 동물: 혹등고래, 작은부레관해파리, 듀공(바다소목), 장수거북

장수거북

북극해(북빙양)

통계 자료

면적: 13,960,100제곱킬로미터

지구 수권에서 차지하는 비율: 4퍼센트

가장 깊은 곳: 몰로이 해연, 수심 5,669미터

표면 온도:
여름 최고: 5도
겨울 최저: 영하 2도

조차: 0.5미터 미만으로 대양 전체에서 비슷해요.

멋진 서식 동물: 흰고래(벨루가), 범고래, 거문고바다표범(하프물범), 일각돌고래

일각돌고래

205

날씨와 기후

날씨와 기후

날씨는 특정한 시간과 장소에서 기온, 바람, 습도, 강수량 등 대기의 상태예요. 한편 기후는 일정한 장소에서 오랜 기간에 걸쳐 나타난 평균적인 날씨를 말해요. 지구상의 여러 장소는 다른 기후가 나타나요. 이러한 기후는 위도, 고도, 탁월풍*, 해류의 온도, 물과 육지의 위치와 거리 같은 여러 요인에 따라 조절된 결과예요. 기후는 보통 일정하지만, 벌목, 온실가스 등의 요인이 기후를 바꾼다는 증거가 나오고 있어요.

*탁월풍: 어느 지역에서 어떤 시기나 계절에 따라 특정 방향에서부터 가장 자주 부는 바람.

극단적인 날씨의 사례

한 계절 동안 눈이 가장 많이 내린 기록:
미국 워싱턴주 베이커산, 29미터

기온이 가장 빠르게 올라간 기록:
미국 사우스다코타주 래피드시티, 2분에 9.4도

가장 무거운 우박이 떨어진 기록:
방글라데시 고팔간지, 1.02킬로그램

지구의 기후대

기후학자들은 기후를 분류하는 여러 체계를 만들었어요. 그중에 흔히 쓰이는 것은 '쾨펜의 기후 분류법'이에요. 강수량, 기온, 식생에 따라 기후대를 분류하는 체계이지요. 열대 기후, 건조 기후, 온대 기후, 냉대 기후, 한대 기후 등 주로 5가지 범주로 나눠요. 그 지역의 고도가 다른 요인들보다 더 중요한 요건이지요.

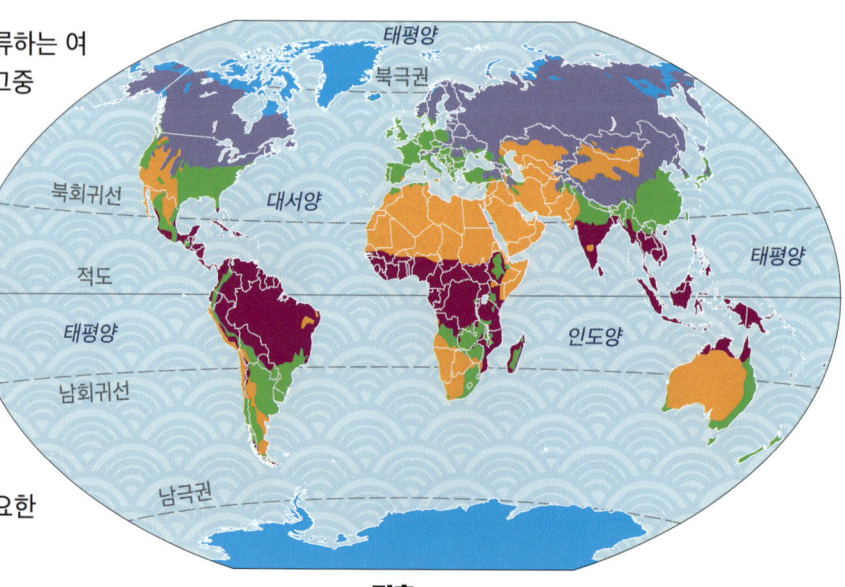

기후
■ 열대 기후 ■ 건조 기후 ■ 온대 기후 ■ 냉대 기후 ■ 한대 기후

생태와 자연

기후 변화

북극곰 한 마리가 녹아 가는 빙하 조각 위에 있어요.

과학자들은 그린란드의 대륙 빙하가 여름철에 녹기 시작한 현상을 걱정해요. 이 사진 속 버스데이 협곡도 빙하가 녹은 물에 깎여 나갔죠.

지구 온난화가 계속되다

지구는 점점 더워지고 있다

지표면의 온도는 계속 올랐어요. 지난 50년 동안 지구는 그 이전 50년에 비해 2배는 더 빠르게 더워졌어요. 기후 변화에 직접적인 영향을 받은 결과예요. 지구의 평균 기온이 올라가는 것(지구 온난화)뿐 아니라, 바람과 비, 해류도 장기적으로 영향을 받지요. 지구 온난화 때문에 빙하와 극지방의 빙상(대륙 빙하)이 녹고 있어요. 그러면 해수면이 높아지고 생물들의 서식지가 줄어들어요. 이것은 몇몇 동물에게는 생존이 달린 큰 문제예요. 또 지구가 더워지면서 해안을 따라 홍수가 늘고 내륙에서는 가뭄이 늘어나요.

기온은 왜 오르는 것일까?

최근의 기후 변화 가운데 일부는 자연적인 원인과 관련이 있어요. 햇볕의 세기 변화, 가끔 일어나는 엘니뇨*로 인하여 따뜻해진 해류, 화산 활동 등이죠. 하지만 기후 변화를 일으키는 가장 큰 원인은 인간의 활동이에요.

사람들은 석유로 달리는 자동차를 모는 등 화석 연료를 태우는 활동을 매일 하면서 지구 온난화를 일으켜요. 이런 활동은 온실가스를 만들어 대기의 열이 밖으로 빠져나가지 않게 가두는 온실 효과를 일으키죠. 지금 같은 속도라면 전 지구의 평균 기온은 2100년까지 3도는 오를 거라 예상돼요. 이후에는 보다 더워지겠죠. 지구가 계속 온난화될수록 환경과 우리 사회에 여러 영향을 미칠 거예요.

*엘니뇨: 난류가 흘러들어 적도 부근의 수온이 올라가는 현상.

날씨와 기후

물의 순환

비, 눈, 우박이 내려요

물이 얼음과 눈에 저장돼요

수증기가 구름 속에서 응결돼요

물이 땅속에 스며들어요

녹은 물과 지표면의 물이 흘러요

민물이 저장돼요

증발

지하수가 빠져나가요

물이 바다에 저장돼요

지구에서 물의 양은 늘거나 줄지 않고 거의 일정해요. 물의 형태만 바뀌죠. 태양이 지표면을 데우면 액체인 물이 기체인 수증기가 되는데 이 과정을 **증발**이라고 해요. 또 식물 잎의 표면에서 물이 수증기로 변하는 과정은 **증산**이라 하죠. 수증기가 대기로 올라가면 차게 식으면서 다시 형태가 바뀌어요. 물방울이 되는 **응결**이라는 과정을 통해 모이면 구름이 만들어져요. 구름에서 떨어진 물방울은 비, 눈, 우박 등이 되어 땅에 내려요. 이런 물들을 **강수**라고 해요. 강수는 지하수로 스며들거나 호수, 강, 바다로 흘러요. 이러한 물의 순환 과정(위 그림 참고)은 계속 반복돼요.

날씨를 연구하는 과학자인 기상학자들의 기준에 따르면 비가 시간당 0.5밀리미터 이하로 내리면 '이슬비'이고, 시간당 4밀리미터 이상 내리면 '보통 비'예요.

여러분이 마시는 물은 공룡이 마셨던 물과 같은 물이에요! 지구가 지난 40억 년 넘게 물을 계속 재활용했기 때문이죠.

208

녹아내리는 지구

만약 지구의 얼음이 전부 녹는다면, 전 세계 대양의 해수면은 지금보다 66미터쯤 올라갈 거예요. 과연 어느 정도의 높이일까요? 다음 도표를 보고 무엇이 물속에 잠기게 될지 생각해 봐요.

- 자유의 여신상 **93미터**
- 기린 12마리 **66미터**
- 스쿨버스 5대 **61미터**
- 범고래 6마리 **59미터**

생태와 자연

날씨와 기후

하늘에서 떨어지는 것

공기 중의 습기가 모여서 여러 모습으로 땅에 떨어져요.

'강수'란 지구 과학에서 비, 눈, 우박, 안개 등으로 구름에서 땅으로 떨어지는 물을 가리키는 말이에요. 강수 현상에는 어는비, 진눈깨비, 우박 등도 포함돼요. 공기 중의 수증기가 구름으로 응결된 다음, 점점 무거워져 땅으로 떨어지면서 생겨요. 강수가 소풍을 망칠 수도 있지만 지구상의 여러 생명체들에게는 꼭 필요하지요.

진눈깨비

얼음 알갱이가 반쯤 녹은 채 땅에 떨어졌다가 다시 녹으면서 생겨요. 주로 지면 근처의 기온이 영하로 떨어지는 겨울에 나타나는 현상이에요.

비

높고 차가운 구름 속에서 얼음 결정이 점점 무거워져서 떨어지며 생겨요. 여름에도 결정은 아직 얼어 있는 채로 떨어질 수 있지만 지면 근처의 따뜻한 공기를 만나면 녹아서 빗방울이 돼요.

어는비

겨울에 비가 내리다가 지면에 부딪힌 즉시 얼 때, 어는비를 볼 수 있어요. 어는비는 도로에 얼음 층을 만들기 때문에 운전할 때 위험해요.

눈

구름 속 얼음 알갱이가 너무 무거워져서 떨어질 때 생겨요. 얼음 결정이 떨어지는 동안 언 상태를 유지하도록 대기가 충분히 차가워야 볼 수 있지요.

우박

물방울로 덮인 얼음 알갱이가 적란운* 꼭대기에서 얼어붙을 만큼 차가운 공기를 만날 때 생겨요. 얼음 알갱이를 둘러싼 물은 얼면서 커지지요. 점점 무거워지면 결국 땅에 떨어져요.

*211쪽을 참고하세요.

생태와 자연

여러 가지 구름의 종류

날씨가 어떨지 알고 싶다면 구름을 살펴요. 구름은 공기의 상태와 어떤 날씨가 올지에 대해 꽤 많은 것을 알려 주거든요. 구름은 공기와 물 둘 다로 이루어져 있어요. 맑은 날에는 따뜻한 공기의 흐름이 위로 올라가면서 구름 속 물방울을 밀어 올려 계속 떨어지지 않게 해요. 하지만 구름 속의 물방울이 점점 커지면 자유의 몸이 될 때가 오지요. 물방울이 너무 커지면 공기의 흐름으로 더 이상 떠받들 수 없게 되어 땅으로 떨어져요.

1 층운(층구름) 이 구름이 뜨면 하늘이 걸쭉한 회색 죽처럼 보여요. 층운은 하늘에 낮게 걸려 으스스하고 어둑한 하늘을 만들지요. 지면 가까운 곳의 차갑고 습한 공기가 이동하는 곳에 만들어져요.

2 권운(새털구름) 이 얇고 성긴 구름 다발은 대기가 아주 차가운 곳에 높이 걸려 있어요. 권운은 작은 얼음 결정으로 이루어져 있죠.

3 적란운(쌘비구름) 적란운은 괴물 같은 구름이에요. 위로 올라가는 공기의 흐름이 솜털 같은 적운을 부풀리고 최대 12킬로미터 높이까지 올려 보낸 것이 적란운이에요. 이 구름이 대류권 맨 꼭대기나 대류권 계면*에 닿으면 마치 탁자처럼 윗부분이 편평해지죠.

4 적운(쌘구름/뭉게구름) 흰색 솜뭉치 같은 이 구름을 보면 사람들은 '오늘 아침엔 참 날씨가 좋다' 하고 콧노래를 부를 거예요. 대기권 아래에 수직으로 발달하며 말랑한 마시멜로와 비슷해서 푸른 하늘에 그림처럼 어우러지곤 해요. 따뜻한 공기가 위로 올라갈 때 만들어지는 적운은 밤이 되어 공기가 차가워지면 보통 사라져요.

구름은 얼마나 무거울까?
가벼운 솜털처럼 푹신해 보이는 적운의 무게는 보통 50만 킬로그램쯤 돼요. 아프리카 코끼리 78마리의 무게와 맞먹죠. 또 비를 품은 적란운은 보통 무게가 10억 킬로그램 정도여서 아프리카 코끼리 15만 7,000마리의 무게와 비슷해요.

*대류권 계면: 대기권에서 가장 아래층인 대류권의 위쪽 경계면.

재난과 재해

번쩍! 번개다

지구 곳곳에서 1분에 약 3,000번씩 번개가 치고 있어요.

사브리나는 부모님과 함께 그랜드 캐니언을 하이킹하고 있었어요. 그런데 갑자기 구름이 지평선에 모습을 드러내면서 하늘이 어두워졌고, 비가 내리기 시작했죠.

번개가 번쩍거리자 사브리나와 부모님은 피할 곳을 찾아 뛰었어요. "비가 그치자 이제 안전하다고 생각했죠." 그때를 떠올리며 사브리나가 말했어요. 가족들은 오솔길을 따라 주차한 자동차로 돌아가려 했어요. 하지만 그때 다시 번쩍하고 근처에 번개가 쳤어요. 너무 순식간에 일어난 일이라 처음에는 번개가 어디에 떨어졌는지도 몰랐죠. 사실 번개는 사브리나 가족들의 몸을 때리고 지나갔어요. "몸 전체가 얼얼하게 저리는 느낌이었어요. 정말로 아팠죠." 사브리나는 그때를 이렇게 말했어요.

그래도 사브리나와 가족은 운이 좋았어요. 번개가 몸을 관통한 것은 아니어서 몇 분 안에 회복되었거든요. 하지만 이렇게 운이 좋지 않은 사람들도 있어요. 매년 수천 명이 번개에 맞아 목숨을 잃어요.

번개는 커다란 규모의 전기 불빛이에요. 카펫 위를 걷거나 금속 손잡이를 만질 때 발생하는 작은 정전기와 비슷하지만 훨씬 강력하죠. 한 번 번쩍이는 번개에는 약 10억 볼트의 전기가 들어 있어요. 100와트짜리 백열전구를 3개월 동안 밝힐 만한 전기죠. 번개가 치면 태양 표면 온도보다 5배 높은 열이 발생하면서 쩍쩍 갈라지는 소리가 나요. 엄청난 열기 때문에 번개 주변의 공기가 빠르게 팽창하면서 발생하는 소리인데, 이것을 천둥이라고 하지요. 번개에 맞는 사고는 드물지만 그래도 조심해야 해요.

"번개를 맞은 사고 이후로 몇 년 동안 나는 폭풍만 쳐도 무서웠어요." "이제는 더 이상 두렵지 않아요. 그래도 항상 조심하고 있어요."라고 사브리나가 말했어요.

⚡ 번개가 칠 때의 안전 도움말

실내에 있을 때

번개나 천둥이 마지막으로 친 뒤 30분 동안은 실내에 머물러요.

욕조에 몸을 담그거나, 샤워를 하거나, 설거지를 하지 말아요.

유선 전화를 사용하면 안 돼요(휴대 전화는 괜찮아요). 컴퓨터나 텔레비전을 비롯한 다른 전자 기기도 자제해요.

실외에 있을 때

사방이 막힌 구조물이나 탈것 안에 들어가 창문을 닫아요.

물 주위에 가까이 가지 않아요.

나무 같은 높은 사물 가까이 가지 말고 피해요.

탁 트인 곳에 있다면, 여러분이 찾을 수 있는 가장 낮은 장소에 몸을 웅크려요(단, 엎드리지는 말아요).

생태와 자연

토네이도란 무엇일까?

개량 후지타 등급(EF)
토네이도 전문가인 T. 시어도어 후지타의 이름을 딴 토네이도 위력의 기준이에요. 바람의 속도와 바람으로 파괴된 정도에 따라 토네이도를 분류해요.

EF0
풍속*: 시속 105~137킬로미터
기왓장이 뜯기거나 나뭇잎이 날림.

EF1
풍속: 시속 138~177킬로미터
지붕과 간판이 날림.

EF2
풍속: 시속 178~217킬로미터
나무가 뽑힘.

EF3
풍속: 시속 218~266킬로미터
조립식 벽이 무너짐.

EF4
풍속: 시속 267~322킬로미터
대부분의 집이 무너짐.

EF5
풍속: 시속 322킬로미터 이상
철제 콘크리트 건물이 무너짐.

*풍속: 단위 시간당 움직이는 공기의 속도로 바람의 세기를 나타낸다.

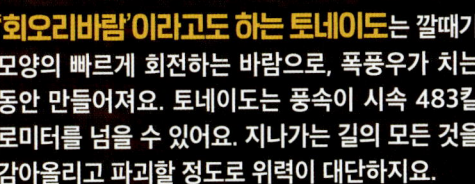

'회오리바람'이라고도 하는 토네이도는 깔때기 모양의 빠르게 회전하는 바람으로, 폭풍우가 치는 동안 만들어져요. 토네이도는 풍속이 시속 483킬로미터를 넘을 수 있어요. 지나가는 길의 모든 것을 감아올리고 파괴할 정도로 위력이 대단하지요.

회전하는 깔때기 같은 이 바람은 적운이나 적란운 속에서 형성돼요. 땅과 맞닿으며 토네이도가 되죠.

토네이도는 미국의 평원에서 주로 발생해요. 그리고 남극을 제외한 모든 대륙에서도 발생하지요.

재난과 재해

허리케인이 온다

폭풍우가 와요! 그런데 이것은 사이클론일까요, 허리케인일까요, 태풍일까요? 이 기상 현상이 어디에서 발생했는지, 바람이 얼마나 빠른지에 따라 이름이 달라져요. 대서양과 태평양의 일부 지역에서 생기는 강한 열대저기압은 허리케인이라 하고, 태평양 서부에서는 태풍, 인도양 북부에서는 사이클론이라 불려요. 지역에 따라 이름은 다르지만 어디에서든 이 폭풍들은 강력한 힘을 발휘하지요.

약 2,221 킬로미터
지금껏 기록된 열대저기압 가운데 가장 거대한 1979년 태풍 팁의 지름

27.8도
열대저기압이 형성되는 데 필요한 해수면의 온도

16.6
매년 태평양 해역 북동쪽과 중앙부에서 발생하는 열대 폭풍의 평균 개수

50미터
폭풍의 연료가 되는 따뜻한 바닷물의 깊이

31일
1994년 허리케인 존이 지속된 날짜

생태와 자연

12.1
매년 대서양 해역에서 발생하는 열대 폭풍의 평균 개수

시속 408 킬로미터
지금껏 기록된 가장 강력한 폭풍우의 풍속

20~40 킬로미터
'태풍의 눈'*의 지름

*태풍의 눈: 하늘이 맑고 바람이 없는 태풍의 가장 중심부.

태풍의 이름은 어떻게 지어질까?

태풍은 해마다 발생한 순서에 따라 번호와 이름을 붙여요. 태풍의 이름은 2000년부터 아시아-태평양 지역의 태풍위원회 회원국이 제출한 이름을 사용해요. 말레이시아, 미크로네시아, 필리핀, 한국, 태국, 미국, 베트남, 캄보디아, 중국, 북한, 홍콩, 일본, 라오스, 마카오 등 14개 나라가 각각 10개씩 제출한 이름 140개를 28개씩 5조로 구성해서 차례로 써요. 다음은 2022년 태풍에 붙여질 이름들이에요.

냐토	트라세	므르복	네삿
라이	무란	난마돌	하이탕
말라카스	메아리	탈라스	날개
메기	망온	노루	바난
차바	도카게	꿀랍	야마네코
에어리	힌남노	로키	파카르
송다	무이파	선까	상우

태풍의 강도

구분	-	중	강	매우강	초강력
피해의 정도	간판이 날아감	지붕이 날아감	기차가 선로를 벗어남	사람이나 큰 돌이 날아감	건물이 무너짐
풍속	61~90km/h*	90~119km/h	119~158km/h	158~194km/h	194km/h 이상

(피해 정도는 바람과 비에 의한 피해를 합쳐서 판단해요.)

*속력의 단위로 1시간에 가는 거리를 킬로미터로 나타낸 것. '시속 61~90킬로미터'로 읽는다.

재난과 재해

눈사태다!

약 100만 톤의 눈이 우르릉거리며 산비탈을 따라 13킬로미터나 쏟아져 내려와 거대한 눈과 먼지의 구름을 만들었어요. 161킬로미터 밖에서도 보였지요.

재난 영화의 한 장면이냐고요? 1981년 4월에 실제로 일어났던 일이랍니다. 미국 알래스카주의 샌퍼드산에서 역사상 가장 큰 규모로 손꼽히는 눈사태가 일어났어요. 놀랍게도 아무도 다친 사람이 없었어요. 그리고 다행히도 이렇게 큰 눈사태는 드물어요.

눈사태란 거대한 눈덩어리가 산에서 밀려 내려오는 현상이에요. 눈 속에 얼음, 흙, 바위, 뿌리 뽑힌 나무가 섞이기도 하지요. 산의 높이, 경사도, 쌓인 눈의 종류에 따라 눈사태가 일어날 가능성이 달라져요. 눈사태는 산중턱에 쌓여 있던 불안정한 눈덩어리가 무너져 아래로 떠밀려 내려오면서 시작돼요. 아래로 흐르는 눈의 양이 점점 늘어나면서 속도도 빨라져요. 이때 눈이 밀려 내려오는 속도는 시속 249킬로미터에 이를 수 있는데 이 정도면 질주하는 스키의 속도와 비슷해요.

그러니 다음 안전 도움말을 보고 겨울 산에서도 우리 몸을 잘 지켜요.

눈사태의 90퍼센트는 인간에 의해 일어나요.

안전 도움말

안전이 가장 먼저
산에 가기 전에 눈사태 경보를 확인해요.

장비 갖추기
등산을 할 때는 안전 장비를 꼭 갖춰요. 긴 등산 스틱, 작은 삽, 응급 상황에서 내 위치를 알릴 수 있는 구조용 신호기가 필요해요.

혼자 가지 않기
동료 없이 혼자서 험한 산을 오르지 않도록 해요.

갇혔다면 이렇게
눈사태가 지나가는 길에 갇힌다면 옆으로 빠져요. 빠져나갈 수 없다면 휩쓸려 가지 않게 나무를 단단히 붙잡아요.

생태와 자연

산불이야!

오스트레일리아에서는 가뭄에 더해 불을 일으키는 번개까지 겹쳐 최악의 자연재해가 일어났어요. 2019년 말에서 2020년 초까지 여러 달에 걸쳐 발생한 산불이 이 나라의 일부를 초토화했고 총 1,700만 헥타르를 태웠어요. 미국 플로리다주 정도의 면적이죠. 땅과 공중에서 불길을 잡으려고 애쓴 소방관들의 노력과 반가운 비 덕분에 마침내 불을 끌 수 있었죠. 하지만 이미 산불로 집 수천 채가 파괴되고 그보다 더 많은 사람과 동물이 죽거나 다쳤어요. 그 가운데는 약 5,000마리의 코알라도 있었죠.

비록 이 산불로 엄청난 피해를 입었지만 오스트레일리아는 회복하고자 애쓰고 있어요. 오스트레일리아 정부에서 피해 극복을 위해 재정 지원을 했고 민간 기부도 이어져, 집을 다시 짓고 동물들의 서식지를 복원하고 있죠. 특히 멸종 위기에 취약한 코알라는 특히 더 신경을 써야 해요. 잘 회복되고 있다는 반가운 소식도 있어요. 시드니 외곽의 오스트레일리아 파충류 공원에서 건강한 새끼 코알라 한 마리가 태어났어요. 위 사진 속 코알라예요. 동물 개체군을 되살리기 위한 번식 프로그램 덕분에 태어났어요. '재'를 뜻하는 '애시'라는 이름을 얻은 이 새끼 코알라는 오스트레일리아 토착 야생 동물의 희망의 상징이에요.

메뚜기 떼다!

원래 메뚜기는 사람에게 해를 끼치는 곤충이 아니에요. 물거나 쏘지 않고 무언가를 파괴하지도 않죠. 하지만 많은 수가 떼로 몰려다니면 사람에게 피해를 줄 수 있어요. 예를 하나 들죠. 2020년 파키스탄에 엄청난 수의 메뚜기 떼가 덮쳤어요. 지난 수십 년 동안 가장 심한 곤충의 습격이었어요. 수십억 마리의 메뚜기가 밭에 뛰어들어 마음껏 갉아 먹었죠. 메뚜기 한 마리는 하루에 자기 몸무게만큼 먹기 때문에, 24시간 만에 거의 3만 5,000명분의 식량이 사라졌어요. 굶주린 곤충에게 농작물을 다 빼앗겼으니 농부들에게는 재앙과 같았어요. 식량 부족 사태도 염려되었지요.

왜 메뚜기 떼가 이렇게 심한 피해를 입혔을까요? 전문가들에 따르면 비가 많이 오고 사이클론*이 발생해 날씨가 습해지는 바람에 메뚜기들이 예년과 달리 활발하게 번식했다고 해요. 그렇게 메뚜기 떼가 파키스탄, 아프리카 동부, 인도, 아라비아반도에서 엄청나게 불어났어요. 파키스탄 정부는 농부들을 돕기 위한 자금을 지원받기 위해 긴급 사태를 선언했어요. 파키스탄과 인도 정부는 메뚜기 떼와 싸우기 위해 협력하기로 했죠. 두 나라는 정보와 자원을 공유해 이 재난을 극복하고자 애썼어요.

*사이클론: 벵골만과 아라비아해에서 생기는 열대저기압.

더 알아보기

잠깐 퀴즈!

자연에 대한 지식이라면 자신 있다고요?
자연을 얼마나 아는지 다음 문제를 풀어 확인해 봐요!

답을 종이에 적은 뒤, 아래 정답과 맞추어 봐요.

① 참일까, 거짓일까? 태평양은 지구 수권의 15퍼센트를 차지해요. (   )

② 만약 지구의 얼음이 전부 녹으면 전 세계 해수면은 _____ 가 잠길 만큼 상승한다.
a. 스쿨버스 5대
b. 기린 12마리
c. 범고래 6마리
d. 전부

③ 오스트레일리아 파충류 공원에서 새끼 _____의 탄생은 2019년에서 2020년에 걸쳐 일어난 산불을 극복할 희망의 상징이 되었다.
a. 캥거루
b. 악어
c. 코알라
d. 웜뱃

④ 참일까, 거짓일까? 아마존 생물 군계는 인도 면적의 약 2배 크기예요. (   )

⑤ 눈은 구름 속 얼음 결정이 너무 무거워져 _____ 때 만들어진다.
a. 녹을
b. 떨어질
c. 증발할
d. 얼

너무 쉽다고요?
다음 장에 나오는 **퀴즈**에도 도전해 봐요!

정답: ① 거짓. 태평양은 지구 수권의 47퍼센트를 차지해요. ② d, ③ c, ④ 참, ⑤ b

218

생태와 자연

이렇게 해 봐요!
발표 잘하는 방법

팁: 실제 발표처럼 몇 번쯤 연습해 봐요. 거울을 보면서 하거나, 가족에게 영상으로 찍어 달라고 해서 뭔가 고칠 점이 없나 점검해요. 예컨대 여러분이 청중과 눈을 잘 마주치는지 살펴요.

많은 사람 앞에서 발표한다는 상상만 해도 배 속에서 폭풍이 치는 것처럼 속이 불편하다고요? 사람들 앞에서 발표하는 것보다 눈사태에 휘말리는 게 더 낫겠다고요?

발표 과제가 꼭 자연재해만큼 두려운 건 아니에요. 발표의 기본 원리는 보고서를 쓰는 것과 아주 비슷하죠. 발표를 하는 데는 두 가지 요소가 있어요. 원고 쓰기와 말로 전달하기예요. 발표용 원고를 쓸 때는 청중이 그 글을 읽는 것이 아니라 듣는다는 점을 염두에 두어야 해요. 다음 도움말을 따라 해 보면 어느새 발표 걱정을 잊게 될 거예요.

원고 쓰기

197쪽의 '완벽하고 훌륭한 보고서를 쓰는 법'을 참고하세요. 하지만 이번에는 글이 아닌 말로 해야 한다는 점을 기억해요.

문장을 짧고 간단하게 써요. 길고 복잡한 문장은 따라가기가 어렵거든요. 청중에게 몇 가지 핵심 요점만 전달하면 돼요. 너무 많은 정보를 욱여넣으면 듣는 사람이 부담스러울 거예요. 가장 효과적인 방법은 말하고 싶은 요점을 서론에 넣고, 본론에서 요점을 자세히 설명한 다음, 결론에서 요점을 다시 반복하는 거예요.

발표용 원고가 갖추어야 할 세 가지 기본 요소

- **서론:** 청중의 주의를 끌고 여러분이 발표하는 주제에 관심을 집중시킬 기회예요. 재미있는 경험담이나 극적인 이야기를 활용하거나, 흥미로운 질문을 맨 처음에 던져도 좋아요.
- **본론:** 원고에서 가장 긴 부분이에요. 여러분이 전달하고 싶은 사실과 아이디어를 보다 자세히 전해요. 중심이 되는 주제를 뒷받침힐 징보를 넣고 구체적인 사례와 설명으로 확장시켜요. 즉, 글로 쓴 보고서와 똑같은 원리로 발표용 원고를 정리해요. 명료하고 잘 짜여진 방식으로 생각을 나타내도록 하는 거예요.
- **결론:** 앞서 말한 여러 정보를 요약하고, 청중에게 전달하고 싶은 가장 중요한 요점을 마지막으로 강조해요.

말로 전달하기

1 연습이 완벽을 만든다. 연습, 연습! 연습만이 살 길이에요! 효과적으로 발표를 하려면 자신감과 열정, 에너지가 중요하죠. 그리고 최고의 방법은 연습이에요. 가족이나 친구에게 연습하는 걸 봐 달라고 부탁해서 발표가 어땠는지 물어봐요. 여러분이 전하려는 아이디어가 전달되었나요? 발표자가 지식이 풍부하고 자신감이 넘쳐 보였나요? 말하는 속도가 너무 느리거나 빠르다든지, 말소리가 너무 작거나 너무 크지는 않았나요? 연습을 되풀이할수록 주제에 대해 더 숙달하게 될 거예요. 그러면 쪽지에 적은 내용을 많이 보지 않고도 보다 편안하고 자신감 있게 발표할 수 있어요.

2 최대한 여러 가지를 활용한다. 가능한 한 창의력을 발휘해요. 영상이나 음성 파일, 슬라이드, 차트, 도표, 사진을 활용해요. 시각적인 자료가 있으면 듣는 사람의 감각을 자극해서 흥미를 돋우죠. 여러분이 전달하려는 요점을 강조하는 데도 도움이 돼요. 그리고 발표를 할 때는 일종의 연기를 한다고 생각해요. 조명을 받은 채 최대한 활동적으로 재미있게 발표하면 좋아요. 발표 과정을 즐기세요.

3 마음을 편안하게 안정시킨다. 누구나 많은 사람 앞에서 말할 때는 떨리기 마련이에요. 평범한 반응이죠. 하지만 발표 준비를 많이 할수록, 다시 말해 연구와 조사, 연습을 많이 할수록 자신감이 생길 거예요. 준비가 무엇보다 중요하죠. 설사 말을 더듬거나 실수를 해도 다시 생각을 가다듬어 계속해요. 완벽한 사람은 아무도 없어요. 그리고 아무도 여러분이 완벽할 것을 기대하지 않아요.

역사와 사실

이집트 아부심벨에 위치한 람세스 2세의
신전 내부에는 높이 10미터짜리
사암 기둥 조각상이 줄지어 있어요.

유적과 옛이야기

과거로 떠나는 세계 여행

쿠리온
장소: 키프로스
설립 시기: 기원전 13세기

이곳에 관한 멋진 사실: 쿠리온에 지어진 3,500석짜리 원형 극장은 364년에 지진이 이 도시를 휩쓸었을 때도 살아남았어요. 지금도 극장으로 쓰이고 있어요.

아유타야
장소: 태국
설립 시기: 약 1350년경

이곳에 관한 멋진 사실: 이곳은 17세기 말에 수십만 명이 살던 왕국, 시암의 수도였어요. 당시 전 세계에서 가장 큰 도시 중의 하나로 꼽혔어요.

자금성
장소: 중국
설립 시기: 1406년에서 1420년 사이

이곳에 관한 멋진 사실: 베이징에 위치하고, 면적이 72헥타르에 달하는 황제의 궁전이에요. 소문에 따르면 방이 9,999개도 넘으며 거의 500년 동안 24명의 중국 황제가 이곳에서 살았다고 해요.

역사와 사실

수백 년 전에는 지구가 어떤 모습이었는지 궁금하지 않나요? 지금부터 소개하는 놀라운 옛 유적들에 대해 알아봐요. 이곳을 방문한다면 마치 과거로 시간 여행을 떠나는 듯하겠지요!

파묵칼레

장소: 터키
설립 시기: 기원전 약 200년경

이곳에 관한 멋진 사실: 고대에 사람들은 따뜻한 물에 몸을 담그려고 이 온천 마을에 모여들었어요. 온천욕을 하면 건강이 좋아진다는 믿음이 있었죠. 오늘날에도 방문객들이 와서 물에 잠긴 고대의 기둥들을 구경하고 온천에 몸을 담가요.

팔렝케

장소: 멕시코
설립 시기: 약 500년경

이곳에 관한 멋진 사실: 고대 마야 문명의 도시로서 사원과 묘지를 비롯한 여러 건물이 모여 있어요. 놀라운 사실은 금속 도구나 짐을 나르는 동물, 심지어 수레도 쓰지 않고 건물을 지었다는 점이에요.

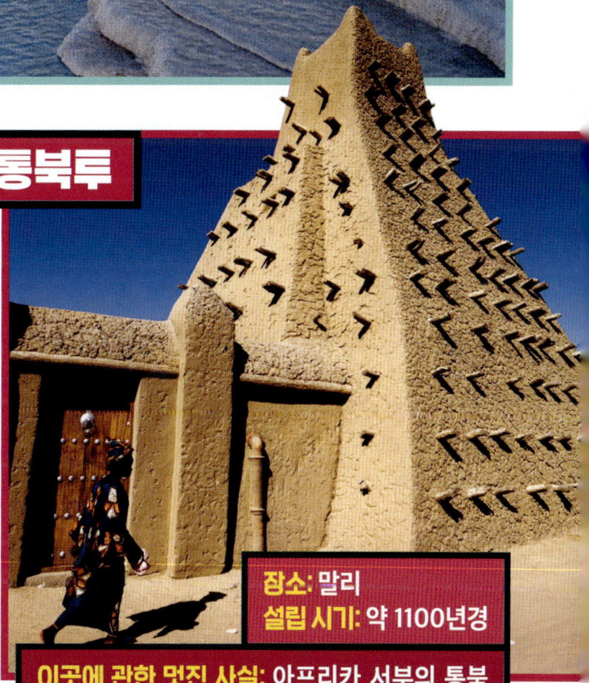

통북투

장소: 말리
설립 시기: 약 1100년경

이곳에 관한 멋진 사실: 아프리카 서부의 통북투는 한때 '금의 도시'라는 전설이 있었어요. 이곳은 15세기와 16세기에 배움과 문화의 중심이었고 오늘날까지 대학교가 자리해 있어요.

유적과 옛이야기

잃어버린 도시 폼페이

고대 문명을 땅속에 파묻어 버린 화산, 언제 다시 폭발할까?

사람이 붐비는 이탈리아 폼페이의 시장에 귀를 찢는 듯한 우르릉 쾅 소리가 울렸어요. 땅이 격렬하게 흔들렸어요. 한낮에 장을 보던 사람들은 중심을 잃었고, 진열되어 있던 생선과 고기가 쏟아졌죠. 사람들은 비명을 지르면서 북적거리는 도시 가까이에 불쑥 솟은 거대한 화산, 베수비오산을 가리켰어요.

베수비오산은 지난 2,000년간 조용했지만 이제 활동을 시작해 공중으로 재와 연기를 뿜어냈어요. 하룻밤 동안 도시 전체와 주민 대부분이 재와 용암에 깔려 사라졌죠.

그로부터 2,000년이 지난 지금, 과학자들은 베수비오산이 또다시 분화를 할 때가 지났다는 데 동의해요. 하지만 언제 폭발이 일어날지는 아무도 모르죠. 나폴리 근처에 사는 약 300만 명이 화산 분화의 영향을 받을 거예요. 분명 아주 많은 사람들의 목숨이 위험하겠죠.

하늘이 무너지다

1748년에 시작된 화석 발굴이 지금껏 이어진 덕분에, 과학자들은 기원후 79년의 그날에 폼페이에서 벌어진 일을 거의 정확히 재현할 수 있어요.

"먼지가 잔뜩 끼어서 모든 게 검게 보였죠." 폼페이 전문가인 고고학자 앤드루 월리스해드릴은 이렇게 설명해요. "사람들이 해를 보지 못할 정도였어요. 모든 지형지물이 사라졌죠. 그래서 사람들은 자기가 어디로 가고 있는지 알 도리가 없었어요."

몇몇 사람들은 귀중한 돈과 보석만 움켜쥔 채 살기 위해 뛰었어요. 자기 집에서 피신할 곳을 찾기도 했죠. 하지만 화산 폭발의 잔해가 떨어져 어떤 곳에는 거의 2.7미터 높이로 쌓였고, 집의 출입구가 막히고 지붕이 깎여 내려갔어요.

자정쯤 되자 화산재와 부석, 암석 덩어리, 유독한 화산 가스로 이뤄진 아주 뜨거운 화산 쇄설물이 산기슭을 타고 흘러 내려왔어요. 총 네 번의 분출 중 처음이었지요. 분출물은 최대 시속 290킬로미터의 속도로 폼페이를 덮쳐 모든 것을 태워 버렸어요. 분화가 일어나고 18시간이 지난 아침 7시쯤 되자 마지막 분출물이 도시를 파묻었어요.

역사와 사실

오늘날 수백만 명의 관광객이 폼페이 유적을 방문하고 있어요. 사진 속 광장도 사람들이 자주 찾는 곳이에요.

기원후 79년 베수비오산이 폭발하던 날 폼페이 광장의 모습을 재현한 그림이에요. 이 광장은 사람들이 모이는 중심이었어요.

잃은 것과 발견한 것

오늘날 폼페이 유적을 방문하는 것은 시간을 거슬러 올라가는 여행과 비슷해요. 온 도시를 뒤덮은 화산재 층 덕분에 당시의 건물, 예술품, 심지어 사람들의 시신까지 보존되었어요. "마치 손만 뻗으면 고대 세계에 닿을 수 있을 듯한 기분이 들 겁니다." 월리스 해드릴이 설명해요.

사람들이 살던 집 부엌에는 난로 위에 냄비가 놓여 있고 오븐에 빵 덩어리가 까맣게 탄 채 남아 있어요. 좁은 골목을 따라가 보면 잘 꾸민 정원과 분수, 모자이크, 타일로 벽과 바닥을 장식한 멋진 저택이 나와요.

폭발을 알려 주는 신호

폼페이의 멸망은 먼 옛날 얘기일 수도 있어요. 하지만 어쩌면 이런 재난이 다시 닥칠지도 몰라요. 다행히도 오늘날 베수비오산 근처에 사는 사람들은 화산이 혹시 폭발한다 해도 그 전에 대피 신호를 받을 거예요.

과학자들은 베수비오산의 지표면에 움직임이나 지진이 없는지, 특정 기체의 농도가 높아지지 않았는지 꼼꼼히 살펴봐요. 화산 분화가 가까워진다는 신호거든요. 이탈리아 정부 역시 자연재해가 닥치면 주민들을 대피시킬 계획을 세우고 있어요.

무시무시한 모형

여러 희생자들이 사망하는 순간이 화산재로 인해 그대로 남았어요. 시신이 썩으면서 생긴 구멍이 단단하게 굳은 재 안쪽에 남아 있어요. 과학자들은 이 구멍에 석고를 부어서 희생자들의 모습을 그대로 되살려 냈어요.

유적과 옛이야기

10가지 중국 만리장성에 대한 대단한 사실

일꾼들은 그 지역의 흙을 사용해 장벽을 쌓을 벽돌을 만들었어요. 흙을 물과 섞은 다음 최대 15시간 동안 가마에서 구웠죠.

13세기에 몽골의 칭기즈 칸은 역사상 최초로 (그리고 유일하게) 군사를 이끌고 만리장성을 공격해 부수었어요.

중국 북쪽의 침입자들을 막기 위해 만들어진 장벽으로 **거의 2,000년 넘게 서 있었어요.**

매년 약 **1,000만 명**이 만리장성을 방문해요.

만리장성 꼭대기에서 평지까지 바닥이 편평한 썰매인 **터보건을 타고** 미끄러져 내려갈 수 있어요.

역사와 사실

찹쌀가루를 섞어 만든 끈끈한 모르타르를 써서 벽돌들을 잘 붙이고 장벽을 튼튼하게 만들었어요.

*모르타르: 벽돌을 쌓을 때 단단히 굳히기 위해 쓰는 회반죽.

장벽의 감시탑에서 근처를 지켜보던 병사들은 적이 다가오면 **연기를 피워** 경고 신호를 보냈어요.

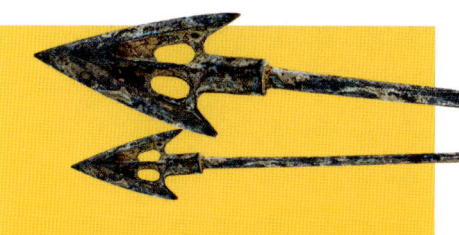

궁수들은 몸을 숨기고 감시탑의 **특별한 구멍**을 통해 **화살**을 쏘았어요.

만리장성의 특정 구역에서는 허락을 받고 캠핑을 할 수 있어요.

만리장성의 전체 길이는 **6,350킬로미터**나 되어요. 아마존강 길이와 비슷해요.

유적과 옛이야기

해적이다!

역사상 바다에서 가장 무시무시했던 세 명의 해적을 만나 봐요.

영차, 영차! 앗! 수평선에 해골과 뼈다귀가 그려진 깃발을 휘날리는 수상쩍은 배가 나타났어요! 배를 발견한 18~19세기의 선원들은 달갑지 않은 반응이에요. 해골 깃발은 해적선을 뜻했으니까요. 재빠른 데다 대포를 장착한, 아마도 해적들이 탔을 해적선과 만나면 선장들이 선택할 수 있는 길은 두 가지뿐이었죠. 돛을 내리고 항복하거나, 방향을 돌려 도망치는 것.

해적들의 인생은 영웅적인 모험담과는 거리가 멀었어요. 배를 타는 동안 음식은 형편없고 선실은 비좁았으며 동료 선원들은 냄새가 지독했고 허리케인을 수시로 마주쳤죠. 그래도 몇몇 해적들은 꽤 성공을 거뒀어요. 주변에서는 이들을 결코 마주치고 싶지 않아 공포에 떨었어요. 역사상 가장 유명했던 해적들에 대해 알아봐요.

레이철 월

활동한 장소와 시기 미국 뉴잉글랜드 해안, 1700년대 후반

레이철 월과 남편 조지는 함께 일하며 대서양 메인주 연안의 작은 섬들에서 해적질을 했어요. 폭풍이 지나가고 나면 범선을 멈추고 조난 신호기를 높이 달았죠. 지나가던 사람들이 도와 달라는 레이철의 비명을 듣고 가까이 다가오면 강도짓을 하거나 더 심한 범죄를 저질렀어요. 그렇게 레이철과 조지는 두 해 여름에 걸쳐 해적 활동을 벌인 결과 최소 24명을 죽이고 현금 6,000달러를 비롯해 가치가 알려지지 않은 여러 귀중품을 빼앗았죠. 그런 다음 바닷가에 떠내려 온 것을 주웠다고 하면서 전리품을 팔았어요.

최후의 운명 결국 레이철은 법의 심판을 받았어요. 1789년에 미국 매사추세츠주에서 교수형을 당했는데, 레이철은 매사추세츠주에서 마지막으로 교수형을 받은 여성으로 기록되었어요.

역사와 사실

정일수

활동한 장소와 시기 남중국해, 1801~1810년

정일수는 거의 2,000척의 해적선을 거느렸어요. 정부인이라고도 불렸던 정일수는 유명한 해적과 결혼하여 범죄의 세계에 발을 들였죠. 남자와 여자, 심지어 아이들까지 포함한 8만 명 넘는 해적이 정일수의 지시를 받아 움직였어요. 이들은 온갖 방법으로 전리품과 돈을 뜯었죠. 다른 해적으로부터 지켜 준다는 명목으로 돈을 요구하거나, 지나가는 배를 공격하거나, 사람을 납치하고 몸값을 달라고 했어요. 정일수는 부하들이 가져온 잘린 머리 개수에 따라 보수를 지급한 것으로 유명해요(어이쿠!).

최후의 운명 모든 나라에서 정일수의 범죄를 막으려고 애썼지만 실패로 돌아갔어요. 정일수가 해적 일에서 은퇴하고 두 번째 직업으로 밀수*를 하기 시작했다는 소문도 돌았죠. 어쨌든 정일수는 69세의 나이로 편안하게 죽음을 맞았어요.

*밀수: 정부 몰래 물건을 사고파는 것.

검은 수염

활동한 장소와 시기 북아메리카 동부 해안과 카리브해, 1713~1718년

검은 수염의 진짜 이름을 아는 사람은 아무도 없어요. 역사가들은 에드워드 티치일지도 모른다고 해요. 어쨌든 검은 수염은 역사상 가장 유명한 해적이에요. 처음에는 검은 수염에게 영국 정부가 적의 함선을 공격해 가진 것을 빼앗도록 시켰어요. 합법적인 해적이었지요.
그러다가 1713년에 정부의 지시를 받는 일을 그만두고 제대로 해적 일을 했죠. 검은 수염은 또 다른 해적에게서 받은 프랑스 선박을 타고 카리브해를 돌아다녔고, 배에 대포를 장착한 다음 '앤 여왕의 복수'라고 이름 붙였어요. 검은 수염은 권총과 칼을 가슴에 차고, 불을 붙여 연기가 나는 대포의 도화선을 자기 수염에 매달아 적에게 겁을 주었어요. 전설에 따르면 검은 수염은 자기가 훔친 보물을 어딘가에 숨겨 두었다고 하는데…. 아직까지 발견되지 않았어요.

최후의 운명 해적 일을 하고 몇 년이 지나 검은 수염은 영국 해군에게 붙잡혔어요. 처형으로 잘린 머리는 배에 걸렸지요. 해적이 되려는 자들에게 이런 범죄를 저지르지 말라고 본보기를 보인 거예요.

수수께끼와 미스터리

전사들의
역사상 가장 무시무시했던 전사들이

여성을 위한 복장

예전에는 전쟁이 대부분 남자의 일로 여겨졌지만, 몇몇 유명한 여성들은 전쟁터로 달려 나가 아군에 승리를 안겨줬어요. 왕족이든 아니든 마찬가지였어요. 전쟁터에 나간 여성의 이야기는 그렇게 많이 알려지지 않았어요. 그래도 전쟁터에서 용감하게 싸웠던 몇몇 여성들에 대해 알아봐요.

남녀 모두를 위한 갑옷

몇몇 역사학자들은 왕족 여성들이 남성과 똑같은 장비를 갖추고 전쟁터에 나갔다고 생각해요. 아마도 중세의 쇠사슬 갑옷을 입었을 것이라 여겨지죠. 금속으로 만든 갑옷으로 팔과 몸통, 허벅지를 덮는 거예요.

신화 속 갑옷

미네르바

로마 신화에서 여성과 전쟁을 담당하는 여신 미네르바는 갑옷을 입은 모습으로 묘사돼요. 신화에 따르면 미네르바의 아버지 유피테르는 배 속의 아이가 자라면 자기를 이길 것이라는 예언을 듣고 임신한 아내를 삼켰다고 해요. 그래도 미네르바는 결국 유피테르의 몸속에서 탈출했어요. 갑옷을 갖춰 입은 채 아버지와 싸울 준비를 마친 상태로 태어났지요.

여성용 갑옷의 수수께끼

비록 옛 그림에 금속 갑옷을 입은 여성들이 종종 등장하기는 하지만, 그 묘사가 얼마나 정확한지는 아무도 몰라요. 그 말은 옛날에 여성들이 정확히 어떤 갑옷을 입었는지 지금까지 수수께끼로 남아 있다는 뜻이죠. 하지만 역사가들에 따르면 전쟁터에서 여성들은 남성과 거의 같은 복장을 입었다고 해요. 16세기에 영국 귀족들이 입었던 복장, 바로 위 사진의 차림과 비슷했을 것이라 여겨요.

기사가 되다

1149년, 침략자들이 에스파냐의 토르토사에 쳐들어오자 그 지역 여성들은 남자 옷을 급히 입고 적을 물리치러 나갔어요. 그 소식을 듣고 감명받은 에스파냐 왕 라몬 베렝게르 4세는 아트체트 훈장을 만들어 이 여성들에게 기사와 비슷한 권리를 주었어요. 세금을 내지 않아도 되는 권리도 주었지요.

맞춤형 갑옷

잔다르크는 역사상 가장 유명한 전사로 꼽혀요. 15세기에 프랑스의 왕 샤를 7세는 군대를 이끄는 장군 잔다르크에게 완벽하게 맞는 갑옷을 만들어 선물했어요.

자세한 내용이 궁금하다면 이 책을 찾아보세요.

역사와 사실

전투복
전쟁터에서 입고 걸쳤던 것들

금속투성이 갑옷

기사가 된다고 하면 어딘가 멋져 보이지만 갑옷을 입는 과정은 그렇지 않았어요. 기원전 3세기 경에 발명된 쇠사슬 갑옷은 화살로부터 몸을 지키기 위해 누비 직물 위에 금속 고리를 얽어서 두 겹으로 만들었죠. 13세기 후반에 발명된 판금 갑옷은 무거운 데다 밖을 내다보기가 어려웠어요. 하지만 가죽옷 위로 강철 띠를 둘렀기 때문에 심한 타격을 받아도 몸을 지키며 움직일 수 있었죠. 어떤 갑옷이 몸을 더 잘 보호했을까요? 아마 사진처럼 두 가지를 조합한 갑옷일 거예요.

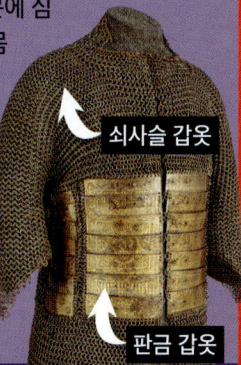

쇠사슬 갑옷

판금 갑옷

남성과 **동물**을 위한 복장

전쟁터에서는 튼튼한 갑옷을 입었는지 아닌지가 삶과 죽음을 갈랐어요. 좋은 갑옷을 입은 사람은 다양한 무기로부터 몸을 지키면서도 어렵지 않게 움직였죠. 역사적으로 왕과 군인들이 어떤 갑옷을 입었는지 살펴봐요.

예술적인 갑옷

오늘날 일본의 사무라이는 일본도라는 긴 칼을 들고 싸운 것으로 유명해요. 또 헤이안 시대(794~1185년)에 사무라이들이 입었던 갑옷도 꽤 유명하죠. '요로이(대개)'라 불린 사무라이 갑옷은 칼날이나 화살로부터 몸을 지키도록 금속과 가죽으로 만들었어요. 카부토(헬멧)와 멘포(얼굴에 쓰는 것), 팔다리를 감싸는 장비를 포함한 여러 조각으로 구성되었죠. 몇몇 갑옷은 아주 아름답게 장식되어 있어 오늘날 예술 작품으로 여겨져요.

재규어 전사들

1345년부터 1521년까지 멕시코 중부 지방을 통치했던 아스테카 왕국은 '오셀로틀'이라는 전사 집단이 유명해요. 오셀로틀은 '재규어'를 뜻해요. 이 재규어 전사들은 싸움터에서 갑옷을 갖춰 입은 다음 이름에 걸맞은 상징물을 걸쳤어요. 예컨대 재규어 머리처럼 생겨서 이빨 아래쪽으로 밖을 내다볼 구멍이 뚫린 투구를 썼지요. 가끔은 진짜 재규어 가죽으로 만든 망토를 걸치기도 했고요. 전사의 용감함을 드러내기 위한 복장이었다고 여겨져요.

재규어 전사를 묘사한 16세기의 조각상

동물들에게 입히는 갑옷

역사를 살펴보면 병사들과 전쟁터에 나서는 동물들도 갑옷을 입곤 했어요. 말은 물론이고 가끔 코끼리도 갑옷을 입었죠. 오늘날의 인도 지역에서 12세기부터 전쟁에 동원됐던 코끼리는 무게가 159킬로그램도 넘는 금속 갑옷을 멋지게 차려입었어요. 코끼리의 상아에 금속제 무기를 올려두는 '상아 칼'로 치장하기도 했죠. 궁수들이 앉아서 적군을 향해 화살을 쏠 수 있도록 코끼리 등에 안장을 얹고 마차에 묶기도 했어요.

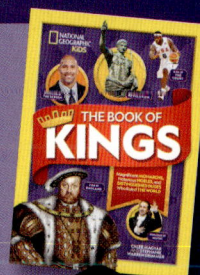

더 많은 정보는 이 책에 있어요!

수수께끼와 미스터리

런던탑에 대한 7가지 흥미로운 사실들

런던탑은 궁전이었기 때문에 일단 살기에 좋아요. 하지만 감옥이기도 했으니 좋은 것만은 아니죠. 꽤 많은 **죄수**들이 목숨을 잃은 곳이니까요. 이곳에서 거의 1,000년 동안 많은 일이 일어났어요. 오늘날 많은 **관광객**이 영국에 찾아와 런던탑을 탐방하죠. 런던탑이 어째서 한번쯤 방문할 만한 **멋진 장소**인지 **7가지 이유**를 꼽을 수 있어요. (물론 여러분이 죄수가 아니라면 말이에요.)

① 까마귀는 이곳의 슈퍼 히어로예요.
전설에 따르면 런던탑에 사는 **까마귀**들이 이곳을 떠나면 탑이 허물어지고, 잉글랜드에 **재난**이 닥칠 거라고 해요. 이 까마귀들이 맨 처음 언제 등장했는지는 아무도 모르지만, **찰스 2세**는 이 전설을 심각하게 받아들인 나머지 **1670년대**에 까마귀 여섯 마리가 이곳에 항상 있어야 한다고 명령했어요. 그 여섯 마리는 오늘날에도 런던탑에 있어요. 만일을 대비해 **예비용**으로 몇 마리가 더 있죠.

② 여러분이 런던탑에 산다면 아마 부모님이 런던탑 관리인일 거예요.
현재 35명의 **관리인**과 그들의 가족이 런던탑에 살고 있어요. 1509년부터 왕의 **경호원**들이 살았고 오늘날에는 관광객들에게 런던탑을 안내하며 관리하고 있죠. 관리인은 '**고기 먹는 사람**'이라는 별명으로 불렸어요. 아마 한때 **왕의 식탁**에 오르는 소고기를 맛볼 수 있었기 때문일 거예요.

③ 밤에는 비밀 암호가 필요해요.
'**단어**'라고 불리는 이 암호는 **24시간마다** 바뀌어요. 개장 시간이 지난 뒤, 런던탑에 들어가려면 **꼭 알아야** 해요. 종이쪽지에 **적혀 있는데** 밤에 순찰 도는 **관리인**에게 건네면 돼요.

④ 유령을 볼 수도 있어요.
왕비 앤 불린은 남편인 **헨리 8세**의 명령으로 처형되어 **머리가 없는** 유령의 모습으로 떠돌아다닌다고 해요. 이곳의 한 건물은 **유령 들린 장소**로 유명해서 개들도 들어가지 않으려 하죠.

역사와 사실

⑤ 보석이 많아요.
영국 왕권을 상징하는 **보석들**은 아직도 런던탑의 **보석 방**에 있어요. 수백 년 전의 왕관, 예복, 보석, 왕홀을 멋지게 전시하고 있죠. **왕실의 수집품**에는 **다이아몬드**, 사파이어, 루비를 비롯한 보석이 **2만 3,500개 넘게** 포함돼요.

⑥ 죄수가 탈옥할까 걱정하지 않아도 돼요.
런던탑은 경비가 삼엄해서 지금까지 **탈출 시도**는 고작 몇 번 성공했을 뿐이에요. 예컨대 1716년에는 남자가 **여자 옷**을 입고 몰래 탈출했죠. 또 1100년에는 한 죄수가 교도관들에게 요란한 **파티**를 열어 주고 탈출했어요. 이 죄수가 벽을 타고 나가 기다리던 **배**를 타고 도망쳤는데 아무도 몰랐죠.

⑦ 파묻힌 금을 찾게 될지도 몰라요.
1662년에 존 바크스테드라는 **금세공인**이 **4만 달러**어치의 훔친 금을 런던탑 부지 어딘가에 숨겼다고 추정해요. 그동안 많은 사람들이 이 **도난당한 금**을 찾으려 했지만 아무도 발견하지 못했죠.

국제적 분쟁

전쟁터 속으로

아주 오랜 옛날부터 서로 다른 나라와 지역, 문화권에서 사람들은 땅과 권력, 정치적인 견해 때문에 싸움을 벌였어요. 다음은 역사상 손꼽히는 큰 전쟁이에요.

1095~1291년 십자군 전쟁
중동에서 11세기에 시작해 거의 200년 동안 지속된 종교 전쟁이에요.

1337~1453년 백 년 전쟁
프랑스와 영국은 100년 이상 땅을 차지하기 위해 싸웠고, 결국 1453년에 프랑스가 영국을 몰아내어 끝났어요.

1754~1763년 프렌치 인디언 전쟁 (유럽 7년 전쟁의 일부)
영국과 프랑스가 북아메리카를 두고 9년간 싸웠어요.

1775~1783년 미국 독립 혁명
아메리카의 영국 식민지 13곳이 힘을 합쳐 영국 정부의 통치를 거부하고 아메리카 합중국(미국)을 세우고자 뭉쳤어요.

1861~1865년 미국 남북 전쟁
미국 북부의 주들과 남부의 주들 간에 다툼이 생기면서 전쟁으로 번졌어요. 남부의 주들은 독립해서 남부 연합을 이루고자 했죠. 남북 전쟁의 핵심적인 사안 가운데 하나는 노예 제도였어요.

1910~1920년 멕시코 혁명
멕시코 사람들이 독재자였던 대통령 포르피리오 디아스를 끌어내리고 민주주의 혁명을 이끌었어요.

1914~1918년 1차 세계 대전
오스트리아 대공 페르디난트가 세르비아의 애국주의자에 의해 암살당하면서 넓은 지역에 걸친 전쟁이 촉발되었어요. 독일이 영국 여객선 루시타니아호를 침몰시켜 120명 넘는 미국인이 사망한 뒤로는 중립국이었던 미국도 전쟁에 뛰어들었어요.

1918~1920년 러시아 내전
1917년 러시아 혁명에 이어 발발한 내전은 공산당인 적군과 외국 세력을 등에 업은 왕당파인 백군 사이의 갈등이었어요. 적군이 이기면서 1922년에 소비에트 연방(USSR, 소련)이 탄생했어요.

1936~1939년 에스파냐 내전
이탈리아와 독일의 도움을 받은 에스파냐 국가주의자들은 공산당의 지지를 받는 공화주의자들을 누르고 승리를 거뒀어요. 이 전쟁의 결과로 30만 명이 목숨을 잃었고 유럽에서 긴장감이 높아져 2차 세계 대전으로 이어졌어요.

1939~1945년 2차 세계 대전
유럽, 아시아, 북아프리카에서 벌어진 대규모 전쟁으로 여러 나라들이 연합국과 추축국이라는 양편으로 나뉘었지요. 1941년 미국 하와이 진주만에 폭탄

이 떨어진 후로 미국은 연합국의 편에서 전쟁에 참가했어요. 전쟁이 벌어지는 동안 5,000만 명 이상이 목숨을 잃었어요.

1946~1949년 중국 내전
'국공내전'이라고도 불리며 중국 공산당과 국민당이 맞서 싸운 전쟁이에요. 공산당이 승리를 거두었어요.

1950~1953년 한국 전쟁(6·25 전쟁)
소련을 뒤에 업은 북한의 공산주의 세력이 민주주의인 남한을 공격하면서 시작됐어요. 유엔에서 16개국이 연합해 남한을 돕고자 나섰죠. 1953년에 전쟁을 멈추는 휴전 협정이 체결되었어요.

1950년대~1975년 베트남 전쟁
중국의 지원을 받은 공산주의의 북베트남과 미국의 지원을 받은 남베트남 정부를 비롯한 다른 반공산주의 국가들 사이에 벌어진 전쟁이에요.

1967년 6일 전쟁
이스라엘과 이집트, 요르단, 시리아 사이에 생긴 영토 분쟁이에요. 그 결과 이스라엘은 그동안 탐냈던 가자 지구와 요르단강 서안 지구를 손에 넣었어요.

1991년~현재 소말리아 내전
이 전쟁은 20세기에 소말리아를 통치했던 독재자 모하메드 시아드 바레를 타도하기 위해 시작되었어요. 오랫동안 전쟁과 무정부 상태가 이어지고 있어요.

2001~2014년 아프가니스탄 전쟁
알카에다 테러 집단이 미국을 공격한 9·11 테러 사건 이후, 오사마 빈 라덴과 다른 알카에다 구성원을 찾고 탈레반을 해체하기 위해 40개국 이상이 연합해 아프가니스탄을 침공했어요. 2011년 미국의 비밀 작전을 통해 오사마 빈 라덴이 사살되었어요. 2003년부터 북대서양 조약 기구(NATO, 나토)에서 연합국의 전투를 통제하는 역할을 맡았어요. 이 임무는 2014년에 공식적으로 끝났어요.

2003~2011년 이라크 전쟁
미국이 이끌고 영국, 오스트레일리아, 스페인이 연합해 이라크를 공격하면서 벌어졌어요. 이라크가 대규모 살상 무기를 갖고 있다는 의구심 때문에 시작됐어요.

스파이 나무

이 사진이 우리를 1차 세계 대전의 한가운데로 데려다줄 거예요. 황량한 벌판에 우뚝 선 나무 한 그루는 몸통에 총알과 폭탄 파편이 마구 박혔고 잎도 떨어졌어요. 예전에는 나무도 잘 지냈을지도 모르죠. 그런데 자세히 들여다보면 살아 있는 나무가 아니에요. 철로 만들어진 모형이죠.

전쟁터에서는 적으로부터 유리한 위치를 차지하고자 극단적인 전략을 쓰는 것도 흔히 있는 일이에요. 스파이들의 비밀스러운 감시 초소로 활용할 가짜 나무들을 세우는 일도 그 전략에 포함돼요.

1차 세계 대전 당시 영국과 독일은 서로에게 스파이를 보내 이와 같은 방식으로 정보를 탐지했어요. 예술가들이 전쟁터의 실제 나무의 크기를 재고 스케치하고 사진을 찍은 다음, 강철로 겉은 진짜 같지만 속은 텅 빈 나무 모양 탑을 만들고 페인트칠을 해서 완성했어요. 그런 다음 한밤중에 군인들이 진짜 나무들을 베어 내고 그 자리에 이 가짜 나무를 세웠죠. 다음 날 아침이면 군인 한 명이 이 위장용 탑 속에 숨어드는 거죠. 이런 스파이 나무는 적군이 어떤 움직임을 보이는지 바로 앞에서 관측하기에 완벽한 장소였어요.

세계의 지도자들

전 세계 195개 독립국에는 각각 지도자가 한 명 또는 그 이상 있어요. 대통령이든 국왕이나 총리든 이 지도자에게는 그 나라의 정치적, 경제적, 사회적 성장을 이끌 책임이 있지요.

몇몇 나라들은 한 명 이상의 지도자가 정부를 이끌어요. 보통 국무총리(총리)가 함께 하지요. 그 나라의 정부 형태에 따라 차이가 있어요.

이제 전 세계 각 나라의 지도자들과 그 명칭을 살펴볼 거예요. 북키프로스나 타이완처럼 논쟁이 있는 지역이나, 다른 나라에 속해 있는 버뮤다 제도, 그린란드, 푸에르토리코는 포함시키지 않았어요. 각 지도자들의 취임일은 맨 처음 임기를 기준으로 썼어요.

맨아래의 대륙별 색상 안내를 보면 각 나라가 어떤 대륙에 위치하는지 쉽게 알 수 있어요.

일러두기: 이 정보들은 2021년 10월이 기준이에요.

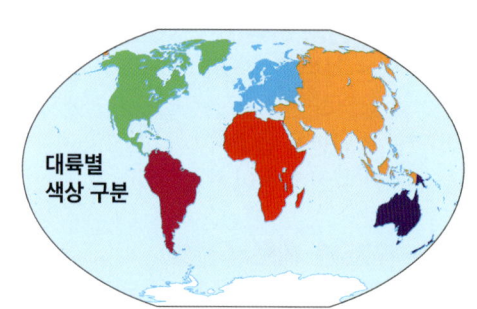

대륙별 색상 구분

가나
대통령: 나나 아쿠포아도
취임일: 2017년 1월 7일

가봉
대통령: 알리 봉고 온딤바
취임일: 2009년 10월 16일
총리: 호즈 크리스티안 오수까 하퐁다
취임일: 2020년 7월 16일

가이아나
대통령: 이르판 알리
취임일: 2020년 8월 2일

감비아
대통령: 아다마 바로우
취임일: 2017년 1월 19일

과테말라
대통령: 알레한드로 잠마테이
취임일: 2020년 1월 14일

그레나다
총독: 세실 라 그레나다
취임일: 2013년 5월 7일
총리: 키스 미첼
2013년 2월 20일

그리스
대통령: 에카테리니 사켈라로풀루
취임일: 2020년 3월 13일
총리: 키리아코스 미초타키스
취임일: 2019년 7월 8일

기니
대통령: 알파 콩데
취임일: 2010년 12월 21일
총리: 이브라히마 카소리 포파나
취임일: 2018년 5월 22일

기니비사우
대통령: 우마로 시소코 엠발로
취임일: 2020년 2월 27일
총리: 누노 고메스 나비암
취임일: 2020년 2월 27일

나미비아
대통령: 하게 게인고브
취임일: 2005년 3월 21일

하게 게인고브의 이름을 딴 럭비 경기장도 있어요.

나우루
대통령: 리오넬 아이기미
취임일: 2019년 8월 27일

나이지리아
대통령: 무하마두 부하리
취임일: 2015년 5월 29일

남수단
대통령: 살바 키르 마야르디트
취임일: 2011년 7월 9일

대륙별 색상 ● 아시아 ● 유럽 ● 아프리카

역사와 사실

남아프리카 공화국
대통령: 시릴 라마포사
취임일: 2018년 2월 15일

> 시릴 라마포사는 취미가 송어 낚시예요.

네덜란드
국왕: 빌럼 알렉산더르
즉위일: 2013년 4월 30일
총리: 마르크 뤼터
취임일: 2010년 10월 14일

네팔
대통령: 비디아 데비 반다리
취임일: 2015년 10월 29일
총리: 셰르 바하두르 데우바
취임일: 2021년 7월 13일

노르웨이
국왕: 하랄 5세
즉위일: 1991년 1월 17일
총리: 에르나 솔베르그
취임일: 2013년 10월 16일

> 에르나 솔베르그는 스트레스를 풀기 위해 아이패드로 게임을 해요.

뉴질랜드
총독: 신디 키로
취임일: 2021년 10월 21일
총리: 저신다 아던
취임일: 2017년 10월 26일

> 저신다 아던은 사과 농장에서 어린 시절을 보냈어요.

니제르
대통령: 모하메드 바줌
취임일: 2021년 4월 2일
총리: 우푸우두 마하마두
취임일: 2021년 4월 3일

니카라과
대통령: 다니엘 오르테가
취임일: 2007년 1월 10일

대한민국
대통령: 문재인
취임일: 2017년 5월 10일

덴마크
국왕: 마르그레테 2세
즉위일: 1972년 1월 14일
총리: 메테 프레데릭센
취임일: 2019년 6월 27일

도미니카 공화국
대통령: 루이스 아비나데르
취임일: 2020년 8월 16일

도미니카 연방
대통령: 찰스 A. 사바린
취임일: 2013년 10월 2일
총리: 루스벨트 스케릿
취임일: 2004년 1월 8일

독일
대통령: 프랑크발터 슈타인마이어
취임일: 2017년 3월 19일
총리: 앙겔라 메르켈
취임일: 2005년 11월 22일

여기는 **독일**이에요.

노이슈반슈타인성

● 북아메리카, 중앙아메리카   ● 남아메리카   ● 오세아니아

세계의 지도자들

동티모르
대통령: 프란시스쿠 구테흐스
취임일: 2017년 5월 20일
총리: 타우르 마탄 루악
취임일: 2018년 6월 22일

라오스
대통령: 통룬 시술리트
취임일: 2021년 3월 22일
총리: 판캄 비파반
취임일: 2021년 3월 22일

라이베리아
대통령: 조지 웨아
취임일: 2018년 1월 22일

라트비아
대통령: 에길스 레비츠
취임일: 2019년 7월 8일
총리: 아르투르스 크리스야니스 카린스
취임일: 2019년 1월 23일

러시아
대통령: 블라디미르 푸틴
취임일: 2012년 5월 7일
연방 총리: 미하일 미슈스틴
취임일: 2020년 1월 16일
참고: 러시아는 유럽과 아시아에 걸쳐 있지만, 수도가 유럽에 있어서 유럽 국가로 분류했어요.

> 블라디미르 푸틴은 매일 수영장 한 바퀴씩 수영하고 역기를 들어요.

레바논
대통령: 미셸 아운
취임일: 2016년 10월 31일
총리: 공석
국회의장: 나비흐 베리
취임일: 1992년 10월 20일

레소토
국왕: 레치에 3세
즉위일: 1996년 2월 7일
총리: 모에케치 마조로
취임일: 2000년 5월 20일

루마니아
대통령: 클라우스 요하니스
취임일: 2014년 12월 21일
총리 내정자: 니콜라이 치우카
발표일: 2021년 10월 22일

> 클라우스 요하니스는 전직 고등학교 물리 교사였어요.

룩셈부르크
대공: 앙리
즉위일: 2000년 10월 7일
총리: 그자비에 베텔
취임일: 2013년 12월 4일

> 앙리 대공은 국제 올림픽 위원회(IOC)의 위원이기도 해요.

르완다
대통령: 폴 카가메
취임일: 2000년 4월 22일
총리: 에두아르 응기렌테
취임일: 2017년 8월 30일

> 폴 카가메는 투치족으로서 처음 선출된 대통령이에요.

리비아
임시 총리: 압둘 하미드 드베이바
취임일: 2021년 3월 15일

리투아니아
대통령: 기타나스 나우세다
취임일: 2019년 7월 12일
총리: 잉그리다 시모니테
취임일: 2020년 11월 25일

리히텐슈타인
국왕(대공): 한스 아담 2세
즉위일: 1989년 11월 13일
총리: 아드리안 하슬러
취임일: 2013년 3월 27일

마다가스카르
대통령: 안드리 라주엘리나
취임일: 2019년 1월 21일
총리: 크리스티앙 은짜이
취임일: 2018년 6월 6일

마셜 제도
대통령: 데이비드 카부아
취임일: 2020년 1월 13일

대륙별 색상: ● 아시아 ● 유럽 ● 아프리카

역사와 사실

말라위
대통령: 라자루스 차퀘라
취임일: 2020년 6월 28일

말레이시아
국왕: 압둘라 이브니 술탄 아흐맛 샤
즉위일: 2019년 1월 24일
총리: 이스마일 사브리 야콥
취임일: 2021년 8월 20일

말리
임시 대통령: 아시미 고이타
취임일: 2021년 5월 24일
총리: 초구엘 코칼라 메이가
취임일: 2021년 6월 6일

멕시코
대통령: 안드레스 마누엘 로페스 오브라도르
취임일: 2018년 12월 1일

모나코
국가 원수: 알베르 2세
즉위일: 2005년 4월 6일
국무장관: 피에르 다투트
취임일: 2020년 9월 1일

모로코
국왕: 무함마드 6세
즉위일: 1999년 7월 30일
총리: 사아데딘 오스마니
취임일: 2017년 3월 17일

모리셔스
대통령: 프리트비라즈싱 루푼
취임일: 2019년 12월 2일
총리: 프라빈드 주그노트
취임일: 2017년 1월 23일

모리타니
대통령: 무함마드 울드 가즈와니
취임일: 2019년 8월 1일
총리: 무함마드 오울드 빌랄
취임일: 2020년 8월 6일

모잠비크
대통령: 필리프 뉴시
취임일: 2015년 1월 15일
총리: 카를루스 아고스티뉴 두 로자리우
취임일: 2015년 1월 17일

마다가스카르에 오신 걸 환영해요.

바오밥나무 길

● 북아메리카, 중앙아메리카 ● 남아메리카 ● 오세아니아

세계의 지도자들

몬테네그로
대통령: 밀로 주카노비치
취임일: 2018년 5월 20일
총리: 즈드라브코 크리보카피치
취임일: 2020년 12월 4일

> 밀로 주카노비치는 농구를 무척 좋아한다고 해요.

몰도바
대통령: 마이야 산두
취임일: 2020년 12월 24일
총리: 나탈리아 가브릴리타
취임일: 2021년 8월 6일

몰디브
대통령: 이브라힘 무함마드 솔리
취임일: 2018년 11월 17일

몰타
대통령: 조지 벨라
취임일: 2019년 4월 3일
총리: 로버트 아벨라
취임일: 2020년 1월 13일

몽골
대통령: 우흐나 후렐수흐
취임일: 2021년 7월 10일
총리: 롭상남스랭 어용에르덴
취임일: 2021년 1월 27일

> 우흐나 후렐수흐는 오토바이를 아주 좋아해요.

미국
대통령: 조 바이든
취임일: 2021년 1월 20일

미얀마
대통령: 윈 민
취임일: 2018년 3월 30일

미크로네시아
대통령: 데이비드 파누엘로
취임일: 2019년 5월 11일

바누아투
대통령: 탈리스 오벳 모지스
취임일: 2017년 7월 6일
총리: 밥 러프먼
취임일: 2020년 4월 20일

바레인
국왕: 하마드 빈 이사 알할리파
즉위일: 1999년 3월 6일
총리: 살만 빈 하마드 알할리파
취임일: 2020년 11월 11일

> 하마드 빈 이사 알할리파는 아버지로부터 왕위를 물려받았어요.

바베이도스
총독: 샌드라 메이슨
취임일: 2018년 1월 8일
총리: 미아 모틀리
취임일: 2018년 5월 25일

바티칸 시국
교황: 프란치스코
취임일: 2013년 3월 13일
국무원장: 피에트로 파롤린
취임일: 2013년 10월 15일

> 프란치스코 교황은 탱고 춤을 좋아해요.

바하마
총독: 코넬리우스 A. 스미스
취임일: 2019년 6월 28일
총리: 필립 데이비스
취임일: 2021년 9월 17일

방글라데시
대통령: 압둘 하미드
취임일: 2013년 4월 24일
총리: 셰이크 하시나
취임일: 2009년 1월 6일

베냉
대통령: 파트리스 탈롱
취임일: 2016년 4월 6일

베네수엘라
대통령: 니콜라스 마두로
취임일: 2013년 4월 19일

베트남
공산당 서기장: 응우옌 푸 쫑
취임일: 2018년 10월 23일
국가 주석: 응우옌 쑤언 푹
취임일: 2016년 4월 7일

대륙별 색상: ● 아시아 ● 유럽 ● 아프리카

역사와 사실

벨기에
국왕: 필리프
즉위일: 2013년 7월 21일
총리: 알렉산더르 더크로
취임일: 2020년 10월 1일

벨라루스
대통령: 알렉산더 루카셴코
취임일: 1994년 7월 20일
총리: 로만 골롭첸코
취임일: 2020년 6월 4일

벨리즈
총독: 콜빌 노버트 영
취임일: 1993년 11월 17일
총리: 존 브리세뇨
취임일: 2020년 11월 12일

보스니아 헤르체고비나
대통령 위원회: 밀로라드 도디크, 셰피크 자페로비치, 젤코 콤시치
취임일: 2018년 11월 20일
각료이사회 의장: 조란 테겔티야
취임일: 2019년 12월 5일

보츠와나
대통령: 모퀘에치 마시시
취임일: 2018년 4월 1일

볼리비아
대통령: 루이스 아르세
취임일: 2020년 11월 8일

부룬디
대통령: 에바리스트 은다이시미예
취임일: 2020년 6월 18일

부르키나파소
대통령: 로슈 마르크 크리스티앙 카보레
취임일: 2015년 12월 29일
총리: 크리스토프 다비레
취임일: 2019년 1월 24일

부탄
국왕: 지그메 케사르 남기엘 왕축
즉위일: 2006년 12월 14일
총리: 로테이 체링
취임일: 2018년 11월 7일

> **부탄의 왕**에 대한 공식 명칭은 '드루크갤포'이고 용왕이란 뜻이에요.

북마케도니아
대통령: 스테보 펜다로프스키
취임일: 2019년 5월 12일
총리: 조란 자에프
취임일: 2020년 8월 31일

북한
최고 지도자: 김정은
취임일: 2011년 12월 17일
최고인민회의 상임위원회 위원장: 최룡해
취임일: 2019년 4월 11일

불가리아
대통령: 루멘 라데프
취임일: 2017년 1월 22일
임시 총리: 스테판 야네프
취임일: 2021년 5월 12일

브라질
대통령: 자이르 보우소나루
취임일: 2019년 1월 1일

브루나이
국왕: 하사날 볼키아
즉위일: 1967년 10월 5일

사모아
국가 원수: 발레토아 수알라우비 2세
취임일: 2017년 7월 21일
총리: 투일라에파 아이오노 사일렐레 말리엘렝아오이
취임일: 1998년 11월 23일

> **발레토아 수알라우비 2세**는 전직 경찰관이었어요.

사우디아라비아
국왕: 살만 빈 압둘아지즈 알사우드
즉위일: 2015년 1월 23일

산마리노
공동 국가 원수(집정관 2명): 프란체스코 무소니, 자코모 시몬치니
취임일: 2021년 10월 1일

상투메 프린시페
대통령: 카를로스 빌라노바
취임일: 2021년 10월 2일
총리: 조르주 봉 제주스
취임일: 2018년 12월 3일

세계의 지도자들

세네갈
대통령: 마키 살
취임일: 2012년 4월 2일

> 마키 살은 정치에 입문하기 전에 지질학자로 일했어요.

세르비아
대통령: 알렉산다르 부치치
취임일: 2017년 5월 31일
총리: 아나 브르나비치
취임일: 2017년 6월 29일

세이셸
대통령: 와벨 람칼라완
취임일: 2020년 10월 26일

세인트루시아
총독: 에마누엘 네빌 세낙
취임일: 2018년 1월 12일
총리: 필립 J. 피에르
취임일: 2021년 7월 28일

세인트빈센트 그레나딘
총독: 수잔 도간 니 라이언
취임일: 2019년 8월 1일
총리: 랄프 곤살베스
취임일: 2001년 3월 29일

> 수잔 도간은 세인트빈센트 그레나딘의 첫 번째 여성 총독이에요.

세인트키츠 네비스
총독: 새뮤얼 W. T. 시턴
취임일: 2015년 9월 2일
총리: 티모시 해리스
취임일: 2015년 2월 18일

소말리아
대통령: 마하메드 압둘라히 '파마조' 마하메드
취임일: 2017년 2월 8일
총리: 무함마드 후세인 로블
취임일: 2020년 9월 27일

솔로몬 제도
총독: 데이비드 부나기
취임일: 2019년 7월 8일
총리: 머내시 소가바레
취임일: 2019년 4월 24일

수단
대통령: 공석
주권위원회 위원장: 압델 파타흐 알부르한 압둘라만
취임일: 2019년 8월

수리남
대통령: 찬 산톡히
취임일: 2020년 7월 16일

스리랑카
대통령: 고타바야 라자팍사
취임일: 2019년 11월 18일

> 고타바야 라자팍사의 형도 대통령으로 일한 적이 있어요.

스웨덴
국왕: 칼 구스타프 16세
즉위일: 1973년 9월 19일
총리: 스테판 뢰벤
취임일: 2014년 10월 3일

> 스테판 뢰벤은 15년 동안 공장에서 용접공으로 일했어요.

스위스
연방평의회 의장(대통령): 기 파르믈랭
취임일: 2021년 1월 1일
연방평의회 구성원: 비올라 아메르트, 시모네타 좀마루가, 우엘리 마우러, 이냐치오 카시스, 알랭 베르세, 카린 켈러주터
취임일: 각각 다름

슬로바키아
대통령: 주자나 차푸토바
취임일: 2019년 6월 15일
총리: 에두아르드 헤게르
취임일: 2021년 4월 1일

슬로베니아
대통령: 보루트 파호르
취임일: 2012년 12월 22일
총리: 야네스 얀사
취임일: 2020년 3월 13일

시리아
대통령: 바샤르 알아사드
취임일: 2000년 7월 17일
총리: 후세인 아르누스
취임일: 2020년 8월 30일

대륙별 색상: ● 아시아 ● 유럽 ● 아프리카

역사와 사실

시에라리온
대통령: 줄리어스 마다 비오
취임일: 2018년 4월 4일

싱가포르
대통령: 할리마 야콥
취임일: 2017년 9월 14일
총리: 리셴룽
취임일: 2004년 8월 12일

아랍 에미리트
대통령: 칼리파 빈 자예드 알나얀
취임일: 2004년 11월 3일
총리: 무함마드 빈 라시드 알막툼
취임일: 2006년 1월 5일

아르메니아
대통령: 아르멘 사르키샨
취임일: 2018년 4월 9일
총리: 니콜 파쉬냔
취임일: 2018년 5월 8일

아르헨티나
대통령: 알베르토 앙헬 페르난데스
취임일: 2019년 12월 10일

법과 대학 교수였던 알베르토 페르난데스는 학생들에게 인기가 많아서 같이 사진을 찍으려고 줄을 설 정도였어요.

아이슬란드
대통령: 구드니 또르라시우스 요하네손
취임일: 2016년 8월 1일
총리: 카트린 야콥스도띠르
취임일: 2017년 11월 30일

구드니 요하네손은 자기가 할 수 있다면 파인애플 피자를 금지하고 싶다고 말한 적이 있어요.

아이티
대통령: 공석
총리: 아리엘 앙리
취임일: 2021년 7월 20일

싱가포르에서 엽서를 보내왔어요.

높이가 165미터에 이르는 대관람차인 싱가포르 플라이어 꼭대기에서 바라본 광경이에요.

● 북아메리카, 중앙아메리카　● 남아메리카　● 오세아니아

세계의 지도자들

아일랜드
대통령: 마이클 D. 히긴스
취임일: 2011년 11월 11일
총리: 미홀 마틴
취임일: 2020년 6월 27일

> 마이클 D. 히긴스는 시집을 4권 낸 **시인**이에요.

아제르바이잔
대통령: 일함 알리예프
취임일: 2003년 10월 31일
총리: 알리 아사도프
취임일: 2019년 10월 8일

아프가니스탄
대통령: 아슈라프 가니
취임일: 2014년 9월 29일

안도라
공동 국가 원수: 에마뉘엘 마크롱
취임일: 2017년 5월 14일
공동 국가 원수: 호안엔리크 비베스 이 시실리아
취임일: 2003년 5월 12일
집행이사회장(총리): 자비에 에스포트 자모하
취임일: 2019년 5월 16일

알바니아
대통령: 일리르 메타
취임일: 2017년 7월 24일
총리: 에디 라마
취임일: 2013년 9월 10일

알제리
대통령: 압델마지드 테분
취임일: 2019년 12월 12일
총리: 에이멘 벤압데라흐만
취임일: 2021년 6월 30일

앙골라
대통령: 주앙 마누엘 곤살베스 로렌수
취임일: 2017년 9월 26일

앤티가 바부다
총독: 로드니 윌리엄스
취임일: 2014년 8월 14일
총리: 개스턴 브라운
취임일: 2014년 6월 13일

> 로드니 윌리엄스는 **의사**이기도 해요.

에리트레아
대통령: 이사이아스 아페웨르키
취임일: 1993년 6월 8일

에스와티니
국왕: 음스와티 3세
즉위일: 1986년 4월 25일
총리: 클레오파스 들라미니
취임일: 2021년 7월 16일

> 음스와티 3세는 **18세의 나이**에 왕으로 즉위했어요.

에스파냐(스페인)
국왕: 펠리페 6세
즉위일: 2014년 6월 19일
총리: 페드로 산체스
취임일: 2018년 6월 2일

에스토니아
대통령: 케르스티 칼유라이드
취임일: 2016년 10월 10일
총리: 카야 칼라스
2021년 1월 26일

> 케르스티 칼유라이드는 에스토니아어 말고도 **영어, 핀란드어, 프랑스어, 러시아어**를 할 줄 알아요.

에콰도르
대통령: 기예르모 라소
취임일: 2021년 5월 24일

에티오피아
대통령: 사흘레워크 제우데
취임일: 2018년 10월 25일
총리: 아비 아흐메드 알리
2018년 4월 2일

> 사흘레워크 제우데는 에티오피아 최초의 **여성 대통령**이에요.

엘살바도르
대통령: 나입 부켈레
취임일: 2019년 6월 1일

대륙별 색상: ● 아시아 ● 유럽 ● 아프리카

역사와 사실

영국
국왕: 엘리자베스 2세
즉위일: 1952년 2월 6일
총리: 보리스 존슨
취임일: 2019년 7월 24일

예멘
대통령: 압드라부 만수르 하디
취임일: 2012년 2월 21일
총리: 마인 압둘말리크 사이드
취임일: 2018년 10월 15일

오만
술탄: 하이삼 빈 타리크 알사이드
즉위일: 2020년 1월 11일

오스트레일리아(호주)
총독: 데이비드 헐리
취임일: 2019년 7월 1일
총리: 스콧 모리슨
취임일: 2018년 8월 24일

오스트리아
대통령: 알렉산더 판 데어 벨렌
취임일: 2017년 1월 26일
총리: 알렉산더 샬렌베르크
취임일: 2021년 10월 11일

온두라스
대통령: 후안 오를란도 에르난데스
취임일: 2014년 1월 27일

요르단
국왕: 압둘라 2세
즉위일: 1999년 2월 7일
총리: 비셔 알카사우네
취임일: 2020년 10월 7일

> 압둘라 2세는 드라마 「스타트렉: 보이저」에 단역으로 깜짝 출연하기도 했어요.

우간다
대통령: 요웨리 무세베니
취임일: 1986년 1월 26일

우루과이
대통령: 루이스 라카예 포우
취임일: 2020년 3월 1일

> 루이스 라카예 포우는 파도타기를 아주 좋아해요.

우즈베키스탄
대통령: 샤브카트 미르지요예프
취임일: 2016년 9월 8일
총리: 압둘라 아리포프
취임일: 2016년 12월 14일

우크라이나
대통령: 볼로디미르 젤렌스키
취임일: 2019년 5월 20일
총리: 데니스 슈미갈
취임일: 2020년 3월 4일

> 볼로디미르 젤렌스키는 예전에 여러 편의 영화에 출연했어요.

이라크
대통령: 바르함 살리흐
취임일: 2018년 10월 2일
총리: 무스타파 알카디미
취임일: 2020년 5월 7일

이란
최고 지도자: 아야톨라 알리 하메네이
취임일: 1989년 6월 4일
대통령: 에브라힘 라이시
취임일: 2021년 8월 5일

이스라엘
대통령: 이츠하크 헤르초그
취임일: 2021년 7월 7일
총리: 나프탈리 베네트
취임일: 2021년 6월 13일

이집트
대통령: 압델 파타 엘시시
취임일: 2014년 6월 8일
총리: 무스타파 마드불리
취임일: 2018년 6월 7일

이탈리아
대통령: 세르조 마타렐라
취임일: 2015년 2월 3일
총리: 마리오 드라기
취임일: 2021년 2월 13일

인도
대통령: 람 나트 코빈트
취임일: 2017년 7월 25일
총리: 나렌드라 모디
취임일: 2014년 5월 26일

● 북아메리카, 중앙아메리카 ● 남아메리카 ● 오세아니아

세계의 지도자들

인도네시아
대통령: 조코 위도도
취임일: 2014년 10월 20일

> 조코 위도도는 예전에 가구 제작자였어요.

일본
국왕: 나루히토
즉위일: 2019년 5월 1일
총리: 기시다 후미오
취임일: 2021년 10월 4일

자메이카
총독: 패트릭 앨런 경
취임일: 2009년 2월 26일
총리: 앤드루 홀니스
취임일: 2016년 3월 3일

잠비아
대통령: 에드거 룽구
취임일: 2015년 1월 25일

적도 기니
대통령: 테오도로 오비앙 응게마 음바소고
취임일: 1979년 8월 3일
총리: 프란시스코 파스쿠알 오바마 아수에
취임일: 2016년 6월 23일

조지아
대통령: 살로메 주라비슈빌리
취임일: 2018년 12월 16일
총리: 이라클리 가리바시빌리
취임일: 2021년 2월 22일

중국
국가 주석: 시진핑
취임일: 2013년 3월 14일
국무원 총리: 리커창
취임일 2013년 3월 16일

중앙아프리카 공화국
대통령: 포스탱아르캉주 투아데레
취임일: 2016년 3월 30일
총리: 피르민 은그레바다
취임일: 2019년 2월 25일

지부티
대통령: 이스마일 오마르 겔레
취임일: 1999년 5월 8일
총리: 압둘카데르 카밀 모하메드
취임일: 2013년 4월 1일

짐바브웨
대통령: 에머슨 담부조 음낭가과
취임일: 2017년 11월 24일

차드
임시 대통령: 마하마트 이드리스 데비
취임일: 2021년 4월 20일

> 마하마트 이드리스 데비는 전 대통령 이드리스 데비의 아들이에요.

체코
대통령: 밀로시 제만
취임일: 2013년 3월 8일
총리: 안드레이 바비시
취임일: 2017년 12월 13일

칠레
대통령: 세바스티안 피녜라
취임일: 2018년 3월 11일

카메룬
대통령: 폴 비야
취임일: 1982년 11월 6일
총리: 조지프 디온 은구테
취임일: 2019년 1월 4일

카보베르데
대통령: 조르주 카를로스 퐁세카
취임일: 2011년 9월 9일
총리: 율리시스 코헤이아 에 실바
취임일: 2016년 4월 22일

카자흐스탄
대통령: 카심조마르트 토카예프
취임일: 2019년 3월 20일
총리: 아스카르 마민
취임일: 2019년 2월 25일

카타르
국왕: 타밈 빈 하마드 알사니
즉위일: 2013년 6월 25일
총리: 칼리드 빈 칼리파 빈 압둘아지즈 알 타니
취임일: 2020년 1월 28일

캄보디아
국왕: 노로돔 시하모니
즉위일: 2004년 10월 29일
총리: 훈 센
취임일: 1985년 1월 14일

대륙별 색상 ● 아시아 ● 유럽 ● 아프리카

역사와 사실

캐나다
총독: 메리 사이먼
취임일: 2021년 7월 26일
총리: 쥐스탱 트뤼도
취임일: 2015년 11월 4일

> 쥐스탱 트뤼도와 그의 동생은 둘 다 크리스마스에 태어났어요.

케냐
대통령: 우후루 케냐타
취임일: 2013년 4월 9일

> 우후루 케냐타의 이름은 스와힐리어로 '자유'를 뜻해요.

코모로
대통령: 아잘리 아수마니
취임일: 2016년 5월 26일

코소보
대통령: 비오사 오스마니
취임일: 2020년 11월 5일
총리: 알빈 쿠르티
취임일: 2021년 3월 22일

> 비오사 오스마니는 세르비아어, 영어, 터키어를 할 줄 알아요.

코스타리카
대통령: 카를로스 알바라도 케사다
취임일: 2018년 5월 8일

> 38세의 나이에 당선된 카를로스 알바라도는 100년 넘는 코스타리카 역사상 가장 젊은 대통령이에요.

코트디부아르
대통령: 알라산 드라만 우아타라
취임일: 2010년 12월 4일
총리: 패트릭 아치
취임일: 2021년 3월 26일

안녕, **코스타리카**에서 인사를 전해요.

세발가락나무늘보

● 북아메리카, 중앙아메리카 ● 남아메리카 ● 오세아니아

세계의 지도자들

콜롬비아
대통령: 이반 두케 마르케스
취임일: 2018년 8월 7일

콩고
대통령: 드니 사수 응게소
취임일: 1997년 10월 25일
총리: 아나톨 콜리네 마코소
취임일: 2021년 5월 12일

콩고 민주 공화국
대통령: 펠릭스 치세케디
취임일: 2019년 1월 24일
총리: 장미셸 사마 루콘데 키엔게
취임일: 2021년 4월 26일

쿠바
대통령: 미겔 디아스카넬
취임일: 2019년 10월 10일
총리: 마누엘 마레로 크루스
취임일: 2019년 12월 21일

쿠웨이트
국왕: 나와프 알아흐마드 알자베르 알사바
즉위일: 2020년 9월 30일
총리: 사바흐 알칼리드 알하마드 알사바
취임일: 2019년 11월 19일

크로아티아
대통령: 조란 밀라노비치
취임일: 2020년 2월 18일
총리: 안드레이 플렌코비치
취임일: 2016년 10월 19일

키르기스스탄
대통령: 사디르 자파로프
취임일: 2021년 1월 28일
총리: 울루크베크 마리포프
취임일: 2021년 2월 3일

키리바시
대통령: 타네티 마마우
취임일: 2016년 3월 11일

키프로스
대통령: 니코스 아나스타시아데스
취임일: 2013년 2월 28일

타지키스탄
대통령: 에모말리 라흐몬
취임일: 1992년 11월 19일
총리: 코히르 라술조다
취임일: 2013년 11월 23일

> 에모말리 라흐몬은 아이가 9명이에요. 딸이 일곱, 아들이 둘이죠.

탄자니아
대통령: 사미아 술루후 하산
취임일: 2021년 3월 19일

> 사미아 술루후 하산은 탄자니아의 첫 번째 여성 대통령이에요.

태국
국왕: 마하 와치랄롱꼰(라마 10세)
즉위일: 2016년 12월 1일
총리: 쁘라윳 짠오차
취임일: 2014년 8월 25일

> 쁘라윳 짠오차는 대중가요를 작곡했어요.

터키
대통령: 레젭 타입 에르도안
취임일: 2014년 8월 28일

토고
대통령: 포레 나싱베
취임일: 2005년 5월 4일
총리: 빅투아르 토메가 도그베
취임일: 2020년 9월 28일

통가
국왕: 투포우 6세
즉위일: 2012년 3월 18일
총리: 포히바 투이오네토아
취임일: 2019년 9월 27일

투르크메니스탄
대통령: 구르반굴리 베르디무하메도프
취임일: 2007년 2월 14일

투발루
총독: 이아코바 이탈렐리
취임일: 2010년 4월 16일
총리: 카우사 나타노
취임일: 2019년 9월 19일

대륙별 색상: ● 아시아 ● 유럽 ● 아프리카

역사와 사실

튀니지
대통령: 카이스 사이에드
취임일: 2019년 10월 23일
총리: 공석

트리니다드 토바고
대통령: 폴라매 위크스
취임일: 2018년 3월 19일
총리: 키스 로울리
취임일: 2015년 9월 9일

> 키스 로울리는 화산을 연구하는 화산학자예요.

파나마
대통령: 라우렌티노 코르티소 코엔
취임일: 2019년 7월 1일

파라과이
대통령: 마리오 압도
취임일: 2018년 8월 15일

파키스탄
대통령: 아리프 알비
취임일: 2018년 9월 9일
총리: 임란 칸
2018년 8월 18일

파푸아 뉴기니
총독: 밥 다데
취임일: 2017년 2월 28일
총리: 제임스 마라페
취임일: 2019년 5월 30일

팔라우
대통령: 수랑겔 휩스 2세
취임일: 2021년 1월 21일

페루
대통령: 프란시스코 사가스티
취임일: 2020년 11월 17일

> 프란시스코 사가스티는 노래 6곡을 작사, 작곡했어요.

포르투갈
대통령: 마르셀루 헤벨루 드 소자
취임일: 2016년 3월 9일
총리: 안토니우 코스타
취임일: 2015년 11월 26일

폴란드
대통령: 안제이 두다
취임일: 2015년 8월 6일
총리: 마테우슈 모라비에츠키
취임일: 2017년 12월 11일

프랑스
대통령: 에마뉘엘 마크롱
취임일: 2017년 5월 14일
총리: 장 카스텍스
취임일 2020년 7월 3일

피지
대통령: 지오지 코노시 '조지' 콘로테
취임일: 2015년 11월 12일
총리: 프랭크 바이니마라마
취임일: 2014년 9월 22일

핀란드
대통령: 사울리 니니스퇴
취임일: 2012년 3월 1일
총리: 산나 마린
취임일: 2019년 12월 10일

> 사울리 니니스퇴는 핀란드 축구 연맹의 전직 회장이었어요.

필리핀
대통령: 로드리고 두테르테
취임일: 2016년 6월 30일

> 로드리고 두테르테는 정치를 하기 전에 검사로 일했어요.

헝가리
대통령: 아데르 야노시
취임일: 2012년 5월 10일
총리: 오르반 빅토르
취임일: 2010년 5월 29일

● 북아메리카, 중앙아메리카　● 남아메리카　● 오세아니아

더 알아보기

잠깐 퀴즈!

과거로 돌아가 이 역사 퀴즈의 답을 알아내 봐요!

답을 종이에 적은 뒤, 아래 정답과 맞추어 봐요.

① **참일까, 거짓일까?** 중세의 왕족 여성들은 남성과 같은 갑옷을 입었어요. (   )

② 중국에서는 만리장성의 벽돌을 쌓고 고정하는 데 _____를 사용했다.
   a. 찹쌀가루
   b. 풀
   c. 풍선껌
   d. 만두피 반죽

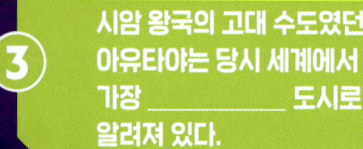

③ 시암 왕국의 고대 수도였던 아유타야는 당시 세계에서 가장 _____ 도시로 알려져 있다.
   a. 부자인
   b. 작은
   c. 높은
   d. 큰

④ **참일까, 거짓일까?** 로마 신화에 따르면 여신 베누스는 갑옷을 완전히 갖춰 입고 태어났어요. (   )

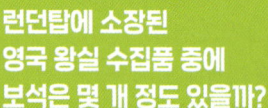

⑤ 런던탑에 소장된 영국 왕실 수집품 중에 보석은 몇 개 정도 있을까?
   a. 235개
   b. 2,350개
   c. 2만 3,500개
   d. 23만 500개

너무 쉽다고요?
다음 장에 나오는 **퀴즈**에도 도전해 봐요!

정답: ① 참, ② a, ③ a, ④ 거짓, 이 신화에서 비너스는 다 자란 어른으로 태어난 것이에요, ⑤ c

이렇게 해 봐요!
훌륭한 전기를 쓰는 법

역사와 사실

말랄라 유사프자이

전기란 한 사람의 삶을 이야기로 정리한 결과물이에요.
짧은 요약일 수도 있고 두꺼운 책 한 권일 수도 있죠. 전기 작가들은 다양한 자료를 참고해서 쓰려는 대상에 대해 배워요. 여러분도 흥미로운 유명인의 전기를 직접 써 보세요.

어떻게 시작할까

우선 흥미를 느끼는 주제를 선택해요. 예컨대 클레오파트라가 멋지다고 생각한다면 독자들도 충분히 흥미를 느끼도록 글을 쓸 수 있을 거예요. 반면에 고대 이집트를 지루해하면서 글을 쓴다면 독자도 첫 문단을 읽자마자 코를 골겠죠. 전기를 쓸 대상은 누구든 될 수 있어요. 작가, 발명가, 유명인, 정치가도 좋고 심지어 여러분 가족의 한 사람이어도 괜찮아요. 대상을 찾기 위해서 다음과 같은 간단한 질문 몇 개를 스스로 던져 봐요.
1. 내가 더 알고 싶은 사람이 누구인가?
2. 이 사람은 어떤 특별한 일을 했는가?
3. 이 사람은 어떻게 세상을 변화시켰는가?

조사하기
- 다양한 방법으로 전기를 쓸 대상에 대해 조사해요. 책이나 신문 기사, 백과사전을 훑어봐요. 영상 자료나 영화를 찾아보고 인터넷으로도 검색해요. 가능하면 직접 인터뷰를 하면 좋고요.
- 알아낸 중요한 정보나 흥미로운 이야기를 메모해요.

전기 쓰기
- 제목을 정해요. 전기 대상이 이름을 넣어서 지어요.
- 서문을 써요. 글의 주제 인물에 대해 자세한 질문을 던져요.
- 인물의 어린 시절에 대한 정보를 포함시켜요. 이 사람은 언제 태어났나요? 어디에서 자랐고, 누구를 존경했나요?
- 인물의 재능, 업적, 개인적인 특징을 강조해요.
- 인물의 삶을 바꿨던 특별한 사건에 대해서 기술해요. 이 사람은 결국 어떤 문제를 어떻게 극복했나요?
- 결론을 작성해요. 이 사람에 대해 알아 가는 게 중요한 이유에 대해 여러분의 생각대로 정리해요.
- 일단 초고를 완성하고 교정과 교열을 여러 번 거듭해요.

인권 운동가이자 최연소 노벨 평화상 수상자인 말랄라 유사프자이에 대한 **전기 예시문**이 여기 있어요. 물론 여러분 스스로 조사해서 쓸 내용이 훨씬 더 많이 있답니다!

말랄라 유사프자이

말랄라 유사프자이는 1997년 7월 12일 파키스탄에서 태어났어요. 말랄라의 아버지 지아우딘은 선생님이어서 딸이 훌륭한 교육을 받는 것을 우선시했죠. 말랄라는 학교를 좋아했고, 3개 국어를 배웠으며 학생으로 했던 경험으로 블로그를 운영하기도 했어요.
말랄라가 열 살이 될 무렵, 살던 지역을 탈레반이 점령했어요. 탈레반은 엄격한 무슬림 집단으로 여자들은 집에만 머물러야 한다고 여겼어요. 그래서 탈레반은 배움에 대한 열정을 숨기지 않고 드러내는 말랄라를 탐탁지 않게 생각했어요. 그러던 어느 날 말랄라는 학교에서 집으로 돌아오는 길에 탈레반이 보낸 무장 대원이 쏜 총에 머리를 맞았어요. 크게 다친 말랄라는 영국의 병원으로 옮겨졌어요.
말랄라는 총상에서 살아남았을 뿐 아니라 아주 잘 극복했어요. 자기 경험을 바탕으로 전 세계 모든 여자아이가 배움의 기회를 가져야 한다고 말하기 시작했죠. 말랄라의 노력은 전 세계의 주목을 끌었고 결국 말랄라는 2014년에 17세의 나이로 노벨 평화상을 탔어요. 가장 어린 나이에 이름 높은 상을 받은 거예요.
그리고 매년 7월 12일은 전 세계 '말랄라의 날'로 정해졌어요. 인권 문제에 대한 말랄라의 영웅적인 노력을 기리기 위해서죠.

칠레 파타고니아 지방의 토레스 델 파이네 국립 공원에 위치한 페호에 호수 위로 화강암 산봉우리가 솟아 있어요.

지도의 이해

국가로 본 세계

지구의 육지는 7개의 대륙으로 이루어지지만, 사람들은 대륙을 국가라고 하는 보다 작은 정치적인 단위로 나누어요. 예외가 있다면 하나의 국가로 이뤄진 오스트레일리아 대륙과 과학자들이 연구 목적으로 활용하는 남극 대륙이에요. 나머지 5개 대륙은 거의 200개나 되는 독립 국가로 이루어져요. 아래의 지도는 국가의 경계를 나눈 가상의 선을 보여 줘요. 미국과 캐나다 사이의 경계처럼 몇몇 국경은 여러 해 동안 분쟁이 없었어요.

*빈켈 트리펠 도법: 1913년 빈켈이 고안한 방식으로 면적이나 각도가 덜 일그러지기 때문에 세계 지도를 그릴 때 많이 이용한다.

세계의 지리

한편 아프리카 북동부의 수단과 남수단 사이의 국경은 비교적 최근에 만들어졌고 여전히 분쟁 중이에요. 국가들은 크기와 생김새가 다양해요. 러시아와 캐나다는 아주 크지만 엘살바도르나 카타르는 작아요. 남아메리카의 칠레처럼 길쭉하고 폭이 좁은 나라도 있어요! 또 아시아의 인도네시아와 일본처럼 여러 섬으로 이뤄진 나라들도 있죠. 아래의 지도는 지구가 정말 다양하고 멋진 곳이라는 사실을 알려 줘요.

더 자세히 살피려면 아시아 지도를 보세요.

타이완:
중국은 타이완을 자국의 23번째 성이라고 주장하고 있어요. 반면 타이완 정부는 별개의 두 국가를 유지하자고 주장해요.

*유럽 국가를 자세히 보려면 268~269쪽 지도를 참고하세요.

지도의 이해

지형으로 본 세계

지구는 대륙이라는 7개의 큰 땅덩어리와 그 사이를 잇는 대양으로 이뤄졌어요. 서로 연결된 대양은 여러 대륙에 의해 다섯 부분으로 나뉘죠. 지구 표면의 70퍼센트 이상이 대양이에요. 나머지가 육지에 해당하죠. 지형이 다른 덕분에 대륙의 지표면은 다양한 모습을 이루어요. 로키산맥은 북아메리카를 가로지르고, 안데스산맥은 남아메리카의 서쪽 가장자리에 있죠. 남아시아에는 히말라야산맥이 높이 솟아 있고요.

세계의 지리

아시아의 바위투성이 중심부에 티베트고원이 있다면, 북유럽 평원은 북해에서 우랄산맥까지 펼쳐져 있어요. 아프리카의 상당 부분은 평원이고, 오스트레일리아에도 넓고 건조한 평원이 있죠. 남극은 거대한 얼음판으로 이루어졌어요. 한편 대양의 바닥에도 산맥과 해구가 있어서 지표면만큼이나 다양한 모습을 띠어요. 대서양 밑에는 '대서양 중앙 해령'*이 있고, 태평양 서부에도 해구들이 대양저*까지 깊이 파여 있어요.

*대서양 중앙 해령: 북극해부터 대서양을 지나 인도양으로 S자 모양으로 뻗어 있는 바다 밑 산맥.

*대양저: 대륙과 이어지는 경사면을 뺀 심해의 평탄하고 넓은 땅.

지도의 이해

지도의 종류

지도란 지리학자들이 지구에 대한 정보를 전달하는 특별한 도구예요. 지도는 장소에 대한 모든 것을 우리에게 보여 줄 수 있죠. 몇몇 지도는 산맥이나 식생* 같은 물리적인 특징을 드러내요. 또 기후나 자연재해를 비롯해 우리가 쉽게 볼 수 없는 것들을 보여 주는 지도도 있어요. 국경선이라든지 도시의 중심, 경제 시스템처럼 지구상의 또 다른 특징을 보여 주는 지도도 있죠.

*식생: 어떤 장소에 모여 사는 고유한 식물들.

불완전한 도구

지도는 완벽하지 않아요. 지구본이라면 각 장소의 상대적인 넓이와 위치를 정확하게 반영할 수 있겠죠. 하지만 지도는 편평하기 때문에 크기와 모양, 방향의 왜곡이 생겨요. 또 지도 제작자들이 지도에 어떤 정보를 포함시킬지 선택해서 만들어요. 그러므로 많은 정보를 얻으려면 다양한 종류의 지도를 봐야 해요. 다음은 흔히 볼 수 있는 지도의 3가지 유형이에요.

물리적인 지도 육지의 형태, 물, 식생 같은 지구의 자연적인 특징이 이 지도에 나타나요. 위의 지도를 보면 색깔과 그림자를 통해 남아메리카 중앙부의 산맥과 호수, 강, 사막을 표현했어요. 지도에는 나라 이름과 국경도 표시되었지만 이건 자연적인 특징이 아니에요.

정치적인 지도 이 지도에는 국경, 도시, 장소처럼 인간이 만든 풍경이 표현돼요. 자연적인 특징은 참고 사항으로만 추가했죠. 위 지도에는 각 나라의 수도가 원 안에 별표 기호로 표시되고 다른 도시는 검은색 점으로 표시되었어요.

주제가 있는 지도 인구 분포 같은 특정 주제와 관련된 무늬가 지도에 드러나요. 위의 지도는 이 지역의 기후대를 보여 줘요. 예컨대 습한 열대 기후(진한 녹색), 습하거나 건조한 열대 기후(연한 녹색), 반건조 기후(진한 노란색), 건조한 곳 또는 사막(연한 노란색)이 표시되었죠.

세계의 지리

지도를 만드는 일

지도 제작자를 만나 봐요!

내셔널지오그래픽의 지도 제작자인 **마이크 맥니**는 날마다 지도와 함께 일해요. 짧은 인터뷰를 통해 이 멋진 직업에 대해 여러분에게 알려 줄게요.

내셔널지오그래픽에서 일하는 지도 제작자인 마이크 맥니와 로즈메리 워들리가 책에 들어갈 아프리카 지도를 검토하고 있어요.

지도 제작자는 무슨 일을 하나요?
나는 일반 책이나 지도책에 들어가는 지도를 만들어요. 지도는 책에 실린 글을 보다 이해하기 쉽게 도와줍니다. 책에 들어갈 지도는 책의 크기와 분위기에 알맞아야 하고, 정확한 정보를 독자들에게 알리는 것이 최종 목적이에요.

지도를 통해 어떤 정보를 전달하나요?
한번은 미국 플로리다주 에버글레이즈 국립 공원의 버마왕뱀의 개체군이 어떻게 분포되었는지 보여 주는 지도를 만든 적이 있어요. 미국 같은 특정 국가의 농장이나 식량 생산, 가축의 분포, 물고기를 잡은 어획량 데이터를 알려 주는 지도도 만들었죠.

일을 할 때 컴퓨터를 얼마나 쓰나요?
지도를 제작하는 모든 단계는 컴퓨터에서 이루어져요. 그래야 훨씬 더 빠르게 지도를 만들 수 있죠. 그뿐만 아니라 지도를 수정하는 일노 쉬워셔요. 만약 지도에서 강의 색깔을 바꾸고 싶다면 마우스를 한 번 딸깍 누르기만 하면 되니까요.

지도를 어떻게 만드나요?
시리 정보 시스템(GIS)이라는 김퓨터 소프드웨어를 활용해요. 전 세계 특정 장소의 데이터, 심지어 지구 전체의 데이터를 어떤 것이든 보여 주죠. 예컨대 멸종 위험에 놓인 종, 동물들의 서식지, 특정 장소의 인구 같은 온갖 데이터를 얻을 수 있어요. 그뿐 아니라 지표면을 분석하기 위해 위성이나 항공 사진 같은 원격 시스템도 활용해요.

지구 주변의 궤도를 도는 위성은 마치 우리 눈이 우주에 있는 것처럼 지구의 육지와 바다에 대한 데이터를 기록해요. 이 데이터는 숫자로 변환되어 컴퓨터로 전송돼요. 컴퓨터에는 데이터를 해석할 특별한 프로그램이 있죠. 데이터는 지도 제작자들이 지도를 만드는 데 사용할 수 있는 형태로 기록돼요.

미래의 지도는 어떤 모습일까요?
미래에는 지도에 점점 더 많은 데이터가 들어갈 거예요. 또 세계 지도를 특정 지역의 지도로 바꾸어 보는 온라인 지도가 더 많아질 거예요. 어떤 축척(260쪽 참고)에서든 쓸 수 있죠.

이 직업의 가장 좋은 점은 무엇인가요?
나는 과학과 디자인이 조합된 이 일이 좋아요. 어린이들이 흥미를 가질 만한 지도를 만드는 일도 아주 즐겁답니다.

지리와 지형 상식

지도에 대해 이해하기

입체를 평면에 투사하기

지구본은 공 모양인 지구를 있는 그대로 드러내는 모형이에요. 하지만 부피가 커서 사용하거나 보관하기는 조금 불편해요. 편평한 지도는 훨씬 더 편리해요. 하지만 지구의 곡면을 편평한 종이에 옮기는 투사 과정에서 여러 문제가 생겨요. 오른쪽 그림처럼 지구본을 반으로 자른다고 상상해 봐요. 여기에 빛을 비춘다면 위도와 경도, 각 대륙의 테두리가 그림자를 드리우며 종이 위에 '투영될' 거예요. 종이를 어디에 두느냐에 따라 그림자는 그 크기나 모양이 다 다르게 왜곡되죠.

기호에 대해 배우기

모든 지도는 우리에게 알려 주고 싶은 정보가 있어요. 그 정보를 알려면 먼저 지도 읽는 법을 배워야 해요. 지도는 여러 기호를 이용해 정보를 표시해요. 이 기호에 대해 알면 폭넓은 정보에 접근할 수 있어요. 축척과 나침반 바늘을 보고 거리와 방위를 알 수 있어요.(아래 '축척과 방위'를 참고해요)
지도의 기호들 각각이 어떤 의미인지 알고 싶다면 지도에 표시된 '기호표(범례)'를 찾아보면 돼요. 이 표는 지도의 여러 가지 기호가 각각 어떤 정보를 나타내는지 알려 줘요.
지도의 기호는 크게 3가지 유형이 있어요. 점과 선, 면적이죠. 점 기호는 작은 원이나 아이콘으로 표시되며 학교나 도시, 지형지물의 위치와 수를 보여 줘요. 선 기호는 국경과 도로, 강을 나타내고 색깔이나 두께가 다양해요. 또 면적 기호는 모래가 많은 곳이나 이웃 동네 같은 지역 정보를 보여 주기 위해 무늬나 색깔을 사용해요.

축척과 방위*

지도의 축척은 분수나 단어, 막대로 표시돼요. 축척이란 어떤 곳의 실제 지구상의 거리와 지도상 거리를 비교한 비율이에요. 가끔은 축척에 지도에 사용된 투사 도법*이 적혀 있기도 해요. 그뿐만 아니라 지도에는 북쪽을 나타내는 화살표나 방위를 나타내는 나침반도 그려져 있어요.

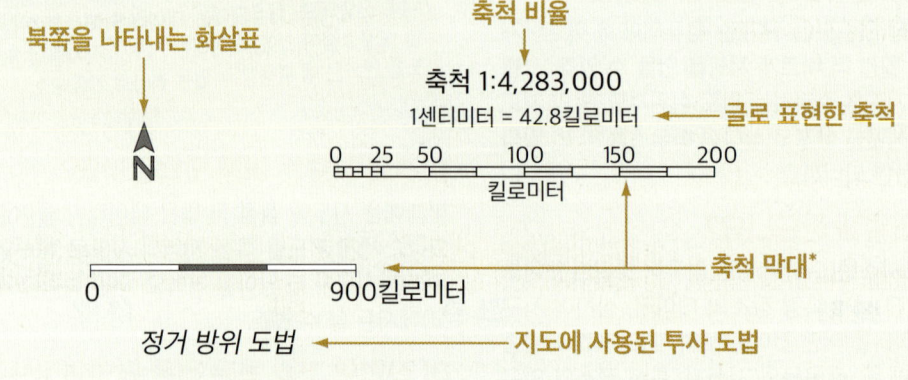

*방위: 공간의 어떤 점의 방향을 통해 알 수 있는 위치.
*투사 도법: 입체인 지구를 편평한 면에 투사시켜 지도를 그리는 방법.
*축척 막대: 축척을 알 수 있는 막대 모양의 표시.

세계의 지리

지리적 특징들

요란한 소리를 내며 흐르는 강과 바싹 마른 사막, 바닷속 협곡과 들쑥날쑥한 산맥까지, 지구는 다채롭고 아름다운 환경으로 뒤덮여 있어요. 다음은 지구상에서 가장 흔한 지형들이에요.

폭포

폭포는 강이 흐르는 곳의 높이가 갑자기 크게 낮아지면서 생겨요. 왼쪽의 이구아수 폭포는 브라질과 아르헨티나 국경에 있고 작은 폭포 275개로 이뤄졌어요.

계곡

계곡은 흐르는 물이나 움직이는 얼음에 의해 깎여 만들어져요. 계곡은 넓고 편평하기도 하지만, 사진 속 인도 라다크 지역의 인더스강 계곡처럼 폭이 좁고 가파르기도 하죠.

강

강은 평지에서 구불구불 나아가며 흘러요. 위 사진은 페루의 열대 우림 주변을 흐르는 로스아미고스강이에요.

산

산은 지구에서 가장 높은 지형이에요. 지구상에서 가장 높은 산은 높이가 해발 고도 약 8,848미터인 에베레스트산이죠. 사진 속 모습을 보세요.

빙하

빙하는 '얼음의 강'이란 뜻이에요. 위 사진은 미국 알래스카주의 허버드 빙하로 산에서 바다까지 천천히 움직여요. 하지만 지구 온난화 탓에 이런 빙하가 줄어들고 있어요.

협곡

협곡은 가장자리가 가파른 계곡이에요. 주로 흐르는 물에 의해 형성되죠. 위 사진 속 미국 유타주의 벅스킨 협곡은 미국 남서부에서 가장 깊은 협곡이에요.

사막

사막은 기후에 의해 만들어진 지형이에요. 특히 물이 부족한 환경이 큰 역할을 하죠. 위 사진은 낙타를 타고 북아프리카의 사하라 사막을 건너는 대상들의 모습이에요.

대륙의 지리 특징

아시아

터키 이스탄불에서 무용수가 전통 수피 댄스인 세마를 추고 있어요.

닭가슴살 푸딩인 타북 교우수는 터키에서 인기 있는 디저트예요.

중국은 땅이 넓지만 하나의 표준시를 써요.

세계의 지리

현재 46개 국가로 이루어진 아시아는 세계에서 가장 큰 대륙이에요. 얼마나 크냐고요? 서쪽 끝의 터키에서 동쪽 끝의 러시아까지, 아시아는 전 세계 육지의 약 30퍼센트나 되어요! 40억 명 넘는, 지구 인구의 5분의 3이 살고 있죠. 아시아 인구는 다른 대륙 인구를 모두 합한 수보다 더 많아요.

말레이시아 쿠알라룸푸르

이주하는 생활

몽골 전체 인구의 약 3분의 1은 계절에 따라 옮겨 다니는 유목민이에요. 이동식 집 '게르'에서 살면서 음식을 얻는 가축을 키우기 위해 112킬로미터를 이동하곤 해요.

높이 나는 새

중앙아시아가 원산지인 인도기러기는 헬리콥터보다 더 높이 날 수 있어요. 강한 허파와 튼튼한 날개가 있어서 매년 이주할 때마다 히말라야산맥을 날아서 넘어가요.

눈표범을 구하라

중앙아시아와 아시아 남부에서 정치적인 분쟁으로 긴장 상태인 나라들도 공통의 목표가 있어요. 바로 눈표범의 서식지를 지키고 보전하는 일이에요. 분쟁의 역사를 공유하는 나라들의 국경에 눈표범을 위한 '생태 보호 구역'이 생길 거예요.

지구에서 가장 깊은 호수

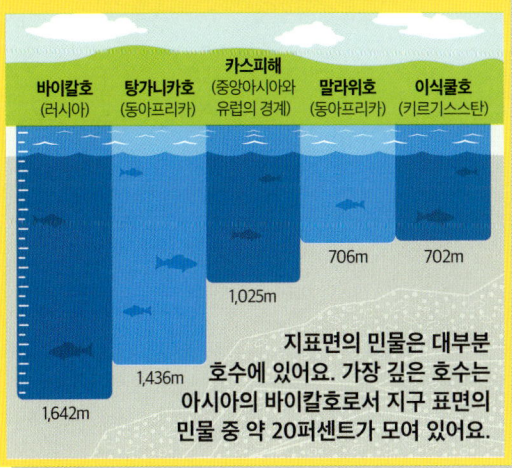

바이칼호 (러시아) 1,642m
탕가니카호 (동아프리카) 1,436m
카스피해 (중앙아시아와 유럽의 경계) 1,025m
말라위호 (동아프리카) 706m
이식쿨호 (키르기스스탄) 702m

지표면의 민물은 대부분 호수에 있어요. 가장 깊은 호수는 아시아의 바이칼호로서 지구 표면의 민물 중 약 20퍼센트가 모여 있어요.

대륙의 지리 특징

지형 정보

육지 면적
44,580,000km²

가장 높은 곳
에베레스트산
8,848m

가장 낮은 곳
이스라엘과 요르단, 사해
-434m

가장 긴 강
중국 양쯔강
6,300km

가장 큰 호수
러시아 바이칼호
31,722km²

정치 정보

인구
4,561,900,000명

가장 큰 대도시권
일본 도쿄
인구 37,435,000명

가장 큰 국가
중국
9,596,960km²

인구 밀도가 가장 높은 국가
싱가포르
(1km²당 7,485명)

일반적으로 아시아와 유럽을 나누는 경계선을 자주색 점선으로 나타냈어요. 우랄산맥, 우랄강, 카스피해, 캅카스산맥, 흑해, 보스포루스 해협과 다르다넬스 해협을 경계로 삼아요.

*이점 등거리 투영도: 한 지점에서 다른 한 점까지의 거리가 실제 거리와 동일하게 비례되는 방식으로 그린 지도.

대륙의 지리 특징

유럽

큰 정육면체를 이루는 작은 사각형들을 같은 색으로 맞추는 장난감인 루빅큐브는 헝가리에서 처음 발명되었어요.

에스파냐를 상징하는 동물은 황소예요.

에스파냐 바르셀로나에서 라 메르세 축제를 맞이해 사람들이 탑을 쌓고 있어요.

세계의 지리

아시아 대륙 서쪽으로 뻗어 나온 여러 반도와 섬들로 이루어진 유럽은 대서양과 북극해 등 10개 이상의 바다로 둘러싸여 있어요. 산악 지대에서 농촌 지역과 해안 지대까지 다양한 풍경을 만날 수 있어요. 또한 유럽은 풍요로운 문화와 매혹적인 역사로 유명해서 지구에서 가장 많은 사람들이 방문하는 대륙이에요.

그리스에서 사람들이 전통 춤을 추고 있어요

늘어나는 나무

영국 웨일스에서는 아기 한 명이 태어나거나 입양될 때마다 나무 한 그루를 심어요. 숲을 가꾸기 위한 노력이지요. 2008년부터 30만 그루 넘는 나무를 심어서 약 140헥타르 면적의 새로운 숲이 만들어졌어요.

유럽들소의 귀환

들소가 돌아왔다! 최근 보전하려는 노력 덕분에 유럽들소의 수는 대륙 전체에서 증가하고 있어요. 한때는 개체 수가 겨우 50마리 정도였지만 지금은 야생과 보호 구역 등에 약 7,000마리가 살고 있어요.

유럽에서 가장 긴 강

- 볼가강 3,530km
- 도나우강 2,850km
- 드네프르강 2,201km
- 라인강 1,230km
- 엘베강 1,094km

재활용 1등 나라

분리수거를 잘하는 나라인 리투아니아는 플라스틱 포장재의 74퍼센트를 재활용해요. 유럽에서 재활용 비율이 가장 높지요. 주민들은 유리병과 캔의 90퍼센트 이상을 재활용하고 있어요.

대륙의 지리 특징

지형 정보

육지 면적
16,180,000km²

가장 높은 곳
러시아 엘브루스산
5,642m

가장 낮은 곳
카스피해
-28m

가장 긴 강
러시아 볼가강
3,540km

가장 큰 호수
러시아 라도가호
17,700km²

정치 정보

인구
746,400,000명

가장 큰 대도시권
러시아 모스크바
인구 12,593,000명

가장 큰 국가**
우크라이나
603,550km²

인구 밀도가 가장 높은 국가
모나코
(1km²당 19,341명)

범례
- ⊛ 수도
- ⊚ 북아일랜드, 스코틀랜드, 웨일스의 수도
- • 도시
- ▢ 작은 국가
- ▲ 높은 곳(해발 고도)
- ▼ 낮은 곳(해발 고도)

얀마옌섬 (노르웨이)

레이캬비크
아이슬란드

북극권
노르웨이해

페로 제도 (덴마크)

셰틀랜드 제도
오크니 제도

스코틀랜드
글래스고 · 에든버러

북아일랜드
벨파스트

아일랜드
더블린

리버풀 · 맨체스터
영국
웨일스
버밍엄
카디프 · **잉글랜드**
런던

오슬로
예테보리
덴마크
코펜하겐 ⊛
킬
함부르크
베를린
독일
프랑크푸르트
프라하
뮌헨

북해

네덜란드
헤이그 · 암스테르담 ⊛
브뤼셀 ⊛
벨기에
룩셈부르크

대서양

파리
프랑스
낭트
비스케이만
보르도
리옹
툴루즈

리히텐슈타인
취리히
베른 ⊛ **스위스**
밀라노
류블랴나
슬로베니아
오스트리아
베네치아
토리노 · 제노바
모나코
마르세유 니스
산마리노
코르시카섬 (프랑스)
바티칸 시국
이탈리아
로마
나폴리

포르투
리스본 ⊛
포르투갈
빌바오
바야돌리드
안도라
마드리드 ⊛
사라고사
바르셀로나
에스파냐(스페인)
발렌시아
세비야 · 무르시아
말라가
지브롤터(영국)

발레아레스 제도 (에스파냐)
사르데냐섬 (이탈리아)

메시나
팔레르모
시칠리아섬
나폴리
지중해
발레타 ⊛ **몰타**

아프리카

0 400km
정거 방위 도법*

*정거 방위 도법: 지도의 중심에서 모든 지점까지의 직선 거리가 정확히 나타나도록 조정해 그리는 지도 제작법. 중심에서 멀어질수록 크기가 왜곡될 수 있다.

**러시아는 유럽과 아시아에 걸쳐 있기 때문에 제외함. 러시아 면적은 약 17,098,242km²이다.

세계의 지리

일반적으로 아시아와 유럽을 나누는 경계선을 자주색 점선으로 나타냈어요. 우랄산맥, 우랄강, 카스피해, 캅카스산맥, 흑해, 보스포루스 해협과 다르다넬스 해협을 경계로 삼아요.

유럽

바렌츠해 · 무르만스크 · 아르한겔스크 · 러시아 · 우파 · 카잔 · 오렌부르크 · 사마라 · 펜자 · 사라토프 · 볼고그라드 · 아스트라한 · 카자흐스탄

노르웨이 · 스웨덴 · 핀란드 · 헬싱키 · 라도가호 · 상트페테르부르크 · 볼가강 · 야로슬라블 · 니즈니노브고로드 · 티베르 · 모스크바 · 랴잔 · 스몰렌스크 · 브랸스크 · 쿠르스크

스톡홀름 · 발트해 · 탈린 · 에스토니아 · 리가 · 라트비아 · 리투아니아 · 칼리닌그라드(러시아) · 그단스크 · 카우나스 · 빌뉴스 · 비쳅스크 · 민스크 · 벨라루스 · 고멜

폴란드 · 바르샤바 · 비드고슈치 · 우치 · 브로츠와프 · 크라쿠프 · 체코 · 빈 · 슬로바키아 · 브라티슬라바 · 부다페스트 · 헝가리 · 자그레브 · 크로아티아 · 보스니아 헤르체고비나 · 사라예보 · 몬테네그로 · 포드고리차 · 티라나 · 알바니아

우크라이나 · 키예프 · 리비우 · 빈니차 · 하르키우 · 폴타바 · 도네츠크 · 드네프로페트롭스크 · 로스토프 · 러시아 통제선 · 우크라이나가 주장하는 국경선 · 크림반도 · 심페로폴 · 세바스토폴 · 소치 · 엘브루스산 (5,642m) · 그로즈니 · 카스피해 (-28m) · 바쿠 · 조지아 · 아제르바이잔

몰도바 · 키시너우 · 루마니아 · 베오그라드 · 부쿠레슈티 · 세르비아 · 코소보 · 프리슈티나 · 북마케도니아 · 스코페 · 소피아 · 불가리아 · 바르나 · 테살로니키 · 그리스 · 이스탄불 · 터키 · 보스포루스 해협 · 다르다넬스 해협 · 아테네 · 크레타섬 · 흑해 · 북키프로스 · 니코시아 · 키프로스

크림반도

러시아는 2014년 크림반도를 침공하여 점령했고, 크림 의회가 우크라이나로부터의 분리 독립을 승인하자, 러시아 의회는 크림반도를 러시아 연방에 합병하는 데 찬성했어요. 유엔 총회는 러시아의 합병이 무효임을 선언하고 우크라이나의 영토 관할권을 인정하는 결의안(구속력 없는)을 채택했어요. 현재 러시아는 크림반도를 관리 통제하며, 우크라이나는 크림반도에 대한 관할권인 영유권을 주장하고 있어요.

대륙의 지리 특징

아프리카

아프리카 탄자니아의 전설에 따르면 마녀들은 빗자루가 아닌 하이에나를 타고 다녀요.

하마가 흘린 붉은색의 기름진 땀은 자외선 차단제 역할을 해요.

하마

세계의 지리

거대한 대륙 아프리카에는 수백만 년 전부터 인류가 살기 시작했어요. 여러 대륙 가운데 아시아 다음으로 넓어요. 동쪽에서 서쪽까지의 거리가 남쪽에서 북쪽까지의 거리와 거의 비슷한 아프리카에는 지구상에서 가장 긴 강(나일강)과 가장 넓고 뜨거운 사막(사하라 사막)이 있어요.

앙골라 루안다

코모도왕도마뱀과 만나다

과학자들은 최근 아프리카 남부에서 코모도왕도마뱀의 새로운 종을 발견했어요. 스와지코모도왕도마뱀이라고 알려진 이 도마뱀은 몸길이가 33센티미터쯤 돼요. 방패 같은 비늘이 몸에 돋았고 바위 틈새에 숨어 살아요.

영화 촬영 장소

나이지리아의 영화 업계인 놀리우드는 전 세계 영화 산업에서 두 번째로 커요. 미국 할리우드 뒤를 잇고, 인도 발리우드가 세 번째이죠. 유명한 놀리우드 영화 가운데는 로맨스 코미디인 「웨딩 파티」 시리즈가 있어요.

거대한 피라미드에 담긴 숫자
지구상에서 가장 큰 피라미드에는 어떤 숫자가 숨어 있을까?

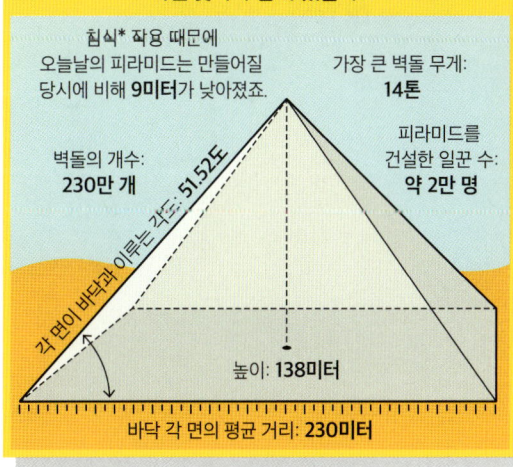

침식* 작용 때문에 오늘날의 피라미드는 만들어질 당시에 비해 **9미터**가 낮아졌죠.
가장 큰 벽돌 무게: **14톤**
벽돌의 개수: **230만 개**
피라미드를 건설할 일꾼 수: **약 2만 명**
각 면이 바닥과 이루는 각도: **51.52도**
높이: **138미터**
바닥 각 면의 평균 거리: **230미터**

아주 큰 사막

사막을 다룬다면 사하라 사막이 단연 손꼽힐 거예요! 모래밭이 넓게 이어진 이곳은 전 세계에서 가장 넓고 뜨거운 사막이에요. 이곳의 면적은 930만 제곱킬로미터로 미국의 면적보다 아주 살짝 작죠.

*침식: 비, 바람 등에 의해 땅이나 건물 등이 깎이는 것.

대륙의 지리 특징

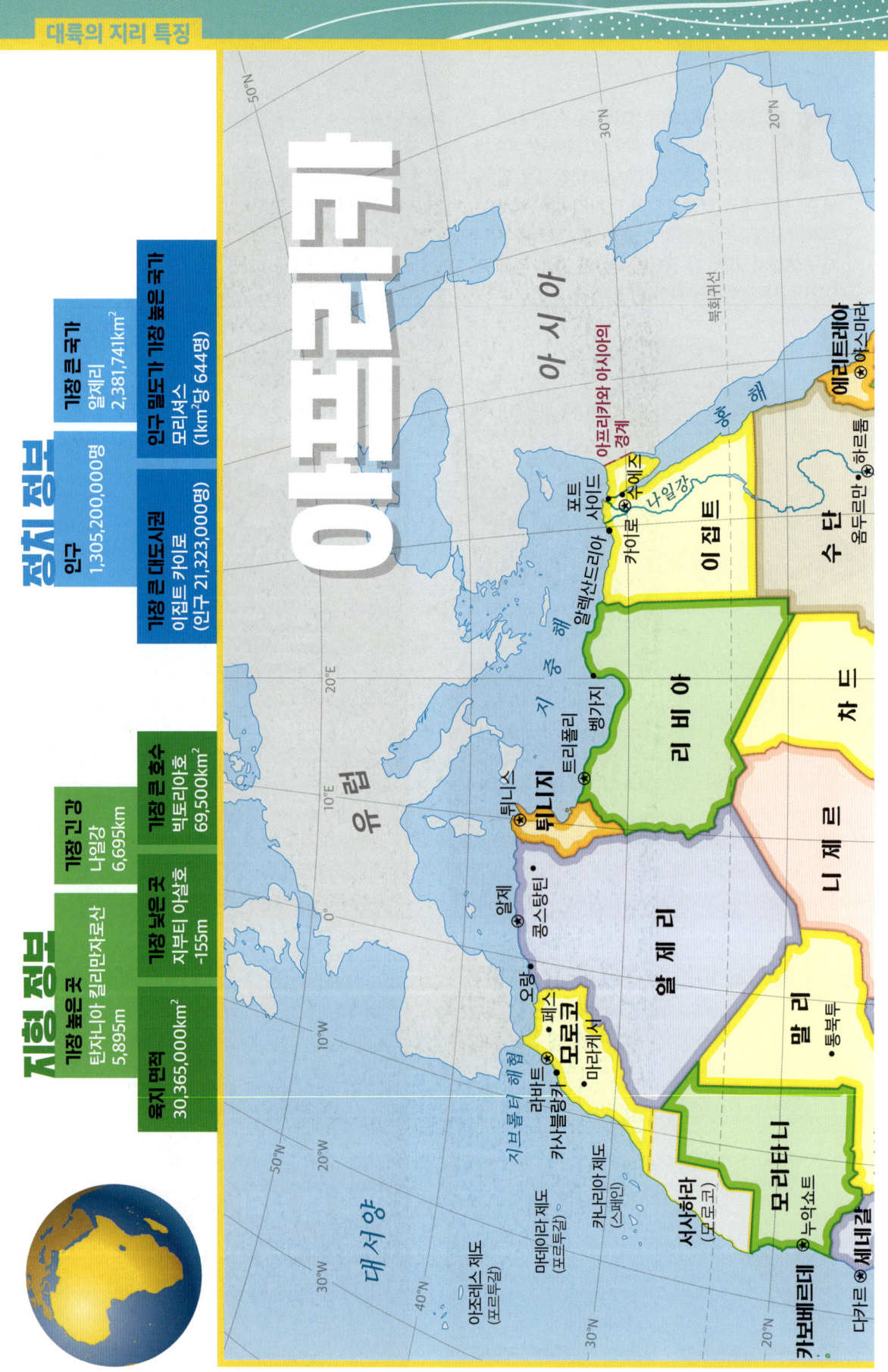

아프리카

정치 정보
인구	가장 큰 국가
1,305,200,000명	알제리 2,381,741km²
가장 큰 대도시권	인구 밀도가 가장 높은 국가
이집트 카이로 (인구 21,323,000명)	모리셔스 (1km²당 644명)

지형 정보
육지 면적	가장 높은 곳	가장 긴 강
30,365,000km²	탄자니아 킬리만자로산 5,895m	나일강 6,695km
	가장 낮은 곳	가장 큰 호수
	지부티 아살호 -155m	빅토리아호 69,500km²

대륙의 지리 특징

북아메리카

과테말라를 대표하는 새는 케찰이고, 화폐 단위도 케찰이라고 해요.

늑대의 눈은 어둠 속에서 빛나요.

미국 미네소타주에서 가을날 숲길을 걷는 회색늑대

세계의 지리

미국과 캐나다의 대평원에서 파나마의 열대 우림까지 북아메리카는 북에서 남으로 8,850킬로미터가량 뻗어 있어요. 세 번째로 큰 대륙인 북아메리카는 5개 지역으로 나뉘어요. 산지가 많은 서부(멕시코 일부와 중앙아메리카 서부 해안), 대평원, 캐나다 순상지*, 지형이 다양한 동부(중앙아메리카 저지대*와 해안 평원), 카리브해 지역이에요.

*순상지: 방패 모양으로 생긴 넓고 편평하고 오래된 땅.
*저지대: 낮은 지대.

2016년 파나마 운하를 확장하여 개통하는 기념식이 열렸어요.

커다란 공룡 뼈대

캐나다는 한때 공룡들이 살기 좋은 곳이었어요. 최근에 캐나다 서스캐처원주에서 연구자들이 티라노사우루스 렉스의 가장 큰 뼈 화석을 발견했어요. 코끼리보다 무거웠을 이 거대한 공룡은 '스코티'라는 별명이 붙었고 6800만 년 전에 살았던 것으로 여겨져요.

딸기 생산국

미국은 세계에서 딸기를 가장 많이 생산하는 나라예요. 딸기 생산량의 약 90퍼센트가 캘리포니아주의 해안 기후에서 재배되지요. 미국에서 매년 수확되는 딸기는 약 9억 700만 킬로그램에 달해요. 이 외에 미국 플로리다주, 오리건주, 노스캐롤라이나주, 워싱턴주 등에서도 많이 생산되어요.

지구에서 가장 해안이 긴 나라

캐나다	202,080km
인도네시아	54,716km
러시아	37,653km
필리핀	36,289km
일본	29,751km

풍력 발전

역사상 처음으로 미국에서는 풍력 발전이 수력 발전보다 더 많은 전기를 생산하게 되었어요. 현재 6만 개의 풍력 터빈이 41개 주의 3200만 가구에 전기를 공급하고 있어요.

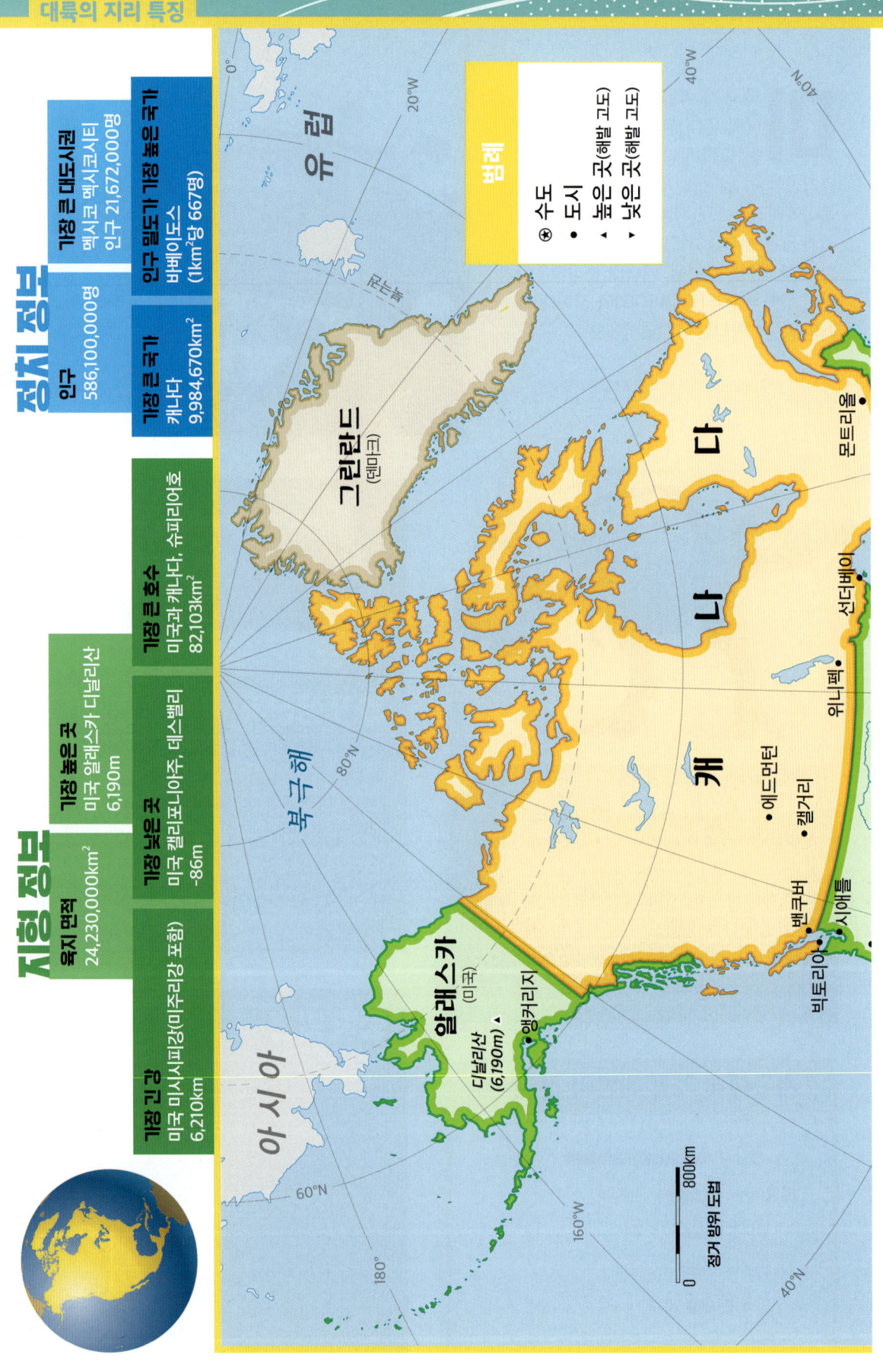

대륙의 지리 특징

남아메리카

페루에는 감자가 3,000종류 넘게 있어요.

소형 승용차 크기만 한 거북이 남아메리카에서 화석으로 발견되었어요.

페루 치바이에서 여성 상인이 과일을 팔고 있어요.

세계의 지리

남아메리카는 카리브해, 대서양, 태평양 등 세 수역*으로 경계가 지어져요. 세계에서 네 번째로 큰 대륙이고 북쪽의 열대 기후에서 남쪽의 아한대 기후에 이르기까지 기후의 범위가 넓어요. 남아메리카는 생물 다양성이 풍부해 견과, 과일, 설탕, 곡물, 커피, 초콜릿 등 다양한 농작물이 생산돼요.

*수역: 바다, 강, 호수 등 물을 기준으로 하는 일정한 구역.

칠레 산티아고의 산티아고 대성당

코끼리들의 집
서커스에서 구조된 코끼리들은 어디로 갈까요? 남아메리카 대륙에서 유일한 구조 센터인 브라질 코끼리 보호 구역으로 갈 수 있어요. 코끼리가 돌아다니기에 알맞은 수풀이 약 1,130헥타르 넓이로 펼쳐진 곳이지요.

대양들로 둘러싸인 대륙
남아메리카는 태평양과 대서양으로 둘러싸여 있어요. 전문가들은 두 대양이 북아메리카와 남아메리카가 파나마 지협*으로 이어지기 전까지 하나의 바다였다고 생각해요. 아주 옛날 두 대륙이 움직여 연결되면서, 바다가 둘로 나뉜 거예요. 오늘날 콜롬비아와 칠레 단 두 국가만이 두 대양과 해안이 맞닿아 있어요.

*파나마 지협: 북아메리카와 남아메리카가 이어지는 좁고 잘록한 땅.

광대한 지대

아마존분지는 미국을 거의 덮을 수 있을 만큼 넓어요.

미국과 남아메리카를 같은 비율로 비교해 봤어요.

아마존분지

남아메리카

미국의 크기를 나타낸 점선

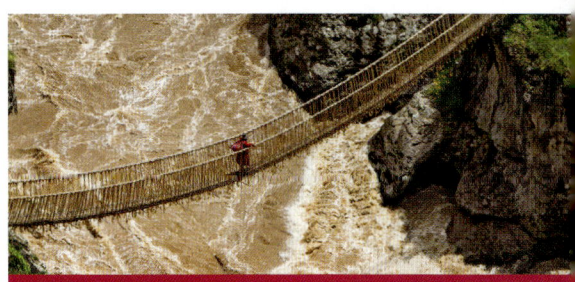

오래된 다리
페루 안데스산맥 깊숙한 계곡에 풀을 손으로 짜서 만든 현수교가 급류 위 30미터 높이에 놓여 있어요. 강 양쪽의 두 마을을 연결하던 이 다리는 역사가 500년 이상 되었고, 지금은 과거의 상징적인 유물 이상이에요. 매년 6월에 지역의 원주민들이 현수교를 다시 만들어 교체하고 있어요.

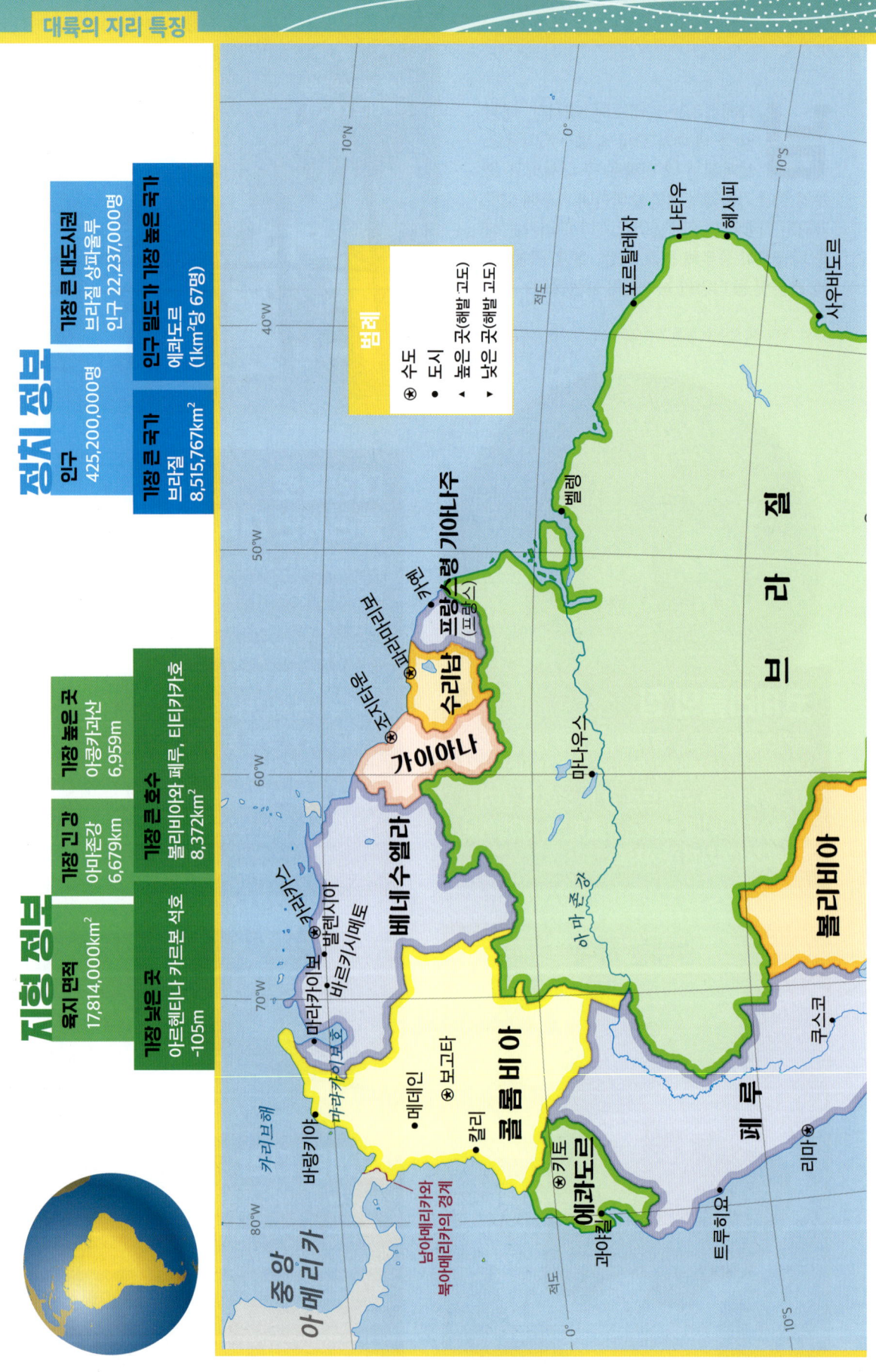

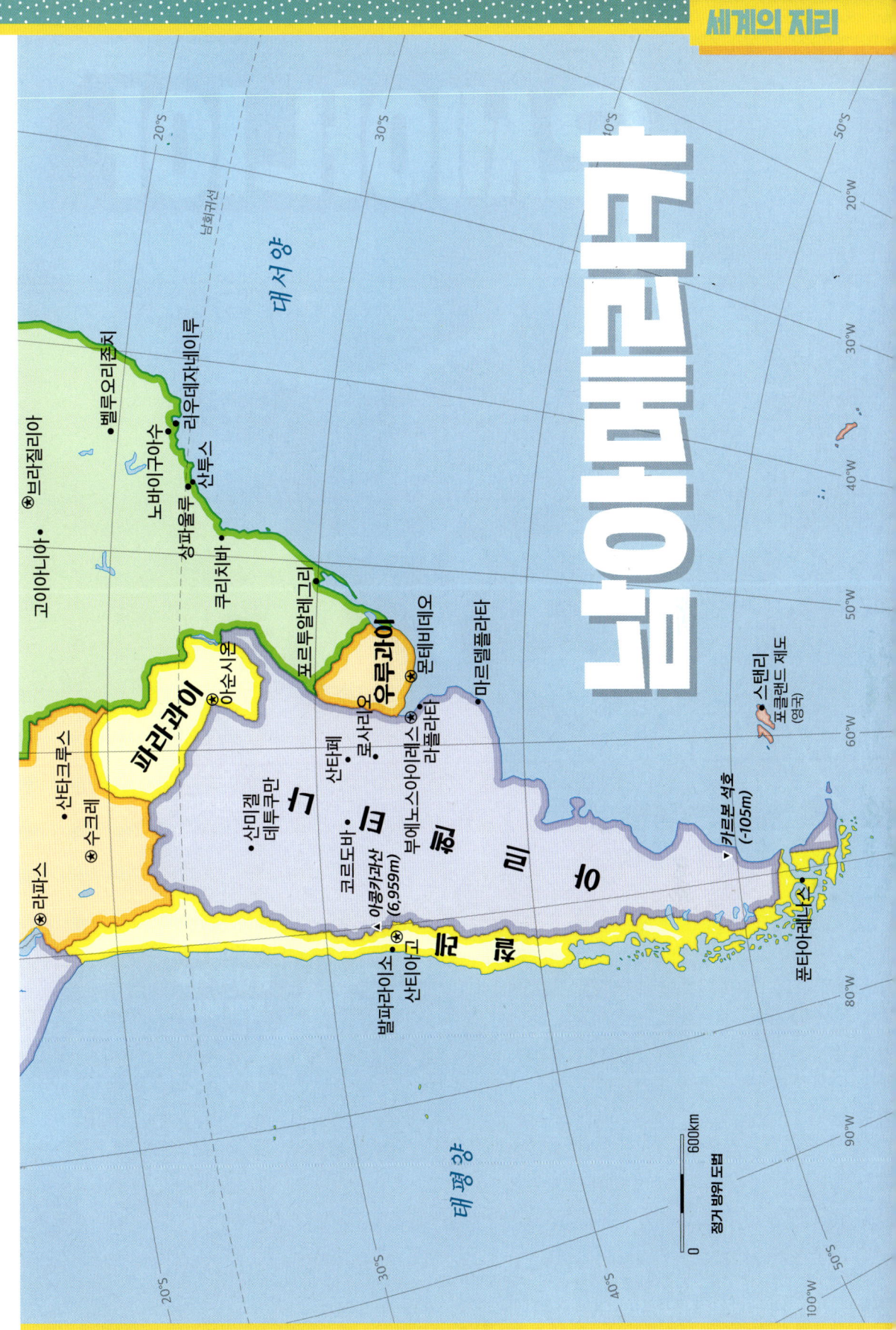

대륙의 지리 특징

오세아니아

오스트레일리아가 원산지인 발굽 동물은 없어요.

코알라는 막 태어났을 때, 몸집이 겨우 벌만 해요.

오스트레일리아에서 코알라가 유칼립투스 잎을 우적우적 씹고 있어요.

세계의 지리

이 넓은 지역은 면적이 거의 850만 킬로미터에 달해요. 오스트레일리아라는 지구에서 가장 작고 평탄한 대륙과 뉴질랜드, 태평양에 넓게 퍼진 작은 섬나라들로 이루어져요. 대부분의 나라들이 적도 아래쪽의 남반구 지역에 위치해요.

뉴질랜드의 마오리족 어린이들이 전통 예식 복장을 차려입었어요.

화려한 거미
지금까지 알려진 공작거미의 절반가량이 오스트레일리아 서부에 살아요. 눈이 8개 달린 이 거미는 수컷의 선명한 파란색 무늬 때문에 이름이 붙여졌고, 제 몸길이보다 20배 이상 뛸 수 있어요.

편평한 땅
오스트레일리아는 다른 대륙에 비해서 산의 높이가 낮은 편이에요. 그래서 지구에서 가장 편평하고 납작한 대륙이라고 하지요. 오스트레일리아에서 가장 높은 곳은 어디냐고요? 코지어스코산으로 에베레스트산 높이의 4분의 1 정도예요.

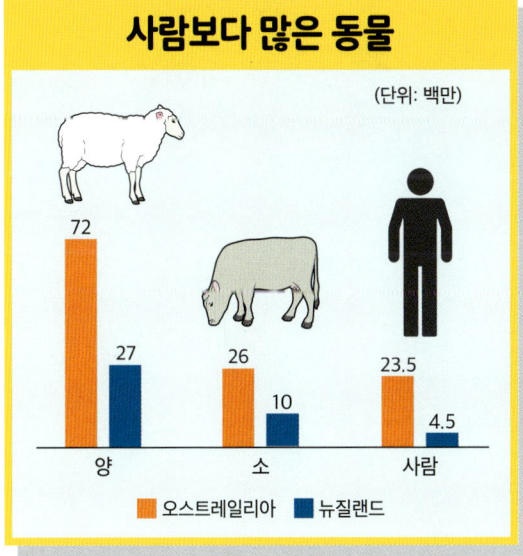

사람보다 많은 동물 (단위: 백만)
양: 72 / 27, 소: 26 / 10, 사람: 23.5 / 4.5
■ 오스트레일리아 ■ 뉴질랜드

해변이 많은 나라
오스트레일리아의 해변은 아주 아름답고 많아요. 10,000개 넘는 해변을 자랑하지요. 그 어떤 나라보다도 많아요. 모래, 파도타기, 아름다운 자연 풍경 등 무엇이든 즐길 수 있어요.

대륙의 지리 특징

지형 정보

육지 면적
8,490,000km²

가장 높은 곳
파푸아뉴기니 윌헬름산
4,509m

가장 낮은 곳
오스트레일리아 에어호
-15m

가장 긴 강
오스트레일리아
머리강과 달링강
3,672km

가장 큰 호수
오스트레일리아 에어호
9,300km²

정치 정보

인구
42,500,000명

가장 큰 대도시권
오스트레일리아 멜버른
인구 4,900,000명

가장 큰 국가
오스트레일리아
7,692,000km²

인구 밀도가 가장 높은 국가
나우루
(1km²당 508명)

범례
- ⊛ 수도
- • 도시
- ▲ 높은 곳(해발 고도)
- ▼ 낮은 곳(해발 고도)

*메르카토르 도법: 중심이 되는 경선에서 가까운 지역의 위치를 비교적 정확한 각도로 파악할 수 있는 지도 제작법. 대축척 지도를 만들 때 유리하다.

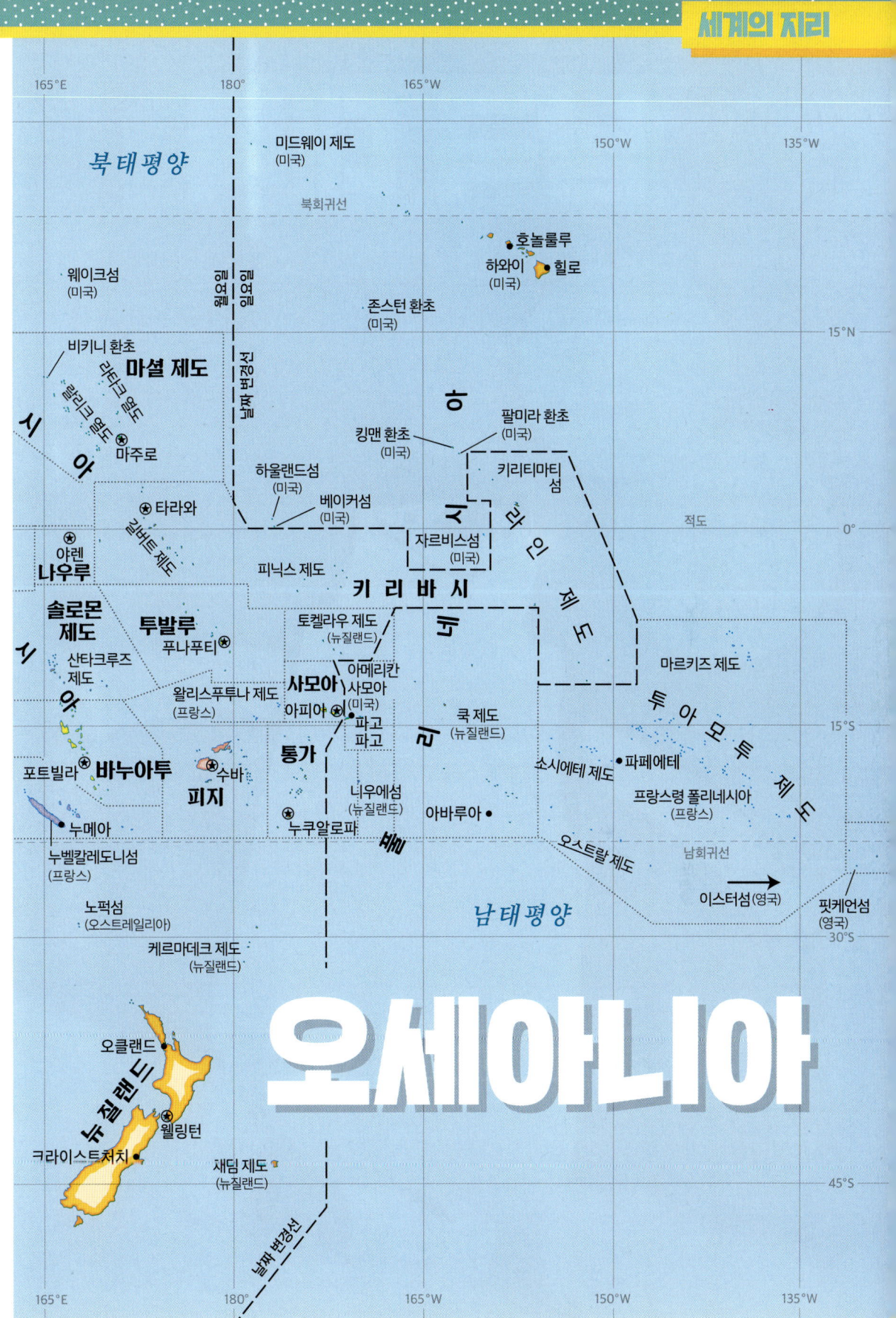

대륙의 지리 특징

남극 대륙

턱끈펭귄은 머리 아래쪽에 난 좁고 검은 띠무늬 때문에 생긴 이름이에요.

남극에서는 대륙을 덮은 빙하가 깨지면서 지진과 같은 '빙진'이 일어나기도 해요.

턱끈펭귄

세계의 지리

얼어붙은 이 대륙은 지구에서 손꼽히게 멋진 장소이지만, 우리는 펭귄이 아니라서 남극에 오래 머물 수 없어요. 가장 춥고, 바람이 많이 불고, 건조한 대륙이라서 인류가 남극점을 둘러싼 이 대륙에 거주하기 힘들지요.

웨들바다표범

극한의 마라톤
매년 전 세계에서 모인 수십 명의 사람들이 남극 대륙의 얼음 벌판을 달리는 마라톤에 참가해요. 참가자들은 평균 기온 영하 20도의 찬바람을 맞으며 달리지요.

그 어느 때보다 따뜻해진 날씨
남극 대륙은 점점 따뜻해지고 있어요. 2020년 2월에는 평균 기온이 21도를 맴돌았어요. 현재 지구에서 가장 빠르게 기온이 오르는 지역이기도 해요. 전문가들은 위험할 정도로 높아지는 기온의 영향을 늦추고 남극을 지구 온난화로부터 구하기 위해 노력하고 있어요.

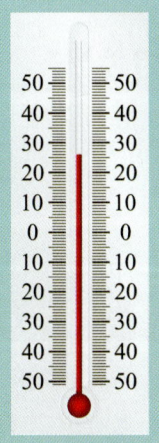

연간 평균 적설량
- 5미터
- 2미터
- 0.2미터

일본 삿포로 / 미국 뉴욕주 버펄로 / 남극 대륙 남극점

초록빛 얼음
남극 대륙에는 에메랄드빛 빙산*이 있어요! 사진처럼 짙은 초록빛을 띤 희귀하고 아름다운 빙하를 찾아볼 수 있어요. 빙하가 어떻게 이런 색을 띠게 되었을까요? 전문가들은 빙하의 푸른 색조와 빙하 속에 든 노랗고 붉은 먼지가 합쳐져서 표면으로 드러난 것이라고 말해요.

*빙산: 빙하나 빙붕에서 깨어져 나온 조각으로 높이가 5미터를 넘는 얼음 덩어리.

대륙의 지리 특징

지형 정보

육지 면적
14,200,000km²

가장 높은 곳
빈슨산(빈슨 산괴)
4,892m

가장 낮은 곳
버드 빙하
-2,870m

가장 추운 곳
리지 A,
연간 평균 기온 -70°C

남극 고원의 평균 강수량
5cm 이하

정치 정보

인구
토착민이 없는 지역이지만, 여름 동안 혹은 1년 내내 연구 기지에서 생활하는 인구가 약간 있다.

독립국 수
0

영유권을 주장하는 국가의 수
7

1년 내내 연구 기지를 운영하는 국가의 수
21

1년 내내 운영되는 연구 기지의 수
40

범례
- ▲ 높은 곳(해발 고도)
- ▼ 낮은 곳(해발 고도)
- + 산봉우리

남극은 어느 나라의 영토일까?
어느 나라의 것도 아니에요.
하지만 7개 국가가 이 얼어붙은 대륙을
나누어 영유권을 주장하고 있어요.

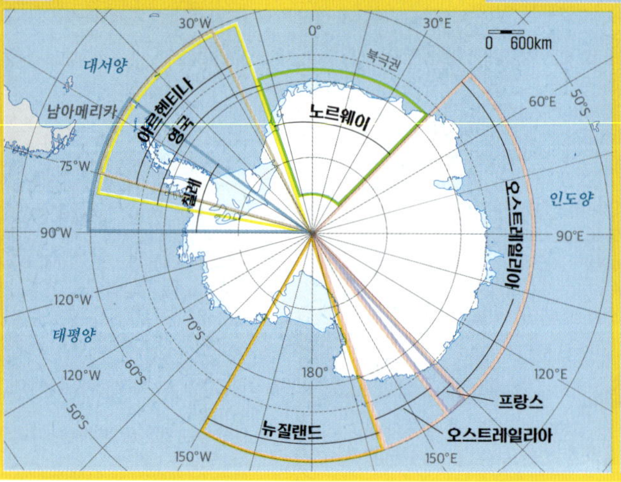

288

세계의 국가들

195개 독립국에 대한 기본 정보를 소개합니다. 가장 최근인 2011년에 독립한 남수단도 포함하지요. 모든 독립국의 국기는 다양한 문화와 역사를 상징해요. 통계 자료는 지리와 인구 등 각 나라에 대한 간략한 정보를 제공해요. 이는 일반적인 특징일 뿐 종합적인 사실은 아니에요. 예를 들어 한 나라에서 쓰는 모든 언어를 나열할 수는 없으므로 대표적인 언어들을 중심으로 표기하지요. 종교도 마찬가지예요.

하나의 국가는 국민, 독립 정부, 영토가 있고 대부분은 군사, 조세 제도를 갖춘 정치적인 집단으로 규정해요.

북키프로스나 타이완처럼 논쟁이 있는 지역과 버뮤다 제도, 푸에르토리코처럼 다른 독립국의 자치령은 포함시키지 않았어요.

아래 지도와 책장 아래쪽의 대륙별 색상 안내를 보면 각 나라가 어떤 대륙에 위치하는지 쉽게 알 수 있어요. 수도 인구에는 수도권의 인구도 포함돼요. 모든 정보는 이 책이 출간된 시점의 사실이에요.

대륙별 색상 구분

가나
면적: 238,533km²
인구: 31,732,000명
수도: 아크라 (인구: 2,475,000명)
화폐 단위: 가나 세디
종교: 기독교, 이슬람교, 전통 신앙
언어: 아샨티어, 에웨어, 판티어, 브롱어, 다곰바어, 아당메어, 다가르테어, 코콤바어, 영어

감비아
면적: 11,295km²
인구: 2,300,000명
수도: 반줄 (인구: 443,000명)
화폐 단위: 달라시
종교: 이슬람교, 기독교
언어: 영어, 만데어, 월로프어, 풀풀데어

가봉
면적: 267,667km²
인구: 2,225,728명
수도: 리브르빌 (인구: 824,000명)
화폐 단위: 중앙아프리카 세파 프랑
종교: 기독교, 이슬람교
언어: 프랑스어, 팡어, 미옌어, 은제비어, 바푸누/에시라어, 반자비어

과테말라
면적: 108,889km²
인구: 18,250,000명
수도: 과테말라시티 (인구: 2,891,000명)
화폐 단위: 케찰
종교: 로마 가톨릭교, 개신교, 토착 마야 신앙
언어: 스페인어, 아메리카원주민 언어

가이아나
면적: 214,969km²
인구: 790,000명
수도: 조지타운 (인구: 110,000명)
화폐 단위: 가이아나 달러
종교: 개신교, 힌두교, 로마 가톨릭교, 이슬람교
언어: 영어, 가이아나 크리올, 아메리카원주민 언어, 카리브 힌두스타니어

그레나다
면적: 344km²
인구: 112,000명
수도: 세인트조지스 (인구: 39,000명)
화폐 단위: 동카리브 달러
종교: 로마 가톨릭교, 오순절교회, 기타 개신교
언어: 영어, 프랑스어 방언

대륙별 색상 ● 아시아 ● 유럽 ● 아프리카

그리스

면적: 131,957km²
인구: 10,370,000명
수도: 아테네 (인구: 3,154,000명)
화폐 단위: 유로
종교: 그리스 정교, 이슬람교
언어: 그리스어

기니비사우

면적: 36,125km²
인구: 2,015,000명
수도: 비사우 (인구: 579,000명)
화폐 단위: 서아프리카 세파 프랑
종교: 이슬람교, 기독교, 토착 신앙
언어: 크리올, 포르투갈어, 풀풀데어, 만데어

기니

면적: 245,857km²
인구: 13,497,000명
수도: 코나크리 (인구: 1,889,000)
화폐 단위: 기니 프랑
종교: 이슬람교, 기독교, 토착 신앙
언어: 프랑스어, 아프리카 언어

나미비아

면적: 824,292km²
인구: 2,587,000명
수도: 빈트후크 (인구: 417,000명)
화폐 단위: 나미비아 달러, 남아프리카공화국 랜드
종교: 기독교
언어: 토착어, 아프리칸스어, 영어

오늘의 가나

가나 아크라에서 한 어부가 그물을 수선하고 있어요.

세계의 국가들

나우루
- **면적:** 21km^2
- **인구:** 1,080,000명
- **수도:** 야렌 (인구: 1,000명)
- **화폐 단위:** 호주 달러
- **종교:** 개신교, 로마 가톨릭교
- **언어:** 나우루어, 영어

남수단
- **면적:** 644,329km^2
- **인구:** 11,000,000명
- **수도:** 주바 (인구: 386,000명)
- **화폐 단위:** 남수단 파운드
- **종교:** 정령 신앙, 기독교
- **언어:** 영어, 아랍어, 딩카어, 누에르어, 바리어, 잔데어, 실루크어

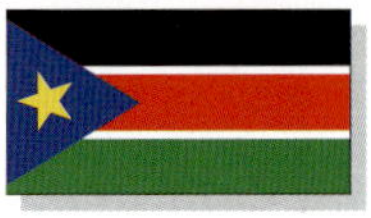

나이지리아
- **면적:** 923,768km^2
- **인구:** 211,400,000명
- **수도:** 아부자 (인구: 3,095,000명)
- **화폐 단위:** 나이라
- **종교:** 이슬람교, 기독교, 토착 신앙
- **언어:** 영어, 하우사어, 요루바어, 이보어, 풀풀데어

남아프리카 공화국(남아공)
- **면적:** 1,219,090km^2
- **인구:** 60,041,000명
- **수도:** 프리토리아 (인구: 2,473,000명), 케이프타운 (인구: 4,524,000명), 블룸폰테인 (인구: 465,000명)
- **화폐 단위:** 랜드
- **종교:** 기독교, 토착 종교
- **언어:** 줄루어, 코사어, 아프리칸스어, 세페디어, 츠와나어, 영어, 소토어, 총가어, 스와티어, 벤다어, 은데벨레어

오늘의 노르웨이

노르웨이의 항구 도시 트론헤임을 흐르는 니델바강 풍경이에요. 강을 따라 늘어선 밝은 색으로 건물들은 18세기에 세워졌어요.

대륙별 색상 ● 아시아 ● 유럽 ● 아프리카

네덜란드

- **면적:** 41,543km^2
- **인구:** 17,173,000명
- **수도:** 암스테르담 (인구: 1,140,000명)
- **화폐 단위:** 유로
- **종교:** 로마 가톨릭교, 개신교, 이슬람교
- **언어:** 네덜란드어, 프리지아어

니카라과

- **면적:** 130,370km^2
- **인구:** 6,702,000명
- **수도:** 마나과 (인구: 1,055,000명)
- **화폐 단위:** 코르도바 오로
- **종교:** 로마 가톨릭교, 개신교
- **언어:** 스페인어, 미스키토어

네팔

- **면적:** 147,181km^2
- **인구:** 29,967,000명
- **수도:** 카트만두 (인구: 1,376,000명)
- **화폐 단위:** 네팔 루피
- **종교:** 힌두교, 불교, 이슬람교, 키란트교
- **언어:** 네팔어, 마이틸어, 보즈푸리어, 타루어, 타망어, 네와르어, 마가르어, 바지카어, 아와드어

대한민국

- **면적:** 100,363km^2
- **인구:** 51,821,000명
- **수도:** 서울 (인구: 9,962,000명)
- **화폐 단위:** 원
- **종교:** 불교, 개신교, 로마 가톨릭교
- **언어:** 한국어

노르웨이

- **면적:** 323,802km^2
- **인구:** 5,466,000명
- **수도:** 오슬로 (인구: 1,027,000명)
- **화폐 단위:** 노르웨이 크로네
- **종교:** 루터교회
- **언어:** 보크몰 노르웨이어, 뉘노르스크 노르웨이어, 사미어, 핀란드어

덴마크

- **면적:** 43,094km^2
- **인구:** 5,813,000명
- **수도:** 코펜하겐 (인구: 1,334,000명)
- **화폐 단위:** 덴마크 크로네
- **종교:** 루터교회, 이슬람교
- **언어:** 덴마크어, 페로어, 그린란드어

뉴질랜드

- **면적:** 268,838km^2
- **인구:** 4,866,000명
- **수도:** 웰링턴 (인구: 413,000명)
- **화폐 단위:** 뉴질랜드 달러
- **종교:** 개신교, 로마 가톨릭교, 힌두교, 불교, 마오리 기독교
- **언어:** 영어, 마오리어

도미니카 공화국

- **면적:** 48,670km^2
- **인구:** 10,954,000명
- **수도:** 산토도밍고 (인구: 2,245,000명)
- **화폐 단위:** 도미니카 페소
- **종교:** 로마 가톨릭교
- **언어:** 스페인어

니제르

- **면적:** 1,267,000km^2
- **인구:** 25,138,000명
- **수도:** 니아메 (인구: 1,252,000명)
- **화폐 단위:** 서아프리카 세파 프랑
- **종교:** 이슬람교
- **언어:** 프랑스어, 하우사어, 제르마어

도미니카 연방

- **면적:** 751km^2
- **인구:** 75,000명
- **수도:** 로조 (인구: 15,000명)
- **화폐 단위:** 동카리브 달러
- **종교:** 로마 가톨릭교, 개신교
- **언어:** 영어, 프랑스어 방언

세계의 국가들

독일
- **면적:** 357,022km²
- **인구:** 83,905,000명
- **수도:** 베를린 (인구:3,557,000명)
- **화폐 단위:** 유로
- **종교:** 로마 가톨릭교, 개신교, 이슬람교
- **언어:** 독일어

러시아
- **면적:** 17,098,242km²
- **인구:** 145,912,000명
- **수도:** 모스크바 (인구: 12,476,000명)
- **화폐 단위:** 러시아 루블
- **종교:** 러시아 정교회, 이슬람교
- **언어:** 러시아어, 타타르어, 기타 지역 언어

참고: 러시아는 유럽과 아시아에 걸쳐 있지만, 수도가 유럽에 있어서 유럽 국가로 분류했어요.

동티모르

- **면적:** 14,874km²
- **인구:** 1,344,000명
- **수도:** 딜리 (인구: 281,000명)
- **화폐 단위:** 미국 달러
- **종교:** 로마 가톨릭교, 개신교
- **언어:** 테툼어, 포르투갈어, 인도네시아어, 영어

레바논

- **면적:** 10,400km²
- **인구:** 6,769,000명
- **수도:** 베이루트 (인구: 2,407,000명)
- **화폐 단위:** 레바논 파운드
- **종교:** 이슬람교, 기독교
- **언어:** 아랍어, 프랑스어, 영어, 아르메니아어

라오스

- **면적:** 236,800km²
- **인구:** 7,379,000명
- **수도:** 비엔티안 (인구: 673,000명)
- **화폐 단위:** 라오 키프
- **종교:** 불교, 기독교
- **언어:** 라오어, 프랑스어, 영어, 민족어

레소토

- **면적:** 30,355km²
- **인구:** 2,159,000명
- **수도:** 마세루 (인구: 202,000명)
- **화폐 단위:** 로티, 남아프리카공화국 랜드
- **종교:** 개신교, 로마 가톨릭교
- **언어:** 세소토어, 영어, 줄루어, 코사어

라이베리아

- **면적:** 111,369km²
- **인구:** 5,182,000명
- **수도:** 몬로비아 (인구: 1,467,000명)
- **화폐 단위:** 라이베리아 달러
- **종교:** 기독교, 이슬람교, 토착 신앙
- **언어:** 영어, 토착어

루마니아
- **면적:** 238,391km²
- **인구:** 1,912,800명
- **수도:** 부쿠레슈티 (인구: 1,8121,000명)
- **화폐 단위:** 루마니아 레우
- **종교:** 동방 정교회, 개신교, 로마 가톨릭교
- **언어:** 루마니아어, 헝가리어

라트비아
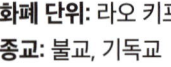
- **면적:** 64,589km²
- **인구:** 1,867,000명
- **수도:** 리가 (인구: 634,000명)
- **화폐 단위:** 유로
- **종교:** 루터교회, 정교회
- **언어:** 라트비아어, 러시아어

룩셈부르크
- **면적:** 2,586km²
- **인구:** 635,000명
- **수도:** 룩셈부르크 (인구: 120,000명)
- **화폐 단위:** 유로
- **종교:** 로마 가톨릭교
- **언어:** 룩셈부르크어, 독일어, 프랑스어, 포르투갈어

대륙별 색상 ● 아시아 ● 유럽 ● 아프리카

세계의 지리

르완다
- **면적:** 26,338km²
- **인구:** 13,276,000명
- **수도:** 키갈리 (인구: 1,095,000명)
- **화폐 단위:** 르완다 프랑
- **종교:** 개신교, 로마 가톨릭교, 이슬람교
- **언어:** 키냐르완다어(르완다어), 프랑스어, 영어, 스와힐리어

마셜 제도
- **면적:** 181km²
- **인구:** 590,000명
- **수도:** 마주로 (인구: 31,000명)
- **화폐 단위:** 미국 달러
- **종교:** 개신교, 로마 가톨릭교, 모르몬교
- **언어:** 마셜어, 영어

리비아
- **면적:** 1,759,540km²
- **인구:** 6,958,000명
- **수도:** 트리폴리 (인구: 1,161,000명)
- **화폐 단위:** 리비아 디나르
- **종교:** 수니파 이슬람교, 기독교
- **언어:** 아랍어, 이탈리아어, 영어, 베르베르어

3가지 마셜 제도에 대한 멋진 사실

1. 36년 된 마셜 제도는 세계에서 가장 나중에 설립된 국가에 속해요. 1,200개 이상의 섬과 환초로 이루어졌으며 1986년에 미국으로부터 독립했어요.

2. 2차 세계 대전 이후 마셜 제도 부근의 태평양에는 배 47척과 비행기 270대가 가라앉아 있어요. 열대 바다를 찾는 스쿠버다이버들이 30미터 깊이로 잠수해 난파선과 비행기를 탐험하기도 해요.

3. 1946년에 비키니 수영복이 처음 생겨났어요. 마셜 제도의 비키니 환초에서 유래한 거지요. 위아래가 분리된 이 수영복은 디자이너가 2차 세계 대전 당시 화제였던 고리 모양의 산호초를 보고 이름 붙였어요.

리투아니아
- **면적:** 65,300km²
- **인구:** 2,690,000명
- **수도:** 빌뉴스 (인구: 538,000명)
- **화폐 단위:** 유로
- **종교:** 로마 가톨릭교, 러시아 정교회
- **언어:** 리투아니아어, 러시아어, 폴란드어

리히텐슈타인
- **면적:** 160km²
- **인구:** 38,300명
- **수도:** 파두츠 (인구: 5,000명)
- **화폐 단위:** 스위스 프랑
- **종교:** 로마 가톨릭교, 개신교
- **언어:** 독일어, 이탈리아어

말라위
- **면적:** 118,484km²
- **인구:** 19,648,000명
- **수도:** 릴롱궤 (인구: 1,075,000명)
- **화폐 단위:** 말라위 콰차
- **종교:** 기독교, 이슬람교
- **언어:** 체와어, 기타 반투어, 영어

마다가스카르
- **면적:** 587,041km²
- **인구:** 28,429,000명
- **수도:** 안타나나리보 (인구: 3,210,000명)
- **화폐 단위:** 마다가스카르 아리아리
- **종교:** 기독교, 토착 신앙, 이슬람교
- **언어:** 프랑스어, 말라가시어, 영어

말레이시아
- **면적:** 329,847km²
- **인구:** 32,776,000명
- **수도:** 쿠알라룸푸르 (인구: 7,780,000명)
- **화폐 단위:** 링깃
- **종교:** 이슬람교, 불교, 기독교, 힌두교
- **언어:** 말레이어, 영어, 중국어, 타밀어, 텔루구어, 말라얄람어

● 북아메리카, 중앙아메리카　● 남아메리카　● 오세아니아

세계의 국가들

말리
- **면적:** 1,240,192km²
- **인구:** 20,856,000명
- **수도:** 바마코 (인구: 2,529,000명)
- **화폐 단위:** 서아프리카 세파 프랑
- **종교:** 이슬람교, 기독교, 정령 신앙
- **언어:** 프랑스어, 밤바라어, 아프리카 언어

모리셔스
- **면적:** 2,040km²
- **인구:** 1,273,000명
- **수도:** 포트루이스 (인구: 149,000명)
- **화폐 단위:** 모리셔스 루피
- **종교:** 힌두교, 로마 가톨릭교, 이슬람교, 기타 기독교
- **언어:** 크리올, 보주푸리어, 프랑스어, 영어

멕시코
- **면적:** 1,964,375km²
- **인구:** 130,262,000명
- **수도:** 멕시코시티 (인구: 21,672,000명)
- **화폐 단위:** 멕시코 페소
- **종교:** 로마 가톨릭교, 개신교
- **언어:** 스페인어, 토착 언어

모리타니
- **면적:** 1,030,700km²
- **인구:** 4,775,000명
- **수도:** 누악쇼트 (인구: 1,259,000명)
- **화폐 단위:** 우기야
- **종교:** 이슬람교
- **언어:** 아랍어, 풀풀데어, 소닝케어, 월로프어, 프랑스어, 하사니야어

모나코
- **면적:** 2km²
- **인구:** 31,000명
- **수도:** 모나코 (인구: 39,000명)
- **화폐 단위:** 유로
- **종교:** 로마 가톨릭교
- **언어:** 프랑스어, 영어, 이탈리아어, 모나코어

모잠비크
- **면적:** 799,380km²
- **인구:** 32,163,000명
- **수도:** 마푸투 (인구: 1,104,000명)
- **화폐 단위:** 모잠비크 메티칼
- **종교:** 기독교, 이슬람교
- **언어:** 마쿠와어, 포르투갈어, 창가나어, 세나어, 롬웨어, 추와부어

모로코
- **면적:** 446,550km²
- **인구:** 37,345,000명
- **수도:** 라바트 (인구: 1,865,000명)
- **화폐 단위:** 모로코 디르함
- **종교:** 이슬람교
- **언어:** 아랍어, 베르베르어, 타마지그트어, 프랑스어

몬테네그로
- **면적:** 13,812km²
- **인구:** 628,000명
- **수도:** 포드고리차 (인구: 174,000명)
- **화폐 단위:** 유로
- **종교:** 정교회, 이슬람교, 로마 가톨릭교
- **언어:** 세르비아어, 몬테네그로어, 보스니아어, 알바니아어

> 모로코에는 무려 9세기에 지은 세계에서 가장 오래된 대학이 있어요.

몰도바
- **면적:** 33,851km²
- **인구:** 4,024,000명
- **수도:** 키시너우 (인구: 504,000명)
- **화폐 단위:** 몰도바 레우
- **종교:** 동방 정교회
- **언어:** 몰도바어, 러시아어, 가가우즈어

대륙별 색상: ● 아시아 ● 유럽 ● 아프리카

몰디브

- **면적:** 298km²
- **인구:** 544,000명
- **수도:** 말레 (인구: 177,000명)
- **화폐 단위:** 루피야
- **종교:** 수니파 이슬람교
- **언어:** 디베히어, 영어

미크로네시아

- **면적:** 702km²
- **인구:** 116,000명
- **수도:** 팔리키르 (인구: 7,000명)
- **화폐 단위:** 미국 달러
- **종교:** 로마 가톨릭교, 개신교
- **언어:** 영어, 추크어, 코스라에어, 폰페이어, 야프어, 기타 토착어

몰타

- **면적:** 316km²
- **인구:** 442,000명
- **수도:** 발레타 (인구: 213,000명)
- **화폐 단위:** 유로
- **종교:** 로마 가톨릭교
- **언어:** 몰타어, 영어

바누아투

- **면적:** 12,189 km²
- **인구:** 314,000명
- **수도:** 빌라 (인구: 53,000명)
- **화폐 단위:** 바투
- **종교:** 개신교, 로마 가톨릭교, 토착 신앙
- **언어:** 비슬라마어, 영어, 프랑스어, 지역 언어

몽골

- **면적:** 1,564,116km²
- **인구:** 3,329,000명
- **수도:** 울란바토르 (인구: 1,553,000명)
- **화폐 단위:** 투그릭
- **종교:** 불교, 이슬람교, 샤머니즘, 기독교
- **언어:** 몽골어, 터키어, 러시아어

바레인

- **면적:** 760km²
- **인구:** 1,748,000명
- **수도:** 마나마 (인구: 600,000명)
- **화폐 단위:** 바레인 디나르
- **종교:** 이슬람교(시아파, 수니파), 기독교
- **언어:** 아랍어, 영어, 페르시아어, 우르두어

미국

- **면적:** 9,833,517km²
- **인구:** 332,915,000명
- **수도:** 워싱턴 D.C. (인구: 672,000명)
- **화폐 단위:** 미국 달러
- **종교:** 개신교, 로마 가톨릭교, 유대교
- **언어:** 영어, 스페인어, 아메리카 원주민 언어

바베이도스

- **면적:** 430km²
- **인구:** 288,000명
- **수도:** 브리지타운 (인구: 89,000명)
- **화폐 단위:** 바베이도스 달러
- **종교:** 개신교, 로마 가톨릭교
- **언어:** 영어, 크리올

미얀마

- **면적:** 676,578km²
- **인구:** 54,806,000명
- **수도:** 네피도 (인구: 1,176,000명)
- **화폐 단위:** 차트
- **종교:** 불교, 기독교, 이슬람교
- **언어:** 버마어, 민족어

바티칸 시국

- **면적:** 0.44km²
- **인구:** 1,000명
- **수도:** 바티칸 (인구: 1,000명)
- **화폐 단위:** 유로
- **종교:** 로마 가톨릭교
- **언어:** 이탈리아어, 라틴어, 프랑스어

바하마

- **면적:** 13,880km²
- **인구:** 397,000명
- **수도:** 나소 (인구: 280,000명)
- **화폐 단위:** 바하마 달러
- **종교:** 침례교, 성공회, 로마 가톨릭교, 오순절교회
- **언어:** 영어, 크리올

베네수엘라

- **면적:** 912,050km²
- **인구:** 28,705,000명
- **수도:** 카라카스 (인구: 2,936,000명)
- **화폐 단위:** 볼리바르 소베라노
- **종교:** 로마 가톨릭교
- **언어:** 스페인어, 수많은 방언

3가지 바하마에 대한 멋진 사실

1. 남북으로 200킬로미터에 걸쳐 뻗어 있는 바하마의 안드로스 보초는 세계에서 여섯 번째로 큰 산호초예요.

2. 바하마는 약 700개의 크고 작은 섬으로 이루어졌어요. 그중에서 사람이 사는 섬은 약 30개뿐이에요.

3. 하버섬 해안의 분홍색 모래는 유공충이라는 미생물의 분홍색이나 붉은색 껍데기가 부서져 생긴 거예요.

베트남

- **면적:** 331,210km²
- **인구:** 98,169,000명
- **수도:** 하노이 (인구: 4,480,000명)
- **화폐 단위:** 동
- **종교:** 불교, 로마 가톨릭교, 호아하오교, 까오다이교, 개신교, 이슬람교
- **언어:** 베트남어, 영어, 프랑스어, 중국어, 크메르어

벨기에

- **면적:** 30,528km²
- **인구:** 11,632,000명
- **수도:** 브뤼셀 (인구: 2,065,000명)
- **화폐 단위:** 유로
- **종교:** 로마 가톨릭교, 이슬람교, 개신교
- **언어:** 네덜란드어, 프랑스어, 독일어

방글라데시

- **면적:** 148,460km²
- **인구:** 166,303,000명
- **수도:** 다카 (인구: 20,284,000명)
- **화폐 단위:** 타카
- **종교:** 이슬람교, 힌두교
- **언어:** 벵골어

벨라루스

- **면적:** 207,600km²
- **인구:** 9,443,000명
- **수도:** 민스크 (인구: 2,017,000명)
- **화폐 단위:** 벨라루스 루블
- **종교:** 동방 정교회, 로마 가톨릭교
- **언어:** 러시아어, 벨라루스어

베냉

- **면적:** 112,622km²
- **인구:** 12,451,000명
- **수도:** 포르토노보 (인구: 285,000명), 코토누 (인구: 688,000명)
- **화폐 단위:** 서아프리카 세파 프랑
- **종교:** 이슬람교, 로마 가톨릭교, 개신교, 부두교
- **언어:** 프랑스어, 폰어, 요루바어, 부족 언어

벨리즈

- **면적:** 22,966km²
- **인구:** 405,000명
- **수도:** 벨모판 (인구: 23,000명)
- **화폐 단위:** 벨리즈 달러
- **종교:** 로마 가톨릭교, 개신교(오순절교회, 제칠일안식일예수재림교회, 메노파, 감리교 포함)
- **언어:** 영어, 스페인어, 크리올, 마야어

대륙별 색상  아시아  유럽   아프리카

보스니아 헤르체고비나

면적: 51,197km²
인구: 3,263,000명
수도: 사라예보
(인구: 343,000명)
화폐 단위: 태환 마르카
종교: 이슬람교, 정교회, 로마 가톨릭교
언어: 보스니아어, 세르비아어, 크로아티아어

볼리비아

면적: 1,098,581km²
인구: 11,833,000명
수도: 라파스 (인구: 1,835,000명),
수크레 (인구: 278,000명)
화폐 단위: 볼리비아노
종교: 로마 가톨릭교, 개신교
언어: 스페인어, 케추아어, 아이마라어, 과라니어

보츠와나

면적: 581,730km²
인구: 2,397,000명
수도: 가보로네 (인구: 269,000명)
화폐 단위: 풀라
종교: 기독교, 바디모
언어: 츠와나어, 칼랑가어, 크갈라가디어, 영어

부룬디

면적: 27,830km²
인구: 12,255,000명
수도: 기테가 (인구: 120,000명),
부줌부라 (인구: 954,000명)
화폐 단위: 부룬디 프랑
종교: 로마 가톨릭교, 개신교, 이슬람교
언어: 키룬디어, 프랑스어, 스와힐리어

오늘의 베트남

베트남 호이안의 거리에 시장이 열렸어요.

세계의 국가들

부르키나파소

- 면적: 274,200km^2
- 인구: 21,497,000명
- 수도: 와가두구 (인구: 2,653,000명)
- 화폐 단위: 서아프리카 세파 프랑
- 종교: 이슬람교, 가톨릭교, 정령 신앙
- 언어: 프랑스어, 아프리카 언어

북마케도니아

- 면적: 25,713km^2
- 인구: 2,082,000명
- 수도: 스코페 (인구: 590,000명)
- 화폐 단위: 데나르
- 종교: 마케도니아 정교회, 이슬람교
- 언어: 마케도니아어, 알바니아어, 터키어, 루마니아어, 아로마니아어, 세르비아어

부탄

- 면적: 38,394km^2
- 인구: 780,000명
- 수도: 팀푸 (인구: 203,000명)
- 화폐 단위: 눌트룸, 인도 루피
- 종교: 라마교, 인도와 네팔의 영향을 받은 힌두교
- 언어: 샤촙어, 종카어, 로참파어

북한

- 면적: 120,538km^2
- 인구: 25,887,000명
- 수도: 평양 (인구: 3,061,000명)
- 화폐 단위: 북한 원
- 종교: 불교, 유교, 기독교
- 언어: 한국어

오늘의 부탄

부탄 파로의 가파른 절벽 915미터 높이에 '호랑이굴 사원'이라고 불리는 탁상 사원이 자리하고 있어요.

대륙별 색상: ● 아시아 ● 유럽 ● 아프리카

세계의 지리

불가리아
- **면적:** 110,879km²
- **인구:** 6,897,000명
- **수도:** 소피아 (인구: 1,277,000명)
- **화폐 단위:** 불가리아 레프
- **종교:** 동방 정교회, 이슬람교
- **언어:** 불가리아어, 터키어, 루마니아어

브루나이

- **면적:** 5,765km²
- **인구:** 442,000명
- **수도:** 반다르스리브가완 (인구: 241,000명)
- **화폐 단위:** 브루나이 달러
- **종교:** 이슬람교, 기독교, 불교, 토착 신앙
- **언어:** 말레이어, 영어, 중국어

브라질

- **면적:** 8,514,877km²
- **인구:** 213,993,000명
- **수도:** 브라질리아 (인구: 4,559,000명)
- **화폐 단위:** 헤알
- **종교:** 로마 가톨릭교, 개신교
- **언어:** 포르투갈어

사모아

- **면적:** 2,831km²
- **인구:** 201,000명
- **수도:** 아피아 (인구: 36,000명)
- **화폐 단위:** 탈라
- **종교:** 개신교, 로마 가톨릭교, 모르몬교
- **언어:** 사모아어, 영어

오늘의 사모아

사모아 우폴루섬에서는 나무 사다리를 타고 내려가 토수아 오션 트렌치에서 수영을 즐길 수 있어요. 화산 활동으로 생긴 지형이지요.

● 북아메리카, 중앙아메리카 ● 남아메리카 ● 오세아니아

사우디아라비아

- **면적:** 2,149,690km^2
- **인구:** 35,347,000명
- **수도:** 리야드 (인구: 7,071,000명)
- **화폐 단위:** 사우디 리얄
- **종교:** 이슬람교
- **언어:** 아랍어

산마리노

- **면적:** 61km^2
- **인구:** 34,000명
- **수도:** 산마리노 (인구: 4,000명)
- **화폐 단위:** 유로
- **종교:** 로마 가톨릭교
- **언어:** 이탈리아어

상투메 프린시페

- **면적:** 964km^2
- **인구:** 223,000명
- **수도:** 상투메 (인구: 80,000명)
- **화폐 단위:** 도브라
- **종교:** 로마 가톨릭교, 개신교
- **언어:** 포르투갈어, 크리올

세네갈

- **면적:** 196,722km^2
- **인구:** 17,196,000명
- **수도:** 다카르 (인구: 3,057,000명)
- **화폐 단위:** 서아프리카 세파 프랑
- **종교:** 이슬람교, 로마 가톨릭교
- **언어:** 프랑스어, 월로프어, 풀풀데어, 졸라어, 만데어

세르비아

- **면적:** 77,474km^2
- **인구:** 8,698,000명
- **수도:** 베오그라드 (인구: 1,394,000명)
- **화폐 단위:** 세르비아 디나르
- **종교:** 세르비아 정교회, 로마 가톨릭교, 개신교
- **언어:** 세르비아어, 헝가리어, 보스니아어, 루마니아어

세이셸

- **면적:** 455km^2
- **인구:** 98,000명
- **수도:** 빅토리아 (인구: 28,000명)
- **화폐 단위:** 세이셸 루피
- **종교:** 로마 가톨릭교, 개신교, 힌두교, 이슬람교
- **언어:** 세이셸 크리올, 영어, 프랑스어

세인트루시아

- **면적:** 616km^2
- **인구:** 184,000명
- **수도:** 캐스트리스 (인구: 22,000명)
- **화폐 단위:** 동카리브 달러
- **종교:** 로마 가톨릭교, 개신교
- **언어:** 영어, 프랑스어 방언

세인트빈센트 그레나딘

- **면적:** 389km^2
- **인구:** 110,000명
- **수도:** 킹스타운 (인구: 27,000명)
- **화폐 단위:** 동카리브 달러
- **종교:** 개신교, 로마 가톨릭교
- **언어:** 영어, 빈센트 크리올, 프랑스어 방언

세인트키츠 네비스

- **면적:** 261km^2
- **인구:** 57,000명
- **수도:** 바스테르 (인구: 14,000명)
- **화폐 단위:** 동카리브 달러
- **종교:** 개신교, 로마 가톨릭교
- **언어:** 영어

소말리아

- **면적:** 637,657km^2
- **인구:** 16,359,000명
- **수도:** 모가디슈 (인구: 2,180,000명)
- **화폐 단위:** 소말리아 실링
- **종교:** 수니파 이슬람교
- **언어:** 소말리어, 아랍어, 이탈리아어, 영어

솔로몬 제도

- **면적:** 28,896m2
- **인구:** 704,000명
- **수도:** 호니아라
  (인구: 82,000명)
- **화폐 단위:** 솔로몬 제도 달러
- **종교:** 개신교, 로마 가톨릭교
- **언어:** 멜라네시아 피진, 영어, 토착어

스웨덴에서는 약 200여 개의 언어를 써요.

수단

- **면적:** 1,861,484km²
- **인구:** 44,909,000명
- **수도:** 하르툼
  (인구: 5,678,000명)
- **화폐 단위:** 수단 파운드
- **종교:** 수니파 이슬람교, 기독교
- **언어:** 아랍어, 영어, 누비아어, 타베다위어, 푸르어

스위스

- **면적:** 41,277km²
- **인구:** 8,715,000명
- **수도:** 베른 (인구: 426,000명)
- **화폐 단위:** 스위스 프랑
- **종교:** 로마 가톨릭교, 개신교, 이슬람교
- **언어:** 독일어, 프랑스어, 이탈리아어, 영어, 레토로망스어

수리남

- **면적:** 163,820km²
- **인구:** 592,000명
- **수도:** 파라마리보 (인구: 239,000명)
- **화폐 단위:** 수리남 달러
- **종교:** 개신교, 힌두교, 로마 가톨릭교, 이슬람교
- **언어:** 네덜란드어, 영어, 수리남어, 카리브 힌두스탄어, 자바어

슬로바키아

- **면적:** 49,035km²
- **인구:** 5,467,000명
- **수도:** 브라티슬라바
  (인구: 433,000명)
- **화폐 단위:** 유로
- **종교:** 로마 가톨릭교, 개신교, 그리스 정교회
- **언어:** 슬로바키아어, 헝가리어, 루마니아어

스리랑카

- **면적:** 65,610km²
- **인구:** 21,497,000명
- **수도:** 콜롬보 (인구: 609,000명), 스리자야와르데네푸라코테 (인구: 103,000명)
- **화폐 단위:** 스리랑카 루피
- **종교:** 불교, 이슬람교, 힌두교, 기독교
- **언어:** 싱할라어, 타밀어

슬로베니아

- **면적:** 20m273km²
- **인구:** 2,079,000명
- **수도:** 류블랴나 (인구: 286,000명)
- **화폐 단위:** 유로
- **종교:** 로마 가톨릭교, 이슬람교, 정교회
- **언어:** 슬로베니아어, 세르비아어, 크로아티아어, 이탈리아어, 헝가리어

스웨덴

- **면적:** 450,295km²
- **인구:** 10,161,000명
- **수도:** 스톡홀름 (인구: 1,608,000명)
- **화폐 단위:** 스웨덴 크로나
- **종교:** 루터교회
- **언어:** 스웨덴어, 사미어, 핀란드어

시리아

- **면적:** 185,180km²
- **인구:** 18,275,000명
- **수도:** 다마스쿠스 (인구: 2,354,000명)
- **화폐 단위:** 시리아 파운드
- **종교:** 수니파 이슬람교, 기타 이슬람교(알라위파 포함), 기독교, 드루즈교
- **언어:** 아랍어, 쿠르드어, 아르메니아어, 아람어, 체르케스어, 프랑스어

● 북아메리카, 중앙아메리카   ● 남아메리카   ● 오세아니아

세계의 국가들

시에라리온
- **면적:** 71,740km^2
- **인구:** 8,141,000명
- **수도:** 프리타운 (인구: 1,168,000명)
- **화폐 단위:** 리온
- **종교:** 이슬람교, 기독교
- **언어:** 영어, 멘데어, 템네어, 크리올

아르메니아
- **면적:** 29,743km^2
- **인구:** 2,968,000명
- **수도:** 예레반 (인구: 1,083,000명)
- **화폐 단위:** 아르메니아 드람
- **종교:** 아르메니아교회, 기타 기독교
- **언어:** 아르메니아어, 러시아어

싱가포르
- **면적:** 697km^2
- **인구:** 5,896,000명
- **수도:** 싱가포르 (인구: 5,868,000명)
- **화폐 단위:** 싱가포르 달러
- **종교:** 불교, 기독교, 이슬람교, 도교, 힌두교
- **언어:** 영어, 중국어, 말레이어, 타밀어

아르헨티나
- **면적:** 2,780,400km^2
- **인구:** 45,605,000명
- **수도:** 부에노스아이레스 (인구: 15,057,000명)
- **화폐 단위:** 아르헨티나 페소
- **종교:** 로마 가톨릭교
- **언어:** 스페인어, 이탈리아어, 영어, 독일어, 프랑스어

3가지 싱가포르에 대한 멋진 사실

1. 싱가포르의 상징인 머라이언은 몸은 물고기이고 머리는 사자인 신화적인 동물이에요. 말레이어로 싱가포르의 이름인 '싱가푸라'는 '사자의 도시'라는 뜻이지요.

2. 창이 국제 공항에는 나비 정원과 실내 폭포, 4층 높이에서 내려오는 싱가포르에서 가장 높은 미끄럼틀이 있어요.

3. 싱가포르의 '나이트 사파리'는 세계 최초의 야간 개장 동물원으로 관람객이 어둠 속의 동물들을 볼 수 있는 곳이에요.

아이슬란드
- **면적:** 103,000km^2
- **인구:** 344,000명
- **수도:** 레이캬비크 (인구 123,000명)
- **화폐 단위:** 아이슬란드 크로나
- **종교:** 루터교회, 로마 가톨릭교
- **언어:** 아이슬란드어, 영어, 북유럽 언어

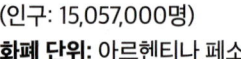
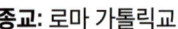

아이티
- **면적:** 27,750km^2
- **인구:** 11,542,000명
- **수도:** 포르토프랭스 (인구: 2,704,000명)
- **화폐 단위:** 구르드, 미국 달러
- **종교:** 로마 가톨릭교, 개신교, 부두교
- **언어:** 프랑스어, 크리올

아랍 에미리트
- **면적:** 83,600km^2
- **인구:** 9,991,000명
- **수도:** 아부다비 (인구: 1,452,000명)
- **화폐 단위:** 아랍에미리트 디르함
- **종교:** 이슬람교, 기독교, 힌두교
- **언어:** 아랍어, 페르시아어, 영어, 힌디어, 우르두어

아일랜드
- **면적:** 70,273km^2
- **인구:** 4,982,000명
- **수도:** 더블린 (인구: 1,215,000명)
- **화폐 단위:** 유로
- **종교:** 로마 가톨릭교, 아일랜드 성공회
- **언어:** 영어, 아일랜드어

대륙별 색상: ● 아시아　● 유럽　● 아프리카

아제르바이잔

- **면적:** 86,600km²
- **인구:** 10,223,000명
- **수도:** 바쿠 (인구: 2,313,000명)
- **화폐 단위:** 아제르바이잔 마나트
- **종교:** 이슬람교, 러시아 정교회
- **언어:** 아제르바이잔어, 러시아어, 아르메니아어

앙골라

- **면적:** 1,246,700km²
- **인구:** 33,933,000명
- **수도:** 루안다 (인구: 8,045,000명)
- **화폐 단위:** 콴자
- **종교:** 로마 가톨릭교, 개신교, 토착 신앙
- **언어:** 포르투갈어, 음분두어, 기타 아프리카 언어

아프가니스탄

- **면적:** 652,230km²
- **인구:** 39,835,000명
- **수도:** 카불 (인구: 4,114,000명)
- **화폐 단위:** 아프가니
- **종교:** 수니파 이슬람교, 시아파 이슬람교
- **언어:** 다리어, 파슈토어, 우즈베크어, 투르크멘어

앤티가 바부다

- **면적:** 443km²
- **인구:** 98,000명
- **수도:** 세인트존스 (인구: 22,000명)
- **화폐 단위:** 동카리브 달러
- **종교:** 성공회, 감리교, 기타 개신교, 로마 가톨릭교
- **언어:** 영어, 앤티가 바부다 크리올

안도라

- **면적:** 468km²
- **인구:** 86,000명
- **수도:** 안도라라베야 (인구: 23,000명)
- **화폐 단위:** 유로
- **종교:** 로마 가톨릭교
- **언어:** 스페인어, 프랑스어, 카탈루냐어, 포르투갈어

에리트레아

- **면적:** 117,600km²
- **인구:** 3,601,000명
- **수도:** 아스마라 (인구: 929,000명)
- **화폐 단위:** 낙파
- **종교:** 이슬람교, 콥트교회, 로마 가톨릭교
- **언어:** 티그리냐어, 아랍어, 영어, 티그레어, 쿠나마어, 아파르어, 기타 쿠시어파 언어

알바니아

- **면적:** 28,748km²
- **인구:** 2,873,000명
- **수도:** 티라나 (인구: 485,000명)
- **화폐 단위:** 레크
- **종교:** 이슬람교, 로마 가톨릭교, 정교회
- **언어:** 알바니아어, 그리스어

에스와티니

- **면적:** 17,364km²
- **인구:** 1,172,000명
- **수도:** 음바바네 (인구: 68,000명), 로밤바 (인구: 5,800명)
- **화폐 단위:** 릴랑게니
- **종교:** 기독교, 이슬람교
- **언어:** 영어, 스와티어

알제리

- **면적:** 2,381,741km²
- **인구:** 44,616,000명
- **수도:** 알제 (인구: 2,729,000명)
- **화폐 단위:** 알제리 디나르(DZD)
- **종교:** 수니파 이슬람교
- **언어:** 아랍어, 프랑스어, 베르베르어

에스토니아

- **면적:** 45,228km²
- **인구:** 1,325,000명
- **수도:** 탈린 (인구: 441,000명)
- **화폐 단위:** 유로
- **종교:** 루터교회, 러시아 정교회
- **언어:** 에스토니아어, 러시아어

세계의 국가들

에스파냐(스페인)
- **면적:** 505,370km²
- **인구:** 49,331,000명
- **수도:** 마드리드 (인구: 6,559,000명)
- **화폐 단위:** 유로
- **종교:** 로마 가톨릭교
- **언어:** 스페인어, 카탈루냐어, 갈리시아어, 바스크어

엘살바도르
- **면적:** 21,041km²
- **인구:** 6,518,000명
- **수도:** 산살바도르 (인구: 1,106,000명)
- **화폐 단위:** 미국 달러
- **종교:** 로마 가톨릭교, 개신교
- **언어:** 스페인어, 나우아틀어

에콰도르
- **면적:** 283,561km²
- **인구:** 17,888,000명
- **수도:** 키토 (인구: 1,848,000명)
- **화폐 단위:** 미국 달러
- **종교:** 로마 가톨릭교, 복음교회
- **언어:** 스페인어, 케추아어, 기타 아메리카 원주민 언어

영국
- **면적:** 243,610km²
- **인구:** 68,207,000명
- **수도:** 런던 (인구: 9,177,000명)
- **화폐 단위:** 파운드 스털링
- **종교:** 성공회, 로마 가톨릭교, 장로교, 감리교, 이슬람교, 힌두교
- **언어:** 영어, 스코트어, 스코틀랜드게일어, 웨일스어, 아일랜드어

에티오피아
- **면적:** 1,104,300km²
- **인구:** 117,876,000명
- **수도:** 아디스아바바 (인구: 4,592,000명)
- **화폐 단위:** 에티오피아 비르
- **종교:** 에티오피아 정교회, 이슬람교, 개신교
- **언어:** 오로모어, 암하라어, 소말리어

예멘
- **면적:** 527,968km²
- **인구:** 30,490,000명
- **수도:** 사나 (인구: 2,874,000명)
- **화폐 단위:** 예멘 리알
- **종교:** 이슬람교
- **언어:** 아랍어

3가지 에티오피아에 대한 멋진 사실

1. 숲이 파괴되는 속도를 늦추기 위한 노력의 일환으로, 에티오피아 주민들은 2019년에 12시간 동안 3억 5000만 그루 이상의 나무를 심어 세계 기록을 세웠어요.

2. 2018년에 공언한 대로, 살러워르크 저우데는 에티오피아의 첫 여성 대통령이 되었고, 이는 거의 100년 만에 처음 나온 여성 지도자예요.

3. 사냥과 서식지 파괴로 사자의 수가 크게 줄었던 에티오피아의 알라타시 국립 공원 주변에서 최근에 사자가 최소 100마리 이상 더 발견되었다고 해요.

오만
- **면적:** 309,500km²
- **인구:** 5,223,000명
- **수도:** 무스카트 (인구: 1,502,000명)
- **화폐 단위:** 오만 리알
- **종교:** 이슬람교, 기독교, 힌두교
- **언어:** 아랍어, 영어, 발루치어, 우르두어, 원주민 방언

오스트레일리아(호주)
- **면적:** 7,692,000km²
- **인구:** 25,788,000명
- **수도:** 캔버라 (인구: 452,000명)
- **화폐 단위:** 호주 달러
- **종교:** 성공회, 로마 가톨릭교, 기타 기독교
- **언어:** 영어

오스트리아

- **면적:** 83,871km²
- **인구:** 9,043,000명
- **수도:** 빈 (인구: 1,915,000명)
- **화폐 단위:** 유로
- **종교:** 로마 가톨릭교, 개신교, 이슬람교
- **언어:** 독일어, 터키어, 세르비아어, 크로아티아어, 슬로베니아어, 헝가리어

카피바라는 세계에서 가장 큰 **설치류 동물**이고, **우루과이**가 원산지예요.

온두라스

- **면적:** 112,090km²
- **인구:** 10,063,000명
- **수도:** 테구시갈파 (인구: 1,403,000명)
- **화폐 단위:** 렘피라
- **종교:** 로마 가톨릭교, 개신교
- **언어:** 스페인어, 아메리카 원주민 방언

우즈베키스탄

- **면적:** 447,400km²
- **인구:** 33,936,000명
- **수도:** 타슈켄트 (인구: 2,049,000명)
- **화폐 단위:** 우즈베키스탄 숨
- **종교:** 이슬람교(주로 수니파), 동방 정교회
- **언어:** 우즈베크어, 러시아어, 타지크어

요르단

- **면적:** 89,342km²
- **인구:** 10,269,000명
- **수도:** 암만 (인구: 2,109,000명)
- **화폐 단위:** 요르단 디나르
- **종교:** 수니파 이슬람교, 기독교
- **언어:** 아랍어, 영어

우크라이나

- **면적:** 603,550km²
- **인구:** 43,467,000명
- **수도:** 키예프 (인구: 2,973,000명)
- **화폐 단위:** 흐리우냐
- **종교:** 우크라이나 정교회, 우크라이나 그리스 가톨릭교, 로마 가톨릭교, 개신교, 유대교
- **언어:** 우크라이나어, 러시아어

우간다

- **면적:** 241,038km²
- **인구:** 47,124,000명
- **수도:** 캄팔라 (인구: 3,318,000명)
- **화폐 단위:** 우간다 실링
- **종교:** 개신교, 로마 가톨릭교, 이슬람교
- **언어:** 영어, 루간다어(간다어), 지역 언어, 스와힐리어, 아랍어

이라크

- **면적:** 438,317km²
- **인구:** 41,179,000명
- **수도:** 바그다드 (인구: 6,974,000명)
- **화폐 단위:** 이라크 디나르
- **종교:** 시아파 이슬람교, 수니파 이슬람교
- **언어:** 아랍어, 쿠르드어, 투르크멘어, 아르메니아어

우루과이

- **면적:** 176,215km²
- **인구:** 3,485,000명
- **수도:** 몬테비데오 (인구: 1,745,000명)
- **화폐 단위:** 우루과이 페소
- **종교:** 로마 가톨릭교, 개신교
- **언어:** 스페인어

이란

- **면적:** 1,648,195km²
- **인구:** 85,029,000명
- **수도:** 테헤란 (인구: 9,014,000명)
- **화폐 단위:** 이란 리알
- **종교:** 시아파 이슬람교, 수니파 이슬람교
- **언어:** 페르시아어, 아제르바이잔어, 쿠르드어

● 북아메리카, 중앙아메리카　● 남아메리카　● 오세아니아

세계의 국가들

이스라엘

- **면적:** 20,770km²
- **인구:** 8,789,000명
- **수도:** 예루살렘 (인구: 919,000명)
- **화폐 단위:** 이스라엘 신 셰켈
- **종교:** 유대교, 이슬람교
- **언어:** 히브리어, 아랍어, 영어

일본
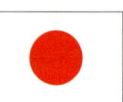
- **면적:** 377,915km²
- **인구:** 126,051,000명
- **수도:** 도쿄 (인구: 37,435,000명)
- **화폐 단위:** 엔
- **종교:** 신도, 불교
- **언어:** 일본어

이집트
- **면적:** 1,001,450km²
- **인구:** 104,258,000명
- **수도:** 카이로 (인구: 20,485,000명)
- **화폐 단위:** 이집트 파운드
- **종교:** 이슬람교(대부분 수니파), 콥트교회
- **언어:** 아랍어, 영어, 프랑스어

자메이카
- **면적:** 10,991km²
- **인구:** 2,973,000명
- **수도:** 킹스턴 (인구: 590,000명)
- **화폐 단위:** 자메이카 달러
- **종교:** 개신교, 로마 가톨릭교
- **언어:** 영어, 자메이카 크리올

이탈리아
- **면적:** 301,340km²
- **인구:** 60,367,000명
- **수도:** 로마 (인구: 4,234,000명)
- **화폐 단위:** 유로
- **종교:** 로마 가톨릭교
- **언어:** 이탈리아어, 독일어, 프랑스어, 슬로베니아어

잠비아

- **면적:** 752,618km²
- **인구:** 18,921,000명
- **수도:** 루사카 (인구: 2,647,000명)
- **화폐 단위:** 잠비아 콰차
- **종교:** 개신교, 로마 가톨릭교
- **언어:** 벰바어, 냔자어, 통가어, 로지어, 체와어, 은셍가어, 툼부카어, 영어

인도
- **면적:** 3,287,263km²
- **인구:** 1,393,409,000명
- **수도:** 뉴델리 (인구: 29,399,000명)
- **화폐 단위:** 인도 루피
- **종교:** 힌두교, 이슬람교, 기독교, 시크교
- **언어:** 힌디어, 영어, 벵골어, 텔루구어, 마라티어, 타밀어, 우르두어, 구자라트어, 칸나다어, 말라얄람어, 오리야어, 펀자브어, 아삼어

적도 기니

- **면적:** 28,051km²
- **인구:** 1,449,000명
- **수도:** 말라보 (인구: 297,000명)
- **화폐 단위:** 중앙아프리카 세파 프랑
- **종교:** 로마 가톨릭교, 토속 신앙
- **언어:** 스페인어, 프랑스어, 팡어, 부비어

인도네시아
- **면적:** 1,904,569km²
- **인구:** 276,362,000명
- **수도:** 자카르타 (인구: 10,639,000명)
- **화폐 단위:** 인도네시아 루피
- **종교:** 이슬람교, 개신교, 로마 가톨릭교, 힌두교
- **언어:** 인도네시아어, 영어, 네덜란드어, 자바어, 지역 방언

조지아

- **면적:** 69,700km²
- **인구:** 3,980,000명
- **수도:** 트빌리시 (인구: 1,077,000명)
- **화폐 단위:** 라리
- **종교:** 정교회, 이슬람교, 아르메니아교회
- **언어:** 조지아어, 아제르바이잔어, 아르메니아어

대륙별 색상: ● 아시아 ● 유럽 ● 아프리카

중국

- **면적:** 9,596,960km²
- **인구:** 1,444,216,000명
- **수도:** 베이징 (인구: 20,035,000명)
- **화폐 단위:** 위안
- **종교:** 민간 신앙, 불교, 기독교
- **언어:** 표준 중국어(푸퉁화), 광둥어, 우어, 민베이어, 민난어, 샹어, 간어, 지역 언어

지부티

- **면적:** 23,200km²
- **인구:** 1,002,000명
- **수도:** 지부티 (인구: 569,000명)
- **화폐 단위:** 지부티 프랑
- **종교:** 이슬람교, 기독교
- **언어:** 프랑스어, 아랍어, 소말리어, 아파르어

중앙아프리카 공화국

- **면적:** 622,984km²
- **인구:** 4,920,000명
- **수도:** 방기 (인구: 870,000명)
- **화폐 단위:** 중앙아프리카 세파 프랑
- **종교:** 토착 신앙, 개신교, 로마 가톨릭교, 이슬람교
- **언어:** 프랑스어, 상고어, 부족 언어

짐바브웨

- **면적:** 390,757km²
- **인구:** 15,092,000명
- **수도:** 하라레 (인구: 1,521,000명)
- **화폐 단위:** 짐바브웨 달러
- **종교:** 개신교, 로마 가톨릭교, 토착 신앙
- **언어:** 쇼나어, 은데벨레어, 영어

오늘의 인도

알록달록한 색깔의 가루와 물감을 몸에 뿌리고 바른 사람들이 인도의 봄맞이 축제인 홀리를 즐기고 있어요.

세계의 국가들

차드
- 면적: 1,284,000km²
- 인구: 16,915,000명
- 수도: 은자메나 (인구: 1,372,000명)
- 화폐 단위: 중앙아프리카 세파 프랑
- 종교: 이슬람교, 개신교, 로마 가톨릭교, 정령 신앙
- 언어: 프랑스어, 아랍어, 사라어, 토착어

칠레
- 면적: 756,102km²
- 인구: 19,212,000명
- 수도: 산티아고 (인구: 6,724,000명)
- 화폐 단위: 칠레 페소
- 종교: 로마 가톨릭교, 개신교
- 언어: 스페인어, 영어, 토착어

체코
- 면적: 78,867km²
- 인구: 10,725,000명
- 수도: 프라하 (인구: 1,299,000명)
- 화폐 단위: 체코 코루나
- 종교: 로마 가톨릭교, 개신교
- 언어: 체코어, 슬로바키아어

카메룬
- 면적: 475,440km²
- 인구: 27,224,000명
- 수도: 야운데 (인구: 3,822,000명)
- 화폐 단위: 중앙아프리카 세파 프랑
- 종교: 로마 가톨릭교, 개신교, 이슬람교, 정령 신앙
- 언어: 아프리카 언어, 영어, 프랑스어

오늘의 칠레

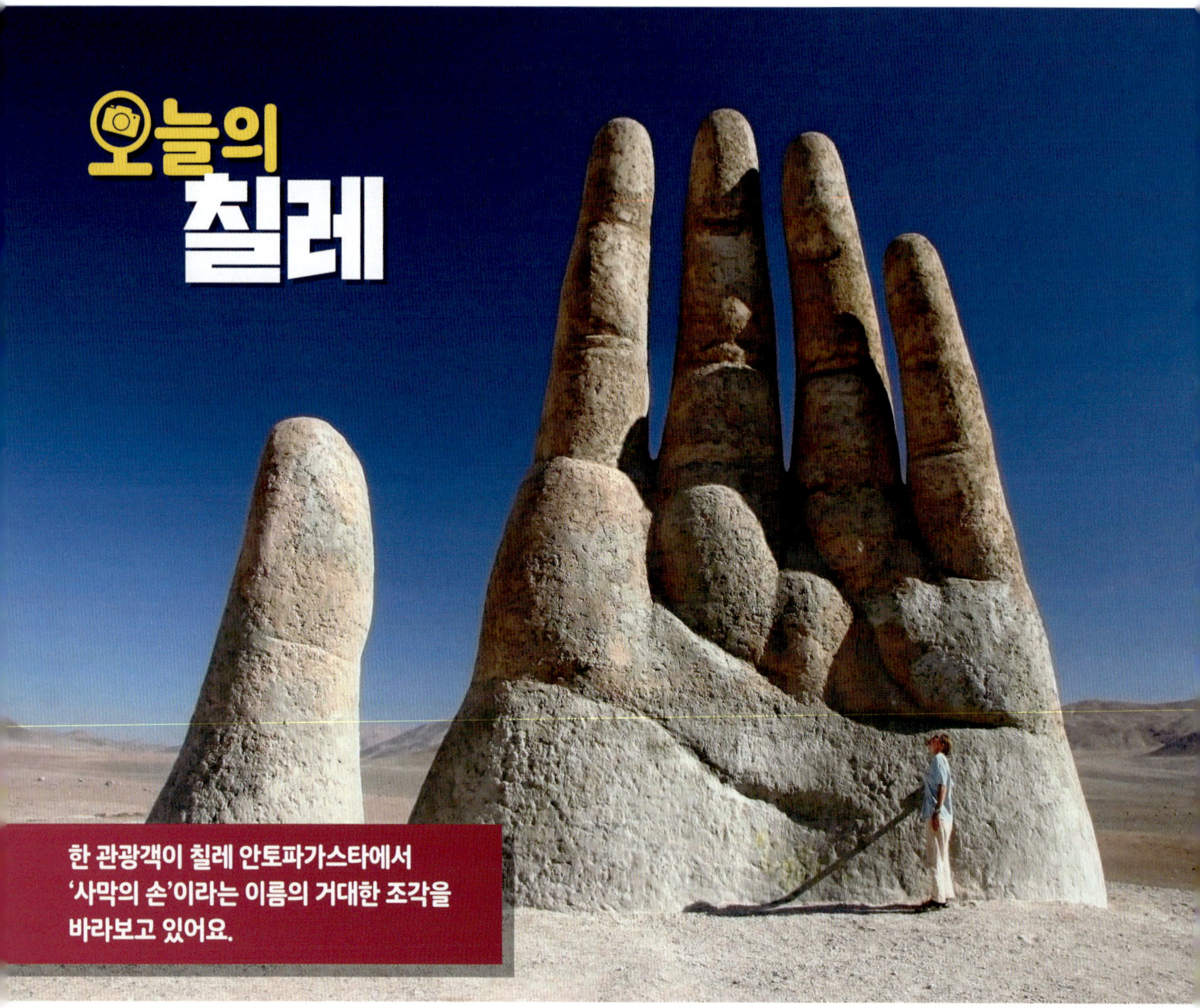

한 관광객이 칠레 안토파가스타에서 '사막의 손'이라는 이름의 거대한 조각을 바라보고 있어요.

대륙별 색상: ● 아시아 ● 유럽 ● 아프리카

세계의 지리

카보베르데
- 면적: 4,033km^2
- 인구: 562,000명
- 수도: 프라이아 (인구: 168,000명)
- 화폐 단위: 카보베르데 이스쿠두
- 종교: 로마 가톨릭교, 개신교
- 언어: 포르투갈어, 크리올

케냐
- 면적: 580,367km^2
- 인구: 54,986,000명
- 수도: 나이로비 (인구: 4,556,000명)
- 화폐 단위: 케냐 실링
- 종교: 개신교, 로마 가톨릭교, 이슬람교, 토착 신앙
- 언어: 영어, 스와힐리어, 토착어

카자흐스탄
- 면적: 2,724,900km^2
- 인구: 18,995,000명
- 수도: 누르술탄 (인구: 1,118,000명)
- 화폐 단위: 텡게
- 종교: 이슬람교, 러시아 정교회
- 언어: 카자흐어, 러시아어

코모로
- 면적: 2,235km^2
- 인구: 888,000명
- 수도: 모로니 (인구: 62,000명)
- 화폐 단위: 코모로 프랑
- 종교: 수니파 이슬람교
- 언어: 아랍어, 프랑스어, 코모로어

카타르
- 면적: 11,586km^2
- 인구: 2,930,000명
- 수도: 도하 (인구: 637,000명)
- 화폐 단위: 카타르 리얄
- 종교: 이슬람교, 기독교
- 언어: 아랍어, 영어

코소보
- 면적: 10,887km^2
- 인구: 1,890,000명
- 수도: 프리슈티나 (인구: 207,000명)
- 화폐 단위: 유로, 세르비아 디나르
- 종교: 이슬람교, 로마 가톨릭교, 세르비아 정교회
- 언어: 알바니아어, 세르비아어, 보스니아어

캄보디아
- 면적: 181,035km^2
- 인구: 16,946,000명
- 수도: 프놈펜 (인구: 2,014,000명)
- 화폐 단위: 리엘
- 종교: 불교
- 언어: 크메르어

코스타리카
- 면적: 51,100km^2
- 인구: 5,139,000명
- 수도: 산호세 (인구: 1,379,000명)
- 화폐 단위: 코스타리카 콜론
- 종교: 로마 가톨릭교, 복음교회
- 언어: 스페인어, 영어

캐나다
- 면적: 9,984,670km^2
- 인구: 38,068,000명
- 수도: 오타와 (인구: 1,378,000명)
- 화폐 단위: 캐나다 달러
- 종교: 로마 가톨릭교, 개신교
- 언어: 영어, 프랑스어

코트디부아르
- 면적: 322,463km^2
- 인구: 27,053,000명
- 수도: 야무수크로 (인구: 231,000명), 아비장 (인구: 5,059,000명)
- 화폐 단위: 서아프리카 세파 프랑
- 종교: 이슬람교, 기독교, 토착 신앙
- 언어: 프랑스어, 디울라어, 토착 방언

● 북아메리카, 중앙아메리카   ● 남아메리카   ● 오세아니아

세계의 국가들

콜롬비아

- **면적:** 1,138,910km²
- **인구:** 51,266,000명
- **수도:** 보고타 (인구: 10,779,000명)
- **화폐 단위:** 콜롬비아 페소
- **종교:** 로마 가톨릭교, 개신교
- **언어:** 스페인어

콩고 민주 공화국

- **면적:** 2,344,858km²
- **인구:** 92,378,000명
- **수도:** 킨샤사 (인구: 13,743,000명)
- **화폐 단위:** 콩고 프랑
- **종교:** 로마 가톨릭교, 개신교, 킴방구교회, 이슬람교
- **언어:** 프랑스어, 링갈라어, 킹와나어, 키콩고어, 칠루바어

콩고

- **면적:** 342,000km²
- **인구:** 5,657,000명
- **수도:** 브라자빌 (인구: 2,308,000명)
- **화폐 단위:** 서아프리카 세파 프랑
- **종교:** 기독교, 정령 신앙, 이슬람교
- **언어:** 프랑스어, 링갈라어, 키투바어, 키콩고어, 지역 언어

쿠바

- **면적:** 110,860km²
- **인구:** 11,317,000명
- **수도:** 아바나 (인구: 2,138,000명)
- **화폐 단위:** 쿠바 페소(CUP), 쿠바 태환 페소(CUC)
- **종교:** 로마 가톨릭교
- **언어:** 스페인어

오늘의 코소보

코소보 프리즈렌의 작은 마을에는 500년 넘은 오래된 돌다리가 있어요.

대륙별 색상: ● 아시아 ● 유럽 ● 아프리카

쿠웨이트

- **면적**: 17,818km²
- **인구**: 4,329,000명
- **수도**: 쿠웨이트
  (인구: 3,052,000명)
- **화폐 단위**: 쿠웨이트 디나르
- **종교**: 수니파 이슬람교, 시아파 이슬람교, 기독교
- **언어**: 아랍어, 영어

크로아티아

- **면적**: 56,594km²
- **인구**: 4,082,000명
- **수도**: 자그레브
  (인구: 685,000명)
- **화폐 단위**: 쿠나
- **종교**: 로마 가톨릭교, 정교회
- **언어**: 크로아티아어, 세르비아어

키르기스스탄

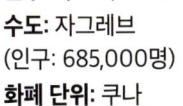

- **면적**: 199,951km²
- **인구**: 6,628,000명
- **수도**: 비슈케크 (인구: 1,017,000명)
- **화폐 단위**: 솜
- **종교**: 이슬람교, 러시아 정교회
- **언어**: 키르기스어, 러시아어

키리바시

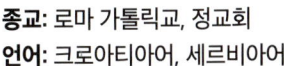

- **면적**: 811km²
- **인구**: 119,000명
- **수도**: 타라와 (인구: 64,000명)
- **화폐 단위**: 호주 달러
- **종교**: 로마 가톨릭교, 개신교
- **언어**: 키리바시어, 영어

키프로스

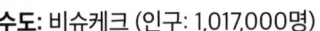

- **면적**: 9,251km²
- **인구**: 1,216,000명
- **수도**: 니코시아 (인구: 269,000명)
- **화폐 단위**: 유로
- **종교**: 그리스 정교회, 이슬람교
- **언어**: 그리스어, 터키어, 영어

타지키스탄

- **면적**: 144,100km²
- **인구**: 9,749,000명
- **수도**: 두샨베
  (인구: 894,000명)
- **화폐 단위**: 소모니
- **종교**: 수니파 이슬람교, 시아파 이슬람교
- **언어**: 타지크어, 우즈베크어

탄자니아

- **면적**: 947,300km²
- **인구**: 61,498,000명
- **수도**: 도도마 (인구: 262,000명),
- **화폐 단위**: 탄자니아 실링
- **종교**: 기독교, 이슬람교, 토착 신앙
- **언어**: 스와힐리어, 웅구자어, 영어, 아랍어, 지역 언어

태국

- **면적**: 513,120km²
- **인구**: 69,951,000명
- **수도**: 방콕 (인구: 10,350,000명)
- **화폐 단위**: 바트
- **종교**: 불교, 이슬람교, 기독교
- **언어**: 태국어, 영어

터키

- **면적**: 783,562km²
- **인구**: 85,043,000명
- **수도**: 앙카라 (인구: 5,018,000명)
- **화폐 단위**: 터키 리라
- **종교**: 이슬람교
- **언어**: 터키어, 쿠르드어, 기타 소수 언어

토고

- **면적**: 56,785km²
- **인구**: 8,478,000명
- **수도**: 로메 (인구: 1,785,000명)
- **화폐 단위**: 서아프리카 세파 프랑
- **종교**: 토착 신앙, 기독교, 이슬람교
- **언어**: 프랑스어, 에웨어, 미나어, 카비예어, 다곰바어

세계의 국가들

통가
- **면적**: 747km²
- **인구**: 107,000명
- **수도**: 누쿠알로파 (인구: 27,000명)
- **화폐 단위**: 팡가
- **종교**: 개신교, 모르몬교, 로마 가톨릭교
- **언어**: 통가어, 영어

튀니지
- **면적**: 163,610km²
- **인구**: 11,936,000명
- **수도**: 튀니스 (인구: 2,328,000명)
- **화폐 단위**: 튀니지 디나르
- **종교**: 이슬람교
- **언어**: 아랍어, 프랑스어

> 통가의 도로에는 신호등이 전혀 없어요.

트리니다드 토바고
- **면적**: 5,128km²
- **인구**: 1,403,000명
- **수도**: 포트오브스페인 (인구: 544,000명)
- **화폐 단위**: 트리니다드 토바고 달러
- **종교**: 개신교, 로마 가톨릭교, 힌두교, 이슬람교
- **언어**: 영어, 크리올, 카리브 힌두스탄어

투르크메니스탄
- **면적**: 488,100km²
- **인구**: 6,118,000명
- **수도**: 아시가바트 (인구: 828,000명)
- **화폐 단위**: 투르크메니스탄 마나트
- **종교**: 이슬람교, 동방 정교회
- **언어**: 투르크멘어, 러시아어, 우즈베크어

파나마
- **면적**: 75,420km²
- **인구**: 4,382,000명
- **수도**: 파나마 (인구: 1,180,000명)
- **화폐 단위**: 미국 달러
- **종교**: 로마 가톨릭교, 개신교
- **언어**: 스페인어, 영어

> 카라쿰 사막은 투르크메니스탄 면적의 약 70퍼센트를 차지해요.

파라과이
- **면적**: 406,752km²
- **인구**: 7,219,000명
- **수도**: 아순시온 (인구: 3,279,000명)
- **화폐 단위**: 과라니
- **종교**: 로마 가톨릭교, 개신교
- **언어**: 스페인어, 과라니어

투발루
- **면적**: 26km²
- **인구**: 12,000명
- **수도**: 푸나푸티 (인구: 7,000명)
- **화폐 단위**: 호주 달러
- **종교**: 개신교, 바하이교
- **언어**: 투발루어, 영어, 사모아어, 키리바시어

파키스탄
- **면적**: 796,095km²
- **인구**: 225,199,000명
- **수도**: 이슬라마바드 (인구: 1,095,000명)
- **화폐 단위**: 파키스탄 루피
- **종교**: 수니파 이슬람교, 시아파 이슬람교
- **언어**: 펀자브어, 신드어, 사라이키어, 파슈토어, 우르두어, 발루치어, 힌드코어, 브라후이어, 영어, 부루샤스키어

대륙별 색상: ● 아시아 ● 유럽 ● 아프리카

파푸아 뉴기니

- **면적:** 462,840km²
- **인구:** 9,119,000명
- **수도:** 포트모르즈비 (인구: 375,000명)
- **화폐 단위:** 키나
- **종교:** 개신교, 로마 가톨릭교
- **언어:** 피지어, 피진 잉글리시, 영어, 모투어, 기타 토착어

프랑스

- **면적:** 643,801km²
- **인구:** 65,426,000명
- **수도:** 파리 (인구: 10,958,000명)
- **화폐 단위:** 유로
- **종교:** 로마 가톨릭교, 개신교, 이슬람교, 유대교
- **언어:** 프랑스어

팔라우

- **면적:** 459km²
- **인구:** 18,000명
- **수도:** 응게룰무드 (인구: 277명)
- **화폐 단위:** 미국 달러
- **종교:** 로마 가톨릭교
- **언어:** 팔라우어, 필리핀어, 영어

피지

- **면적:** 18,274km²
- **인구:** 903,000명
- **수도:** 수바 (인구: 1,292,000명)
- **화폐 단위:** 피지 달러
- **종교:** 개신교, 힌두교, 로마 가톨릭교, 이슬람교
- **언어:** 영어, 피지어, 힌두스타니어

페루

- **면적:** 1,285,216km²
- **인구:** 33,359,000명
- **수도:** 리마 (인구: 10,555,000명)
- **화폐 단위:** 솔
- **종교:** 로마 가톨릭교, 복음교회
- **언어:** 스페인어, 케추아어, 아이마라어

핀란드

- **면적:** 338,145km²
- **인구:** 5,548,000명
- **수도:** 헬싱키 (인구: 1,292,000명)
- **화폐 단위:** 유로
- **종교:** 루터교회
- **언어:** 핀란드어, 스웨덴어

포르투갈

- **면적:** 92,090km²
- **인구:** 10,168,000명
- **수도:** 리스본 (인구: 2,942,000명)
- **화폐 단위:** 유로
- **종교:** 로마 가톨릭교
- **언어:** 포르투갈어, 미란다어

필리핀

- **면적:** 300,000km²
- **인구:** 111,047,000명
- **수도:** 마닐라 (인구: 1,800,000명)
- **화폐 단위:** 필리핀 페소
- **종교:** 로마 가톨릭교, 개신교, 이슬람교
- **언어:** 타갈로그어, 영어

폴란드

- **면적:** 312,685km²
- **인구:** 37,797,000명
- **수도:** 바르샤바 (인구: 1,776,000명)
- **화폐 단위:** 즈워티
- **종교:** 로마 가톨릭교
- **언어:** 폴란드어

헝가리

- **면적:** 93,028km²
- **인구:** 9,634,000명
- **수도:** 부다페스트 (인구: 1,764,000명)
- **화폐 단위:** 포린트
- **종교:** 로마 가톨릭교, 칼뱅교, 루터교회
- **언어:** 헝가리어, 영어, 독일어

세계 여행

소름이 쫙!
세계의 짜릿한 장소들

1
아랍에미리트 아부다비에 있는 포뮬러 로사는 **세계에서 가장 빠른 롤러코스터**예요. 5초 안에 **시속 240킬로미터까지** 속도를 올릴 수 있어요.

2
독일의 트로피컬 아일랜드 리조트는 **세계에서 가장 큰 실내 워터파크**예요. 속도가 빠른 워터슬라이드가 있을 뿐 아니라 전 세계에서 가장 큰 **실내 열대 우림**도 있어요.

3
프랑스 낭트의 테마파크에 가면 높이가 12미터인 **기계 코끼리**가 공원을 돌아다녀요. 사람이 탈 수도 있어요!

세계의 지리

7 월트 디즈니가 그린 **디즈니랜드**의 **초창기 지도**는 70만 8,000달러에 팔렸어요.

4 오스트레일리아 수족관인 크로코사우루스 코브에서, 투명한 관에 들어가 **헤엄을 치면** 바로 곁에서 **5미터 길이의 바다악어**가 지나가는 모습을 볼 수 있어요.

8 바하마의 한 워터파크에는 18미터 길이의 **워터슬라이드**가 있어요. 길고 투명한 터널을 따라 미끄러지는 동안 옆에서 헤엄치는 **진짜 상어 수십 마리**를 볼 수 있어요!

5 프랑스의 아쿠알루드 파크에는 **블랙홀**이라는 워터슬라이드가 있어요. **깜깜한 어둠 속에서** 미끄러지는 **물 미끄럼틀**이에요.

9 아랍에미리트 두바이에 있는 IMG 월드 오브 어드벤처는 **세계에서 가장 넓은 실내 놀이공원**이에요. 무려 13만 9,355제곱미터 넓이에 펼쳐져 있어요.

6 미국 네바다주 라스베이거스에는 '인세니티'라는 놀이 기구가 있어요. 사람을 태워서 **공중에 매단 채 시속 64킬로미터로 빙글빙글** 돌려요.

10 미국 인디애나주 홀리데이 월드 앤 스플래싱 사파리에는 높이가 537미터나 되는 **전 세계에서 가장 긴** 워터 롤러코스터가 있어요. 에펠탑의 높이보다 **2배나 더 길죠!**

세계 여행

전 세계 최고 기록들

지구에서 가장 깊고, 가장 빠르고,
가장 아슬아슬하고, 가장 뜨거운 곳들

가장 큰 계곡
얄룽창포 협곡

미국 애리조나주의 그랜드 캐니언은 티베트고원의 얄룽창포 협곡에 비하면 별것도 아니에요. 지구상에서 가장 깊은 얄룽창포 협곡은 화강암 암반이 깎여 나가면서 만들어졌고 위에서 바닥까지 깊이가 5,128미터에 이르러요. 미국의 협곡 그랜드 캐니언보다 3배나 더 깊지요. 게다가 길이가 483킬로미터에 걸쳐져 있어서 전 세계에서 가장 긴 협곡으로 손꼽혀요.

가장 빠른 열차
일본의 마그레브 자기부상열차

오늘날 전 세계에서 가장 빠른 열차는 일본에 있어요. 전기가 통하면 자석이 되는 전자석을 이용해 열차를 선로에 띄운 채로 움직이게 하는 자기 부상 열차예요. 시험 운행에서 속도가 시속 602킬로미터를 기록했어요. 계획대로라면 2027년에 이 열차로 도쿄와 나고야를 오가는 노선이 운영될 예정이라고 해요. 약 280킬로미터의 거리를 약 40분 만에 도달할 수 있게 돼요. 현재 교통수단으로 걸리는 시간의 절반도 채 걸리지 않아요!

세계의 지리

가장 아슬아슬하게 놓인 집

드리나강 주택

세상에서 가장 외진 집을 상상해 봐요. 카누를 탄 채 엄청난 인내심을 갖고 오랫동안 노를 저어 가야 동유럽의 세르비아를 흐르는 드리나강 기슭의 바위 위에 세워진 집에 도착할 수 있어요. 약 40년 전에 지어진 이 외딴 집은 강물에 띄우거나 보트에 실어서 운반해 온 재료로 만들어졌어요. 이 안락한 오두막은 실제로 살 수도 있답니다!

루트 사막의 일부 구역은 너무 덥고 건조해서 세균조차 살아남기 힘들어요.

지상에서 가장 더운 곳

루트 사막

이란 남동부에 자리한 루트 사막은 너무 더워서 과학자들은 이곳을 동물이나 식물이 살 수 없는 곳으로 여겼어요. 2005년 위성을 통해 대기의 온도를 측정했더니 무려 섭씨 70.7도여서 지상 최고 기온을 기록했을 정도였어요. (지면의 최고 온도 기록은 에티오피아 댈롤에서 측정되었어요.) 이 사막은 모래 언덕과 어두운 자갈로 덮인 빈터가 많아서 태양의 열기를 아주 잘 빨아들여요. 이렇게 높은 기온은 사람에게 치명적이에요. 하지만 파충류나 거미, 아프간여우는 이 뜨거운 장소에서도 잘 살아가요.

세계 여행

뇌를 깨우는
지 식 사 탕

고무 오리 '러버덕'은 우리 집 욕조에만 떠 있는 게 아니에요. 바다에서도 잘 뜬답니다!

전 세계의 여러 항구 도시에 높이가 5층 건물만 한 노랑 고무 오리가 불쑥 모습을 드러냈어요.

세계의 지리

중국 마카오의 앞바다에 높이 18미터인 고무 오리가 떴어요.

1992년에는 북태평양을 지나가던 화물선에서, 고무 오리 2만 8,800개와 목욕용 장난감이 담긴 운송 상자가 **바다에 빠졌어요.**

과학자들은 바다에 빠진 고무 오리들을 추적해 **바닷물의 흐름** 에 대한 여러 사실을 알아냈어요.

세계 여행

기발하고 괴상하고 웃긴 과학 사전!

갖가지 별나고 신기한 사실에 대해 알아봐요.

자세한 내용이 궁금하다면 이 책을 찾아보세요.

타이완에서는 쓰레기 수거차에서 **음악을 크게 틀어서** 사람들이 잊지 않고 쓰레기를 내놓도록 유도해요.

미국령 버진아일랜드는 미국에서 유일하게 자동차가 왼쪽 도로로 가는 **좌측통행**을 하는 지역이에요.

 **파토**는 아르헨티나의 국민 스포츠로, **폴로와 농구가 합쳐진 운동**이에요.

벨기에에서는 한때 **초콜릿 향기가 나는 우표**를 발행한 적이 있어요.

멕시코시티는 지난 **100년** 동안 **10미터** 넘게 해수면 아래로 가라앉았어요.

일본 오사카에는 빌딩 한가운데를 통과하는 **고속도로**가 있어요.

칠레 아리카에서는 **14년** 동안 비가 한 방울도 오지 않았던 적이 있어요.

캐나다의 한 **대학교**는 학생들을 위해 **강아지들이 있는 방**을 만들었어요. 기말 시험을 보기 전에 강아지와 놀며 긴장을 풀라는 뜻이었지요.

이집트의 한 무덤에서 무려 **4,000년**이 넘은 **케이크** 조각이 발견되었어요.

중국에서는 교통 체증이 한번은 일주일도 넘게 계속된 적이 있었어요.

세계의 지리

숫자로 알아보는 세계의 유명 장소
시드니 오페라 하우스

오스트레일리아 시드니에 자리한 오페라 하우스에서는 매주 40회 정도의 공연이 열려요. 오페라와 연극에서 록 콘서트와 춤 공연까지 다양하게 이루어져요. 그리고 이 건물에는 다양한 숫자들이 얽혀 있어요.

오페라 하우스 콘서트홀의 오르간에는 **10,154**개의 파이프가 있어요.

매년 전구 **15,500**개가 교체돼요.

콘서트홀에는 **1,000**개의 방과 **2,679**개의 좌석이 있어요.

14년 동안 **10,000**명의 건축 노동자들이 동원되어 이 오페라 하우스를 지었어요. 계획대로라면 **4**년 만에 완공될 예정이었지만요.

건축비로 **102,000,000** 호주 달러가 들었어요.
(오늘날 한화로는 약 1,140억 원에 달해요.)

조개껍질 모양 지붕 중 가장 높은 지붕은 해수면에서 **67**미터 높이이며, 22층 건물 높이와 비슷해요.

지붕을 마감하는 타일은 **100,000,000**개 이상 쓰였어요.

세계 여행

전 세계의 8가지
초대형 조각품

2 바위에 새겨진 통치자
루마니아의 어느 언덕 위에 턱수염이 부숭부숭한 조각상이 있어요. 두너레아강에서 가까운 바위벽에 새겨진 이 커다란 조각상의 주인공은 고대의 강력한 통치자였던 데케발루스예요. 높이가 40미터나 되어서 유럽에서 가장 높은 바위 조각상이죠.

3 거대한 불상
동남아시아 미얀마에는 사진처럼 엄청나게 큰 불상이 있어요. 부처가 서 있는 높이가 129미터나 되어서 전 세계에서 가장 큰 불상으로 손꼽혀요.

1 준비, 땅!
영국 런던 템스 강변의 잔디밭에는 14미터 길이의 헤엄치는 수영 선수 조각상이 있어요. 한 텔레비전 프로그램을 홍보하기 위해 만든 것으로, 스티로폼에 페인트칠을 해서 실제 사람의 피부처럼 보이도록 했어요.

4 말 머리 상

스코틀랜드 폴커크에는 강철로 된 말 머리 조각상이 한 쌍 있어요. 방문객들은 '켈피'라고 하는 이 말 머리 상에 들어가서 작품의 안밖을 두루 감상할 수 있지요. 켈피는 예전에 이 지역에서 바지선*을 끌었던 말들을 기리기 위해 붙은 이름이에요.

*바지선 : 화물을 운반하는 소형 선박.

5 엄지 척

프랑스 파리 라 데팡스에는 4층 건물 높이의 엄지손가락이 있어요. 이 조각상의 작가가 자기 엄지손가락과 지문을 본떠서 만들었지요. 손의 나머지 부분은 어디에 있을까요?

6 아주 커다란 하이힐

신데렐라라도 이렇게 큰 신발을 잃어버리진 못할 거예요. 포르투갈의 한 작가가 스테인리스 스틸 냄비와 뚜껑을 활용해 동화 속 구두를 아주 커다란 작품으로 만들었어요.

7 청동 조각상

세네갈 다카르의 언덕 위에 세워진 이 청동 조각상은 높이 49미터에 남자와 여자, 아이가 대서양을 바라보는 모습이에요. 세네갈이 프랑스의 지배에서 벗어난 것을 기념하기 위한 조각상이며, 아프리카에서 가장 높아요.

8 커다란 머리

중국 창사에 있는 10층 높이의 이 거대한 흉상은 20세기 중국을 이끈 지도자 마오쩌둥의 조각상이에요. 조각상을 만드는 데 화강암 조각이 8,000개도 넘게 쓰였어요.

세계의 지리

숫자로 알아보는 세계의 유명 장소
로마 콜로세움

이탈리아 로마의 콜로세움은 사람들을 놀라게 하기 위해 지어졌어요. 콜로세움은 고대 로마 제국에서 가장 큰 원형 경기장이었고, 기념할 만한 숫자들이 많이 있어요. 그럼 이제 알아볼까요?

기원후 80년에는 콜로세움이 문을 여는 것을 기념하기 위해 **100일간** 시합이 열렸어요.

콜로세움에는 **50,000명**의 구경꾼이 입장할 수 있어요.

콜로세움 아래쪽에 있는 **32개**의 우리 속에서 동물과 검투사들이 기다리다가 공연 구역으로 들려 올라갔어요.

관객들이 야생 동물의 공격을 받지 않도록 경기장은 **5미터** 높이의 벽으로 둘러싸였어요.

관객들이 최대한 좋은 시야에서 구경하도록 타원형으로 긴 쪽은 **189미터**, 짧은 쪽은 **156미터** 길이의 콜로세움을 짓는 데 10년도 걸리지 않았어요.

선원들은 기다란 직물 돛 **240개**가 연결된 나무 돛대를 올렸다 내렸다 하면서 원형 경기장에 그늘을 드리웠어요.

세계 여행

아주아주 별난 것들

하늘을 지배하는 다스베이더

정체 레온 국제 기구 축제

위치 멕시코 레온

자세한 설명 이 기구는 반란군들에게 최악의 악몽일 거예요. 기구 축제의 참가자들은 영화 「스타워즈」에 나오는 다스베이더의 헬멧 모양을 한 열기구를 타고 공중을 날았어요. 매년 100개 이상의 열기구가 이 축제에서 날아오르는데 판다에서 꿀벌, 허수아비까지 모습이 다양해요. 참, 이 다스베이더 헬멧에는 뜨거운 공기만 가득 들어 있으니 걱정 마세요!

강력한 '포스'가 이 기구와 함께할 거예요.

이 잔디는 깎으면 안 돼요.

푹신하게 신는 잔디

정체 속에 잔디가 들어간 슬리퍼

위치 오스트레일리아 뉴사우스웨일즈주 센트럴코스트

자세한 설명 발가락 사이에 잔디가 스치면 어떤 느낌일까요? 바닥에 잔디가 심겨진 이 슬리퍼를 신으면 언제든 야외에 나간 기분이 들 수 있어요. 슬리퍼에 물을 줄 걱정은 하지 않아도 돼요. 진짜 잔디가 아니라 인공 잔디니까요. 발에 닿는 감촉이 정말 좋아요!

등골이 서늘하게 시원한 좌석이 준비됐어요.

바퀴 달린 얼음 큐브

정체 얼음으로 만든 트럭

위치 캐나다 온타리오주 헨살

자세한 설명 이 트럭을 타면 정말 오싹할 거예요. 얼음 약 4,990킬로그램으로 만들어졌거든요. 바퀴가 달린 아래쪽 차체 틀 위로 얼음이 엔진과 브레이크, 운전대를 둘러싸고 있어요. 차가운 온도에서도 작동하도록 설계된 배터리가 들어 있지요. 다른 자동차라면 대부분 이런 온도에서 엔진이 작동하지 못해요. 다만 이 트럭은 짧은 거리만 갈 수 있어요. 그래도 아주 시원하겠죠!

세계의 지리

기발하고 멋진 발명품

우리의 일상생활을 바꿔 놓을 아주 똑똑한 건물

깃털이 돋은 건물

몇몇 사람들에게 바람이 많이 부는 날은 머리 모양이 망가질 뿐 좋은 날이 아닐 수 있어요. 하지만 이 별나게 생긴 건물을 설계한 사람들은 반대로 바람 부는 날이 아주 좋은 날이에요. 바람이 불면 이 건물의 외관에 설치된 머리털 같은 섬유가 에너지를 저장하거든요. 스웨덴의 한 건축 회사가 스톡홀름에 원래 존재하던 건물을 스스로 에너지를 만들어 내는 40층짜리 고층 빌딩으로 탈바꿈시킬 계획을 세웠어요. 미래에서나 볼 법한 이 계획은 고층 빌딩의 외벽을 길고 잘 구부러지는 섬유로 뒤덮어 바람의 움직임을 전기 에너지로 바꾸려는 거예요. 약한 산들바람이든 강한 바람이든 바람이 불면 섬유에 생기는 마찰 때문에 풍력 발전소와 무척 비슷한 원리로 전기를 생산해 저장할 수 있어요. 게다가 이 건물은 풍력 터빈보다 훨씬 조용하고, 날아다니는 새들이 보기에도 친숙한 모습일 거예요.

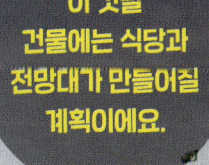

이 깃털 건물에는 식당과 전망대가 만들어질 계획이에요.

세계 여행

10가지 세계의 독특한 건축물들

강아지를 좋아하는 사람이 미국 아이다호주 코튼우드를 방문한다면 비글 모양의 **도그 바크 파크 인**이라는 숙소를 꼭 한번 둘러봐야 해요.

볼리비아의 우유니 소금 호수 위에 자리한 **팔라시오 데 살 호텔**은 건물 거의 전체를 **소금으로 지었어요.**

인도의 국립 수산 발전 이사회는 물고기가 공중에서 헤엄치는 모습의 3층짜리 건물에 본부를 두고 있어요.

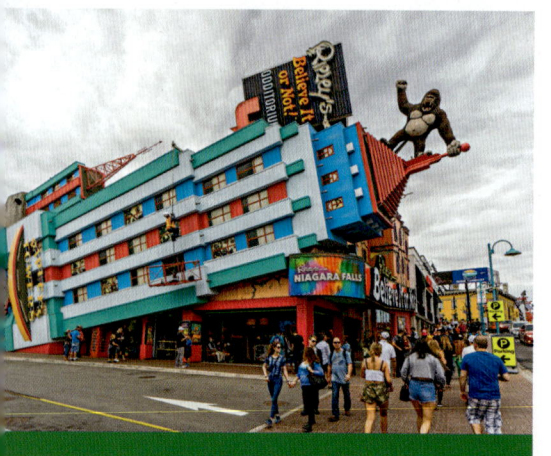

캐나다 나이아가라폴스에 있는 '믿거나 말거나' 박물관은 색이 화려한 구조물로 장식되어 있어요. 킹콩이 엠파이어 스테이트 빌딩 위에 올라간 모습이랍니다.

폴란드 소포트에는 **벽이 뒤틀린 건물**이 있어요. 폴란드 동화책 속 그림을 건물로 지은 거예요.

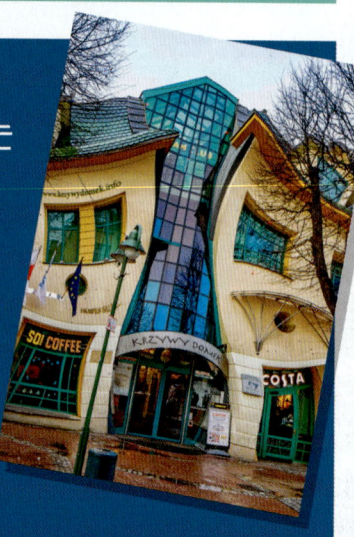

328

세계의 지리

2018년 퀘벡 겨울 축제에서는 거의 **2,000개**에 달하는 135킬로그램 무게의 얼음 벽돌로 **보놈 얼음 궁전**이 만들어졌어요.

중국 화이난시에는 거대한 **그랜드 피아노와 바이올린 모양**의 건물이 있어서 관광객이 모여들어요.

미국 미주리주 **캔자스시티 공립 도서관**의 주차장 건물은 **책 42권의 책등**을 보여 주는 **2층 건물 높이의 구조물**로 장식되어 있어요.

미국 캘리포니아주 잉글우드의 랜디스 도넛 가게는 지붕에 **3층 높이의 도넛** 구조물이 설치되어 있어요. **60년 넘게** 손님들을 맞이했던 장식물이에요.

남아프리카 공화국 하트비스포트에는 **위아래가 뒤집힌 집**이 있어요. 외부뿐 아니라 내부도 뒤집혀 있는데 집에 들어가서 직접 확인해 볼 수 있지요.

과거의 세계 7대 불가사의

지금으로부터 2,000년도 전에 여행자들은 여행하면서 본 볼거리를 기록했어요. 시간이 지나면서 그 가운데 일곱 장소가 '고대 세계의 불가사의'로 역사에 이름을 남겼어요. 7대 불가사의인 이유는 이 목록을 만든 그리스인들이 7을 마법의 숫자라고 여겼기 때문이에요.

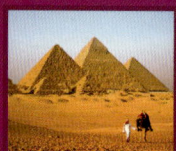

이집트 기자의 피라미드
지어진 시기: 약 기원전 2600년
이 거대한 무덤 속에는 이집트 파라오들이 누워 있어요. 고대의 7대 불가사의 가운데 오늘날까지 남아 있는 유일한 건축물이에요.

이라크 바빌론의 공중 정원
지어진 시기: 알려지지 않음
전설에 따르면 이 멋진 정원은 인공산 위에 꾸며졌다고 해요. 하지만 이 정원이 사실 지어진 적이 없다고 주장하는 전문가들도 많아요.

터키 에페수스* 아르테미스 신전
지어진 시기: 기원전 6세기
이 우뚝 솟은 신전은 그리스 신화 속 사냥의 여신인 아르테미스를 기리는 곳이에요.

그리스 제우스 상
지어진 시기: 기원전 5세기
높이가 12미터이며, 그리스 신화 속 신들의 왕 제우스를 묘사하는 조각상이에요.

터키 할리카르나소스 마우솔레움
지어진 시기: 기원전 4세기
정성 들여 잘 지어진 이 무덤에는 마우솔로스 총독이 묻혀 있었어요.

로도스섬*의 거상
지어진 시기: 기원전 4세기
그리스 신화 속 태양의 신 헬리오스를 기리는 높이 34미터의 조각상이에요.

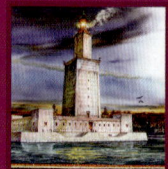

이집트 알렉산드리아의 등대
지어진 시기: 기원전 3세기
세계 최초의 등대이며, 거울을 활용해 햇빛을 바다 멀리까지 반사했어요.

새로운 세계 7대 불가사의

어째서 새로운 '세계 7대 불가사의'가 생겼을까요? 과거의 세계 7대 불가사의가 대부분 지금까지 남아 있지 않기 때문이에요. 2000년 이전에 만들어져 보존 중인 '새로운 세계 7대 불가사의' 목록이 생겼어요. 1억 명이 넘는 사람들이 직접 투표해서 고른 후보예요!

인도 타지마할
완공 시기: 1648년
이 호화로운 무덤은 황제 샤자한이 사랑했던 아내를 추모하기 위해 지었어요.

요르단 남서쪽 페트라
완공 시기: 약 기원전 200년
바위 절벽에 새겨진 이 도시에는 한때 약 3만 명의 인구가 거주했어요.

페루 마추픽추
완공 시기: 약 1450년
'구름 속 잃어버린 도시'라 불리는 마추픽추는 안데스산맥 2,350미터 높이에 자리 잡았어요.

이탈리아 콜로세움
완공 시기: 기원후 80년
이 경기장에서 야생 동물과 인간 검투사들이 5만 명의 관중 앞에서 죽을 때까지 싸웠어요.

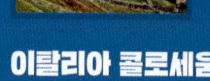

브라질 구세주 그리스도 상
완공 시기: 1931년
코르코바두산 꼭대기에 우뚝 선 이 조각상은 높이가 12층 건물만 하고 무게는 110만 킬로그램에 이르러요.

멕시코 치첸이트사
완공 시기: 10세기
10~13세기에 마야 제국의 수도였던 이곳은 쿠쿨칸의 피라미드가 있는 곳으로 유명해요.

중국 만리장성
완공 시기: 1644년
사람이 만든 건축물 가운데 가장 긴 만리장성은 약 7,200킬로미터에 걸쳐 구불구불 펼쳐져 있어요.

---

*터키 에페수스: 고대 그리스의 식민 도시 유적.
*로도스섬: 에게해의 섬.

세계의 지리

더 많은 볼거리들

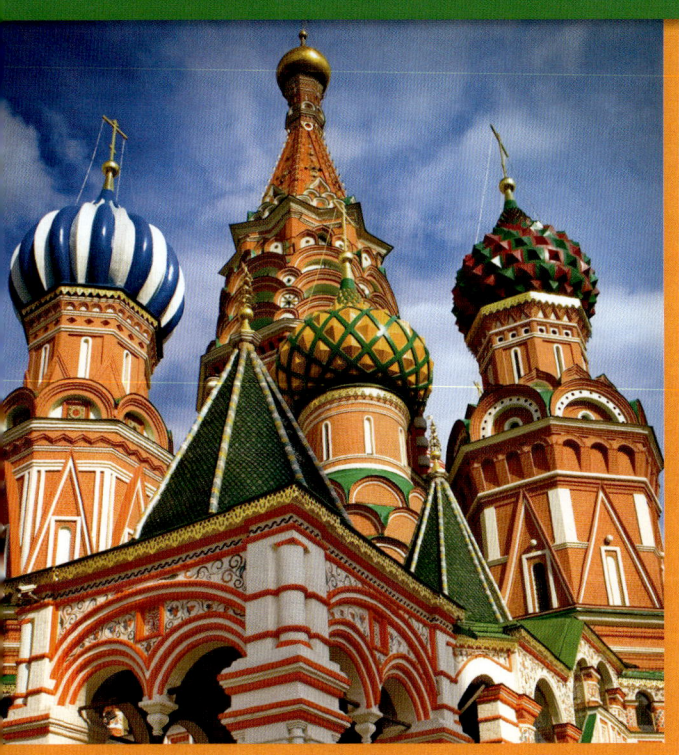

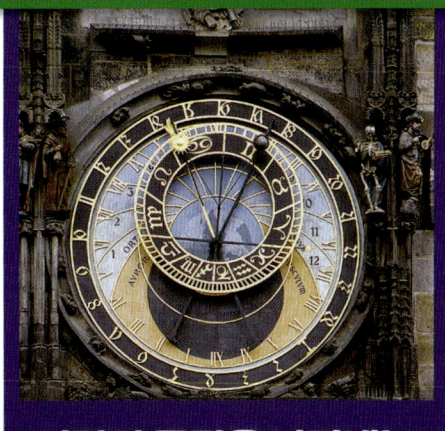

시간과 공간을 나타내는 시계

1410년 체코 프라하에서 제작된 이 유명한 천문 시계에는 날짜 문자판 맨 위쪽에 천문 문자판이 있어요. 이 둘이 합쳐지면 시간뿐 아니라 태양과 달, 별의 움직임을 추적하고 기록할 수 있어요.

광장 위에 세워진 성당

양파 모양의 탑이 꼭대기에 있는 성 바실리 대성당은 러시아 모스크바 붉은 광장의 상징물이에요. 1554년에서 1560년 사이에 이반 뇌제의 군사 작전을 기념하기 위해 지어진 이 건물은 러시아 정교회의 여러 상징으로 가득해요.

우뚝 솟은 사탑*

피사의 사탑은 지금으로부터 800년도 더 전에, 거의 지어진 직후부터 기울어지기 시작했어요. 이 탑은 고대에 강이었던 땅 위에 세워졌는데, 이 땅바닥이 9,525톤에 이르는 대리석 건축물을 지탱하기에는 너무 부드러웠거든요! 1990년에는 탑이 지나치게 기울어지다가 무너질 것을 염려한 관리자들은 사탑을 폐쇄하고 관광객의 방문을 막았어요. 수년 간 수리하고 보수한 뒤에야 다시 문을 열었어요. 비록 겉으로 보기에는 크게 달라 보이지 않지만 예전보다 48센티미터 덜 기울게 되었다고 해요. 사탑을 바로 세우기 위해 사람들은 탑이 기울어진 반대쪽 땅에서 73톤의 흙을 파냈어요. 아래쪽 지면이 안정되면서 탑은 살짝 똑바로 세워졌죠. 담당자들은 앞으로 200년 동안 방문객들이 사탑을 방문해도 안전할 것이라고 말해요. 시간은 충분하니 여러분도 피사의 사탑에 꼭 들러 보세요!

*사탑: 기울어진 탑.

세계 여행

한 일꾼이 다리에 페인트를 덧바르고 있어요.

다리의 **색깔**
금문교는 처음에 꿀벌과 비슷한 색이 될 뻔했어요. 원래 미국 해군은 선원들의 눈에 잘 띄도록 다리를 검은색과 노란색 줄무늬로 칠하고 싶어 했거든요. 하지만 설계사들이 결국 주변 환경과 조화를 이루는 선명한 붉은 주황색으로 칠하게 했지요.

금문교 탑

가장 높은 **탑**
금문교는 완공 당시 전 세계에서 가장 큰 현수교 탑이 있었어요. 탑의 두 기둥은 높이가 약 227미터나 되어서 자유의 여신상보다 2배 이상 높아요. 잠수부들이 탁 트인 바다 아래에 자리한 탑의 토대를 만드는 데 힘을 보탰어요. 잠수부들은 먼저 수면 아래 34미터까지 내려가 폭발물로 바다 밑바닥의 기반암에 구멍을 냈어요. 여기에 콘크리트를 부어 탑을 세울 기초를 만들기 위해서였어요. 바닷물이 너무 탁했기 때문에 잠수부들은 거의 암흑 속에서 작업해야 했죠. 정말 힘들었을 거예요.

포트 포인트를 짓는 데는 8년이 걸렸어요.

요새

숨겨진 **요새**
1800년대 중반에는 캘리포니아에 금을 캐러 오는 사람들이 몰려드는 '골드러시'가 일어났어요. 이때 다리의 남쪽 옆에 포트 포인트라는 요새가 들어섰죠. 외부의 침입자들로부터 이 지역과 금광을 보호하려고 만들어진 곳이었어요. 이 지역에서 실제로 전쟁이 벌어지지는 않았답니다.

세계의 지리

샌프란시스코 금문교의 비밀

이 새롭고 획기적인 다리에는 입이 떡 벌어질 만한 놀라운 비밀이 숨어 있어요.

미국 캘리포니아주 샌프란시스코의 금문교는 공학 기술의 새 문을 연 선구자예요! 1937년에 완공될 당시에 세계에서 가장 큰 현수교*였어요. 이 혁신적인 다리에 대해 더 자세히 알아봐요.

흔들리고 늘어나는 다리

이 다리에서 움직이는 건 이곳을 지나는 방문자들만은 아니에요. 금문교 자체가 흔들릴 때도 많아요! 이 다리는 바람이 많이 불 때 양쪽 방향으로 최대 8.2미터씩 움직이도록 설계되었어요. 게다가 기온이 높아지면 다리 길이도 최대 0.9미터 늘어났다가 낮아지면 줄어들어요. 하지만 그렇다고 다리에 손상이 가거나 사람들을 위험에 빠뜨리지는 않아요. 유연하게 늘었다 줄도록 건설되었거든요.

고래들이 보이는 곳

과학자들은 이 다리에서 진을 치고 기다리며 쇠고래와 혹등고래, 쇠돌고래 같은 해양 동물들을 관찰하고 사진을 찍어요. 이 동물들은 샌프란시스코만에 많이 서식하는 어류인 멸치를 먹고 살아요.

*현수교: 탑과 탑 사이에 강철 케이블을 걸고 상판을 매달아 만든 다리.

세계 여행

신기한 해안들
세계에서 가장 멋진 해안을 만나 봐요.
단순한 모래밭이 아니랍니다.

검은 해안
이름: 푸날루우 검은 모래 해안
위치: 미국 하와이주 빅아일랜드
독특한 점: 길게 늘어진 해안에 까만색 모래가 깔려 있어요. 근처 킬라우에아산(아직 활동하는 활화산)에서 수백 년 동안 분출하여 단단하게 굳은 용암이 잘게 부서져 이 해안을 이루었어요. 대모거북과 푸른바다거북이 즐겨 둥지를 트는 장소이기도 해요.

과거에서 온 유리 해안
이름: 유리 해안
위치: 미국 캘리포니아주 포트브래그
독특한 점: 수십 년간 이 해안을 따라 흐르는 바닷물에 유리병을 비롯한 쓰레기가 버려졌어요. 한때 쓰레기였던 유리들이 바닷물에 씻기고 닳아서 이제는 무지개 색으로 은은하게 빛나며 작은 만을 뒤덮고 있어요.

펭귄 해안
이름: 볼더스 해안
위치: 바하마 하버섬
독특한 점: 펭귄이 얼음으로 뒤덮인 해안에만 있을까요? 어떤 펭귄은 더운 기후도 좋아한답니다! 아프리카펭귄들은 5억 4000만 년 된 화강암 바위 옆에 자리한 국립 공원의 따뜻한 물속에서 첨벙거리며 헤엄쳐요.

움직이는 해안
이름: 즐라트니 라트
위치: 크로아티아 브라치섬
독특한 점: 폭이 좁고 길쭉한 이 해안은 모양이 잘 바뀌어요. 수심이 최대 500미터인 선명한 푸른 바닷물 사이에 툭 튀어나와 있지요. 이 해안의 끄트머리는 바람과 파도, 해류에 따라 방향이 이리저리 잘 바뀌어요.

세계의 지리

야생의 숙소

테이블과 의자도 소금으로 만든 거예요!

소금으로 만든 침대에서 잘 수 있어요.

소금 호텔
타이카 데 살 호텔

위치 볼리비아 타우아
숙박비 하룻밤에 약 130달러(약 15만 2,000원)
이곳의 멋진 점 아마도 벽돌이나 나무로 지은 호텔에서는 한번쯤 묵어 봤을 거예요. 하지만 소금으로 만든 호텔은 어떨까요? 타이카 데 살 호텔의 건물은 거의 소금으로 지었어요('살'이란 스페인어로 소금을 뜻해요). 일부 침대도 소금으로 만들었죠. 물론 매트리스나 담요는 보통 제품이지만요. 이 호텔은 지구에서 가장 큰 소금 평지인 우유니 소금 사막(살라르 데 우유니)의 바위 위에 세워졌어요. 먼 옛날부터 존재했던 말라붙은 호수예요. 건축가들은 1만 500제곱킬로미터 넓이의 소금 평지에서 소금을 가져와 벽돌을 만들고 젖은 소금으로 서로 맞붙인 다음 단단하게 건조시켰어요. 물론 비가 내리면 호텔 건물이 녹지만, 크게 걱정할 일은 아니에요. 소금 반죽을 더 만들어 녹은 벽돌을 수리하면 되니까요.

볼리비아의 멋진 점들

볼리비아의 우유니 소금 사막은 여름의 우기에 비가 오면 엄청나게 큰 거울처럼 보여요.

라파스의 버스 정거장은 귀스타브 에펠이 설계했어요. 에펠은 에펠탑과 자유의 여신상을 지은 건축가예요.

볼리비아에서는 매년 8월 성 로케 축일에 개들을 기리는 행사가 열려요.

볼리비아에 여행 가면 할 일들

- 코차밤바의 노점에서 페이스트리에 양념된 고기를 채워 구운 만두인 살테냐 사 먹기
- 티티카카 호수의 섬인 이슬라 데 솔까지 노 젓는 배를 타고 가기(모터 기기는 사용이 금지되어 있어요)
- 오루로 카니발에서 마스크를 쓰고 의상을 차려입은 참가자 수천 명과 함께 춤추기

더 알아보기

잠깐 퀴즈!

세계의 지리 상식을 얼마나 알고 있나요? 다음 퀴즈를 풀면서 알아봐요.

답을 종이에 적은 뒤, 아래 정답과 맞추어 봐요.

1 브라질의 코끼리 보호소는 _____ 에서 코끼리를 구출한다.
 a. 공사장
 b. 서커스
 c. 동물원
 d. 놀이공원

2 싱가포르를 상징하는 신화적 동물은 무엇일까?
 a. 머라이언
 b. 유니콘
 c. 페가수스
 d. 용

3 지금까지 발견된 것 중에 가장 큰 티라노사우루스 화석은 어디서 나왔을까?
 a. 일본 사세보
 b. 인도 사사람
 c. 캐나다 서스캐처원주
 d. 이탈리아 사사리

4 참일까, 거짓일까? 오스트레일리아가 원산지인 발굽 있는 포유류는 없어요. (   )

5 다음 중에서 지리학적인 지형지물이 아닌 것은 무엇일까?
 a. 빙하
 b. 협곡
 c. 강
 d. 구름

문제를 더 풀고 싶나요?
내년에 나올 『사이언스 2023』도 기대해 주세요!

정답: ① b, ② a, ③ c, ④ 참, ⑤ d

세계의 지리

이렇게 해 봐요!

우리는 어디에 있을까?

위도와 경도는 지구상에서 우리의 위치를 아는 데 필요한 선이에요. 지구상의 모든 장소는 위도와 경도에 따른 특별한 주소를 가지고 있어요. '절대적인 위치'라고 할 수 있어요. 적도와 평행하게 서쪽에서 동쪽으로 지나는 상상의 선을 위도라고 해요. 이 선을 활용해 적도(위도 0도)에서 북극(북위 90도, 90°N)이나 남극(남위 90도, 90°S)까지 각도로 거리를 측정하죠. 위도 1도는 약 113킬로미터예요. 경도는 지구의 북쪽에서 남쪽으로 뻗어 북극과 남극에서 만나는 선들이에요. 이 선은 경도 0도인 지점(본초 자오선)에서 180도인 지점까지 각도를 통해 동쪽이나 서쪽으로 거리를 나타내죠. 본초 자오선은 영국 그리니치 천문대를 지나요.

절대적인 위치

위도와 경도를 활용해 전 지구를 무대로 보물찾기 게임을 한다고 상상해 봐요. 보물은 절대 위치로 남위 30도(30°S), 서경 60도(60°W)에 숨겨져 있다고 해요. 그러면 처음 숫자가 적도에서 남쪽으로 떨어진 거리를 말하고, 두 번째 숫자가 본초 자오선에서 서쪽으로 떨어진 거리를 말하는 거예요. 오른쪽 지도에서 남위 30도인 위도선과 서경 60도인 경도선을 찾아요. 그런 다음 손가락으로 두 선이 만나는 지점을 따라가 짚어요. 그러면 정확한 장소를 알 수 있죠. 보물은 아르헨티나 중부에 있을 거예요 (지도에서 화살표 부분).

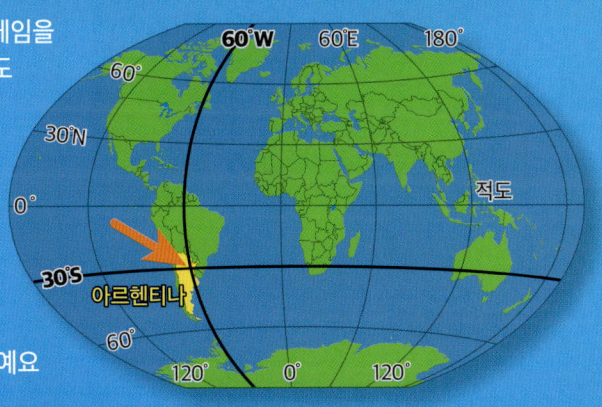

도전! 지도 찾기

1. 272~273쪽의 아프리카 지도에서 남위 10도(10°S), 동경 20도(20°E)에는 어떤 나라가 있나요?
2. 262~263쪽의 아시아 지도에서 북위 20도(20°N), 동경 80도(80°E)에는 어떤 나라가 있나요?
3. 268~269쪽의 유럽 지도에서 북위 50도(50°N), 동경 30도(30°E)에는 어떤 나라가 있나요?
4. 276~277쪽의 북아메리카 지도에서 북위 20도(20°N), 서경 100도(100°W)에는 어떤 나라가 있나요?

정답: 1. 앙골라, 2. 인도, 3. 우크라이나, 4. 멕시코

게임과 퍼즐
정답 확인

녹색 도시
140쪽
쓰레기는 노란색 동그라미로, 재활용 수거함과 퇴비통은 파란색 동그라미로 확인하세요.

이건 뭘까?
141쪽
윗줄: **농구골대, 훌라후프, 파인애플**
가운뎃줄: **나이테, 도넛, 열쇠고리**
아랫줄: **고무튜브, 다트판, 토성**

숨은 동물 찾기
142쪽
1. **C**, 2. **A**, 3. **F**, 4. **D**, 5. **E**, 6. **B**

이건 뭘까?
145쪽
윗줄: **물감, 양말, 막대사탕**
가운뎃줄: **앵무새, 케이크, 크레용**
아랫줄: **아이스크림, 우산, 슬링키**

이건 뭘까?
149쪽
윗줄: **얼룩말, 홍학, 기린**
가운뎃줄: **코끼리, 맨드릴, 카멜레온**
아랫줄: **표범, 거북, 아프리카들개**

숨은 동물 찾기
150쪽
1. **E**, 2. **D**, 3. **F**, 4. **B**, 5. **C**, 6. **A**

이건 뭘까?
152쪽
윗줄: **서양자두, 털실, 산호**
가운뎃줄: **신발끈, 불가사리, 양배추**
아랫줄: **크레용, 난초, 자수정**

진짜? 가짜?
153쪽
현실에 없는 가짜는 **1번**과 **5번**이에요.
2, 3, 4, 6, 7번은 실제로 쓰이는 표지판이에요.

참고 자료

찾아보기
/
글 저작권
/
사진 저작권

찾아보기를 활용하면 책 속에서 필요한 내용을 쉽게 찾을 수 있어요.

찾아보기

ㄱ

가나 236, 273, 290, 291
가봉 236, 273, 290
가상 현실(VR) 98-99
가스토니아 84
가이아나 236, 280, 290
간식 31
갈라파고스 제도 169, 182-183
갈라파고스땅거북 182
갈라파고스펭귄 182
갈색곰 138-139
감각 105
감비아 236, 273, 290
갑각류 188
갑옷 230-231, 250
강 261, 279
강수 208, 210
강옥 163
개 8-10, 15, 16, 40, 43, 76-77, 78, 86, 93, 154, 156-157, 185, 322, 335
개구리 39, 45, 49, 142, 143, 186
개량 후지타 등급(EF) 213
개를 위한 샘 93
개처럼 생긴 건물 328
갯민숭달팽이 39
갯반디 198-199
거대한 조각상 324
거미 51, 110, 275
거미 공포증 111
거미집 51
거북 10, 15, 24-25, 48, 182, 205, 286, 334
건물 88-89, 322, 323, 327, 328-329
검은 수염(해적) 229
검은꼬리사슴 142
검은코뿔소 142
검은표범 59
게 150
게르 271
게임과 퍼즐 138-157
결정 158-159, 165
경도 337
계곡 261
고대 그리스 125, 176, 330
고대 로마 131, 176, 230, 250, 325
고대 유적 222-223, 330
고대 이집트 220-221, 330
고대 중국 222, 226-227, 250
고릴라 70-71, 86
고무 오리 320-321
고무나무 203
고생대 80
고세균 101
고소 공포증 111
고슴도치 38, 40
고양이(반려동물) 14, 79, 156-157, 185
고양잇과 야생 동물 2-3, 48, 56-61, 231, 263, 271, 297
고팔간지(방글라데시) 206
곤충 38, 50, 108, 186, 193, 202, 217
골격계 104
곰 42, 46, 52-53, 74-75, 86, 138-139, 207
공룡 80-85, 147, 275
공연(미래 세계) 98-99
공작갯가재 65, 86
공작거미 275
공포증 110-112
공학자 184
공항 304
과자(우주) 11
과자로 집짓기 120-121
과정 분석 보고서 113
과테말라 236, 277, 290
광대 공포증 110
광물 162-165, 178
광합성 102
교통수단 98, 122-123
교황 249
구두 324, 326
구디(바다거북) 15
구름 211
구자라트(인도) 16
국가 137, 236-249, 254-255, 290-315, 336
국제 농담의 날 16
국제 안내견의 날 16
국제 연날리기의 날 16
국제 올림픽 위원회(IOC) 238
국제 우주 정거장(ISS) 11, 91, 177
국제 퍼즐의 날 16
국제 행복의 날 16
권운 211
귀상어 183
균류 101, 103
그랜드피아노 모양의 건물 329
그레나다 236, 277, 290
그레이트 배리어 리프(오스트레일리아) 12
그리스 123, 130, 132, 133, 236, 240, 267, 269, 299, 330
그린란드의 대륙 빙하 207
그물무늬기린 187
극피동물 39
근육계 104
글쓰기 방법 35, 87, 137, 251
금 90, 124, 163
금강앵무 203
금문교(미국 샌프란시스코) 332-333
금붕어 45
금성(행성) 172
기계 코끼리 316
기념일 16, 116-117
기니 236, 273, 291
기니비사우 236, 273, 291
기니피그 79
기독교 성당 279, 331
기러기 271
기린 41, 187, 196
기사 230-231
기자(이집트) 263, 330
기후대 206
기후 변화 80, 207, 261, 267

ㄴ

나라야난, 산댜 128
나무 235, 242, 279, 297
나무늘보 49, 247
나무늘보봇 14
나뭇잎해룡 46
나미비아 236, 273, 291
나우루 236, 285, 292
나브라트리 축제 134
나비 202
나스카 지상화(페루) 12
나우루 244, 306
나이아가라 폭포(캐나다) 328
나이지리아 245, 263, 273, 292
낙타 261
낚시 247
난파선 304
날씨 206-211
날여우박쥐 187
남극 대륙 286~289
남동석 162
남수단 236, 273, 292
남십자자리 124, 176
남아메리카 278-281
남아프리카 공화국 2-3, 15, 237, 273, 292, 329
낭트(프랑스) 316
내분비계 104
냉혈 동물 39
네덜란드 237, 293
네바다주(미국) 316-317
네팔 237, 264-265, 293

찾아보기

노랑씬벵이 150
노르웨이 237, 268-269, 292, 293
노벨상 251
노스캐롤라이나주(미국) 273
노이슈반슈타인성 237
놀리우드 271
놀이공원 316-317
농구 78, 244, 322
농업 96-97, 217
뇌(인간) 104, 105, 110-111, 112
누 62
누룩뱀 72
눈(인간) 105
눈 206, 210, 216, 218, 267
눈사태 216
눈표범 57, 263
뉴질랜드 237, 283, 285, 293
늑대 68-69, 282
니제르 237, 272-273, 293
니카라과 237, 277, 293
니컬스, 닉 195

ㄷ

다리 287, 332-333
다스베이더 326
다신교 134
다이아몬드 162-164, 233
다카르(세네갈) 324
닥스훈트 154
단풍 시럽 124, 136
달 177
달력 16, 116-117, 177
달팽이 17, 38, 39
닭 44, 47, 270
대륙 254-257, 262-289
대모거북 334
대서양 204
대양 23, 26-27, 201, 204-205, 209, 218, 321
대왕판다 41, 186, 187
대학(세계에서 가장 오래된) 296
대한민국 237, 265, 293
댈롤(에티오피아) 319
더러먼트, 크리스 68-69
덴미그 237, 268, 293
도나우강 267
도로 322
도마뱀 11, 38, 182, 271
도미니카 공화국 237, 277, 293
도미니카 연방 237, 277, 293
도서관 329
독일 235, 237, 240, 268, 294, 316
독화살개구리 39, 49

돈 124-125, 137, 274
돌고래 16, 41, 66, 204
동계 올림픽 13
동굴 188-189, 192, 196
동물 36-87, 138, 142, 143, 146, 147, 149, 150
동물원 54-55, 70-71, 186-187, 304
동물의 갑옷 231
동물의 의사소통 70-71, 76-77, 86
동물의 지능 45, 65
동부로랜드고릴라 71
동부아메리카소쩍새 142
동전 124, 125, 137
동티모르 238, 265, 294
돼지 79, 125
두꺼비 45
두바이(아랍에미리트) 317
두이스트, 오데트 43
뒤틀린 건물(폴란드 소포트) 328
드네프르강(유럽) 267
드리나강 주택(세르비아) 319
드론 98
들소 279
디네오벨라토르 노토헤스페루스 83
디왈리(축제) 117
디즈니랜드 317
디플로도쿠스 85
딸기 283
땅거북 17, 182
띠 119, 136

ㄹ

라 메르세 축제 266
라마단 116
라스베이거스(미국 네바다주) 316-317
라오스 238, 265, 294
라이베리아 238, 273, 294
라인강(유럽) 267
라트비아 238, 269, 294
라파차, 리이 129
라플란드(핀란드) 126, 136
래피드시티(미국 사우스다코타주) 206
랜디드노(영국 웨일스) 10
러시아 60-61, 168, 234, 238, 264-265, 269, 275, 294
런던(영국 잉글랜드) 118, 232-233, 250, 324
레바논 238, 264, 294
레서판다 17, 54-55
레소토 238, 273, 294
레온(멕시코) 326
로봇 14, 96-99, 169, 178
로쉬 하샤나 117

로스아미고스강(페루) 261
로열앤틸로프영양 200
로키(개) 10
롤러코스터 316, 317
루마니아 238, 269, 294
루빅큐브 266
루스벨트섬 123
루안다(앙골라) 271, 273
루카야족 189
루트 사막(이란) 319
룩셈부르크 238, 268, 294
르완다 238, 273, 295
리비아 238, 272, 295
리칸카부르산(칠레) 167
리투아니아 238, 267, 269, 295
리히텐슈타인 238, 268, 295

ㅁ

마다가스카르 238, 273, 295
마데이라섬(포르투갈) 122
마룬잎원숭이 190
마리아나 해구 169
마셜 제도 238, 285, 295
마야 문명 223, 330
마오리족 275
마오쩌둥 324
마우나로아산(미국 하와이주) 167
마운틴고릴라 71
마젤란펭귄 10
마추픽추(페루) 330
마카오(중국) 320-321
마케마케(왜소행성) 173, 174
마푸둥어어 129
마푸체족 29
막대 아이스크림 32-33, 95
만리장성 226-227, 250, 330
만화 156-157
맛(흰개미) 50
말 185, 196, 324, 324
말라위 239, 273, 295
말라위호(아프리카) 263
말레이시아 52-53, 59, 239, 263, 265, 295
말리 223, 239, 272-273, 296
매캘리스터, 이언 69
맥앤드루, 프랭크 110
메뚜기 217
멕시코 168, 192, 223, 231, 234, 239, 277, 296, 322, 326, 330
멕시코시티(멕시코) 322
면역계 104, 106
멸종 80
멸종 위기 38, 60-61, 203

명왕성(왜소행성) 173, 174
모기 50, 108
모나코 239, 268, 296
모노폴리(보드게임) 125
모니크(닭) 44
모래 색 298
모로코 239, 272, 296
모리셔스 239, 273, 296
모리타니 239, 272, 296
모스 굳기계 163
모스크바(러시아) 331
모잠비크 239, 273, 296
모터사이클 92, 122
모험 182-183
목성(행성) 172, 173, 177
몬테네그로 240, 269, 296
몰도바 240, 269, 296
몰디브 240, 264, 297
몰타 240, 268, 297
몽골 240, 263, 265, 297
무나자, 알람 185
무선 조종 장비(ROV) 183
무슬림 116, 134, 135
무지개왕부리새 143
무척추동물 39
문화 114-137, 270, 335
물의 순환 208
물고기처럼 생긴 건물 328
미국 116, 118, 234, 235, 240, 273, 276-277, 297
미네르바 230
미네소타주(미국) 282
미래 세계 88-89, 96-97, 98-99, 112
미사장석 163
미생물 108-109, 112
미세 플라스틱 25
미얀마 240, 265, 297
미주리주(미국) 329
미크로네시아 240, 284-285, 297
민물 생물 군계 200, 202-203
믿거나 말거나 박물관
 (캐나다 나이아가라폴스) 328
밀랍 15

ㅂ

바나르어 128
바누아투 240, 285, 297
바다 23, 26-27, 168, 169, 178, 188-189, 188-189, 192, 196, 201, 209, 218, 321
바다 생물 군계 201
바다거북류 10, 15, 24, 25, 205
바다나리공생새우 142

바다악어 317
바다이구아나 182
바다표범 67, 150, 287
바람 43, 215
바레인 240, 264, 297
바베이도스 240, 277, 297
바오밥나무 239
바빌론의 공중 정원(이라크) 330
바오밥나무 길(마다가스카르) 242
바위뛰기펭귄 10
바이올린 모양의 건물 329
바이칼호(러시아) 263, 265
바크스테드, 존 233
바티칸 시국 240, 268, 297
바필드, 수전 129
바하마 188-189, 195, 277, 298, 317, 334
박물관 99, 328
박쥐 73, 187
반다바가르 국립 공원(인도) 195
반딧불이 50
반려동물 9, 76-77, 78-79, 106, 185, 196
발명품 14, 90-95, 96-99, 266, 327
발표 준비 219
방글라데시 240, 206, 298
방해석 163
백 년 전쟁 234
백기흉상어 183
백악기 81, 168
밴쿠버(캐나다) 118
뱀 72, 194
뱀목거북 48
뱅뱅 태양 텐트 92
버글러스, 살로메 182-183
버드 포토 부스 93
버뮤다 125
버스 123
버젯프로그 186
버진아일랜드(미국) 322
버펄로(미국 뉴욕주) 267
벅스킨 협곡(미국 유타주) 261
번개 212
벌 193
범고래 66-67
베냉 240, 273, 298
베네수엘라 240, 280, 298
베네치아(이탈리아) 114-115
베수비우스산(이탈리아) 224-225
베이징(중국) 13, 222
베이커산(미국 워싱턴주) 206
베트남 48, 128, 192, 235, 240, 265, 298, 299

벨, 알렉산더 90
벨기에 118, 237, 298, 322
벨라루스 241, 269, 298
벨리즈 189, 241, 277, 298
벵골호랑이 57, 195
벼룩 154
변성암 161
변온 동물 39
별자리 124, 176
병균 108-109
보놈 얼음 궁전 329
보르네오섬 17, 190
보스니아 헤르체고비나 241, 269, 299
보츠와나 241, 273, 299
볼가강(유럽) 267
볼리비아 128, 202, 241, 280-281, 299, 328, 335
부룬디 241, 273, 299
부르키나파소 241, 272-273, 300
부엉이 36-37, 142
부탄 241, 265, 300
부활절 116, 134
북극곰 46, 74-75, 86, 207
북마케도니아 241, 269, 300
북아메리카 274-277
북한 241, 265, 300
분류 38-39, 82, 101
분류학 38-39, 101
분석구(화산) 167
불가리아 241, 269, 301
불교 134, 135, 300, 324
불린, 앤(잉글랜드 왕비) 232
불의 고리 167-169, 178
브라다화산 169
브라질 124, 137, 202, 241, 279, 280-281, 301, 330, 336
브루나이 17, 241, 265, 301
브리티시컬럼비아(캐나다) 68-69
블랙홀 176
블루홀 188-189, 196
비 208, 210, 322
비스무트 결정 158-159
비키니 환초 295
비행기(바다에 가라앉은) 295
빅뱅 170-171
빈 라덴, 오사마 235
빙하 207, 261
빨간눈청개구리 143
뻐끔살무사 72
뼈(인간) 104

##

사과 31, 127

찾아보기

사구 201
사마귀 39, 150
사막 201, 261, 263, 271, 314, 319
'사막의 손' 310
사무라이 231
사모아 241, 285, 301
사슴 41, 142
사우디아라비아 241, 264, 302
사이클론 214-215
사자 57, 297
사진 촬영 26, 93, 186-187, 194-195
사토리, 조엘 186-187
사파리 144
사하라 지역(아프리카) 201, 261, 263
산 261
산마리노 241, 268, 302
산미치광이 186
산불 217, 218
산소 102
산양 10
산토끼 147, 150
산티아고(칠레) 287
산호초 12, 16, 201, 291, 295, 298
살아남기 190, 193, 216
살인벌 193
살테냐 335
삿포로(일본) 287
상어 26, 183, 195, 317
상투메 프린시페 241, 273, 302
새 10, 36-37, 38, 39, 43, 44, 46, 47, 93, 124, 142, 143, 169, 182, 196, 203, 262, 263, 266, 282, 334
새끼 동물 40-41
새우류 65, 86, 142, 198-199
새해맞이 116, 118
샌퍼드산(미국 알래스카주) 216
샌프란시스코주(미국) 332-333
생물 군계 200-203, 218
생물 발광 198-199
생물 분포대 200-201, 200-201
생물학 100-111, 200-203, 218
생식계 104
생태계 200-203, 218
샤를 7세(프랑스) 230
샤자한(인도) 330
서벌 58
서부로랜드고릴라 70
서스캐처원주(캐나다) 275, 336
서점의 새끼 고양이들 14
서핑 93, 249
석고 163
석영 163
석회암 161

선캄브리아 시대 80
선형동물 103
설날(음력) 116
설치류 307
섬모충 103
성 로케 축일 335
성 바실리 대성당(러시아 모스크바) 331
성층 화산 167
성층운 211
세계 돌고래의 날 16
세계 미술의 날 16
세계 산호초의 날 16
세계 여우원숭이의 날 16
세계 국가 지도 254-255
세계 지형 지도 256-257
세계의 기후대 206
세계의 불가사의 330
세계의 지도자들 236-249
세균 100, 101, 103, 108, 188
세네갈 242, 272, 302
세르비아 242, 269, 302
세발가락나무늘보 247
세이셸 242, 273, 302
세인트루시아 242, 277, 302
세인트빈센트 그레나딘 242, 277, 302
세인트키츠 네비스 242, 277, 302
세인트헬렌스산(미국 워싱턴주) 167
세케어 129
셰드 아쿠아리움(미국 일리노이주) 10
셰틀랜드(스코틀랜드) 116
소 275
소금 165, 178, 328, 335
소말리아 235, 242, 273, 302
소비에트 연방(러시아) 234, 235
소포트(폴란드) 328
소화계 104
속눈썹과 진드기 50
손동굴(베트남) 192
손바닥 마주치기 109
속눈썹 50
솔로몬 제도 242, 284-285, 303
솜털머리타마린 40
수단 242, 272-273, 303
수달 203
수디, 귀렉 44
수리남 242, 280, 303
수성(행성) 172, 177
수영 238, 295, 301
수의사 185, 196
수중 사진 촬영 전문가 26
순록 123, 136
순상 화산 167

순환계 104
숲 200
숲이 파괴되는 속도를 늦추기 위한 노력 306
슈퍼문 177
스노글로브 121
스리랑카 242, 264, 303
스미스, 케이린 44
스미스, 톰 42
스와지코모도왕도마뱀 271
스웨덴 242, 268-269, 303
스위스 242, 268, 303
스케리, 브라이언 26, 195
스케이트보드를 타는 개 78
스코틀랜드(영국) 116, 268, 324
스쿠버다이빙 135, 295
스타워즈(영화) 326
스타트렉 보이저(TV프로그램) 245
스톡홀름(스웨덴) 327
스튜어트, 켈리 71
스티븐슨, 존 191
스파이 나무 235
스포츠 13, 78, 135, 238, 240, 244, 245, 249, 267, 322
스퐁, 폴 66-67
스파이더(하늘을 나는 모터사이클) 92
슬로바키아 242, 269, 303
슬로베니아 242, 268-269, 303
슬링키(장난감) 95, 145
시각 105
시계 331
시드니 오페라 하우스(오스트레일리아) 323
시리아 242, 264, 303
시베리아 횡단 열차 122
시베리아호랑이(아무르호랑이) 60-61
시에라리온 243, 273, 304
식물 88-89, 96, 101, 102, 103, 217
식생 200-201
신경계 104
신생대 80, 81
신화 130-131, 132-133, 136, 230, 250
실패와 잘 마주하는 법 95
실험 165
실험 설계하기 179
십자군 전쟁 234
싱가포르 243, 265, 304
싱가포르 플라이어 243
쌀 227, 250
쓰레기 22-25, 322
쓰레기로 만든 예술 작품 18-19

ㅇ

아구티 143
아랍 에미리트 243, 264, 304, 317
아르메니아 243, 264, 304
아르테미스 신전(터키 에페소스) 330
아르헨티나 243, 281, 304
아리카(칠레) 322
아마존(남아메리카) 202-203, 218, 279
아마존나무보아 72
아마존분지 279
아메리카수리부엉이 36-37
아메바 103
아부심벨(이집트) 220-221
아부다비(아랍에미리트 연방) 316
아스테카 왕국 231
아시아 262-265
아유타야(태국) 222, 250
아이다호주(미국) 328
아이마라어 128
아이스크림 만들기 32-33
아이슬란드 243, 268, 304
아이티 243, 277, 304
아일랜드 244, 268, 304
아제르바이잔 244, 264, 305
아쿠아리움 10
아크라(가나) 298
아프가니스탄 244, 235, 264, 305
아프리카 270-273, 306
아프리카계 미국인 발명가 94
아프리카펭귄 334
아프리카피그미팰컨 46
아프리카화꿀벌 193
악수하기 109
악어 142, 150, 317
안경원숭이 38
안내견 16
안데스산맥(남아메리카) 128
안도라 244, 305
안드로스 산호초(바하마 제도) 291
안산암 161
안킬로사우루스 85
알다브라땅거북 17
알래스카주(미국) 138-139, 216, 261
알레르기 106
알렉산드리아(이집트) 330
알렉산드리아의 등대(이집트) 330
알로사우루스 지마데스니 83
알바니아 244, 269, 305
알제리 244, 272, 305
알카에다 235
암 치료제 연구 202
암석과 광물 161-165, 178
암염 161

암흑 물질 170, 171
앙골라 244, 273, 305
애기사슴 48
애틀랜타(미국 조지아주) 14
애플(사) 91
앤터니, 마틴 110, 111
앤티가 바부다 244, 277, 305
앨리게이터 142, 150
앱 사용 113
앵무 203
얄룽창포 협곡(티베트) 318
양 47, 275
양서류 38, 39
양손잡이 107
어는비 210
어둠 공포증 111, 112
어류 26, 38, 39, 45, 46, 183, 186, 195, 204
언어(동물) 70-71, 76-77, 86
언어(인간) 128-129, 312
얼룩말 63
얼음 207, 209, 218, 287, 326, 329
업 헬리 아 116
에너지 생산 92, 275, 327
에리스(왜소행성) 173, 174
에리트레아 244, 272-273, 305
에먼스, 캔디스 67
에베레스트산(중국과 네팔) 261
에스와티니 244, 273, 305
에스토니아 244, 269
에스파냐(스페인) 234, 235, 244, 266, 278, 306
에이레 244, 304
에콰도르 169, 182-183, 202, 244, 280, 306
에티오피아 244, 273, 306
에퍼슨, 프랭크 95
에펠, 귀스타브 335
엘베강(유럽) 267
엘살바도르 244, 277, 306
엠파이어 스테이트 빌딩 328
여우 186
여우원숭이 16
여행 316-335
역사 220-251
연 16
연쇄상 구균 100
연체동물 17, 39
열기구 180-181, 326
열대저기압 214-215
열차 122, 318
영국 10, 116, 118, 232-233, 234, 235, 245, 250, 267, 268, 306, 324

영화 99, 185, 245, 266
예루살렘 서쪽 벽 135
예멘 245, 264, 306
예술 16, 18-19, 79, 324
오랑우탄 47, 190
오른손잡이 107
오리 39, 320-321
오리건주(미국) 275
오만 245, 264, 306
오사카(일본) 322
오세아니아 282-285
오스마니, 비오사 247
오스트레일리아 12, 192, 217, 235, 245, 282, 283, 284, 306, 317, 323, 326, 336
오스트리아 245, 268-269, 307
오토바이 240
오티스 앤 클레멘타인 서점(캐나다) 14
오피먼트(웅황) 162
온도 206, 214, 319
온두라스 245, 277, 307
올리브각시바다거북 15
올림픽 13, 243
와그너, 애슐리 55
왜소행성 172-174
왼손잡이 107, 112
요르단 235, 245, 264, 307, 330
요리법 31-33, 126-127
용반목 82, 83
용암갈매기 169
용암돔 167
우간다 245, 273, 307
우롱 보하이엔시스 83
우루과이 245, 281, 307
우박 206, 210
우연한 발견 95
우유니 소금 사막(볼리비아) 335
우주 170-179, 185
우즈베키스탄 245, 264, 307
우크라이나 245, 269, 307
우표 137, 322
운모 편암 161
워터파크 316, 317
원생생물 101, 108
원숭이 40, 190
원앙 39
월, 레이철 228
월리스해드릴, 앤드루 224-225
월식 177
윙 시우 테 53
웨들바다표범 67, 267
웨이브젯 93
웨이트, 재니스 66-67

찾아보기

웨일스(영국) 10, 267, 268
웰시코기 154
위도 337
위성 259
위아래가 뒤집힌 집 329
위장 46, 140, 150
유공충 298
유대교 117, 134, 135
유럽 266-269
유사프자이, 말랄라 251
유성우 177
유인원 47, 66, 70-71, 86, 190
유타주(미국) 192, 261
유형류 25
율, 톰 62-63
은하 170-171, 178
음식 11, 31, 32-33, 106, 120-121, 126, 127, 227, 250, 322, 329, 335
음악(미래 전망) 99
응결 208
응급 치료법 193
의사소통(동물) 70-71, 76-77, 86
이구아나 182
이구아노돈 82
이구아수 폭포(아르헨티나와 브라질) 261
이드 알피트르 116
이라크 245, 264, 307
이란 245, 307
이모지 91, 96
이렇게 해 봐요! 35, 87, 113, 137, 179, 197, 219, 251, 337
이반 뇌제(러시아) 331
이브콘산(캐나다) 167
이산화탄소 102
이스라엘 124, 235, 245, 264, 308
이스탄불(터키) 122, 262
이슬람교 116, 134, 135
이식쿨호(키르기스스탄) 263
이주 62-63, 263
이집트 8, 125, 130, 220-221, 235, 245, 263, 272, 308, 330
이탈리아 114-115, 224-225, 245, 268-269, 308, 325, 330, 331
인공 지느러미발 15
인권 운동가 251
인더스강 계곡(인도) 261
인도 16, 117, 125, 129, 245, 264-265, 308, 309, 328, 330
인도기러기 263
인도네시아 246, 265, 275, 308
인도양 205
인디애나주(미국) 317

인사법 109
인체 104-111
인회석 163
일각돌고래 64, 205
일롱드낮도마뱀붙이 38
일본 13, 169, 198-199, 231, 246, 265, 275, 308
일식 177
일신교 134
잉글랜드(영국) 232-233, 234, 250, 268, 324
잉글랜드, 힐드레스 96

ㅈ

자금성(중국) 222
자기 부상 열차 318
자동차 98, 322, 326
자메이카 246, 277, 308
자벌레 49
자수정 165
자연 198-219
자연재해 212-217
자유의 여신상(미국) 209
자이언트수달 203
자포동물 39
잔다르크 230
잔디가 들어간 샌들 326
잠(동물) 40, 49
잠깐 퀴즈 35, 86, 112, 136, 178, 196, 218, 250, 336
잠비아 246, 273, 308
잠수 135, 304
잠자리 50
장수거북 10, 205
장완흉상어 195
재규어 56, 57, 231
재생 가능 에너지 92, 283
재활용 267
적도 기니 246, 273, 308
직린운 211, 213
적운 211, 213
적혈구 104
전기(인물의 이야기) 251
전기 212, 327
전시(미래 세계) 98-99
전쟁 234-235
전화와 통신 기기 90-91
절지동물 39
정온 동물 39
정원 88-89, 102-103
정일수 229
정장석 163
제3기 81

제우스(신) 132-133
제우스 상(그리스) 330
제임스, 리처드 95
제임스, 베티 95
제임슨맘바 194
조각상 324
조류 39
조반목 공룡 82
조지아 246, 264, 308
종교 114-115, 116-117, 134-135, 234
주로 쓰는 손 107, 112
주먹 맞대기 109
주황점박이쥐치 186
중국 116, 222, 226-227, 235, 246, 250, 226-227, 261, 262, 264-265, 309, 318, 320-321, 322, 324, 329, 330
중력 170, 176
중생대 80, 81
중앙아메리카 아구티 143
중앙아프리카 공화국 246, 273, 208
중합체(폴리머) 20
쥐가오리 12
쥐라기 81
쥐사슴 48
쥐에 대한 속설 45
증강 현실(AR) 98-99
증발 208
증산 208
지, 필 45
지구 158-169
지구 내부 구조 160
지구 온난화 207
지도 23, 25, 53, 54, 167, 254-255, 256-257, 258, 259, 262, 264-265, 268-269, 272-273, 276-277, 279 , 284-285, 333
지도 제작자 259
지렁이 103
지리 252-337
지리 정보 시스템(GIS) 259
지부티 246, 273, 309
지중해별노린재 186
지진 167, 168, 222
지폐 124, 125, 137
지하철 122
지형 종류 261, 336
진눈깨비 210
진드기 50
진로 184-185, 191
진핵생물 101
짐바브웨 246, 309
집파리 50

ㅊ

차드 246, 272-273, 310
척추동물 39
천문 시계(체코 프라하) 331
천문학자 185
천왕성(행성) 173
철도 노선 122
청개구리 142, 143
청명절 116
청설모 41
체코 246, 268-269, 310, 331
초원 201
초은하단 170, 171
초콜릿 322
축구 135, 249
축제 16, 114-118, 134, 309, 329, 335
춤 240, 262, 267
층운 211
치첸이트사(멕시코) 330
치타 2~3, 48
칠레 129, 168, 246, 279, 281, 287, 310
침팬지 66
칫솔 29
칭기즈 칸 226

ㅋ

카라쿰 사막(투르크메니스탄) 313
카메룬 246, 273, 310
카멜레온 47
카바 신전(사우디아라비아 메카) 135
카버, 조지 워싱턴 94
카보베르데 246, 272, 311
카스피해 263
카자흐스탄 246, 264-265, 269, 311
카타르 246, 264, 311
카파도키아(터키) 180-181
카펜터, 헤더 70
카피바라 307
캄나시오, 사라 185
캄보디아 246, 265, 311
캄차카반도(러시아) 168
캐나다 14, 118, 123, 124, 136, 247, 275, 276-277, 311, 322, 326, 328, 329
캐나다산미치광이 186
캐러멜 사과 127
캐스탱, 에므리크 98-99
캔자스시티 공립 도서관(미국) 329
캘리포니아주(미국) 275, 329, 332-333, 334
캘리포니아덤불어치 93
캠핑 92
컬럼비아 빙원(캐나다) 123
케냐 62-63, 86, 247, 273, 311

케레스(왜소행성) 172, 174
케사디야 126
케이크(고대) 322
케찰 282
케추아어 128
켄트로사우루스 84
켈프 183
코끼리 45, 48, 211, 231, 287, 316, 336
코로나19 유행 8-10, 13
코로-아카어 129
코모로 247, 273, 311
코뿔소 15, 40, 142
코소보 247, 311, 312
코스타리카 247, 277, 311
코알라 49, 217, 218, 274, 282
코지어스코산(오스트레일리아) 275
코치(인도) 18-19
코트디부아르 247, 273, 311
콜드웰, 로이 65
콜로세움(이탈리아 로마) 325, 330
콜롬비아 248, 280, 312
콩고 248, 273, 312
콩고 민주 공화국 248, 273, 312
쾨펜 기후대 206
쿠리온 222
쿠바 248, 277, 312
쿠알라룸푸르(말레이시아) 271
쿠웨이트 248, 264, 312
퀘벡(캐나다) 329
크라스페도트로피스 그레타툰베르가이 17
크로아티아 248, 268-269, 312
크리스마스 117
크릭 부족 118
크림반도 281
큰 고양잇과 2-3, 48, 56-57, 59, 60-61, 195, 231, 263, 297
큰돌고래 204
클룸, 마티아스 194
키란티-코이츠어 129
키르기스스탄 248, 264, 312
키리바시 248, 285, 312
키프로스 248, 312
킨카주너구리 143

ㅌ

타이완 263, 265
타지마할(인도) 330
타지키스탄 248, 264, 312
탁발 수도승 270
탁상 사원(부탄) 300
탄자니아 62-63, 248, 270, 273, 313
탈레반 251

탐험 180-197
탐험가 26, 182-183, 184, 185
탕가니카호(아프리카) 263
태국 10, 118, 122, 135, 222, 248, 250, 265, 312
태블릿 피시 93, 113
태양 에너지 텐트 92
태양계 172-177
태양곰 52-53
태평양 22-23, 24, 204, 218
태풍 214-215
택시 122
탱고 춤 240
터키 180-181, 223, 248, 262, 264, 269, 312, 330
턱끈펭귄 286
테마파크 316-317
텔레비전 프로그램 324
토고 248, 273, 312
토끼 40, 78
토끼풀 156-157
토네이도(행성) 172-173
톤, 탐 티 128
톱비늘살무사 72
통가 248, 285, 314
통곡의 벽(예루살렘) 135
통북투(말리) 223
퇴적암 161
투르크메니스탄 248, 264, 314
투발루 248, 285, 314
투탕카멘(이집트) 125
툰드라 201
툰베리, 그레타 17
튀니지 249, 314
트라이아스기 81
트럭 326
트리니다드 토바고 249, 277, 314
트리케라톱스 85
티라노사우루스 렉스 82, 275, 336
티베트 318
틸벤더, 크리스틴 58
팅커벨(개) 43

ㅍ

파나마 249, 277, 314
파라과이 249, 281, 314
파리(프랑스) 324
파리 50
파묵칼레(터키) 223
파충류 38, 39
파키스탄 123, 217, 245, 251, 264, 314
파타고니아(아르헨티나와 칠레) 252-253

찾아보기

파토(스포츠) 322
파푸아 뉴기니 249, 284, 315
판(지각) 167
판게아 80, 81
판다 17, 41, 54-55, 186, 187
팔라우 249, 315
팔렝케(멕시코) 223
팜파스 201
팝시클 95
팝콘 31, 192
팰컨 46
퍼즐 16, 38-157
퍼핀 124
펄린, 로스 129
페루 12, 128, 202, 249, 261, 278, 279, 280-281
페트라(요르단) 330
펭귄 10, 182, 266, 334
편모충 103
편지 쓰는 법 35
폐소 공포증 111
포르투갈 249, 315
포세이돈 132-133
포셋(개를 위한 샘) 93
포유류 38, 39
포토 아크 186-187
포포카페틀산(멕시코) 168
폭포 261
폴, 얀 185, 196
폴란드 249, 269, 315
폴리시 47
폴커크(영국 스코틀랜드) 324
폼페이(고대 도시) 224-225
표범 57, 59, 271
표범속 57
표범카멜레온 47
표지판 153
푸른모르포나비 202
푸른바다거북 24-25
푸른발얼가니새 182, 196
푸엔테스, 아구스틴 190
풀을 짜서 만든 다리 279
풍력 발전 275, 327
풍선 24-25, 180-181, 326
프리히(체코) 331
프랑스 234, 249, 268, 315, 316, 317, 324
프랑스령 기아나 202, 280
프레리 201
프렌치 인디언 전쟁 234
프리즈렌(코소보) 302
플라스틱 20-33
플로리다주(미국) 283

피그미새매 46
피그카소 79
피라미드(이집트 기자) 271, 330
피부(인간) 45, 104, 106, 108
피사의 사탑 331
피자 243
피지 249, 285, 315
피츠제럴드, 데니스 111
피카, 헤일리 185
핀란드 123, 136, 249, 315
필리핀 122, 249, 265, 275, 315
필리핀안경원숭이 38

ㅎ

하계 올림픽 13
하누카 117
하마 62-63, 86, 262
하와이(미국) 116, 136, 167, 234, 334
하우메아(왜소행성) 173, 174
하운드(개) 15
하이엇, 존 웨슬리 20
하이에나 262
하트비스포트(남아프리카 공화국) 329
학명 179
한국 전쟁 235
할리카르나소스 마우솔레움(터키) 330
항해 44
「해리 포터」 시리즈 14
해리슨, K. 데이비드 129
해마 87
해면 39
해면동물 39
해안 275, 334
해안 늑대 68-69
해양 과학자 182-183
해왕성(행성) 173
해저 화산 168, 169, 178
해적 228-229
해초 25, 201
햄스디 156-157
행성 172-175
허리케인 214-215
허버드 빙하(미국 알래스카주) 261
허블 우주 망원경 170
헝가리 249, 269, 315
헨리 8세(잉글랜드) 232
헨살(캐나다) 326
혀가 꼬이는 말 147
협곡 261, 318
형석 162, 163
호랑이 57, 60-61, 195
호박(화석) 11
호상 편마암 161

호수(지구에서 가장 깊은) 271
호이안(베트남) 299
호텔 328, 335
호흡계 104
홀리(축제) 301
홍학 43
화강 반암 161
화산 166-169, 178, 191, 196, 224-225
화석 11, 82
화성(행성) 172,175, 178
화성암 161
화이난(중국) 329
화이트, 토퍼 184
확대 사진 141, 145, 149, 152, 158-159
환경(지리) 261
환경 보호 18-35
환류 23
활석 163
황금나무뱀 72
황소 278
황옥 163
황철석 162
회색늑대 68-69, 274
회색청개구리 143
후지타, T. 테오도어 213
흙 103
흡혈박쥐 73
흰개미 50
흰동가리 204, 218
힌두교 134

기타

1차 세계 대전 234, 235
2차 세계 대전 192, 234-235, 304
2022년 천문 관측 달력 177
3D 프린팅 96, 99, 112
6.25 전쟁 235
6일 전쟁 235
VR 98-99
AR 98-99

2022년 올해의 토픽 (8-17)
All articles in section by Sarah Wassner Flynn.

2022년 올해의 도전! 플라스틱 제로 (18-35)
20-25 "What Is Plastic?" & "Deadly Debris" & "Sea Turtle Rescue" by Julie Beer; 30-33 "Your Plastic-Free Guide to Snacks" & "DIY Ice Pops" by Ella Schwartz

동물의 세계 (36-87)
38-39 "What Is Taxonomy?" & "Vertebrates"/"Invertebrates" by Susan K. Donnelly; 42-43 "Extraordinary Animals" by Susan Schabacker (bear), Christine Dell'Amore (flamingo), and Kitson Jazynka (dog); 44 "Hen Sails the World" by Kitson Jazynka; 45 "Animal Myths Busted" by C.M. Tomlin; 46-49 "Cute Animal Superlatives" by Sarah Wassner Flynn; 52-55 "Sun Bear Rescue" & "The Incredible Red Panda" by Allyson Shaw; 56-57 "Big Cats" by Elizabeth Carney; 58 "Weirdest. Cat. Ever." by Scott Elder; 59 "The Mystery of the Black Panther" by Fiona Sunquist; 60-63 "Tigers in the Snow" & "Wild Crossing Guard" by Karen De Seve; 64-65 "Unicorns of the Sea" & "Rock 'Em Sock 'Em Shrimp" by Allyson Shaw; 66-67 "The Secret Lives of Orcas" by Jamie Kiffel-Alcheh; 68-69 "Surf Pups" by Allyson Shaw; 70-71 "Do Gorillas Talk?" by Jamie Kiffel-Alcheh; 72 "5 Cool Reasons to Love Bats" by Ruth Musgrave; 73 "Super Snakes" by Chana Stiefel; 74-75 "6 Tips Every Polar Bear Should Know" by David George Gordon; 76-77 "How to Speak Dog" by Aline Alexander Newman and Gary Weitzman, D.V.M.; 78-79 "5 Silly Pet Tricks" by Kitson Jazynka; 80-82 "Prehistoric Timeline" & "Dino Classification" by Susan K. Donnelly; 80 "What Killed the Dinosaurs?" by Sarah Wassner Flynn; 84-85 "Dino Defenses" by Jen Agresta and Avery Elizabeth Hurt

과학과 기술 (88-113)
94 "History's Greatest Hits" by Kay Boatner; 95 "Accidents Happen" by Crispin Boyer; 96-99 "Future World: Food" & "Future World: Entertainment" by Karen De Seve; 101 "The Three Domains of Life" by Susan K. Donnelly; 102 "How Does Your Garden Grow?" by Susan K. Donnelly; 167 "Plant a Butterfly Garden" by Nancy Honovich; 105 "Look Out!" by Christina Wilsdon, Patricia Daniels, and Jen Agresta; 106-107 "Why Can't I …" by Crispin Boyer; 108 "Microorganisms and You" by Christina Wilsdon, Patricia Daniels, and Jen Agresta; 109 "Germ Showdown" by Julie Beer and Michelle Harris; 110-111 "The Science of Spooky" by Aaron Sidder

문화와 생활 (114-137)
119 "What's Your Chinese Horoscope?" by Geoff Williams; 123-124 "Money Around the World!" by Kristin Baird Rattini and C.M. Tomlin; 126-127 "Chew on This" by Kay Boatner; 128-129 "Saving Languages at Risk" by Sarah Wassner Flynn; 130-131 "Mythology" by Susan K. Donnelly; 132-133 "Greek Myths" by Donna Jo Napoli; 134-135 "World Religions" by Mark Bockenhauer; 135 "Novice Monks" by Sarah Wassner Flynn

우주와 지구 (158-179)
160 "A Look Inside" by Kathy Furgang; 160 "What Would Happen … ?" by Crispin Boyer; 161 "Rock Stars" by Steve Tomecek; 162-163 "Identifying Minerals" by Nancy Honovich; 165 "Salt of the Earth!" by Steve Tomecek; 166-167 "A Hot Topic" by Kathy Furgang; 167 "Ring of Fire" by Sarah Wassner Flynn; 170-171 "A Universe of Galaxies" by Carolyn DeCristofano; 174 "Dwarf Planets" by Sarah Wassner Flynn

탐험과 발견 (180-197)
184-185 "Dare to Explore" by C.M. Tomlin (engineer, astronomer) and Allyson Shaw (veterinarian); 186-187 "Keep Earth Wild" by Allyson Shaw; 188-189 "Secrets of the Blue Holes" by Kristin Baird Rattini; 190 "Orangutan to the Rescue" by Sarah Wassner Flynn; 191 "Extreme Job!" by Jen Agresta and Sarah Wassner Flynn; 193 "How to Survive …" by Rachel Buchholz; 194-195 "Getting the Shot" by April Capochino Myers

생태와 자연 (198-219)
200-201 "Biomes" by Susan K. Donnelly; 206 "Weather and Climate" by Mark Bockenhauer; 207 "Climate Change" by Sarah Wassner Flynn; 210-211 "The Sky Is Falling" & "Types of Clouds" by Kathy Furgang; 212 "Lightning!" by Allan Fallow; 213 "What Is a Tornado?" by Kathy Furgang; 214-215 "Hurricane Happenings" by Julie Beer and Michelle Harris; 216 "Avalanche!" by Renee Skelton; 217 "Wildfires" & "Locusts" by Sarah Wassner Flynn

역사와 사실 (220-251)
222-223 "Ancient World Adventure" by Sarah Wassner Flynn; 224-225 "The Lost City of Pompeii" by Kristin Baird Rattini; 228-229 "Pirates!" by Sara Lorimer and Jamie Kiffel-Alcheh; 230-231 "Royal Rumble" by Stephanie Warren Drimmer and Caleb Magyar; 232-233 "7 Cool Things About the Tower of London" by C.M. Tomlin; 234-235 "Going to War" by Susan K. Donnelly and Sarah Wassner Flynn; 235 "Spy Trees" by Sarah Wassner Flynn

세계의 지리 (252-337)
254-258 & 260-261 by Mark Bockenhauer; 262-289 by Sarah Wassner Flynn, Mark Bockenhauer, and Susan K. Donnelly; 290-315 "Snapshot" by Sarah Wassner Flynn; 318-319 "Extreme Records" by Julie Beer and Michelle Harris; 320-321 "Brain Candy" by Julie Beer and Chelsea Lin; 322 "Weird But True!" by Avery Hurt, Sarah Wassner Flynn, and Stephanie Warren Drimmer; 323 "Sydney Opera House" by Julie Beer and Michelle Harris; 324 "Awes8me Supersize Sculptures" by Jen Agresta and Sarah Wassner Flynn; 325 "The Colosseum" by Julie Beer and Michelle Harris; 326 "Extreme Weirdness" by Amanda Sandlin (Vader) and Allyson Shaw (lawn/ice cube); 327 "Cool Inventions" by Kate Olesin; 330 "7 Wonders" by Elisabeth Deffner; 331 "More Must-see Sights" by Mark Bockenhauer; 332-333 "Secrets of the Golden Gate Bridge" by Kitson Jazynka; 334 "Bizarre Beaches" by Julie Beer and Michelle Harris; 335 "Wild Vacation" by Jamie Kiffel-Alcheh

All "Homework Help" by Vicki Ariyasu, except 113 "This Is How It's Done!" by Sarah Wassner Flynn

글 및 사진 저작권

준말:
AL: Alamy Stock Photo
AS: Adobe Stock
DRMS: Dreamstime
GI: Getty Images
IS: iStockphoto
MP: Minden Pictures
NGIC: National Geographic Image Collection
SS: Shutterstock

모든 지도
By National Geographic unless otherwise noted

모든 일러스트와 도표
By Stuart Armstrong unless otherwise noted

앞표지
(orca), Brandon Cole; (bacteria), Eric Erbe & Christopher Pooley/USDA; (taxi), Grafissimo/iStockphoto/Getty Images; (water bottle), Weera Danwilai/Shutterstock

책등
(orca), Brandon Cole

뒤표지
(Earth), ixpert/SS; (Great Wall), Sean Pavone/ SS; (wolf), Gavriel Jecan/GI; (future city), 3000ad/IS/GI; (Holi celebration), ferrantraite/E+/GI; (butterfly), Steven Russell Smith/AL

앞날개
(A), Glyn Hupalo/Pixabay; (B), 태엽 김/Pixabay; (C), Hans/Pixabay; (D), TravelCoffeeBook/Pixabay

뒷날개
(turtle), Enric Sala/Nat Geo Image Collection; (coral) Gordon Gahan/Nat Geo Image Collection

차례 (2-7)
2-3, 500px Prime/GI; 5 (A), Michael Milfeit/500px Prime/GI; 5 (B), ElenaMirage/iStock/GI; 5 (C), pchoui/IS/GI; 5 (D), 3000ad/IS/GI; 6 (A), agefotostock/AL; 6 (B), Photosani/SS; 6 (C), Thomas Sbampato/imageBROKER RF/GI; 6 (D), Dirk Ercken/SS; 6 (E), Coldmoon_photo/IS/GI; 6 (F), Albert Russ/SS; 6 (G), soft_light/AS; 7 (A), tdub_video/IS/GI; 7 (B), Richard T. Nowitz/Corbis; 7 (C), Nick Brundle/Moment Open/GI; 7 (D), Michele Falzone/Stockbyte/GI

2022년 올해의 토픽 (8-17)
8-9, Michael Milfeit/500px Prime/GI; 10 (UP LE), Caroline Benzel; 10 (UP RT), Stephanie Rousseau/AS; 10 (LO LE), Field Museum of Natural History; 10 (LO RT), Christopher Furlong/GI; 11 (UP), Zero G Kitchen LLC; 11 (LO), Jingmai O'Connor; 12 (UP), Kristian Laine; 12 (LO), Masato Sakai/Yamagata University; 13 (UP), Phil Bex/AL; 13 (CTR), Dmitry Feoktistov/TASS via GI; 13 (LO), Atsushi Tomura/GI; 14 (UP), Ellen Helmke; 14 (CTR), Georgia Institute of Technology; 14 (LO), B Christopher/AL; 15 (UP), Jiraporn Kuhakan/Reuters; 15 (CTR), Sean Viljoen; 15 (LO), Sean Viljoen; 16 (B), Roblan/SS; 16 (A), SasaStock/SS; 16 (C), Magnus Larsson/AS; 16 (D), Patrick Foto/SS; 16 (E), cougarsan/SS; 16 (F), Uryadnikov Sergey/AS; 16 (G), Alhovik/SS; 16 (H), Africa Studio/SS; 16 (I), Jak Wonderly; 17 (UP), Umit Bektas/Reuters; 17 (CTR), Taxon Expeditions; 17 (LO), Jose Angel Astor Rocha/AS

2022년 올해의 챌린지! 플라스틱 제로 (18-35)
18-19, ElenaMirage/iStock/GI; 20-21, trialartinf/AS; 21 (UP), Jacobs Stock Photography Ltd/GI; 21 (CTR RT), SeeCee/SS; 21 (CTR LE), Norbert Pouchain/EyeEm/GI; 22-23, Steve De Neef/NGIC; 23 (RT), Aflo/SS; 23, photka/SS; 23 (LE), Pete Atkinson/GI; 24 (LE), Clearwater Marine Aquarium; 24 (RT), Clearwater Marine Aquarium; 24-25, Science Faction/GI; 25 (LE), Clearwater Marine Aquarium; 25 (RT), Norbert Wu/MP; 26 (UP RT), Brian J. Skerry/ NGIC; 26 (UP LE), Steve De Neef/NGIC; 26 (LO), Brian J. Skerry/NGIC; 27 (A), Levent Konuk/SS; 27 (B), Tory Kallman/SS; 27 (C), Andrea Izzotti/SS; 27 (D), sittipong/SS; 27 (E), Dahlia/SS; 28 (UP LE), KPPWC/AS; 28 (UP RT), Simone/AS; 28 (CTR), eurobanks/AS; 28 (LO LE), Mikhail/AS; 28 (LO RT), Kelpfish/DRMS; 29 (UP), Stephen Coburn/AS; 29 (CTR LE), Brooke BeckerAS; 29 (CTR RT), PaulPaladin/AL; 29 (LO), Lori Epstein/National Geographic Staff; 30 (UP LE), Steven Sanders/Alamy; 30 (UP RT), Fuse/Corbis/GI; 30 (CTR), unkas_photo/IS/GI; 30 (LO-1), ac_bnphotos/IS/GI; 30 (LO-2), yellowdaffs/ SS; 30 (LO-3), jenifoto/IS/GI; 30 (LO-4), Shannon Hibberd/National Geographic Staff; 31 (UP LE), Elena Veselova/SS; 31 (LO), Melica/SS; 31 (UP RT), Maks Narodenko/SS; 32-33, Hilary Andrews/National Geographic Staff; 34 (LO LE), Pete Atkinson/GI; 34 (LO LE), Norbert Pouchain/EyeEm/GI; 34 (LO RT), Science Faction/GI; 34 (UP RT), Melica/SS; 35, Albo003/SS

동물의 세계 (36-87)
36-37, pchoui/IS/GI; 38 (CTR), DioGen/SS; 38 (LO), Nick Garbutt; 38 (UP), lifegallery/IS/GI; 39 (UP LE), EyeEm/GI; 39 (UP RT), reptiles4all/SS; 39 (CTR LE), Hiroya Minakuchi/MP; 39 (CTR RT), FP media/SS; 39 (LO), Ziva_K/IS/GI; 40 (UP), Nataliia Melnychuk/SS; 40 (LO), Verena Matthew/AS; 40 (CTR), Suzi Eszterhas/MP; 41 (UP), ZSSD/MP; 41 (CTR), Rolf Kopfle/AL; 41 (LO), ZSSD/MP; 42 (ALL), Marcel Gross; 43 (UP), Jasper Doest; 43 (LO LE), Jasper Doest; 43 (LO RT), Karine Aigner/National Geographic Staff; 44 (ALL), From Hen Who Sailed Around the World by Guirec Soudée, copyright © 2018 by Guirec Soudée. Reprinted by permission of Little, Brown an imprint of Hachette Book Group, Inc.; 45 (ALL), Dean MacAdam; 46 (UP LE), Steven Kazlowski/Nature Picture Library; 46 (UP RT), Ryan Korpi/IS/GI; 46 (LO), Gary Bell/Oceanwide/MP; 47 (UP LE), Thomas Marent/Ardea; 47 (UP RT), Mike Hill/AL; 47 (CTR), YAY Media AS/AL; 47 (LO), Cathy Keifer/SS; 48 (UP LE), Klein & Hubert/Nature Picture Library; 48 (UP RT), Kajornyot Krunkitsatien/AS; 48 (LO LE), Juniors Bildarchiv GmbH/AL; 48 (LO RT), Maros Bauer/SS; 49 (UP LE), John Carnemolla/IS; 49 (CTR), Dirk Ercken/SS; 49 (UP RT), Piotr Naskrecki/MP; 49 (LO), Suzi Eszterhas/MP; 50, Cisca Castelijns/MP; 51, Mircea Costina/SS; 52-53, Bornean Sun Bear Conservation Centre; 53 (UP), Siew te Wong/Bornean Sun Bear Conservation Centre; 53 (LO), Bornean Sun Bear Conservation Centre; 54 (LO), Anna Gowthorpe/PA Images via GI; 54 (UP), Abby Wood/Smithsonian's National Zoo; 55 (LO LE), saad315/SS; 55 (UP LE), Andrea Izzotti/SS; 55 (UP RT), Sylvain Cordier/GI; 55 (LO RT), Dr. Axel Gebauer/Nature Picture Library; 56, Staffan Widstrand/Nature Picture Library; 57 (jaguar fur), worldswildlifewonders/SS; 57 (tiger fur), Kesu/SS; 57 (leopard fur), WitR/SS; 57 (lion fur), Eric Isselée/SS; 57 (LE CTR), DLILLC/Corbis/GI; 57 (leopard), Eric Isselée/SS; 57 (tiger), Eric Isselée/SS; 57 (lion), Eric Isselée/SS; 57 (snow leopard), Eric Isselee/SS; 57 (snow leopard fur), Eric Isselee/SS; 58 (RT), Suzi Eszterhas/MP; 58 (CTR), FionaAyerst/GI; 58 (LE), Gerard Lacz/Science Source; 59 (UP), Felis Images/Nature Picture Library; 59 (LO), Jack Bradley; 60 (UP), Image Source/Corbis; 60 (LO), Juniors/SuperStock; 61 (UP), Tom & Pat Leeson/Ardea; 61 (LO), Lisa & Mike Husar/Team Husar; 62-63, Tony Heald/NPL/MP; 63 (UP), Matthew Tabaccos/Barcroft Media/GI; 63 (LO), Matthew Tabaccos/Barcroft Media/GI; 64 (UP LE), Westend61/GI; 65 (UP RT), Roy L. Caldwell; 65 (LO), Helmut Corneli/Alamy; 66 (UP), Design Pics Inc/Alamy; 66 (LO), mauritius images GmbH/Alamy; 67 (UP LE), Kathryn Jeffs/Nature Picture Library; 67 (LO), Tory Kallman/SS; 67 (CTR RT), Design Pics Inc/Alamy; 67 (UP RT), Tony Wu/Nature Picture Library; 68 (UP), Ian McAllister/NGIC; 68 (LO), Bertie Gregory/MP; 69 (UP), Paul Nicklen/NGIC; 69 (LO LE), Paul Nicklen/NGIC; 69 (LO RT), Paul Nicklen/NGIC; 69 (CTR), Ian McAllister/Pacific Wild; 70, Eric Baccega/NPL/MP; 71 (LO), Jordi Galbany/Dian Fossey Gorilla Fund International; 71 (UP LE), Stone Sub/GI; 71 (CTR RT), courtesy Dallas Zoo; 71 (UP RT), Martin Hale/FLPA/MP; 72 (LO), Heidi & Hans-Juergen Koch/MP; 72 (CTR LE), Stephen Dalton/MP; 72 (UP), Michael D. Kern; 72 (CTR LE), AtSkwongPhoto/SS; 72 (CTR), Hitendra Sinkar Photography/Alamy; 73, gallimaufry/SS; 74 (UP), Norbert Rosing/NGIC; 74 (LO), David Pike/Nature Picture Library; 74-75, David Hiser/Stone/GI; 74 (CTR), Alaska Stock LLC/Alamy; 75 (LE), Paul Nicklen/NGIC; 75 (RT), Art Wolfe/The Image Bank/GI; 76 (UP), Jane Burton/GI; 76 (LO), Will Hughes/SS; 77 (LO), Brian Kimball/Kimball Stock; 77 (CTR), Ryan Lane/GI; 77 (UP), maljalen/IS; 78 (LO), Justin Siemaszko; 78 (UP), Shai (Asor) Lighter; 79 (CTR), Malia Canann, The Piggy Wiggies; 79 (UP), Joanne Lefson/Farm Sanctuary SA; 79 (LO), Peter Mares; 80 (UP), Chris Butler/Science Photo Library/Photo Researchers, Inc.; 80 (CTR), Publiphoto/Photo Researchers, Inc.; 80 (LO), Pixeldust Studios/NG Creative; 81 (A), Publiphoto/Photo Researchers, Inc.; 81 (D), Laurie O'Keefe/Photo Researchers, Inc.; 81 (C), Chris Butler/Photo Researchers, Inc.; 81 (D), Publiphoto/Photo Researchers, Inc.; 81 (E), image courtesy of Project Exploration; 83 (UP LE), Sergey Krasovskiy; 83 (UP RT), Dr. Ashley Poust; 83 (LO), National Park Service; 84 (UP), Franco Tempesta; 84 (LO), Franco Tempesta; 85 (UP), Catmando/SS; 85 (CTR), Franco Tempesta; 85 (LO), Leonello Calvetti/SS; 86 (LO LE), Jane Burton/GI; 86 (UP RT), Tony Heald/NPL/MP; 86 (LO RT), Helmut

Corneli/Alamy; 86 (UP LE), Stone Sub/GI; 87, GOLFX/SS

과학과 기술 (88-113)

88-89, 3000ad/IS/GI; 90 (UP), C_Eng-Wong Photography/SS; 90 (CTR), Plume Creative/Digital Vision/GI; 90 (LO), Library of Congress Prints and Photographs Division; 91 (UP LE), Rob Stothard/GI; 91 (UP RT), ober-art/SS; 91 (CTR LE), Roman Samokhin/SS; 91 (CTR RT), Chris Ratcliffe/SS; 91 (LO), Naeblys/SS; 92 (UP), Jetpack Aviation; 92 (LO), Solent News/Splash News; 93 (UP LE), Caters News Agency; 93 (LO INSET), REX USA/Aaron Chang/Solent News/Rex; 93, REX USA/Aaron Chang/Solent News/Rex; 93 (UP RT), Bird Photo Booth; 93 (CTR), Bird Photo Booth; 94-95 (ALL), Joe Rocco; 96-97, Mondolithic Studios; 100, Ted Kinsman/Science Source; 101 (A), Sebastian Kaulitzki/SS; 101 (B), Eye of Science/Photo Researchers, Inc.; 101 (C), Volker Steger/Christian Bardele/Photo Researchers, Inc.; 101 (D), ancelpics/SS; 101 (E), puwanai/SS; 101 (F), sgame/SS; 101 (G), kwest/SS; 102 (UP), FotograFFF/SS; 102 (LO), Craig Tuttle/Corbis/GI; 103 (earthworm), Kzww/SS; 103 (mushrooms), Ovydyborets/DRMS; 103-139 (background), Fer Gregory/SS; 103 (seedling), Mathom/DRMS; 104 (UP), SciePro/SS; 104 (LO), R. Gino Santa Maria/DRMS; 105 (LO), cobalt88/SS; 105 (UP), Cynthia Turner; 106 (A), Creator: Odua Images/SS; 106 (B), Creator: Hong Vo/SS; 106 (C), Africa Studio/SS; 106 (D), Sebastian Kaulitzki/SS; 106 (E), Creator: grebcha/SS; 106 (F), Brian Maudsley/SS; 107 (UP RT), AFP/GI; 107 (UP LE), juan moyano/AL; 107 (LO LE), VikramRaghuvanshi/GI; 107 (LO RT), Pasieka/Science Source; 108 (UP LE), Dimarion/SS; 108 (CTR LE), Microfield Scientific Ltd./Science Source; 108 (CTR RT), mrfiza/SS; 108 (LO), iLexx/IS; 108 (UP RT), Eraxion/IS; 109 (UP), Jani Bryson/IS; 109 (CTR), MyImages-Micha/SS; 109 (LO), RapidEye/IS; 110 (LE), Eric Isselee/SS; 110 (RT), sdominick/GI; 111 (UP), Jean-Pierre Clatot/AFP/GI; 111 (CTR), kryzhov/SS; 111 (LO), Lane V. Erickson/SS; 112 (LO LE), iLexx/IS; 112 (UP LE), Mondolithic Studios; 112 (UP RT), Ovydyborets/DRMS.com; 112 (LO LE), kryzhov/SS; 113, Klaus Vedfelt/GI

문화와 생활 (114-137)

CreativeNature.nl/SS; 116 (LO LE), Tubol Evgeniya/SS; 116 (UP), Dave Donaldson/AL; 116 (LO), soscs/pixabey; 116 (LO RT), Stephen Coburn/SS; 117 (LO RT), wacpan/SS; 117 (RT CTR), Zee/Alamy; 117 (CTR), Dinodia/GI; 118 (CTR), 156181766/SS; 119, Chonnanit/SS; 120-121 (ALL), Rebecca Hale/National Geographic Staff; 122-123, Naeblys/SS; 122 (UP LE), Hemis/AL; 122 (UP RT), E.D. Torial/AL; 122 (LO LE), John Kellerman/AL; 122 (LO RT), Jorgen Udvang/AL; 123 (UP), Roman Babakin/SS; 123 (CTR LE), Clarence Holmes Photography/AL; 123 (CTR RT), George Oze/AL; 123 (LO), Roy Conchie/AL; 124 (CTR LE), iStock/Mlenny; 124 (UP CTR), maogg/GI; 124 (UP RT), Paul Poplis/GI; 124 (LO LE), Glyn Thomas/Alamy; 124 (LO RT), Radomir Tarasov/DRMS; 124 (LO RT), Brian Hagiwara/GI; 125 (LO RT), Kelley Miller/NGS Staff; 125 (LO LE), 'Money Dress' with 'Colonial Dress' behind. Paper currency and frame, Lifesize ©Susan Stockwell 2010. ©photo Colin Hampden-White 2010.; 125 (UP CTR LE), Igor Stramyk/SS; 125 (UP RT), Joe Pepler/Rex USA/SS; 125 (UP LE), Georgios Kollidas/Alamy; 125 (CTR LE), Mohamed Osama/DRMS; 125 (CTR RT), Daniel Krylov/DRMS; 126 Rebecca Hale/National Geographic Staff; 127 Mark Thiessen/National Geographic Staff; 127 Danny Smythe/SS; 128 (A), Nguyen Dai Duong; 128 (B), Ho Trung Lam; 128 (C), Mark Thiessen/National Geographic Staff; 128 (D), Randall Scott/NGIC; 129 (A), Mark Thiessen/NGIC; 129 (B), Jeremy Fahringer; 129 (C), Robert Massee; 129 (D), Catherine Cofré; 129 (E), K. Bista; 129 (F), Mark Thiessen/National Geographic Staff; 129 (G), Jeevan Sunuwar Kirat; 129 (H), Jeevan Sunuwar Kirat; 130 (UP LE), liquidlibrary/GI Plu/GI; 130 (UP RT), Jose Ignacio Soto/SS; 130 (LO), Photosani/SS; 131 (UP LE), Corey Ford/DRMS; 131 (RT), IS; 132-133, Christina Balit; 133, Christina Balit; 134 (UP), Randy Olson; 134 (LO LE), Martin Gray/NG Creative; 134 (LO RT), Sam Panthaky/AFP/GI; 135 (LO LE), Reza/NationalGeographicStock.com; 135 (LO RT), Richard Nowitz/NG Creative; 135 (UP), Thierry Falise/LightRocket/GI; 137 (UP LE), spatuletail/SS; 137 (UP RT), PictureLake/E+/GI; 137 (CTR), cifotart/SS; 137 (LO), zydesign/SS; 137, Danevski/SS

게임과 퍼즐 (138-157)

138-139, Thomas Sbampato/imageBROKER RF/GI; 140, Jeff Hendricks and Viktoriya Tsoy (green city), James Yamasaki (litter, bins), image digitally composed; 141 (UP LE), Corbis; 141 (UP CTR), Max Power/Corbis; 141 (UP RT), Supapics/Alamy; 141 (CTR LE), Zoom (192) Time/Imagemore/GI; 141 (CTR), Demkat/SS; 141 (CTR RT), Corbis/Jupiterimages; 141 (LO LE), ViewofAmelie/IS; 141 (LO CTR), Simple Stock Shots; 141 (LO RT), hideto999/SS; 142 (A), Gerard Soury/GI; 142 (B), Constantinos Petrinos/Nature Picture Library; 142 (D), Art Wolfe; 142 (E), Andy Rouse/MP; 142 (F), Christopher MacDonald/SS; 143 (A), Jim Brandenburg/MP; 143 (frog in profile) Photolukacs/SS; 143 (frog facing forward), Dirk Ercken/SS; 143 (agouti facing left), Jaymi Heimbuch/MP; 143 (kinkajou sitting), Roland Seitre/MP; 143 (toucan eating), Visuals Unlimited, Inc./Gregory Basco/GI; 143 (kinkajou portrait), Ali Atmaca/Anadolu Agency/GI; 143 (kinkajou hanging), Roland Seitre/MP; 143 (frog from above), Christian Ziegler/MP; 143 (agouti facing right), Thomas Hertwig/Alamy; 143 (toucan), Eduardo Rivero/SS; 144, Jason Tharp; 145 (CTR LE), Pete Turner/GI; 145 (LO RT), Garry Gay/Alamy; 145 (UP RT), Jeffrey Hamilton/Digital Vision/GI; 145 (UP CTR), Elena Schweitzer/SS; 145 (UP LE), EldoradoSuperVector/SS; 145 (LO CTR), Andriy Bondarev/GI; 145 (CTR RT), botulinum21/SS; 145 (LO LE), Shannon Alexander/SS; 145 (CTR), Oleksandra Naumenko/SS; 146 (ALL), Gary Fields; 147 (UP), Bullstar/SS; 147 (CTR RT), Greer & Associates, Inc./SuperStock; 147 (CTR LE), Penny Boyd/Alamy; 147 (LO), Stone Sub/GI; 148, Jim Paillot; 149 (LO CTR), Peter Steyn/Ardea; 149 (UP LE), Alexey Petrunin/DRMS; 149 (UP CTR), Bandersnatch/SS; 149 (UP RT), PhotoDisc; 149 (CTR LE), jeep2499/SS; 149 (CTR), ElisabethAardema/IS; 149 (CTR RT), For Out/SS; 149 (LO LE), Volodymyr Burdiak/SS; 149 (LO RT), Ondrej Prosicky/SS; 150 (C), B&S Draker/Nature Picture Library; 150 (B), Adegsm/IS/GI; 150 (C), Steven Kazlowski/Nature Picture Library; 150 (D), Taja Planinc/IS/GI; 150 (E), Don Paulson Photography/Purestock/Superstock; 150 (F), Roy Toft/NGIC; 151, Dan Sipple; 152 (UP LE), Bill Boch/Foodpix/Jupiterimages; 152 (UP CTR), Ingram Publishing/SuperStock; 152 (UP RT), Darryl Torckler/GI; 152 (CTR LE), Francisco Cruz/Superstock; 152 (CTR RT), Firstlight/GI; 152 (LO LE), William Thomas Cain/Reportage/GI; 152 (LO CTR), Wendell Webber/Botanica/Jupiterimages; 152 (CTR), Ferenc Cegledi/SS; 153 (1), Paul Souders/Stone/GI; 153 (2), Yagil Henkin/Alamy; 153 (3), robertharding/Alamy; 153 (4), Jonathan Blair/NGIC; 153 (5), Jonathan Tourtellot/NGIC; 153 (6), Danita Delimont/GI; 153 (7), Peter Dazeley/The Image Bank/GI; 154 (UP), otsphoto/SS; 154 (CTR LE), Cosmin Manci/SS; 154 (LO), Helena Queen/SS; 154 (CTR RT), cynoclub/SS; 155, Dan Sipple; 156, Strika Entertainment, Inc.

우주와 지구 (158-179)

158-159, Coldmoon_photo/IS/GI; 160 (UP), NGIC; 160 (LO), Joe Rocco; 161 (UP), Ralph Lee Hopkins/NGIC; 161 (UP LE and RT), Visuals Unlimited/GI; 161 (CTR LE), Visuals Unlimited/Corbis; 161 (CTR RT), Dirk Wiersma/Photo Researchers, Inc.; 161 (LO LE), Charles D. Winters/Photo Researchers, Inc.; 161 (LO RT), Theodore Clutter/Photo Researchers, Inc.; 162 (UP LE), raiwa/IS; 162 (LO LE), Albert Russ/SS; 162 (UP RT), MarcelC/IS; 162 (CTR RT), Anatoly Maslennikov/SS; 162 (LO RT), IS; 163 (UP LE), didyk/IS; 163 (UP RT), Mark A. Schneider/Science Source; 163 (LO LE), Ben Johnson/Science Source; 163 (LO CTR LE), Kazakovmaksim/DRMS; 163 (LO RT), oldeez/DRMS; 163 (LO CTR RT), Ingemar Magnusson/DRMS; 163 (UP CTR), Joel Arem/Science Source; 163 (UP LE), Meetchum/DRMS; 163 (UP CTR LE), Albertruss/DRMS; 163 (UP RT), 123dartist/DRMS; 163 (UP CTR RT), Igorkali/DRMS; 164 (LO CTR), ODM/SS; 165, Mark Shneider/Visuals Unlimited/Corbis; 165 (UP FAR LE), Dzarek/SS; 165 (UP CTR), Kevin Hewitt Photography Inc.; 165 (UP CTR), photolibrary.com; 165 (UP CTR RT), Danny Smythe/SS; 165 (UP CTR RT), Trinacria Photo/SS; 165 (UP RT), Smit/SS; 165 (LO LE), John Madden/IS; 165 (LO RT), Dai Haruki/IS/GI; 166, Frank Ippolito; 167 (UP LE), All Canada Photos/Alamy; 167 (CTR LE), NASA; 167 (CTR RT), Diane Cook & Len Jenshel/NGIC; 167 (LO LE), Image Science and Analysis Laboratory, NASA-Johnson Space Center. "The Gateway to Astronaut Photography of Earth."; 167 (LO RT), Matt Logan & Julie Griswold/USGS; 167, NG Maps; 168 (UP LE), Florian Neukirchen/AL; 168 (UP RT), Victoria Chekalina/SS; 168 (LO LE), Franco Tempesta; 168 (LO RT), Keystone Press/AL; 169 (UP), Image courtesy of New Zealand American Submarine Ring of Fire 2007 Exploration, NOAA Vents Program, NOAA-OE; 169 (CTR LE), iofoto/SS; 169 (CTR RT), Derek G. Humble/SS; 169 (LO), Sean Pavone/SS; 170-171 (CTR), Mark Garlick/Science Photo Library; 170 (LO), NASA/CXC/IOA/A FABIAN ETAL/Science Photo Library; 171 (UP), NASA, ESA and M.J. Jee (Johns Hopkins University); 171 (LO), M. Markevitch/CXC/CFA/NASA/Science Photo Library; 172-173, David Aguilar; 174, David Aguilar; 174 (LO),

글 및 사진 저작권

NASA/JHUAPL/SwRI; 175, David Aguilar; 176 (UP), EHT Collaboration/NASA; 177 (A), Allexxandar/IS/GI; 177 (B), Walter Myers/Stocktrek Images/Corbis/GI; 177 (C), Tony & Daphne Hallas/Photo Researchers, Inc.; 177 (D), Don Smith/Photolibrary/GI; 178 (UP), John Madden/IS; 178 (LO), Image courtesy of New Zealand American Submarine Ring of Fire 2007 Exploration, NOAA Vents Program, NOAA-OE; 178 (CTR), NASA/CXC/IOA/A FABIAN ETAL/Science Photo Library; 179 (UP), pixhook/E+/GI

탐험과 발견 (180-197)

180-181, soft_light/AS; 182 (UP), Mark Thiessen/National Geographic Staff; 182 (CTR LE), Steffen Foerster/SS; 182 (CTR RT), Nick Dale/AS; 182 (surfboard), Steve Collender/SS; 182 (LO), Jeff Mauritzen; 183 (UP), Alize Bouriat; 183 (CTR LE), Jeff Mauritzen; 183 (CTR RT), Salome Buglass/Charles Darwin Foundation; 183 (LO), Tomas Kotouc/SS; 184 (UP), Tyler Roemer; 184 (LO LE), Tyler Roemer; 185 (LO LE), Randall Scott/NGIC; 185 (UP LE), Jacqueline Faherty/NGIC; 185 (LO), National Geographic Channels/Michael Stankevich; 186-187 (ALL), Joel Sartore, National Geographic Photo Ark/NGIC; 188-189, Wes C. Skiles/NGIC; 188 (LO), Wes C. Skiles/NGIC; 188 (UP), Wes C. Skiles/NGIC; 189, Andrew Hounslea/GI; 190 (UP), Agustín Fuentes; 190 (LO), Frans Lanting/Frans Lanting Stock; 191, Arctic-Images/Corbis; 191 (LO LE), Arctic Images/AL; 191 (LO RT), Arctic Images/AL; 192, Thomas Cabotiau/SS; 193 (UP), Tony Campbell/SS; 193 (LO), SS; 194, Mattias Klum/NGIC; 195 (UP), Brian J. Skerry/NGIC; 195 (LO), Michael Nichols/NGIC; 196 (UP RT), Steffen Foerster/SS; 196 (LO RT), Arctic Images/AL; 196 (UP LE), Wes C. Skiles/NGIC; 196 (LO LE), National Geographic Channels/Michael Stankevich; 197, Grady Reese/IS.com

생태와 자연 (198-219)

198-199, tdub_video/IS/GI; 200 (LE), AVTG/IS.com; 200 (RT), Brad Wynnyk/SS; 201 (UP LE), Rich Carey/SS; 201 (UP RT), Richard Walters/IS.com; 201 (LO LE), Karen Graham/IS.com; 201 (LO RT), Michio Hoshino/MP/NG Creative; 202 (UP), Dobermaraner/IS; 202 (LO LE), guentermanaus/SS; 202 (LO RT), Pete Oxford; 203 (UP), duangnapa_b/SS; 203 (CTR LE), Thawisak/AS; 203 (CTR RT), snaptitude/AS; 203 (LO), Janne Hamalainen/SS; 204 (LE), cbpix/SS; 204 (RT), Mike Hill/Photographer's Choice/GI; 204-205, Chris Anderson/SS; 205 (LE), Wil Meinderts/Buitenbeeld/MP; 205 (RT), Paul Nicklen/NGIC; 206, Steve Mann/Shutterstock; 207 (UP), Chasing Light-Photography by James Stone/GI; 207 (LO), James Balog/NGIC; 208 (UP), Stuart Armstrong; 208 (LO), Franco Tempesta; 209 (Statue of Liberty), Chris Parypa Photography/SS; 209 (bus), Rob Wilson/SS; 209 (paper boat), Nadiia Ishchenko/SS; 209 (orca), Christian Musat/SS; 210 (LO RT), Eric Nguyen/Corbis; 210 (LO LE), Alan and Sandy Carey/GI; 210 (CTR RT), Brand X; 210 (UP LE), Richard T. Nowitz/Corbis; 210 (UP RT), gevende/IS/GI; 211 (LO RT), Richard Peterson/SS; 211 (1), Leonid Tit/SS; 211 (2), Frans Lanting/NG Creative; 211 (3), Daniel Loretto/SS; 211 (4), Lars Christensen/SS; 212, Digital Vision/GI; 213 (UP LE), Lori Mehmen/Associated Press; 213 (LO LE), Jim Reed; 213 (EF0), Susan Law Cain/SS; 213 (EF1), Brian Nolan/IS.com; 213 (EF2), Susan Law Cain/SS; 213 (EF3), Judy Kennamer/SS; 213 (EF4), jam4travel/SS; 213 (EF5), jam4travel/SS; 214-215, 3dmotus/SS; 216, Galen Rowell/Corbis/GI; 217 (UP LE), Aikman/Newspix/GI; 217 (UP RT), Australian Reptile Park; 217 (LO), Xinhua/Stringer via GI; 217 (LO INSET), Banaras Khan/AFP via GI; 218 (CTR RT), duangnapa_b/SS; 218 (UP), cbpix/SS; 218 (LO), Alan and Sandy Carey/SS; 218 (CTR LE), Aikman/Newspix/GI

역사와 사실 (220-251)

220-221, Nick Brundle/Moment Open/GI; 222 (LO), Fengling/SS; 222 (UP LE), DeAgostini/GI; 222 (UP RT), LibraryTuul/Robert Harding Picture; 223 (LO RT), Yoshio Tomii/SuperStock; 223 (LO LE), Kenneth Garrett/NGIC; 223 (UP), Adam Woolfitt/Robert Harding Picture Library; 224-225 (UP), Mondolithic Studios; 224 (UP RT), Seamas Culligan/Zuma/Corbis; 224 (LO), Roger Ressmeyer/Corbis; 226 (UP LE), Andrey Burmakin/SS; 226 (UP RT), Sean Pavone/SS; 226 (LO LE), Edwin Remsberg/AL; 226 (LO RT), Wong Chi Chiu/AS; 227 (UP), Johnstocker/AS; 227 (CTR LE), Artokoloro/AL; 227 (CTR RT), Frederic J. Brown/AFP via GI; 227 (LO), Caoerlei/DRMS; 228 (treasure map paper), EcOasis/SS; 228 (gold frame), Iakov Filimonov/SS; 228-229 (old paper), val lawless/SS; 228, Matjaz Slanic/E+/GI; 228 (LO), Marí Lobos; 229 (gold oval frame), Winterling/DRMS; 229 (UP), Marí Lobos; 229 (LO), Marí Lobos; 230 (UP LE), Metropolitan Museum of Art, Munsey Fund, 1932; 230 (UP RT), DEA/A. De Gregorio/De Agostini/GI; 230 (LO), Look and Learn/Bridgeman Images; 231 (UP LE), Purchase, Arthur Ochs Sulzberger Gift, and Rogers, Acquisitions and Fletcher Funds, 2016/Metropolitan Museum of Art; 231 (UP RT), Metropolitan Museum of Art; 231 (LO), Heritage Images/GI; 232-233, CTON; 234, U.S. Air Force photo/Staff Sgt. Alexandra M. Boutte; 235, 2nd Lt. D McLellan/IWM/GI; 237, February/GI; 239, Anton Petrus/GI; 243, Pavol Kmeto/DRMS; 247, Jozev/IS; 250 (UP), Sean Pavone/SS; 250 (CTR RT), LibraryTuul/Robert Harding Picture; 250 (CTR LE), DEA/A. De Gregorio/De Agostini/GI; 251, Christopher Furlong/GI

세계의 지리 (252-337)

252-253, Michele Falzone/Stockbyte/GI; 259 (LO), NASA; 259 (UP), Mark Thiessen/National Geographic Staff; 261 (UP CTR), Maria Stenzel/NG Creative; 261 (LO CTR), Bill Hatcher/NG Creative; 261 (LO RT), Carsten Peter/NG Creative; 261 (UP RT), Gordon Wiltsie/NG Creative; 261 (LO LE), James P. Blair/NG Creative; 261 (UP LE), Thomas J. Abercrombie/NG Creative; 261 (BACK), Fabiano Rebeque/Moment/GI; 262, iStock/GI; 263 (UP), AdemarRangel/GI; 263 (CTR RT), Iko/SS; 263 (CTR LE), Edward Stanley; 263 (LO), eAlisa/SS; 266, Klein & Hubert/Nature Picture Library; 267 (CTR), Mark Conlon, Antarctic Ice Marathon; 267 (UP), Achim Baque/SS; 267 (LO), Stephen Nicol; 267 (CTR RT), Flipser/SS; 270, P Deliss/The Image Bank/GI; 271 (UP), Jon Arnold Images/Danita Delimont.com; 271 (CTR RT), Nancy Brown/Photographer's Choice/GI; 271 (CTR LE), John Downer/MP; 271 (LO), slowmotiongli/AS; 274, Arun Roisri/Moment RF/GI; 275 (UP), Andrew Watson/John Warburton-Lee Photography Ltd/GI; 275 (CTR LE), Adam Fletcher/MP; 275 (CTR RT), David Wall Photo/GI; 275 (LO), Martin Valigursky/AS; 278, Guillem Lopez/Cavan Images; 279 (UP), Roy Pedersen/SS; 279 (CTR LE), Thomas Lohnes/GI; 279 (CTR RT), Richard Becker/AL; 279 (LO), Aleksandr Volkov/AL; 282, Gavriel Jecan/GI; 283 (UP), Rodrigo Arangua/GI; 283 (CTR LE), Beth Zaiken; 283 (CTR RT), Neirfy/SS; 283 (LO), Mint Images RF/GI; 286, hadynyah/IS/GI; 287 (CTR RT), DC_Colombia/GI; 287 (UP), Soberka Richard/hemis.fr/GI; 287 (LO), Keren Su/GI; 287, Eraldo Peres/AP/SS; 291, Renate Wefers/EyeEm/GI; 292, Nikolai Sorokin/DRMS; 299, Steve Lovegrove/SS; 300, Kelly Cheng/GI; 301, Michael Runkel/AL; 309, ferrantraite/E+/GI; 310, Uros Ravbar/DRMS; 312, DaveLongMedia/IS/GI; 316-317 (BACKGROUND), TRphotos/SS; 316, Alain Denantes/Gamma-Rapho/GI; 317 (RT), Atlantis Bahamas; 317 (LE), AppleZoomZoom/SS; 318 (UP), Feng Wei Photography/Flickr RF/GI; 318 (LO), Kurita Kaku/Gamma-Rapho via GI; 319 (UP), AlbertoLoyo/IS/GI; 319 (LO), Marcin Szymczak/SS; 320-321, Zhong Zhenbin/Anadolu Agency/GI; 322 (graduation cap), Mega Pixel/SS; 322 (dog), Michael Pettigrew/DRMS; 322 (stamp), AP Images/Geert Vanden Wijngaert; 322 (garbage bag), Feng Yu/AL; 322 (CTR), Tupungato/SS; 323 (UP), David Messent/GI; 323 (LO), Kok Kai Ng/GI; 324 (1), Peter Macdiarmid/Staff/GI; 324 (2), Peter Seyfferth/Imagebroker/Alamy; 324 (3), Alexey Senin/Alamy; 324 (4), Christian Wilkinson/SS; 324 (5), Allan Baxter/GI; 324 (6), Nacho Doce/Reuters; 324 (7), Charles O. Cecil/AL; 324 (8), Paul Rushton/Alamy; 326 (UP RT), Shane Talbot/Solent News/REX/SS; 326 (LO), ZJAN/Canadian Tire Corporation/WENN/Newscom; 326 (UP LE), Mario Armas/Reuters/AL; 327, Supplied by WENN.com/Newscom; 328 (UP LE), M L Pearson/AL; 328 (UP RT), Exotica/AL; 328 (LO LE), Kenishirotie/AL; 328 (LO RT), Oleksandr Prykhodko/AL; 329 (UP), Rubens Abboud/AL; 329 (CTR), Angela Hampton Picture Library/AL; 329 (LO), Themba Hadebe/AP/SS; 330 (A), David Sutherland/The Image Bank/GI; 330 (B), Ferdinand Knab/The Bridgeman Art Library/GI; 330 (C), Ferdinand Knab/The Bridgeman Art Library/GI; 330 (D), Ferdinand Knab/The Bridgeman Art Library/GI; 330 (E), Wilhelm van Ehrenberg/The Bridgeman Art Library/GI; 330 (F), Ferdinand Knab/The Bridgeman Art Library/GI; 330 (G), DEA Picture Library/GI; 330 (H), Holger Mette/SS; 330 (I), Holger Mette/SS; 330 (J), Jarno Gonzalez Zarraonandia/SS; 330 (K), David Iliff/SS; 330 (L), ostill/SS; 330 (M), Hannamariah/SS; 330 (N), Jarno Gonzalez Zarraonandia/SS; 331 (UP RT), Taylor S. Kennedy/NGIC; 331 (LO), Iourii Tcheka/SS; 331 (UP LE), Gilmanshin/SS; 332 (LO), S.Borisov/SS; 332-333, Justin Sullivan/GI; 332 (CTR), Justin Sullivan/GI; 332 (UP), Andy Freeberg; 333, Nick Ut/AP Photo; 334 (UP LE), Danita Delimont/AL; 334 (LO RT), Gardel Bertrand/AL; 334 (UP RT), ArtyAlison/IS/GI; 334 (LO LE), Ian Cumming/ZUMApress/Newscom; 335 (ALL), Red De Hoteles Tayka; 336 (LO), Maria Stenzel/NG Creative; 336 (CTR), Beth Zaiken; 336 (UP), Eraldo Peres/AP/SS

지은이 · 내셔널지오그래픽 키즈

내셔널지오그래픽 협회는 1888년에 설립되어 130년 넘게 우리를 둘러싼 지구를 이해하기 위한 여러 가지 프로젝트를 실행하고 있다. 연구 프로젝트를 지원하며 탐험과 발견을 돕고 잡지와 책을 펴낸다. 내셔널지오그래픽 매거진은 매달 28개국에서 23개의 언어로 수백만 명의 독자와 만나고 있다. 어린이 출판 브랜드인 내셔널지오그래픽 키즈는 과학, 모험, 탐험 콘텐츠를 독보적인 수준의 사진 자료와 함께 제공하고 있다.

옮긴이 · 이한음

서울대학교에서 생물학을 공부했고 과학 전문 번역가이자 과학 저술가로 활동하고 있다. 2007년 『만들어진 신』으로 한국출판문화상 번역 부문을 수상했다. 지은 책으로 『생명의 마법사 유전자』 등이 있고, 옮긴 책으로 『인간 본성에 대하여』, 『핀치의 부리』 등이 있다.

옮긴이 · 김아림

서울대학교 생물교육과를 졸업했고 같은 대학원 과학사 및 과학철학 협동 과정에서 석사학위를 받았다. 대학원에서는 생물학의 역사와 철학, 진화생물학을 공부했다. 현재 출판 기획자 및 전문 번역가로 일하고 있다. 옮긴 책으로 『고래』, 『꽃은 알고 있다』 등이 있다.

감수 · 맹승호

서울대학교 지구과학교육과를 졸업하고, 같은 대학원에서 지구과학교육 전공으로 박사학위를 받았다. 미국 펜실베이니아주립대학교에서 과학교육 분야 박사후과정 연구를 수행하였고, 현재 서울교육대학교 과학교육과 교수로 재직 중이다. 지구과학 주제에 대한 학습의 발달 과정과 과학 학습의 인식론적 특성에 대한 학술연구를 지속적으로 수행 중이며, 함께 지은 책으로 『일곱 빛깔 지구과학』, 『가족과 함께 하는 주말 지질 여행』 등이 있다.

감수 · 윤성효

부산대학교 사범대학에서 과학교육(지구과학), 부산대학교 대학원과 일본 큐슈대학에서 화산학을 공부하고, 부산대학교 사범대학 지구과학교육과 교수로 재직 중이다. 부산대학교 사범대학장, 한국암석학회장, 한국화산방재학회장, (사)제주화산연구소장을 역임하였고 현재 화산특화연구센터장을 맡고 있으며, 대한민국을 대표하는 화산학자로 백두산 화산에 대해 연구하고 있다. 『자연재해와 방제』, 『백두산 대폭발의 날』, 『지질학 용어의 뿌리』 등 여러 책을 지었다.

감수 · 이융남

미국 남부감리대학에서 한국인으로는 처음으로 공룡학 박사 학위를 받았다. 한국지질자원연구원 지질박물관 관장을 거쳐 현재 서울대학교 지구환경과학부 교수이다. 우리나라 최초의 뿔공룡인 '코리아케라톱스'를 연구해 세계에 알렸으며, 한국-몽골 국제공룡탐사의 탐사 대장으로 데이노케이루스 공룡의 정체를 밝혀 세계에서 가장 저명한 과학 학술지인 「네이처(NATURE)」에 게재하였다. 2014년 한국과학기자협회로부터 '올해의 과학자상'과 2015년 '대한민국 학술원상'을 받았다.

감수 · 이정모

연세대학교 생화학과를 졸업하고, 같은 대학원에서 석사학위를 받았다. 독일 본 대학교 화학과에서 곤충과 식물의 커뮤니케이션을 연구했으며, 안양대학교 교양학부 교수로 일했다. 서대문자연사박물관 관장, 서울시립과학관 관장을 거쳐, 현재 국립과천과학관 관장으로 일하고 있다. 2019년 교양 과학서를 저술 또는 번역하고, 자연사박물관과 과학관의 새로운 모델을 구현해 과학의 대중화에 기여한 공로로 과학기술훈장 진보장을 받았다. 『달력과 권력』, 『공생 멸종 진화』, 『저도 과학은 어렵습니다만 1, 2』 등 다수의 책을 집필했으며 「어쩌다 어른」, 「차이나는 클라스」, 「명견만리」 등 다양한 방송에 출연해 일상의 언어로 과학을 소개하고 있다.

내셔널지오그래픽 키즈
사이언스 2022

1판 1쇄 펴냄 2021년 11월 10일
1판 4쇄 펴냄 2021년 12월 17일

지은이 내셔널지오그래픽 키즈 **옮긴이** 이한음, 김아림 **감수** 맹승호, 윤성효, 이융남, 이정모
펴낸이 박상희 **편집** 김지호, 전지선 **디자인** 시다현, 조수정
펴낸곳 (주)비룡소 **출판등록** 1994.3.17.(제16-849호)
주소 06027 서울시 강남구 도산대로1길 62 강남출판문화센터 4층
전화 영업 02)515-2000 팩스 02)515-2007 편집 02)3443-4318,9 **홈페이지** www.bir.co.kr
제품명 어린이용 반양장 도서 **제조자명** (주)비룡소 **제조국명** 대한민국 **사용연령** 3세 이상

ALMANAC 2022
Copyright © 2021 National Geographic Partners, LLC.
Korean Edition Copyright © 2021 National Geographic Partners, LLC.
All rights reserved.
NATIONAL GEOGRAPHIC and Yellow Border Design are trademarks of the National Geographic Society, used under license.
이 책의 한국어판 저작권은 National Geographic Partners, LLC.에 있으며, (주)비룡소에서 번역하여 출간하였습니다.
저작권법에 의해 한국 내에서 보호를 받는 저작물이므로 무단 전재와 무단 복제를 금합니다.

ISBN 978-89-491-3241-9 73400